凌斌 主编
司法精义丛书

医疗纠纷

审理思路及裁判标准

白松 著

作者简介

白松

女,1967年出生,北京人,就职于北京市第二中级人民法院民二庭,现任医疗纠纷专业化审判团队负责人,二级高级法官。1989年本科毕业于北京大学法学院,后于2002年至2005年在清华大学攻读在职研究生,获得法律硕士学位。

在三十年的法官职业生涯中,白松曾荣立个人二等功2次、个人三等功9次,获个人嘉奖10余次,先后被评为"北京市双先法官"、"北京市审判业务专家"、第七届北京市"人民满意的政法干警标兵"、"全国法院办案标兵",荣获"首都五一劳动奖章"、"北京榜样"年度提名奖,2017年被评为"全国优秀法官"。

白松法官在积累大量案例的基础上,注重总结经验、发现问题,参与了《医疗事故处理条例》《侵权责任法》及相关解释等多部法律、法规的立法讨论;合编图书《医疗纠纷法理与实务》,参与撰写《医事法纂写疑案评析》,在《健康报》《卫生与人才》《中国司法鉴定》等多份报纸、杂志上发表案例分析及专业文章。由于具有极强的专业性,白松被业内誉为法官"白大夫"。

司法精义丛书
总序

　　本书的最初缘起,来自于十年前我在法院挂职工作的切身体会。2011年,经北京市房山区人大任命,我有幸进入法院系统工作,在房山区人民法院担任副院长、审判委员会委员和审判员。这让我有机会直接接触到从基层法院、中级法院、高级法院直至最高人民法院的许多优秀法官。不仅包括北京、上海这些一线城市的法官,也包括一些有所交流的其他地方法院的法官。

　　从那时起,我越来越强烈地感受到:中国的法官群体当中,已经开始出现一批出色的具有很高专业水准的审判专家,他们既有良好的法学基础训练,又在多年工作当中积累了丰富的审判实务经验,从而形成了大量的不可替代的专业知识。这些专业知识,非常宝贵,很多是法学理论中所欠缺的,如果能够总结出来,加以系统的阐述和提炼,一定能够对于中国乃至世界法学发展、法学教育和司法实践有所助益。但是另一方面,中国法官们又太过繁忙,很多时候来不及总结提炼这些专业知识。尽管法院系统内部也有相关的制度和组织支持(包括专著出版、论文比赛等很多形式),但是与系统外特别是学术界的交流还比较少,总体而言还缺少一个良好的学术机制的支撑,这使得很多法官的经验积累往往停留于具体办案层面,许多真知灼见湮灭流失在纷繁复杂的司法工作当中。这真的非常可惜。

也是从那时起，出版一套丛书的想法渐渐萌生出来。丛书的定位也日渐清晰，那就是，出版中国法官写作的学术专著。一方面，在法院系统之外给法官提供一个发表和写作的阵地，激励他们在工作之余把宝贵的司法经验总结提炼出来。另一方面，也由此增进法官和相关领域专家学者的学术交流，搭建一个实务界和理论界的学术互动平台。从而，为中国法官增添一份助力，推动他们面向法律专业的同行，系统总结中国司法的实践经验，把司法经验上升为法学知识。

然而理想要成为现实，还需要一个契机。更需要优秀的作者和编者的信任与支持。丛书的第一本，有幸出版的是北京市第二中级人民法院白松法官关于医疗纠纷的专著。白松法官最初和我联系时，正值新冠疫情肆虐之际。当时我在编辑另一套《法官说法丛书》。这套丛书的定位是法官面向公众的普法书籍，由众多法官集体写作。白松法官说想把她的书放在这套丛书里。而在了解到这本书的内容之后，我意识到出版一套新的丛书的契机出现了。这本书总结了白松法官在医疗纠纷领域三十年的专业审判经验，呈现了一个中国法官在长期司法实践中积累和总结的裁判标准和审理思路。这正是我心目中法官学术专著的本色。

有了好的作者和作品，还要有好的编辑和出版社。我为此联系了很多出版界的朋友。很幸运，这套丛书得到了北京大学出版社的大力支持。尤其要感谢蒋浩副总编辑。我现在还记得，我们第一次说起这套丛书的那天，是一个细雨绵绵的下午。"下雨天留客"，聊了很多，就聊到了这套丛书。蒋老师当即肯定了这个选题，还邀请了陆建华、刘文科两位编辑加盟。可以说，没有他们的支持，就没有这套丛书。

作者和编辑的信任和支持，给了我们莫大的动力：要把这套书做好。但是如何做好这本书，我们并没有经验。一方面，学术专著不同于普法书籍,专业性很强,需要秉承最高的学术标准;另一方面,法官群体特殊性也很强,法官写的书不能和教授写的完全一样,不能也不应该套用同样的标准。我们希望法官写出的是自己的特色,是自己的独特的不同于学者的见地与思考。这也包括写作的方式和表达的习惯。

这套丛书不想给作者太多的束缚。但应该给作者以必要的支持。让法官们不必对学院派的理论高墙望而生畏,放心大胆地把自己的所知所想所思所得记录下来。一是在制度上,从选题到完稿,给作者全方位的学术辅助。二是在专业上,邀请相关领域的专家,集思广益共同研讨。白松法官的这本书,在出版之前,就组织了专门的研讨会,参加者有法学教授、医疗领域的专家、法院同仁,还有鉴定机构、媒体、患者的代表。我们希望可以由此开始形成一个范例,为这套丛书也为中国司法经验的积累不断完善机制,拓展思路。

每套丛书都是从出版第一本开始的。第一本书未必是最好的,甚或从主编的私心来说,最好不是最好的。书的评价总是见仁见智,而且要留给司法界和法学界的同行。我们出版这套丛书,正是期待有这样的交流。毫无疑问的是,这样的作品都是作者多年心血的凝聚。这样的作品是不可多得的。这样的作品,应该有一本出一本,也只能有一本出一本。但是,如果这样的著作能够多起来,能够一本本出下去,我相信,迟早会有中国的《普通法》和《司法过程的性质》。

这篇丛书总序,因此也是一封邀请函。希望将来有越来越多的法官不仅成为我们的读者,而且能成为我们的作者。欢迎全国各地的有意加入这套丛书的法官与我联系。我的邮箱是:lingbin@pku.edu.cn。

北京大学法学院教授、博士生导师

凌 斌

2021 年 9 月 28 日

目　录

序言一 …………………………………………………（001）

序言二 …………………………………………………（001）

前　言 …………………………………………………（001）

法律、司法解释等缩略语对照表 ……………………（001）

主要规范性文件汇总表 ………………………………（001）

案例汇总与索引 ………………………………………（001）

第一章　医疗纠纷的案由及相关法律问题 ……………（001）
　　一、与医疗纠纷有关的案由 ……………………（001）
　　二、医疗纠纷法律适用 …………………………（005）
　　三、不当选择案由的法律后果 …………………（006）

第二章　医疗纠纷案件的主体 …………………………（016）
　　一、医疗纠纷的诉讼主体 ………………………（016）
　　二、对错列诉讼主体的处理 ……………………（022）

三、共同侵权时诉讼主体的选择与责任承担……………（026）
四、医师异地执业引发的医疗侵权纠纷由谁担责………（053）

第三章　医疗纠纷的起诉与受理……………………（066）
一、医疗纠纷的管辖问题………………………………（066）
二、医疗纠纷的起诉……………………………………（071）
三、医疗纠纷的受理……………………………………（082）

第四章　医疗纠纷中不当使用诉权的处理……………（085）
一、法院对医疗纠纷中涉嫌重复起诉的处理…………（085）
二、法院对患方撤诉后再次起诉并申请重新鉴定的
　　处理……………………………………………………（096）
三、法院对"拉管辖"现象的处理　………………………（098）

第五章　医疗纠纷中法官的释明权和裁量权…………（102）
一、释明权………………………………………………（102）
二、法官的司法裁量权…………………………………（110）
三、医疗纠纷中法官的不当释明与裁量………………（117）

第六章　医疗损害责任纠纷的举证责任………………（127）
一、大陆法系国家证明责任理论………………………（127）
二、医疗损害责任纠纷案件中的举证责任……………（130）
三、医疗过错及医疗侵权责任的认定…………………（137）

第七章　医疗纠纷中的病历……………………………（148）
一、病历的概念、分类及书写要求　……………………（148）
二、病历的保管责任主体、保管年限及相关法律责任 …（154）
三、病历资料是医疗纠纷案件中至关重要的证据……（164）
四、对"瑕疵病历"的认定　………………………………（166）

第八章　医疗侵权纠纷中的司法鉴定 …………（170）
一、医疗损害司法鉴定意见书的法律地位………（170）
二、医疗损害司法鉴定对审判实践的影响………（173）
三、人民法院对医疗损害司法鉴定意见书的审查认定
　　及理解……………………………………………（190）

第九章　患方合理损失的确定 ……………………（207）
一、合理损失的范围………………………………（207）
二、影响法官认定责任比例的几个因素…………（246）
三、"缺陷出生"涉及的赔偿问题 …………………（265）

第十章　常见几类医疗纠纷的相关法律问题 ……（274）
一、因未履行或者不当履行告知义务引发的纠纷……（276）
二、因未尽医疗注意义务引发的纠纷……………（297）
三、因过度医疗引发的纠纷………………………（315）
四、因医疗美容引发的纠纷………………………（318）

第十一章　与医疗纠纷存在交叉的几类案件 ……（328）
一、因药物临床试验致损引发的纠纷……………（328）
二、因注射疫苗产生不良后果引发的纠纷………（341）
三、因涉及非法行医引发的纠纷…………………（355）

第十二章　医疗纠纷调解涉及的法律问题 ………（360）
一、几种常见的调解方式、性质及效力 …………（361）
二、医疗纠纷调解的相关法律规定………………（365）
三、医疗纠纷调解应遵循的原则及实践中应注意的
　　问题………………………………………………（368）

四、人民法院对双方达成、签订协议后一方反悔起诉的案件的处理……………………………………………（371）

参考文献 ……………………………………………（377）

后　记 ……………………………………………（379）

序言一

悠悠万事,唯健康为大!因为健康可以决定每个人的生存状况和生活水平,影响每个家庭的幸福与美满,甚至关系整个民族和国家的兴旺发达。因此健康权成为我国《宪法》所规定的公民基本权利之一,《基本医疗卫生与健康促进法》进一步明确地规定了"国家和社会尊重、保护公民的健康权"。

而为了尊重和保护公民的健康权,国家大力发展卫生和健康事业,为公民提供各种健康服务,同时也在卫生健康领域制定了越来越多的法律和法规,对公民获得医疗服务和医疗服务提供方从事卫生和健康工作作出了具体规定,设立了相应的机制和制度。可以说,没有哪个人可以不与医生、护士、医疗和公共卫生机构打交道的。没有他们的服务,公民的健康权就无法得以保证。同时也应当看到,不论是公民行使健康权还是医疗机构提供医疗服务,都应当遵循法律的规定,依法进行。

正是由于健康与每个人、每个家庭的幸福密切相关,医疗和健康服务成为每个人都不可或缺的基本生存和生活条件。随着基本医疗卫生和公共卫生服务的全面落实,以及各种类型的医疗与健康服务的推广,医疗和公共卫生服务中产生的医疗纠纷也日益增多,医疗纠纷甚至在一定程度上成为社会发展中的一个突出矛盾与难题。有人存在的地方就一定有人与人之间的交往,而人与人之间的交往也一定会产生各种不同的矛盾和纠纷,这本是社会中的常态。但是如果某一类纠纷不能得到及时的处理和解决,尤其是没有完善的法律制度的保障,不仅对个人和相应家庭会造成巨大的痛苦,也会成为影响社会发展的重大问题。涉及健康权的医疗纠纷尤其如此。

正是在这一大背景下,白松法官集其20多年的司法实践经验,梳理提炼,由表及里,从案例到制度,从实践到理论,对医疗纠纷的司法处理提供了全方位的系统解读和对策,撰写了《医疗纠纷审理思路及裁判标准》一书。此书为防范和解决医疗纠纷提供了非常及时和重要的指南,也是卫生健康法制发展中的一个重大贡献。

医疗纠纷的司法解决首先碰到的问题就是提起医疗纠纷的案由。司法制度有其自身的体系,也有司法案件推进的路径。对于很多当事人,甚至一些律师而言,司法体系犹如不熟悉的陌生地带,在十字路口甚至是多条路径的交叉口前举足难行。因此在进入司法程序时必须要看清路标,找准路径。错识路标或误入他径,不仅会事倍功半,而且会影响当事人的自身合法权益。此书开篇就从这样一个最先碰到的问题入手,为医疗纠纷当事人提供了清晰的路标,以及法律上所指引的确定路径。看似简单,却又极具法律特有的规范性和技术性,对于当事人而言,显然是不可多得的路标指南。

此书由此进入医疗纠纷的主题,就医疗纠纷的主体及其各种变化、医疗纠纷的管辖权及其冲突解决、医疗纠纷中诉权的种种特点、医疗鉴定的程序及鉴定意见的效力、医疗纠纷损失的确定及计算标准等众多法律难题提供了清晰的路线图和法律对策,具有极强的实用性,也是解决上述难题不可多得的法律对策建议。此外,此书还特别就医疗纠纷中的举证责任,尤其是医疗纠纷中重要的证据——病历,进行了深入的分析,提出了有见地的法律指引。俗话说"打官司就是打证据"。那么谁举证就成为一个必须要明确的诉讼责任问题。虽然《民法典》明确了一般医疗纠纷适用过错责任原则,但由于医患双方实际存在专业知识差距及其产生的信息不对称等具体问题,尤其是病历等相关证据材料往往保存在医疗机构中,作为法律规定的一般原则——谁主张谁举证,在面临具体医疗纠纷时,就需要有更多的现实考虑和具体制度安排。作者在书中指出,"'举证责任倒置原则'虽不再适用于一般医疗侵权纠纷,但医院仍要承担提供由其保存的病历材料的举证责任,即行为意义上的举证责任";进而提出了"以过错原则为主""以过错推定原则为补充""以无过错原则为例外"的制度安排。在对病历这一主要证据的分类和分析的问题上,作者不仅对于病历提供的法律责任进行了细致的分析,而且对于瑕疵病历的认定及其相应的法律责任提出了有针对性的法律解答。上述法律和法理解读加上具体案例分析,为读者尤其是医疗纠纷当事人提供不可多得的法律指引,也为医疗纠纷解决的制度化及其完善提供了有见地的建议和对策。

此书不仅展现了作者扎实的法律和法理功底,更突显了作者二十多年如一日的锲而不舍、刻苦钻研的追求与毅力。法律实务工作者,尤其是法官,具有丰富的实践经验和切身的感悟。但很多实务工作者往往囿于时间和工作的压力,很难把这些丰富的一手资料进行系统的梳理、归纳、分析和研究。虽然在个案中努力追求了正义,但却难以提炼并产生制度层面上的正义。白松法官是少有的在这一领域持之以恒追求卓越的典型。她不仅身体力行,尽力在个案中实现正义,而且不断地上下求索,以实现制度上的正义。这种追求与坚持最终形成了读者面前的这本著作,它使我们从案例中,从她个人的经验和感悟中,深入地理解了医疗纠纷领域中的制度安排及其持续的展开和完善。

开卷有益,对于此书而言更是如此。不论是医疗纠纷的当事人,还是法律实务工作者,或者是法学理论研究者,都会从此书中获益匪浅。

  在此我不仅要感谢作者为大众提供这样一本不可多得的佳作，也要祝贺作者在不断追求卓越的征途上能创作智慧的结晶。有感于此，是以为序。

清华大学法学院教授、博士生导师
王晨光
2021年3月3日于清华园

序言二

医疗纠纷案件是当前易发、多发、高发的一类民事案件,也是人民法院民事案件审判中的难点和热点。近年来此类案件数量呈现逐渐上升的趋势,日益受到社会各界的普遍关注,人民法院在平息诉讼纠纷、化解医患矛盾、维护社会稳定、促进医疗行业规范发展等方面也承担着越来越重要的职责。

众所周知,医疗行业是一个风险较高的行业,医患纠纷产生的主要根源是人民群众日益增长的医疗需求同医疗技术发展水平不相适应之间的矛盾。一方面,人类对生命科学的认识还在不断发展中,对生命的整体性仍存在很多未知因素,医疗手段的相对有限性导致成功和失败在医疗工作中如影相随,医疗意外、并发症、误诊、漏诊等也不可避免地存在。另一方面,部分医疗机构也存在诊疗不规范、不严谨的问题,导致医疗事故或医疗瑕疵的发生,给患者及家庭带来了难以承受之重。此外,个别患者及家属也受到固有观念的影响,对医疗机构和医生有着过高的道德和技术要求,一定程度上忽视了作为医生个体的差异性和个体价值权利,从而容易导致医患纠纷的产生和矛盾的扩大化。

因此,医疗纠纷与普通的民事侵权纠纷或者合同纠纷案件存在较大的差异,对此类案件的事实认定更为复杂且具有极强的专业性。与此同时,因涉及专业医学技术问题,法官也往往难以依据法理及一般社会经验径行裁判。人民法院在审理此类案件过程中,既要充分考虑患者的生命健康权保护问题,也要注重厘清医护群体的执业保护边界问题。在裁判结果的证成过程中,既有过错认定、权益保护也有价值判断;既要衡平患者与医院之间的个体权益,也要立足国情和现阶段医疗发展水平适当推动医疗行业的健康、规范发展。由此,人民法院在此类案件审理中既承担着化解矛盾、促进行业发展的职责,也承担着规则导向、积极进行社会普法宣传,进而从源头上减少诉讼增量的责任。作者正是出于这个目的,而对医疗纠纷的处理原则、法律适用等社会公众普遍关注的问题进行全面系统的梳理,希望能够引导医疗纠纷的当事人合情、合理、合法地进行维权,也希望通过书中的一些典型案例,为医疗机构更好地履行职责提供一些参考和借鉴。

该书的作者白松系"全国法院办案标兵""全国优秀法官""北京市审判业务专家",1989年从北京大学毕业后即进入北京市第二中级人民法院工作至今。在30余年的职业生涯中,白松法官始终不忘初心、坚守理想,审结各类民事案件近6000件。自2000年开始,北京市第二中级人民法院针对日益增多的医疗类纠纷开始探索高效率的专业化审判,白松法官任医疗纠纷专业化审判合议庭代理审判长。20年来白松法官共办理医疗纠纷案件近千件,高效审理多起北京市医疗纠纷首例案件,曾先后参与《医疗事故处理条例》《侵权责任法》及司法解释等法律文件的起草工作,多次受邀为中国医院协会、中华医学会、北京市卫生局、首都医科大学等授课。白松法官凭借扎实的专业功底、丰富的审判经验,成为首都医疗纠纷案件审判领域的专家,被业界尊称为"白大夫"。

该书从一名专家法官的视角,对多起典型案例进行解剖式的分析,围绕医疗纠纷相关热点、难点问题进行了深入浅出的阐释,既涉及法学专业理论,又涉及司法实践问题,从程序法和实体法双重角度对医疗纠纷进行了深刻的分析论述。这是一本兼具专业性与实操性的书籍,在推进医疗纠纷案件专业化审判,增强人民群众医疗相关法律知识等方面都具有较大的价值。

为更加贴合读者需求,白松法官在书稿撰写过程中注重从读者的角度出发,循序渐进、娓娓道来。在医疗纠纷的诉讼程序论述方面,从民事诉讼的案由切入,引出医疗纠纷的相关案由分布,然后从程序法的角度,就医疗纠纷的原被告、起诉与受理、重复诉讼等滥用诉权的行为、释明权与裁量权等问题进行深入探讨。在本部分内容中,白松法官对民事诉讼程序中举证责任问题着墨较多,以医疗损害侵权责任构成要件为视角,分别阐述每一构成要件的举证责任及证明程度,并对医疗纠纷中可能遇到的特殊情况和读者普遍关心的病历、医疗损害司法鉴定等问题进行了专题论述。在医疗纠纷的实体解决方面,白松法官就患方各项合理损失进行了翔实的论述,并从审判的角度罗列了数项影响法官认定患方合理损失的因素,就实践中出现的热点、难点问题充分阐明了当前司法裁判的标准。同时,本书还涉及医疗纠纷与其他领域交叉的法律问题、医疗纠纷在诉讼中的调解等问题,给读者认识和了解医疗纠纷提供了一个更为宽广的视角。

应当说,本书是白松法官近30年审判经验的总结与升华,也是北京市第二中级人民法院探索专业化审判的成果与结晶。近年来,北京市第二中级人民法院始终高度重视审判专业化建设和专业审判人才培养。自新一轮司法改革开展以来,北京市第二中级人民法院先后组建了医疗审判团队等19个新型专业化审判团队,进一步提升了案件审判的专业化水平,也培养了一批在全市具有较高知名度的审判业务专家。同时,该院也注重将优质的司法研究成果与普法宣传工作紧密结合。随着中国法制建设的不断深入,人民法院的司法审判已不仅局限于就案办案、化解个案争议,而更加注重通过个案审判更好地树立行为规范、引领社会价值。本书的编写和出版,是北京市第二中级人民法院对精准普法、普惠普法、联动普法的一次积极回应,更是积极主动适应新时代司法需求不断提升人民群众司法获得感的重要举措。该院将继续坚持以习近平法治思想为指引,紧紧围绕服务首都经济社会发展和民生保障目标,用心、用情做好审判专业化建设与普法工作,为北京法治中国首善之区建设贡献更大的力量!

北京市第二中级人民法院党组书记、院长
鲁桂华
2021年4月14日

前 言

我 1989 年毕业于北京大学法律系,怀揣着为中国法治建设贡献一份力量的梦想,迈入了当时的北京市中级人民法院。在基层法院锻炼一年后,我又回到中级人民法院,成为一名民庭的书记员。1995 年,北京市第二中级人民法院(以下简称二中院)成立,我随着所在庭室整建制调到二中院,成为二中院的元老之一。1996 年,我成为一名助理审判员,开始独立办案。2001 年司法改革时,我被任命为代理审判长,负责医疗纠纷专业化审判合议庭的工作。从那时开始,我一直担任医疗纠纷专业化审判团队负责人,至今已经满 20 年了。可以说,我以一名一线法官的身份,见证着医疗领域法律法规的不断完善,制度规范的建立健全。

随着经济不断发展,受到民众法治意识提高、权利意识增强等诸多因素的影响,医疗纠纷逐渐增多,医患矛盾突出,甚至时有伤医、杀医等恶性案件发生。医患纠纷已经成为社会普遍关注的热点问题之一。人民法院作为审判机关,一项重要的职能就是定分止争,维护社会主义法治。党的十八大提出了以"富强、民主、文明、和谐,自由、平等、公正、法治,爱国、敬业、诚信、友善"为主要内容的社会主义核心价值观,将法治确立为社会主义核心价值观的基本要素之一。党的十八大以来,在以习近平同志为核心的党中央坚强领导下,各地区、各部门积极运用法治思维和法治方式,推动社会主义核心价值观建设。在各项工作呈现向上、向好的发展态势的同时，真正实现把社会主义核心价值观融入法治建设还有很长的路要走。要坚持以习近平新时代中国特色社会主义思想为指导思想和根本遵循，把社会主义核心价值观贯彻到依法治国、依法执政、依法行政实践中，落实到立法、执法、司法、普法和依法治理各个方面，充分发挥社会主义核心价值观对法治建设的引领作用。作为一名法律人，特别是一名民事审判法官，我深感肩上责任重大。践行公正、廉洁、为民的社会主义司法核心价值观，是我的理想信念。

在多年的医疗纠纷司法实践中，我不仅积累了较为丰富的审判经验，更是通过不断学习和探索，总结出此类纠纷的裁判要旨，对一些难点、热点问题也有一定的思考。另外，在医疗纠纷审判工作中，我发现许多医务工作者对医疗领域的法律规定不甚了解，广大患者往往不能正确认识相关法律规定，甚至一些专业法律工作者也对医疗领域的法律规定产生误读，其中包括律师也包括一些法官，这无疑会给医疗纠纷的处理造成困扰，特别是法官的认识不清，会导致审判工作混乱，不能体现医疗纠纷审判的专业性和公正性。基于上述几个方面的原因，我一直想把医疗领域的法律适用问题梳理出来，分享给包括法官和律师在内的法律专业人士，以及医疗机构管理者、医务人员和广大读者。希望大家从各自不同的立场出发，了解医疗纠纷的预防和处理问题，熟悉相关法律规定，理解人民法院审理此类纠纷的裁判思路和规则。但是一方面我一直在审判一线，没有充足的时间用来写作，另一方面更是担心自己的水平和能力不足，不能胜任此项工作，因此一直未能成书。疫情期间，由于审判工作压力减轻，终于有时间和精力完成书稿。

本书多角度、全方位地介绍了医疗纠纷。既涉及法学专业理论，更指出了实践中的问题，从程序法和实体法的角度对医疗纠纷的关键问题进行分析、论述，从患方、医方、鉴定人、法官等多角度探讨,更全面地透视医疗纠纷案件,提示不同主体在医疗纠纷中应当注意的问题。本书是我 20 年的医疗纠纷审判工作经验的总结,是一本兼具专业性与实操性的普法书籍。本书从民事诉讼的案由切入,引出医疗纠纷的相关案由,从程序法的角度,就医疗纠纷的原被告、起诉与受理、重复诉讼、释明权与裁量权等问题进行探讨,并对民事诉讼程序中举证责任问题进行了重点论述,以医疗损害侵权责任构成要件为视角,分别阐述每一构成要件的举证责任及证明程度,对医疗纠纷中可能遇到的特殊情况进行论述,其中病历、医疗损害司法鉴定意见书既是此类纠纷的关键证据,也是实践中问题最多的部分,对此亦进行了专门讨论。从实体法的角度,就患方各项合理损失进行了翔实的论述,并从法官的角度,罗列了数项影响法官认定患方合理损失的因素,就实践中出现的热点、难点问题阐述了自己的观点。同时,本书还涉及医疗纠纷与其他领域交叉的法律问题、医疗纠纷在诉讼中的调解等问题。

书中介绍的有些是司法实务界的主流观点,但由于法律法规的抽象性与现实生活的多样性之间存在冲突,有些问题尚未形成统一认识,因此有的观点只是个人见解,希望大家正确理解,也欢迎大家拍砖。

本书不仅通过大量实践案例普及了法律基础知识,对广大读者起到普法宣传作用,同时还对医疗纠纷中的难点问题进行了深入剖析,阐述了各种学术及实务观点并给出自己的见解,因此本书具有较强的专业性,希望能够给从事医疗纠纷审判的法官提供审理思路,给从业律师提供帮助,同时能够给医务工作者、医疗机构管理者一定的启发,欢迎各专业人士共同探讨本书的内容,以此推进医疗纠纷审判的专业化,构建和谐医患关系。

法律、司法解释等缩略语对照表

法律文件全称	缩略语
《中华人民共和国民法典》(2020年5月28日第十三届全国人民代表大会第三次会议通过)	《民法典》
《中华人民共和国侵权责任法》(2009年12月26日第十一届全国人民代表大会常务委员会第十二次会议通过;2021年1月1日起废止)	《侵权责任法》
《中华人民共和国合同法》(1999年3月15日第九届全国人民代表大会第二次会议通过;2021年1月1日起废止)	《合同法》
《中华人民共和国消费者权益保护法》(根据2013年10月25日第十二届全国人民代表大会常务委员会第五次会议《关于修改〈中华人民共和国消费者权益保护法〉的决定》第二次修正)	《消费者权益保护法》
《最高人民法院关于审理人身损害赔偿案件适用法律若干问题的解释》(2003年12月4日由最高人民法院审判委员会第1299次会议通过,根据2020年12月23日最高人民法院审判委员会第1823次会议通过的《最高人民法院关于修改〈最高人民法院关于在民事审判工作中适用〈中华人民共和国工会法〉若干问题的解释〉等二十七件民事类司法解释的决定》修正)	《人身损害司法解释》

（续表）

法律文件全称	缩略语
《最高人民法院关于审理医疗损害责任纠纷案件适用法律若干问题的解释》(2017年3月27日由最高人民法院审判委员会第1713次会议通过,根据2020年12月23日最高人民法院审判委员会第1823次会议通过的《最高人民法院关于修改〈最高人民法院关于在民事审判工作中适用《中华人民共和国工会法》若干问题的解释〉等二十七件民事类司法解释的决定》修正)	《医疗损害司法解释》
《中华人民共和国执业医师法》①(1998年6月26日第九届全国人民代表大会常务委员会第三次会议通过 根据2009年8月27日第十一届全国人民代表大会常务委员会第十次会议通过的《全国人民代表大会常务委员会关于修改部分法律的决定》修正)	《执业医师法》
《最高人民法院关于适用〈中华人民共和国民事诉讼法〉的解释》(2014年12月18日最高人民法院审判委员会第1636次会议通过,根据2020年12月23日最高人民法院审判委员会第1823次会议通过的《最高人民法院关于修改〈最高人民法院关于人民法院民事调解工作若干问题的规定〉等十九件民事诉讼类司法解释的决定》修正)	《民诉法解释》
《中华人民共和国民事诉讼法》(1991年4月9日第七届全国人民代表大会第四次会议通过 根据2007年10月28日第十届全国人民代表大会常务委员会第三十次会议《关于修改〈中华人民共和国民事诉讼法〉的决定》第一次修正 根据2012年8月31日第十一届全国人民代表大会常务委员会第二十八次会议《关于修改〈中华人民共和国民事诉讼法〉的决定》第二次修正 根据2017年6月27日第十二届全国人民代表大会常务委员会第二十八次会议《关于修改〈中华人民共和国民事诉讼法〉和〈中华人民共和国行政诉讼法〉的决定》第三次修正)	《民事诉讼法》

---

① 中华人民共和国第十三届全国人民代表大会常务委员会第三十次会议于2021年8月20日通过的《中华人民共和国医师法》(以下简称《医师法》)第67条规定,本法自2022年3月1日起施行。《中华人民共和国执业医师法》同时废止。

(续表)

法律文件全称	缩略语
《最高人民法院关于确定民事侵权精神损害赔偿责任若干问题的解释》(2001年2月26日由最高人民法院审判委员会第1161次会议通过,根据2020年12月23日最高人民法院审判委员会第1823次会议通过的《最高人民法院关于修改〈最高人民法院关于在民事审判工作中适用《中华人民共和国工会法》若干问题的解释〉等二十七件民事类司法解释的决定》修正)	《精神损害司法解释》
《中华人民共和国民法通则》(1986年4月12日第六届全国人民代表大会第四次会议通过;根据2009年8月27日第十一届全国人民代表大会常务委员会第十次会议《关于修改部分法律的决定》修正;2021年1月1日起废止)	《民法通则》
《中华人民共和国刑法》(1979年7月1日第五届全国人民代表大会第二次会议通过 1997年3月14日第八届全国人民代表大会第五次会议修订,后颁布十一个刑法修正案)	《刑法》
《最高人民法院关于民事诉讼证据的若干规定》(2001年12月6日最高人民法院审判委员会第1201次会议通过 根据2019年10月14日最高人民法院审判委员会第1777次会议《关于修改〈关于民事诉讼证据的若干规定〉的决定》修正)	《证据规定》
《全国人民代表大会常务委员会关于司法鉴定管理问题的决定》(2005年2月28日第十届全国人民代表大会常务委员会第十四次会议通过 根据2015年4月24日第十二届全国人民代表大会常务委员会第十四次会议《关于修改〈中华人民共和国义务教育法〉等五部法律的决定》修正)	《鉴定管理决定》
《国家卫生计生委、中央综治办、公安部、司法部关于进一步做好维护医疗秩序工作的通知》(国卫医发〔2016〕10号)	《维护医疗秩序的通知》
国家卫生计生委、中央综治办、公安部、司法部《中华人民共和国疫苗管理法》(2019年6月29日第十三届全国人民代表大会常务委员会第十一次会议通过)	《疫苗管理法》

主要规范性文件汇总表

名称	文号	公布时间	生效时间	备注
《民事案件案由规定》	法〔2020〕347号	2020年12月29日	2021年1月1日	2007年10月29日最高人民法院审判委员会第1438次会议通过,自2008年4月1日起施行;根据2011年2月18日《最高人民法院关于修改〈民事案件案由规定〉的决定》(法〔2011〕41号)第一次修正;根据2020年12月14日最高人民法院审判委员会第1821次会议通过的《最高人民法院关于修改〈民事案件案由规定〉的决定》(法〔2020〕346号)第二次修正
《病历书写基本规范》	卫医政发〔2010〕11号	2010年1月22日	2010年3月1日	

(续表)

名称	文号	公布时间	生效时间	备注
《医疗机构病历管理规定》	国卫医发〔2013〕31号	2013年11月20日	2014年1月1日	
《电子病历应用管理规范（试行）》	国卫办医发〔2017〕8号	2017年2月15日	2017年4月1日	
《医疗机构管理条例》	国务院令第666号	2016年2月6日	2016年2月6日	
《医疗机构管理条例实施细则》	国家卫生和计划生育委员会令第12号	2017年2月21日	2017年4月1日	
《关于当前形势下审理民商事合同纠纷案件若干问题的指导意见》	法发〔2009〕40号	2009年7月7日	2009年7月7日	
《最高人民法院关于人民法院登记立案若干问题的规定》	法释〔2015〕8号	2015年4月15日	2015年5月1日	
《关于医师执业注册中执业范围的暂行规定》	卫医发〔2001〕169号	2001年6月20日	2001年6月20日	本篇法规的部分内容已先后被《卫生部关于修订口腔类别医师执业范围的通知》和《国家中医药管理局关于修订中医类别医师执业范围的通知》修订。
《医师外出会诊管理暂行规定》	卫生部令第42号	2005年4月30日	2005年7月1日	

(续表)

名称	文号	公布时间	生效时间	备注
《卫生部关于医师多点执业有关问题的通知》	卫医政发〔2009〕86号	2009年9月11日	2009年9月11日	已失效
《医师执业注册管理办法》	中华人民共和国国家卫生和计划生育委员会令第13号	2017年2月28日	2017年4月1日	
《最高人民法院关于调整部分高级人民法院和中级人民法院管辖第一审民商事案件标准的通知》	法发〔2018〕13号	2018年7月17日	2018年8月1日	
《医疗事故处理办法》	国发〔1987〕63号	1987年6月29日	1987年6月29日	本篇法规已被《医疗事故处理条例》废止。
《医疗事故处理条例》	国务院令第351号	2002年4月4日	2002年9月1日	
《最高人民法院关于参照〈医疗事故处理条例〉审理医疗纠纷民事案件的通知》	法〔2003〕20号	2003年1月6日	2003年1月6日	已被废止
《最高人民法院关于适用〈中华人民共和国侵权责任法〉若干问题的通知》	法发〔2010〕23号	2010年6月30日	2010年6月30日	

(续表)

名称	文号	公布时间	生效时间	备注
《最高人民法院关于审理民事案件适用诉讼时效制度若干问题的规定》	法释〔2020〕17号	2020年12月29日	2021年1月1日	2008年8月11日由最高人民法院审判委员会第1450次会议通过,根据2020年12月23日最高人民法院审判委员会第1823次会议通过的《最高人民法院关于修改〈最高人民法院关于在民事审判工作中适用《中华人民共和国工会法》若干问题的解释〉等二十七件民事类司法解释的决定》修正
《最高人民法院关于审理买卖合同纠纷案件适用法律问题的解释》	法释〔2020〕17号	2020年12月29日	2021年1月1日	2012年3月31日由最高人民法院审判委员会第1545次会议通过,根据2020年12月23日最高人民法院审判委员会第1823次会议通过的《最高人民法院关于修改〈最高人民法院关于在民事审判工作中适用《中华人民共和国工会法》若干问题的解释〉等二十七件民事类司法解释的决定》修正

(续表)

名称	文号	公布时间	生效时间	备注
《最高人民法院关于适用〈中华人民共和国民事诉讼法〉若干问题的意见》	法发〔1992〕22号	1992年7月14日	1992年7月14日	已失效
《医疗纠纷预防和处理条例》	国务院令第701号	2018年7月31日	2018年10月1日	
《司法鉴定程序通则》	司法部令第132号	2016年3月2日	2016年5月1日	
《最高人民法院关于适用〈中华人民共和国民法典〉时间效力的若干规定》	法释〔2020〕15号	2020年12月29日	2021年1月1日	
《关于贯彻执行〈中华人民共和国民法通则〉若干问题的意见(试行)》	法(办)发〔1988〕6号	1988年4月2日	1988年4月2日	已失效
《医疗质量安全核心制度要点》		2018年4月18日	2018年4月18日	
《工伤保险条例》	国务院令第586号	2010年12月20日	2011年1月1日	
《中华人民共和国母婴保健法》	中华人民共和国主席令第81号	2017年11月4日	2017年11月5日	

（续表）

名称	文号	公布时间	生效时间	备注
《中华人民共和国母婴保健法实施办法》	国务院令第690号	2017年11月17日	2017年11月17日	
《药物临床试验质量管理规范》	国家药监局、国家卫生健康委公告2020年第57号	2020年4月23日	2020年7月1日	
《涉及人的生物医学研究伦理审查办法》	国家卫生和计划生育委员会令第11号	2016年10月12日	2016年12月1日	
《疫苗流通和预防接种管理条例》	中华人民共和国国务院令第668号	2016年4月23日	2016年4月23日	已失效

案例汇总与索引

案例1-1	请求权竞合时当事人择一而诉后另一项请求权消灭	008
案例2-1	医疗机构共同侵权时患方有权仅起诉部分医疗机构	030
案例2-2	患者就全部损失向雇主主张赔偿获得支持后，无权要求医疗机构就原有损失承担赔偿责任	037
案例2-3	多侵权主体、多法律关系交叉下侵权责任的认定	045
案例2-4	医师外出会诊造成患者损害时由接受会诊的医疗机构承担责任	054
案例2-5	医师违规"走穴"可能加重医疗机构的民事责任	060
案例3-1	当事人拒不明确诉讼请求被法院裁定驳回起诉	073
案例3-2	认定病例属于医疗事故、认定医师构成医疗事故罪均不属于民事受案范围	078
案例4-1	患方增加诉讼主体后就同一侵权事实及损害后果再行起诉对原被诉医疗机构构成重复诉讼	087
案例4-2	当事人变换案由后就同一侵权事实及损害后果再行起诉构成重复起诉	090
案例4-3	患方就同一侵权事实不断增加诉讼请求多次起诉，法院应做好区分	093

案例 4-4　当事人撤诉不影响前案诉讼过程中法院委托的
　　　　　 司法鉴定的效力 …………………………………… 096
案例 4-5　"拉管辖"曾是实践中常见的现象,造成司法不公…… 099
案例 5-1　法官错误行使释明权可能损害当事人实体权益 … 117
案例 5-2　法官应积极行使裁量权就案件事实作出综合评价…… 119
案例 7-1　医疗机构伪造、篡改病历导致无法进行司法鉴
　　　　　 定,医疗机构承担侵权责任 ……………………… 156
案例 7-2　患方未提供应由其保管的门诊病历,且主张医
　　　　　 疗机构没有为其书写病历的,患方承担举证不
　　　　　 能的后果 …………………………………………… 159
案例 8-1　法院应当对司法鉴定意见书进行实质审查 …… 192
案例 8-2　鉴定结论明显缺乏依据时,待证事实处于真伪
　　　　　 不明状态,法院不能径行作出裁判 ……………… 195
案例 8-3　法官错误理解司法鉴定意见导致判决不公 …… 203
案例 9-1　患者合理损失的确定既要遵守相关规定,又需
　　　　　 要法官根据案件实际情况综合考量 ……………… 210
案例 9-2　精神损害抚慰金能够平衡当事人之间的利益 …… 240
案例 9-3　医疗机构超执业范围等不必然导致医疗机构的
　　　　　 过错在损害后果中的原因力增加 ………………… 246
案例 9-4　同一诊疗行为导致多个损害后果时尽量区分医
　　　　　 疗机构对各损害后果应承担的责任 ……………… 257
案例 9-5　因"缺陷出生"引发的医疗损害责任纠纷中,特
　　　　　 殊抚养费属于患方的合理损失 …………………… 269
案例 10-1　医疗机构不适当履行告知义务可能承担侵权
　　　　　　责任 ………………………………………………… 277
案例 10-2　法院应根据实际情况,综合判定医疗机构履行
　　　　　　告知义务是否适当 ………………………………… 290

案例 10-3	正确理解"当时的医疗水平"是法官判断医疗机构是否尽到注意义务的关键	300
案例 10-4	特殊时期实施的阶段性医疗规范不影响医疗机构履行首诊负责制	307
案例 10-5	医疗美容纠纷不应单独适用《消费者权益保护法》	321
案例 11-1	应当严格区分药物试验与普通诊疗行为的不同	338
案例 11-2	法院在处理接种疫苗后发生严重不良反应案件时的审查内容	346
案例 11-3	非法行医应当按照一般侵权的相关规定予以处理,不可与医疗损害责任纠纷混淆	357

第一章　医疗纠纷的案由及相关法律问题

引言　案由的确定,不仅直接关系到各方当事人明确争议所在,确定法律关系的性质,更是法官确定审理思路、合理分配举证责任、正确适用法律做出公正裁决的基础。最高人民法院2011年2月18日第一次修正《民事案件案由规定》后于2020年对民事事由又进行了第二次修订,并印发2020年《民事案件案由规定》,该规定自2021年1月1日起施行。审判实践中,常出现当事人错列案由导致合法权益没能得到保护,或者出现不当诉讼的情形。本章介绍了医疗纠纷相关的案由、相应的法律适用问题及不当选择案由的法律后果。

一、与医疗纠纷有关的案由

(一)民事案件案由

1. 概念

民事案件的案由,是民事诉讼案件的名称,反映案件涉及的民事法律关系,是对各方当事人争议所包含的法律关系的概括。

2. 划分

2020年《民事案件案由规定》，以民法理论对民事法律关系的分类为基础，结合现行立法及审判实践，将案由分为一至四级。

一级案由分为十一大部分，即人格权纠纷，婚姻家庭、继承纠纷，物权纠纷，合同、准合同纠纷，知识产权与竞争纠纷，劳动争议、人事争议，海事海商纠纷，与公司、证券、保险、票据等有关的民事纠纷，侵权责任纠纷，非讼程序案件案由，特殊诉讼程序案件案由①。

3. 案由的确定

首先，只能在现行2020年《民事案件案由规定》的范围内确定案由，不得自行编造、设立新的案由。人民法院应当根据当事人主张的民事法律关系的性质或者请求权的性质，在2020年《民事案件案由规定》划分的四级案由中，按照四、三、二、一的顺序，确定与当事人主张的法律关系最为契合的案由。

其次，基于法律赋予原告的选择权，一审法院原则上应当根据原告主张的民事法律关系的性质来确定立案案由。审判过程中，发现立案案由确有错误的，或者因当事人变更诉讼请求，导致当事人诉争的民事法律关系发生变更的，应当变更案由。但确定的案由与当事人主张的案由不同的，应当释明当事人可以变更诉讼请求。

再次，审判实践中，人民法院受理民事案件，传统上同一诉讼中仅涉及一个法律关系，即仅有一个案由。《最高人民法院关于印发修改后的〈民事案件案由规定〉的通知》中规定，同一诉讼中涉及两个以上的法律关系的，应当根据当事人诉争的法律关系的性质确定个案案由；均为诉争的法律关系的，则按诉争的两个以上法律关系

---

① 2020年《民事案件案由规定》第一级案由项下，划分出了54类第二级案由；在二级案由项下又列出了473种案由，作为第三级案由，其中就包括服务合同纠纷和医疗损害责任纠纷。第三级案由是司法实践中最常见和广泛使用的案由。基于审判工作指导、调研和司法统计的需要，在部分第三级案由项下又列出了391个第四级案由。

并列确定相应的案由。

在确定侵权责任纠纷具体案由时,应当先适用一级案由"侵权责任纠纷"项下根据《民法典》侵权责任编相关规定列出的具体案由。没有相应案由的,再适用"人格权纠纷""物权纠纷""知识产权与竞争纠纷"等其他部分项下的案由。如医疗行为可能造成人身损害,确定案由时,应当适用"侵权责任纠纷"项下"医疗损害责任纠纷"案由,而不应适用"人格权纠纷"项下的"生命权、身体权、健康权纠纷"案由。

同时,二审法院认为一审法院认定的法律关系、确定的案由存在错误的,有权按照当事人诉争的法律关系的性质予以纠正,重新确定案由。

4. 确定案由对于民事审判的意义

案由的确定,不仅有利于各方当事人明确争议所在,确立诉讼方向,便于收集、提供证据,完成举证责任,更有利于法官明确案件审理思路,正确适用法律,作出公正裁决。

(二)与医疗纠纷有关的案由

1. 医疗服务合同纠纷

医疗服务合同纠纷,是三级案由服务合同纠纷项下的四级案由。

医疗服务合同,指医疗机构或者其他民事主体与患者之间因患者就医而形成的以诊疗护理为内容的合同。

医疗服务合同,可以说是最为特殊的一类"合同"。不仅由于疾病发展的不可预见性,导致诊疗行为因患者病情发展而随时面临调整,更因疗效的不能完全确定,致使医疗机构不能在患者就医时就承诺实现治愈患者这一终极目标。因此,医患双方不能预先约定具体的服务事项及合同目的。甚至特殊到在一定程度上当事人"意思自治"这一民法精神都受到限制。究其原因,不仅在于医疗机构基本上无权主动选择患者,其基于被动的接诊,才能与患者建立医疗服务合同关系,更是因为法律法规规定,救死扶伤是医疗机构和医务人员的职责和法定义务,医疗机构不得推诿病人、拒绝接收危重病人①。

医疗服务合同纠纷,指医患双方围绕诊疗过程中侵权之外的事项发生的争议,如患者欠付医疗费、患者符合出院条件但拒绝出院、患者认为未达到约定的疗效或服务(多见于医疗美容领域)、医务人员搭车开药、乱收费、开大处方或过度医疗等引发的纠纷。但司法实践中不乏当事人错误选择案由的情形。

2. 医疗损害责任纠纷

医疗损害责任纠纷属于二级案由侵权责任纠纷项下的三级案由。

所谓医疗损害责任,是指患者在医疗机构就医时,因医疗机构及其医务人员的过错,在诊疗护理活动中受到损害的,医疗机构应当承担侵权损害赔偿责任。患方就其在诊疗活动中受到的损害,基于侵权起诉要求赔偿,应当按照医疗损害责任纠纷起诉。

《民法典》第七编侵权责任第六章医疗损害责任虽然仅11个条文,但却明确规定了侵害患者知情同意权造成患者损害应承担的法律责任,以及因药品、消毒药剂、医疗器械的缺陷或者输入不合格的血液造成患者损害的责任承担,因而最高人民法院在2020年《民事案件案由规定》中,在医疗损害责任纠纷项下,设立了如下两个四级案由:

(1)侵害患者知情同意权责任纠纷

侵害患者知情同意权责任,是指医疗机构的医务人员在诊疗活

---

① 首诊负责制:凡来医院就诊病人,均实行医院首诊负责制。医院对诊疗范围内的病人一律不得拒诊。非诊疗范围内的病人如病情危重,危及生命的情况下应就地抢救。首诊科室和首诊医师应对其所接诊患者,特别是对危、急、重患者的诊疗、会诊、转诊、转科、转院、病情告知等医疗工作负责到底。

动中,应当向患者说明病情和医疗措施等情况而未予说明,或者在实施手术、特殊检查和特殊治疗时,应当向患者或其近亲属说明医疗风险、替代医疗方案等情况并取得其书面同意而未尽到相应义务,造成患者发生损害的,医疗机构应当承担赔偿责任。

(2)医疗产品责任纠纷

医疗产品责任,是指医疗机构在诊疗过程中使用有缺陷的药品、消毒药剂、医疗器械等医疗产品,或者输入不合格的血液,因此造成患者人身损害的,医疗机构或者医疗产品的生产者、血液提供机构所应当承担的侵权损害赔偿责任。

值得注意的是,如果患方起诉,出现上述两个四级案由不能涵盖的情况时,则需统一确定为上一级案由医疗损害责任纠纷,且对于医疗产品缺陷造成患者人身损害的案件,不能用三级案由产品责任纠纷而应当以四级案由医疗产品责任纠纷来确定案由。

二、医疗纠纷法律适用

(一)医疗服务合同纠纷

医疗服务合同既然属于合同项下的案由,人民法院当然应当主要依据《民法典》合同编处理此类纠纷。

但需要注意,医疗服务合同毕竟不同于因生活美容或其他消费关系而形成的普通服务合同,能否适用《消费者权益保护法》,业界一直存在争议,主流观点认为不宜适用《消费者权益保护法》。

(二)医疗损害责任纠纷

医疗损害责任纠纷既然属于侵权纠纷,人民法院必然主要是依据《民法典》《人身损害司法解释》《医疗损害司法解释》处理此类纠纷。

同时,《民法典》第 1222 条①规定,因医疗机构违反法律、行政法规、规章及其他有关诊疗规范的规定,患者有损害的,推定医疗机构有过错。因此,除《民法典》及相关司法解释,其他相关法律法规也必然成为审理医疗损害责任纠纷时应适用的法律依据。常用的有《执业医师法》《病历书写基本规范》《医疗机构病历管理规定》《电子病历应用管理规范(试行)》《医疗机构管理条例》及《医疗机构管理条例实施细则》等。

三、不当选择案由的法律后果

(一)不当选择案由的几种表现

(1)患方错误地选择以二级案由人格权纠纷项下的三级案由生命权、身体权、健康权纠纷为案由起诉医疗机构,主张医疗机构及其医务人员不当诊疗行为给其造成伤害,要求赔偿。

生命权、身体权、健康权纠纷,是指因他人实施侵害生命权、身体权、健康权行为而引起的纠纷。生命权,是指以自然人的生命安全利益为内容的权利。身体权,是指公民维护其身体完整并能自由支配其身体各个组成部分的权利。身体权的客体是公民的身体,身体权最重要的就是保持其身体的完整性、完全性。健康是指维持人体生命活动的生理机能的正常运作和功能的完善发挥以及心理的良好状态。健康权,是指公民以其机体生理机能正常运作和功能完善发挥,维护人体生命活动的利益为内容的人格权,包括健康维护权和劳动能力以及心理健康②。

---

① 《民法典》第 1222 条规定,患者在诊疗活动中受到损害,有下列情形之一的,推定医疗机构有过错:(1)违反法律、行政法规、规章以及其他有关诊疗规范的规定;(2)隐匿或者拒绝提供与纠纷有关的病历资料;(3)遗失、伪造、篡改或者违法销毁病历资料。

② 张新宝:《中国侵权行为法》,中国社会科学出版社 1998 年版,第 423 页。

2008年4月1日起施行的《民事案件案由规定》,将涉及医疗侵权纠纷的案由确定为"医疗损害赔偿纠纷",其作为四级案由,是规定在三级案由"生命权、健康权、身体权纠纷"项下的。而2020年《民事案件案由规定》,则根据《民法典》,在侵权责任纠纷项下设立的三级案由中规定了"医疗损害责任纠纷"。在确定侵权责任纠纷具体案由时,应当在"侵权责任纠纷"项下,根据《民法典》相关规定选择与案件涉及的法律关系最为贴切的具体案由。没有相应案由的,再适用"人格权纠纷""物权纠纷""知识产权与竞争纠纷"等其他部分项下的案由。但有些当事人还是错误地认为在医疗机构的诊疗行为给其造成损害时,应以生命权、身体权、健康权纠纷为案由起诉。

(2)患方混淆了侵权之诉和合同之诉,错误地选择了与其请求涉及的法律关系并不相符的案由进行诉讼。

例如,患方认为被诉医疗机构乱收费,要求返还,争议的焦点并不涉及诊疗行为本身,仅对费用收取是否合理产生争议,完全不涉及侵权问题,当事人本应起诉医疗服务合同纠纷,但却错误地以医疗损害责任纠纷为案由起诉。此种情形,实践中并不多见。

再如,患方认为被诉医疗机构的医务人员实施错误的诊疗行为,造成其身体和精神上的伤害,争议焦点是诊疗行为是否构成侵权,本应以医疗损害责任纠纷为案由起诉,却因当事人主观认识错误,或者试图规避举证责任等,最终选择以医疗服务合同纠纷为案由起诉。相对而言,此种情形在实践中较为多见。

(二)司法实践中对于当事人错误选择案由的处理

医疗纠纷司法实践中,针对患者错误地选择案由起诉,部分法官打着"公平""照顾弱势群体""减少当事人诉累"的旗号,并不严格地适用法律,在分配举证责任、确定赔偿范围、计算损失等方面都模糊处理,对案件直接进行裁决。这种做法,从处理结果上看,可能对部分争议简单的案件影响不大,如患者以侵权责任纠纷为案由起诉医疗机构乱收费,经法官核实确实存在这种情况,遂判决退费。但对于复杂的案件,恐怕就会造成错判的情形。

笔者对这种做法并不认同。一则,法官是执法者,如果法官都不按照法律规定处理案件,岂不是"枉法裁判",哪还有公平正义。二则,裁判文书的作用不仅是对个案的裁决,更是对社会起着价值导向作用,法官错误地适用法律作出的裁决,无疑会使民众产生错误的认识,直接影响其行为。三则,错误地适用法律,很大程度上会造成错误的裁决结果,直接损害了法律的尊严和法院的公信力。所以,笔者认为,当患方错误地选择起诉案由时,法官要就法律适用进行释明。特别是在举证责任分配、赔偿范围确定、损失计算等直接关系当事人诉讼目的能否实现的关键问题上,适用不同法律可能带来不同的后果,法官要向当事人充分说明,以期改变当事人错误的认识,重新确定正确的案由。当然在进行充分释明后,当事人仍坚持原起诉案由时,要尊重当事人的意愿,在做好记录的情况下,严格适用法律,依法对案件作出裁决。这样处理,既最大限度地保护了当事人的合法权益,又维护了法律的公平、公正。

(三)司法实践中对侵权责任与违约责任竞合的处理

案例1-1　请求权竞合时当事人择一而诉后另一项请求权消灭

患者李某患有慢性肾功能不全,在甲医院住院期间,该院为其行甲状腺切除术,手术顺利。术后,李某出现水肿、窒息。虽经甲医院治疗抢救,最终无效,于2011年8月14日死亡。李某之夫张某与甲医院共同委托司法鉴定所就李某的死亡原因进行鉴定。司法鉴定所鉴定后,出具鉴定意见书,确认:被鉴定人李某系在慢性肾功能不全(尿毒症期)、冠状动脉粥样硬化等疾病的基础上,于甲状旁腺全切除、双侧甲状腺部分切除术后,因颈部甲状腺旁血肿形成,致其颈部呼吸道受压迫而发生窒息,终因多器官系统功能障碍而死亡。后经区卫生局委托区医学会对李某病例进行医疗事故技术鉴定,区医学会出具鉴定文书,确认:李某病例构成一级甲等医疗事故,甲医院承担完全责任。因甲医院对上述鉴定结果不服,申请进行重新鉴定,区卫生局遂委托市医学会进行重新鉴定。市医学会鉴定后,出具鉴定文书,鉴定结论为:医方负主要责任。

2014年,张某以医疗服务合同纠纷为案由起诉甲医院,要求赔偿医疗费、护理费、住院伙食补贴费、丧葬费、鉴定费、法医鉴定尸体处理相关费用及可得利益损失,共计1200万元。2016年1月21日,一审法院作出判决,对于事故责任分析认为,市医学会在认定责任程度时实际考虑了患者病情的罕见性以及自身疾病的因素,因而认定甲医院负主要责任,与区医学会的认定意见存在差异。但即便根据两种存在差异的鉴定意见亦可证实,甲医院的违约行为以及违约后果均是严重的。因此,甲医院应当全额赔偿因违约给患者李某及家属张某造成的合理损失。关于张某主张可得利益损失一项,根据《最高人民法院关于当前形势下审理民商事合同纠纷案件若干问题的指导意见》第10条规定,因违约导致人身伤亡、精神损害等情形的,不宜适用可得利益损失赔偿规则,故对张某该项诉讼请求不予支持。关于患者死亡造成的收入损失,张某可以依据相关司法解释的规定另行主张权利。一审判决甲医院返还张某全部住院押金,并赔偿张某护理费、住院伙食补助费、丧葬费、鉴定费、法医鉴定尸体处理相关费用,共计19万元。宣判后,双方均未上诉,该判决发生法律效力。

后张某又以医疗损害责任纠纷为案由起诉甲医院,要求甲医院赔偿死亡赔偿金125万元及精神损害抚慰金30万元。甲医院辩称双方争议已经法院生效判决处理,张某起诉本案违反一事不再理原则,不同意其全部诉讼请求。一审法院未采信甲医院的抗辩意见,判决支持了张某的全部诉讼请求。甲医院不服上诉。二审法院认为,张某已经基于本案争议事实向甲医院起诉过医疗服务合同纠纷,现其再行以医疗损害责任纠纷起诉本案,不符合法律规定,故裁定将本案发回一审法院重审。一审法院重审后,仍实体判决甲医院对张某的请求承担全部赔偿责任。甲医院上诉,认为张某在主张了违约之诉后再行主张侵权之诉,于法无据,本案一审判决违反"一事不再理"原则,适用法律错误;前案已经生效的判决书以张某主张的可得利益损失不符合法律规定为由判决驳回其此项诉讼请求,本案一审判决再对其主张的死亡赔偿金和精神抚慰金予以支持,明显错误;一审判决判令医院承担全部赔偿责任也欠妥;请求撤销一审判决,改判驳回张某的诉讼请求。

【研究主旨】

医疗纠纷案件中,在违约责任和侵权责任竞合的情况,当事人选择其中一个案由诉讼,法院实体判决后,当事人可否再行以另一案由起诉?

【裁判要旨】

一审法院认为,张某曾以医疗服务合同纠纷为由起诉甲医院,法院作出民事判决书,判令甲医院应当全额赔偿张某的合理损失,张某主张的可得利益损失,法院不予支持,关于患者李某死亡造成的收入损失,张某可以依据相关司法解释规定另行主张权利。医疗服务合同纠纷案件中,张某并未主张患者因死亡产生的死亡赔偿金及精神损害抚慰金事项。张某在本案中主张上述两项请求时存在侵权责任与违约责任竞合的问题,其可以再次选择法律关系的适用。本案中,张某选择侵权责任纠纷未违反相关法律规定,如禁止其再次选择法律关系将导致患者李某因死亡造成的死亡赔偿金、精神损害抚慰金两项主要合理损失无法得到救济,造成双方当事人之间矛盾升级,无法解决。根据两级医学会鉴定以及法院认定,甲医院在对李某诊疗中存在重大过失,导致其死亡后果发生,应依《侵权责任法》第54条①之规定,承担全部赔偿责任。张某在前次诉讼中主张的可得利益损失一项不符合法律规定,未得到法院支持,但前次诉讼,并不阻却权利人另行主张。张某在此次诉讼中,要求甲医院赔偿死亡

---

① 《民法典》第1218条规定,患者在诊疗活动中受到损害,医疗机构或者其医务人员有过错的,由医疗机构承担赔偿责任。

赔偿金以及精神损害抚慰金的诉讼请求,符合法律规定,应予以支持。

二审法院认为,被上诉人张某曾因患者李某在甲医院接受甲状腺切除术后死亡一事,向一审法院提起医疗服务合同纠纷诉讼,一审法院对该案已作出生效判决。现其又以侵权之诉提起本案,要求甲医院赔偿,一审法院在认定案件涉及的法律关系及适用法律上均存在错误。庭审中,二审法官向张某释明违约之诉和侵权之诉,在归责原则、法律适用、赔偿范围等方面均存在差异,其应当选择最有利的案由起诉,张某当庭表示之前并不知晓相关法律规定,否则不会以医疗服务合同纠纷为案由起诉本案。甲医院也认可本案涉及的死亡赔偿金和精神抚慰金属于张某的合理损失,但不同意分成两个案子处理。最终,经二审法院与一审法院协调,一审法院对该院作出生效判决的医疗服务合同纠纷案提起再审,张某在该案再审期间申请撤回起诉,甲医院同意将张某在该案中的全部诉讼请求合并到本案中,一并由二审法院调解解决。最终,双方因患者李某在甲医院诊疗产生的纠纷因双方达成调解而圆满解决。

【法律评析】

张某曾就本案涉及的医疗损害以医疗服务合同纠纷为案由起诉,要求甲医院赔偿医疗费、护理费、住院伙食补助费、丧葬费、鉴定费、尸体处理费及可得利益损失。该案诉前,已经两级医疗事故技术鉴定,区级事故鉴定认定构成一级甲等医疗事故,甲医院承担全部责任,而市级事故鉴定确认事故等级不变,甲医院承担主要责任。由于卫生行政机关以最后做出的医疗事故技术鉴定意见为处罚依据,所以,严格来讲,如果以医疗损害责任纠纷为案由起诉,法院在考量医疗机构应该承担的侵权责任时,应当参考市级医疗事故技术鉴定意见,甲医院很有可能按主要责任,对张某的合理损失部分予以赔偿。张某在起诉医疗服务合同纠纷案时,有专业律师代为诉讼,对于侵权责任和违约责任在法律适用、归责原则、赔偿范围、损失计算等诸多方面存在的差异,系明知,其理应自行承担相应的法律后果,而其仍然坚持选择医疗服务合同纠纷起诉,回避了侵权责任的过错责任原则,一审法院也正是按照《合同法》的严格责任,判令甲医院承担了全部违约责任,对张某主张的除可得利益损失之外的其他损失判令甲医院全额赔偿。现张某又以医疗损害责任纠纷为案由再次起诉甲医院,要求赔偿死亡赔偿金和精神抚慰金,显然属于请求权丧失。而一审法院在两次审理中均认为,张某在前次诉讼中所主张的可得利益损失不符合法律规定,在本案中主张符合法律规定,判决支持张某主张的全部死亡赔偿金及部分精神抚慰金。对此,二审法院则认为,张某在李某就医发生损害后,已就李某在甲医院诊疗过程中死亡一事选择以合同案由起诉,一审法院也已就此作出生效判决。张某在违约请求权和侵权请求权竞合情况下,已经选择其中一项请求权获得救济后,另一项请求权应归于消灭。现其再以医疗损害责任纠纷起诉,因欠缺基本的权利基础,法院应该直接裁定驳回其起诉。

当某一生活事实同时构成多项请求权规范的构成要件时,就会出现形式上复数的请求权。在承认基于相同生活事实产生的请求权可以并存的前提下,从请求权的目的出发,王泽鉴教授对请求权竞合做出了直接、清晰的界定,认为所谓请求权竞合,是指以同一给付目的的数个请求权并存,当事人得择一而行使,其中一个请求权因目的达到而消灭时,其他请求权亦因目的达到而消灭;反之,就一个请求权因目的达到以外之原因而消灭(如罹于时效)时,则仍得行使其他请求权。

请求权竞合问题由来已久,无论国际还是国内,理论界还是实务界,对于请求权竞合问题的争议从来就没有停止过,我国也如是。我国立法者意欲从实体法上解决此问题。在《民法典》出台之前,《合同法》第122条处理了违约责任与侵权责任的竞合。《民法典》第186条规定,因当事人一方的违约行为,损害对方人身权益、财产权益的,受损害方有权选择请求其承担违约责任或者侵权责任。上述规定为请求权发生竞合的情形提供了解决方案,即通过赋予当事人选择权,避免发生"重复赔偿"。但若从诉讼法的立场出发,"选择"即意味着当事人可以分别起诉,由此可能使得避免"重复赔偿"的目的无法实现。因此,请求权竞合的情况下避免重复诉讼,还须借助禁止重复起诉的诉讼制度来保障。《民诉法解释》第247条规定,当事人就已经提起诉讼的事项在诉讼过程中或者裁判生效后再次起诉,同时符合下列条件的,构成重复起诉:(1)后诉与前诉的当事人相同;(2)后诉与前诉的标的相同;(3)后诉与前诉的诉讼请求相同,或者后诉的诉讼请求实质上否定前诉裁判结果。当事人重新起诉的,裁定不予受理;已经受理的,裁定驳回起诉,但法律、司法解释另有规定的除外。该条款对于构成重复起诉条件的限制与《民法典》的规定并不一致。正是由于立法者并未就法律上的冲突问题如何协调衔接作出进一步的规定,以致审判实践中出现执法不统一的现象。

对于请求权发生竞合的情况下,当事人选择一种请求权之后,是否还能行使另一项请求权,基本存在两种意见。一种意见认为,当事人择一而诉,已经进行了选择,人民法院进行判决后,又就同一事实以另一案由起诉,人民法院不宜再进行实体处理。另一种意见认为,如果当事人某项主张未提出或完全未获支持,应当允许其在另诉中再行主张,因两诉的法律关系及诉讼主张不同,基于不同诉讼标的理论,也可视其为新的诉讼,法院可以进行实体审理,这样有助于充分保护当事人的合法利益。

普遍认为,医患之间形成医疗服务合同关系,而患者在就诊过程中,往往又会因不当的医疗行为受到损害,因此医疗纠纷中患方作为原告起诉时,由于被诉医疗机构的医疗行为同时具备了侵权行为和债务不履行要件,患方当然同时享有违约请求权和侵权请求权,两项请求权发生竞合。患方既可以选择以医疗服务合同纠纷为案由,要求被诉医疗机构承担违约责任,也可以选择以医疗损害责任纠纷为案由,要求被诉医疗机构承担侵权责任。但就已经择一而诉,并且患方的诉讼请求已经人民法院实体判决的案件,患方再行以另一案由提起诉讼,人民法院应当如何处理,实务界一直都有争议。基本也就是上述两种观点在博弈。

  笔者倾向于第一种观点。首先,我国是大陆法国家,法官应依法判案。既然《民法典》已经对请求权竞合的情况作出了明确规定,且立法态度应属于"选择消灭模式",即在合同责任与侵权责任竞合的情形下,不论当事人选择哪种救济方式,另外一条救济途径就已封闭,法官应当遵守法律。其次,现实生活中的同一行为,如果既构成违约行为,也构成侵权行为,则相互竞合的不仅仅是两项法律规范,而是两项规范总体。之所以强行要求当事人作出选择,是因为不论是在归责原则、责任范围、举证责任、义务内容,还是时效等方面,基于合同所产生的违约责任与以侵权为基础所产生的侵权责任,都相去甚远。如果原告在起诉时不作出选择,不仅会增加对方当事人的防御负担,更重要的是还会因法律规则的不同,使其通过一个诉讼不仅减轻自己应当承担的诉讼义务,如举证责任等,从而获得法院对于实体问题的有利于自己的认定,还可能会因该生效判决对其提起的另案造成有利影响。再次,强制当事人择一而诉,虽然可能因当事人的错误选择,以至于其合法权益没有得到完全保护,产生不利的后果,但是这是可以弥补的。大陆法系国家,法官并不受制于当事人提出的法律观点的拘束。现阶段的审判实践中,因当事人不具备专业法律知识,有些也没有专业律师代理诉讼,在起诉的时候,并不能针对具体的生活事实明确地选择合同之诉或侵权之诉主张违约损害赔偿请求权或侵权损害赔偿请求权;其在诉状中所主张的是未经法律评价的生活事实,而非经过法律评价的要件事实。起诉理由即法律适用问题,并非诉状的必要事项,而且即便当事人提出法律观点,也并不对法官产生约束力。法官应当就当事人所主张的生活事实进行必要审查,识别判断可能适用的法律规范,推导出相应的法律后果,并就此向当事人进行必要的释明,由当事人进行选择。这样不仅符合法官知法原则,减轻了原告起诉时选择法律规范的负担,有利于最大限度地保护原告的合法利益,同时也缓解被告诉讼防御的负担,防止突袭裁判。

当然,由于立法上的不清晰,特别是《民诉法解释》第247条,使得部分法官对于请求权竞合问题持不同观点,笔者认为在现有法律框架下,此类纠纷按照第一种观点处理,从法律效果、社会效果的统一,以及合理保护双方当事人利益层面均比较适宜。

第二章 医疗纠纷案件的主体

> **引言** 民事诉讼主体,是指参与民事诉讼活动的当事人。确定诉讼主体,就是解决谁有权利诉以及应当诉谁的问题。由于引起医疗纠纷的原因不同,导致不同案件诉讼主体不同。司法实践中,时常会出现原告主体不适格或者被告主体不适格的情形。本章不仅介绍了一般医疗纠纷的主体,还列举了几类特殊类型的医疗纠纷主体。

一、医疗纠纷的诉讼主体

(一)关于民事诉讼主体的一般法律规定

1. 实体法对自然人主体行为能力的一般规定

(1)民事行为能力的概念

所谓民事行为能力,是指能够以自己的行为依法行使权利和承担义务,从而使法律关系发生、变更或消灭的资格。

(2)《民法典》的相关规定

《民法典》总则编第17条至第21条,将自然人的民事行为能力划分为三类:一是完全民事行为能力人,即年满18周岁,可以独立实施民事法律行为的成年人,以及年满16周岁,以自己的劳动收入为主要生活来源的未成年人。二是限制民事行为能力人,即8周岁以上的未成年人和不能完全辨认自己行为的成年人。三是无民事行为能力人,即不满8周岁的未成年人,以及不能辨认自己行为的成年人和年满8周岁不能辨认自己行为的未成年人①。

完全民事行为能力人当然独立实施民事法律行为。限制民事行为能力人可以实施纯获利益的民事法律行为或者与其智力、精神健康状况相适应的民事法律行为。此外,其实施民事法律行为应由其法定代理人代理或经其法定代理人同意、追认。无民事行为能力人,应由其法定代理人代理实施民事法律行为。无民事行为能力人和限制民事行为能力人的监护人是其法定代理人。民事诉讼属于民事法律行为,法院审查原、被告主体资格时,当然应当适用《民法典》的上述规定。

《民法典》第1181条规定,被侵权人死亡的,其近亲属有权请求侵权人承担侵权责任。被侵权人为组织,该组织分立、合并的,承继权利的组织有权请求侵权人承担侵权责任。被侵权人死亡的,支付被侵权人医疗费、丧葬费等合理费用的人有权请求侵权人赔偿费用,但是侵权人已经支付该费用的除外。

司法实践中,有当事人的行为举止使人对其是否具有完全行为能力产生怀疑,为避免无效诉讼,法官往往会启动诉讼行为能力鉴

---

① 《民法典》第17条规定:"十八周岁以上的自然人为成年人。不满十八周岁的自然人为未成年人。"第18条规定:"成年人为完全民事行为能力人,可以独立实施民事法律行为。十六周岁以上的未成年人,以自己的劳动收入为主要生活来源的,视为完全民事行为能力人。"第19条规定:"八周岁以上的未成年人为限制民事行为能力人,实施民事法律行为由其法定代理人代理或者经其法定代理人同意、追认;但是,可以独立实施纯获利益的民事法律行为或者与其年龄、智力相适应的民事法律行为。"第20条规定:"不满八周岁的未成年人为无民事行为能力人,由其法定代理人代理实施民事法律行为。"第21条规定:"不能辨认自己行为的成年人为无民事行为能力人,由其法定代理人代理实施民事法律行为。八周岁以上的未成年人不能辨认自己行为的,适用前款规定。"

定,以明确当事人是否具有诉讼行为能力,诉讼行为是否有法律效力。那么诉讼行为能力与民事行为能力有什么关联呢？诉讼行为能力,是指当事人具有亲自实施诉讼行为,行使诉讼权利和承担诉讼义务的诉讼法上的资格,与民事行为能力有着密切联系,但又有一定的区别。之前介绍了《民法典》对民事行为能力采取三分法,即完全民事行为能力、限制民事行为能力和无民事行为能力。诉讼行为能力则采用二分法,即有诉讼行为能力和无诉讼行为能力。完全行为能力与有诉讼行为能力相对应,而限制民事行为能力和无民事行为能力则与无诉讼行为能力相对应。

2. 程序法关于诉讼主体的相关规定

《民事诉讼法》第48条规定,公民、法人和其他组织可以作为民事诉讼的当事人。法人由其法定代表人进行诉讼。其他组织由其主要负责人进行诉讼。第57条规定,无诉讼行为能力人由他的监护人作为法定代理人代为诉讼。法定代理人之间互相推诿代理责任的,由人民法院指定其中一人代为诉讼。

《民诉法解释》第55条规定,在诉讼中,一方当事人死亡,需要等待继承人表明是否参加诉讼的,裁定中止诉讼。人民法院应当及时通知继承人作为当事人承担诉讼,被继承人已经进行的诉讼行为对承担诉讼的继承人有效。第56条规定,法人或者其他组织的工作人员执行工作任务造成他人损害的,该法人或者其他组织为当事人。第83条规定,在诉讼中,无民事行为能力人、限制民事行为能力人的监护人是他的法定代理人。事先没有确定监护人的,可以由有监护资格的人协商确定;协商不成的,由人民法院在他们之中指定诉讼中的法定代理人。当事人没有《民法典》第27条、第28条规定的监护人的,可以指定《民法典》第32条规定的有关组织担任诉讼中的法定代理人。

民事诉讼中,法人和其他组织具有独立的诉讼主体资格,其工作人员执行工作任务时造成他人伤害的,法人或者其他组织都应作为用人单位为其工作人员承担民事责任。"工作人员"不仅包括其正式员工,也应当包括临时在单位工作的员工。

3. "有明确的被告"系起诉的必要条件

《民事诉讼法》第119条第2款规定,起诉必须有明确的被告。《民诉法解释》第209条规定,原告提供的被告的姓名或者名称、住所等信息需要具体明确,足以使被告与他人相区别的,可以认定为有明确的被告。起诉状列写被告信息不足以认定明确的被告的,人民法院可以告知原告补正。原告补正后仍不能确定明确的被告的,人民法院裁定不予受理。

"有明确的被告"是原告起诉的必要条件之一。司法实践中,如何判断原告的起诉是否"有明确的被告",一直是困扰司法实践的一个重要问题。笔者认为,立案审查阶段,有"明确的被告"包括两层意思:一是形式上要有身份和空间都明确的具体的告诉相对方;二是实质上要与告诉相对方之间存在法律关系。还需明确的是,即便立案审查阶段确认原告起诉有"明确的被告",也并不等于这个被告属于"适格被告"。因为,立案审查阶段只需做形式上的审查,明确谁是被告就可以了,至于这个被告是否属于适格被告,即与原告是否存在某种法律关系,一般只有通过实体审理才能对此做出判断。

(二)医疗服务合同纠纷的诉讼主体

根据《民事诉讼法》关于诉讼主体的规定,医疗服务合同纠纷中诉讼主体包括:

1. 原告

医疗机构、患者、死亡患者的近亲属及为死亡患者垫付医疗费等费用的其他主体,都可以成为此类纠纷的原告。如医疗机构因患者欠付医疗费,可以以医疗服务合同纠纷为案由,起诉患者或者死亡患者近亲属,要求其支付欠付的医疗费。患者家属或为患者支付了医疗费等相关费用的人,有权请求返还所支付费用。

2. 被告

医疗机构、患者及死亡患者的近亲属,都可以成为此类纠纷的被告。如患者认为医疗机构存在开大处方、乱收费等情形,可以医疗服务合同纠纷为案由,起诉医疗机构要求其退还多收取的费用。医疗机构因患者符合出院条件,却拒绝出院,以医疗服务合同纠纷为案由,可以起诉患者,要求其"腾床"。

(三)一般医疗损害责任纠纷的诉讼主体

1. 原告

通常是患方,包括患者或死亡患者的法定继承人,也可以表述为由患者承担扶养义务的人或其近亲属。

2. 被告

应当是与患者发生医疗关系的医疗机构。

患者因所患疾病疑难复杂、不满意疗效等原因,往往会就同一伤病至多个医疗机构求医问药,以致同一时期与多个医疗机构形成医疗服务关系。《医疗损害司法解释》第 2 条明确规定,患者因同一伤病在多个医疗机构接受诊疗受到损害,起诉部分或者全部就诊的医疗机构的,应予受理。患者起诉部分就诊的医疗机构后,当事人依法申请追加其他就诊的医疗机构为共同被告或者第三人的,应予准许。必要时,人民法院可以依法追加相关当事人参加诉讼。所以患者以其就诊的医疗机构为被告起诉医疗损害责任纠纷时,可以是一个也可以是一个以上。

司法实践中,患方将多个医疗机构列为共同被告的较为常见,而且由于《人身损害司法解释》规定,部分损失计算系以受诉法院所在地的统计局发布的相关数据为标准的,部分患者为了获取较高的利益,在认为当地医疗机构的诊疗行为给其造成损害后,并不直接在该医疗机构所在地法院起诉,而是到经济较为发达的地区,如"北上广"等一线城市,选择一家三甲医院挂号就诊,之后在这家医院所在地法院起诉,一旦当地医疗机构被确认构成侵权责任,则不论这家三甲医院是否应承担侵权责任,患方均可按照受诉法院所在地的标准获得赔偿。这种"拉管辖"的行为对于实际承担赔偿责任的当地医疗机构十分不公平。直至2017年《医疗损害司法解释》实施,这种情况才得到有效遏制。该司法解释第24条规定,"被侵权人同时起诉两个以上医疗机构承担赔偿责任,人民法院经审理,受诉法院所在地的医疗机构依法不承担赔偿责任,其他医疗机构承担赔偿责任的,残疾赔偿金、死亡赔偿金的计算,按下列情形分别处理:(一)一个医疗机构承担责任的,按照该医疗机构所在地的赔偿标准执行;(二)两个以上医疗机构均承担赔偿责任的,可以按照其中赔偿标准较高的医疗机构所在地的赔偿标准执行"。《民法典》实施后,最高人民法院于2021年1月30日修订的《医疗损害司法解释》仍延续这一规定。

(四)几类特殊医疗侵权纠纷的诉讼主体

(1)因胎儿死亡引发医疗侵权,胎儿母亲可以作为原告提起诉讼。因自然人的权利能力始于出生,胎死腹中或胎儿娩出时为死体,并不具备权利能力,无法享有民事权利。但胎死腹中或娩出时为死体,必定给其母体造成身体及精神伤害,故胎儿的母亲当然有权作为原告起诉医疗机构,要求赔偿。实践中,有观点认为胎儿的死亡也会给其父亲造成精神上的损害,胎儿的父亲有权就精神损害请求赔偿,从《精神损害司法解释》等传统法律规定看,因侵权致人精神损害,但未造成严重后果,受害人请求赔偿精神损害的,人民法院一般不予支持,故对此类问题应当结合具体情况从严把握。

(2)因新生儿死亡引发的医疗侵权纠纷,新生儿父母应一并作为案件的原告。新生儿自出生即具有民事权利能力,因医疗机构接生过程中实施的诊疗行为对其造成损害,其有权作为原告起诉,但因其已经死亡,只能由其父母作为原告起诉。需要注意,此类案件通常包含两个法律关系,一是原告基于新生儿的法定继承人,从该新生儿处继承的权利;二是新生儿父母就被诉医疗机构对其本人造成的损害提起的侵权之诉。

(3)因医疗产品(药品、消毒药剂、医疗器械等)缺陷或不合格血液致损引发的医疗侵权纠纷,依据《民法典》第1203条[①]、第1223条[②]及《医疗损害司法解释》第3条的规定,患方可以起诉部分或者全部医疗产品的生产者、销售者、药品上市许可持有人和医疗机构,要求赔偿。《民法典》相较于《侵权责任法》增加了被告的范围。

因患者输入不合格血液造成损害的案件,可以选择起诉血液提供机构或医疗机构要求赔偿,也可以将其作为个体被告起诉。

由于生产厂家、经销商可能在外地甚至外国,患者对其详细情况并不了解,为了方便诉讼,患方通常仅将与其直接发生医疗服务关系的医疗机构列为被告,鲜有将药品、医疗器械生产者、销售者作为共同被告起诉的。

二、对错列诉讼主体的处理

(一)原告主体不适格或缺失部分原告

1. 对原告不具备完全行为能力或经鉴定不具备诉讼行为能力的处理

人民法院的工作机制规定,立案、审判、执行是分开的。根据

[①] 《民法典》第1203条规定,因产品存在缺陷造成他人损害的,被侵权人可以向产品的生产者请求赔偿,也可以向产品的销售者请求赔偿。

[②] 《民法典》第1223条规定,因药品、消毒产品、医疗器械的缺陷,或者输入不合格的血液造成患者损害的,患者可以向药品上市许可持有人、生产者、血液提供机构请求赔偿,也可以向医疗机构请求赔偿。患者向医疗机构请求赔偿的,医疗机构赔偿后,有权向负有责任的药品上市许可持有人、生产者、血液提供机构追偿。

《最高人民法院关于人民法院登记立案若干问题的规定》，自2015年5月1日起，人民法院对应该受理的民事起诉，实行立案登记。立案庭对于原告的起诉是否符合受理条件更多的是做形式上的审查，对于已满18周岁的原告，是否具备完全行为能力或者是否具备诉讼行为能力，立案阶段往往无法进行审查。所以虽然依据《民事诉讼法》第123条的规定，法院对不符合立案条件的案件应当在7日内裁定不予受理，但实际上案件已经受理并被转到审判庭，审判庭的法官即使认为不应当受理该案件，也不能再转回立案庭，一般情况下只能依据《民诉法解释》第208条规定，裁定驳回原告起诉。

如何判断原告是否具有完全民事行为能力或诉讼行为能力呢？司法实践中，法官根据诉讼材料或当事人的状态，高度怀疑原告是否具有完全民事行为能力或诉讼行为能力时，应当联系原告的家属，确认原告的行为能力。如果现有证明材料，能够直接确定原告不具备完全民事行为能力或诉讼行为能力，则需联系其法定监护人，并征询其法定监护人意见，是否同意继续诉讼。同意继续诉讼的，则应将该法定监护人列为原告的法定代理人；不同意继续诉讼的，最好释明该监护人作为原告的法定代理人向法院申请撤回起诉。如果原告拒不提供其法定监护人的联系方式及相关信息的，或其法定监护人明确表示不同意继续诉讼也不参加诉讼的，可以裁定驳回原告的起诉；反之，宜向双方当事人释明启动特别程序，先行确定原告的行为能力，再根据结果对案件作出不同处理。

至于被告方是否有权申请就原告是否具备诉讼行为能力进行鉴定，一直存有争议。一种观点认为，《民法典》第24条规定，"不能辨认或者不能完全辨认自己行为的成年人，其利害关系人或者有关组织，可以向人民法院申请认定该成年人为无民事行为能力人或者限制民事行为能力人"。"本条规定的有关组织包括：居民委员会、村民委员会、学校、医疗机构、妇女联合会、残疾人联合会、依法设立的老年人组织、民政部门等。"法律没有对利害关系人的范围作出界定,且确定原告的行为能力直接关系人权问题,故被告无权申请对原告的诉讼行为能力进行鉴定。另一种观点则认为,《民事诉讼法》第187条规定,"申请认定公民无民事行为能力或者限制民事行为能力,由其近亲属或者其他利害关系人向该公民住所地基层人民法院提出",即成年人的配偶、父母、成年子女可以作为其近亲属向法院提出鉴定申请,其他与该成年人有法律上利害关系的人也可以向法院提出鉴定申请。医疗纠纷中被告医疗机构属于与原告存在直接关系的利害关系人,当然有权向法院申请对原告是否具备诉讼行为能力进行鉴定。

2. 对患者尚在世,家属以自己的名义起诉医疗服务合同纠纷或者医疗损害责任纠纷的处理

医疗服务合同纠纷,患者与被诉医疗机构是合同的双方当事人,基于合同相对性原理,只能是患者本人作为原告提起违约之诉。医疗损害责任纠纷,患者作为受害人,才有权起诉与其发生医疗服务关系的医疗机构,要求赔偿。因此,无论是以医疗服务合同纠纷起诉,还是以医疗损害责任纠纷起诉,只要患者在世,无论其是否具有完全民事行为能力,都应以患者本人作为原告提起诉讼。患者不具备完全民事行为能力的,其法定监护人可以作为法定代理人,向法院提起诉讼。

患者在世,患者家属以自己的名义起诉医疗服务合同纠纷或者医疗损害责任纠纷,要求医疗机构承担违约或侵权责任的,法官应向原告释明相关法律规定,如果患者本人具有完全民事行为能力,则告知其如患者本人同意起诉本案,应以患者本人为原告,可以委托其以原告诉讼代理人的身份参加诉讼;如果患者不具有完全民事行为能力,则需审查原告是否系患者的法定监护人,对于原告是患者法定监护人的,应当告知其需将患者列为原告,其以患者法定

代理人的身份参加诉讼。

3. 患者死亡,对部分近亲属起诉要求医疗机构予以赔偿的处理

患者死亡,其近亲属,通常为第一顺序法定继承人,基于继承,均有权向被诉医疗机构主张权利。实践中,经常有死亡患者家属出于多种原因,仅其中一名或几名作为原告起诉为患者提供治疗的医疗机构的情况。例如,患者死亡,配偶与子女作为原告起诉,患者的父母并不知晓诉讼情况;也有患者死亡,子女之间就是否打官司存在分歧,仅部分子女起诉;抑或死亡患者一名或几名继承人失联,仅部分家属起诉的情况存在。

死亡患者部分继承人起诉的,法院应当依法追加其他继承人为共同原告;对于其中不愿意参加诉讼的,应向其释明相关法律后果,如其明确表示放弃诉讼权利,可以不列为原告;对于其中下落不明的,仍应追加为原告,并就其应当获得的赔偿金责令某个原告负责保管。

(二)被告主体不适格

医疗损害责任纠纷诉讼中,常有患方认为当事医务人员本人应当直接承担赔偿责任,错误地将当事医务人员列为共同被告,忽略了医务人员为患者实施诊疗行为属于履行职务行为,对患者造成损害,构成侵权责任的,应当由其所属医疗机构对患者承担赔偿责任。对此,法官应当在充分释明相关法律规定,特别是错误选择被告的法律后果之后,区别情况,分别处理。

(1) 原告仅起诉当事医务人员的,劝说其申请撤回起诉,更换被告后另行起诉,如其坚持不同意撤回起诉,应裁定驳回起诉。

(2) 原告将当事医务人员与所属医疗机构列为共同被告的,说服其撤销对当事医务人员的起诉,原告不同意的,应先行裁定驳回其针对当事医务人员的起诉,之后再就其与被诉医疗机构之间的纠

纷进行实体审理。

司法实践中,有部分法官,特别是资深法官,在原告起诉的被告中包含医务人员个人或其他不适格的主体,原告又不申请撤回针对不适格主体的起诉时,习惯于在判决书论理部分写明"被诉医务人员系履行职务的行为,原告要求其承担侵权责任,缺乏法律依据,本院不予支持",不再就此单独作出裁定。笔者认为,这种判决吸收裁定的方法简单易操作,但随着法制的完善,人民法院更应严格遵守法律,根据《民事诉讼法》的规定,对于不符合起诉条件的,还是应当以裁定的形式予以驳回。这样可以避免执法不统一的情况出现,提高法院公信力,维护法律的尊严。

三、共同侵权时诉讼主体的选择与责任承担

(一)共同侵权的相关法律规定

医疗机构承担着救死扶伤的义务,救治的患者,很多不仅是因自身患有疾病至医疗机构求医问药,很多是由于外力造成损害后至医疗机构进行救治,如交通事故中受伤、他人致伤、工作中受伤等等。因此医疗纠纷很多时候,可能涉及多家医疗机构,或是除医疗机构外,还涉及其他多个责任主体,如肇事方、致人损害的侵权人、雇主、工伤赔偿主体等等;同时,有些患者就同一疾病,先后到多家医疗机构就诊,损害后果也可能与多家医疗机构的多个诊疗行为有关。这些纠纷中,无疑都会涉及原告选择起诉哪些主体,及不同责任主体间如何确定责任的问题。

我国"共同侵权"最早见于《民法通则》第130条"二人以上共同侵权造成他人损害的,应当承担连带责任"的规定。一般认为,共同侵权行为,是指加害人为二人或二人以上共同侵害他人合法民事权益造成损害,加害人应当承担连带责任的侵权行为。共同侵权行为须有两个或两个以上主体,以过错作为必备的构成要件,包括故

意和过失,并且不要求共同侵权行为人之间必须要有意思联络。从保护无过错受害人的角度出发,各国民法大都对共同侵权行为人课以连带责任。

就共同侵权的构成,目前理论界存在两种主要观点。

(1)共同意思说(又称为主观说),主张共同侵权行为的成立,不仅加害人之间有共同行为,而且必须有通谋的意思,即使无共同的通谋意思,至少要对损害有共同的认识。具体又分两种观点:一是,主张各行为人之间应有共同通谋,即共同故意,才构成共同加害;二是,主张各行为人之间不必有意思联络,但须有共同认识,才可认定为共同加害行为。英美法国家一般采取主观说,德国法也基本坚持此说。

(2)共同行为说(又称为客观说),主张行为人之间客观行为的共同,又分为两种观点:一是主张各行为人的不法行为共同产生同一损害后果的,即便行为人相互间没有意思联络或共同认识,只要有共同过失亦可构成共同加害行为。二是主张各行为人只要在客观上有同一损害后果发生,不需任何故意或过失亦构成共同加害行为。日、法等国坚持共同行为说。中国原来采取意思共同说,但自1978年以来认为,"共同侵权人间,不以有意思联络为必要,数人因过失不法侵害他人之权利,苟各行为人之过失行为,均为损害之共同原因,即所谓行为关联共同,亦足以成立共同侵权行为……各行为人既有无意思联络,而且行为亦无共同联系者,自当别论"。由此可见,如今实务界,已大多趋向采取共同行为说。

遗憾的是,不论是共同意思说,还是共同行为说,虽都有一定的合理性,但也都有各自的不足。共同意思说,强调加害人主观上的共同故意,为加重制裁,各加害人承担连带责任,更有利于对受害人权利的保护。不足之处在于以下两方面:其一,现实中,普遍存在着数人无意思联络,但其共同行为造成同一损害,且各人的加害部分在损害结果中是连带不可区分的。按照共同意思说,此种情况下,加害人并不承担连带责任,而仅就其各自的行为所造成的损害负责,被害人因很难区分哪一部分损害为何人所致,而无法分别请求赔偿,显然不利于对被害人合法权益的保护。其二,共同意思说主张只有共同故意才构成共同侵权,与民法上过失责任原则相抵触,依此观点,显然会把大量的共同过失排斥在共同侵权行为之外,且与共同侵权行为的概念相矛盾。共同行为说,强调的是损害行为的共同性,扩大了基于主观过错推定的共同侵权行为的范围,目的是在各加害人经济力量、负担能力不同时,用连带责任加强对被害人的保护力度。共同行为说存在的不足,在于行为人之间并无通谋和共同认识,分别实施了加害行为,损害结果可分时,如果让各行为人承担连带责任,明显加重了侵权人的责任,有悖于公平原则。基于以上分析,单凭"意思共同说"或"行为共同说"都无法正确解释共同侵权行为的归责基础。

《民法典》针对多个侵权主体共同侵权时如何确定责任进行了相关规定。其中第 1168 条规定,"二人以上共同实施侵权行为,造成他人损害的,应当承担连带责任"。第 1170 条规定,"二人以上实施危及他人人身、财产安全的行为,其中一人或者数人的行为造成他人损害,能够确定具体侵权人的,由侵权人承担责任;不能确定具体侵权人的,行为人承担连带责任"。第 1171 条规定,"二人以上分别实施侵权行为造成同一损害,每个人的侵权行为都足以造成全部损害的,行为人承担连带责任"。第 1172 条规定,"二人以上分别实施侵权行为造成同一损害,能够确定责任大小的,各自承担相应的责任;难以确定责任大小的,平均承担责任"。第 178 条第 1 款规定,"二人以上依法承担连带责任的,权利人有权请求部分或者全部连带责任人承担责任"。第 178 条第 2 款规定,"连带责任人的责任份额根据各自责任大小确定;难以确定责任大小的,平均承担责任"。

(二) 多个医疗机构共同侵权

1. 多个医疗机构共同侵权的责任承担

因医疗机构不可能与其他责任主体在主观上有意思联络,所以就医疗侵权案件中涉及多个主体责任,更符合无意思联络数人侵权的情形,原则上应当适用《民法典》第1172条的规定。该条款是关于无意思联络数人侵权在累积(竞合)因果关系的情形下如何承担责任的规定。

根据《民法典》第1172条规定,关于竞合的侵权行为,能够确定责任大小的,应采取按份责任形式由各责任人分担民事责任;难以确定责任大小的,平均承担责任。

何为"能够确定责任大小"?"责任"应以确定侵权人应当承担的损害赔偿债务份额为前提。该份额的确定,就一般侵权而言,有两个基本的考虑因素:首要因素是过错。对造成同一损害,应当斟酌数行为人的过错大小,按照比例对适用过错原则的一般侵权行为确定各行为人的损害赔偿债务份额。次要因素是原因力的大小。损害的发生,须加害行为对于被害的客体产生作用。通过考量原因力的比例,并结合各侵权行为人的主观过错程度,确定各自应承担的损害赔偿债务份额。而对于采取无过错责任原则的特殊侵权行为,因无须考量加害人是否具有主观过错,因此,考量原因力比例就成为确定侵权行为人损害赔偿债务份额的必要因素。

"能够确定责任大小",在一般侵权行为案件,是指各行为人主观上的故意、过失的比例能够确定。在此前提下,按照各行为人原因力比例确定侵权行为人的损害赔偿债务份额。"难以确定责任大小",指损害原因、损害结果虽然明确,但当事人的主观过错大小及原因力比例无法查明。对于此种情况,法律推定各侵权行为人对损害结果的发生负同等的过错及同等的原因力,由各侵权行为人(赔偿义务主体)平均承担赔偿责任。

笔者认为,医疗纠纷中患者损害后果属于典型的"多因一果",但有存在无法完全分清各侵权行为原因力大小比例的情形。所以,司法实践中,为充分保护患者权利,对涉及多个责任主体时,能够确定责任大小,按照各行为人原因力比例确定其各自应当承担的赔偿责任份额,否则可以视具体情况由各责任主体平均承担责任。

2. 多个医疗机构共同侵权时的诉讼主体列明

案例2-1 医疗机构共同侵权时患方有权仅起诉部分医疗机构

患者因发现肺癌多发转移4年、肢体无力加重1个月至甲医院住院治疗,初步诊断:(1)转移性左肺腺癌、脑转移癌(颞顶,右)、腰椎转移(L4);(2)交通性脑积水;(3)右肾囊肿。甲医院为患者行"腰大池腹腔分流术+Ommaya囊植入术"。后患者家属要求出院,并于出院当日将患者转至乙医院住院治疗,数日后患者在乙医院死亡。死亡诊断:(1)肺腺癌伴多发转移;(2)肺部感染,急性呼吸窘迫综合征、感染中毒性休克;(3)骨髓抑制,轻度贫血、粒细胞缺乏症、血小板减少症;(4)低蛋白血症;(5)双侧胸腔积液;(6)腹腔积液。经尸检中心鉴定,患者为晚期肺癌患者,在肺癌脑转移基础上出现肺部感染同时伴骨髓抑制,引起败血症,最终因感染中毒性休克而死亡。家属以医疗损害责任纠纷为案由起诉甲医院要求赔偿医疗费、住院伙食补助费、营养费、交通费、死亡赔偿金、丧葬费、尸检费及精神损害抚慰金近200万元。甲医院辩称其针对患者实施的诊疗行为符合诊疗规范要求,并无过错,患者死亡是自身疾病自然转归所致,不应由其对患者死亡承担赔偿责任;同时主张,应将乙医院追加为本案共同被告,以便查明乙医院的诊疗行为是否与患者死亡后果有关。

诉讼中,经一审法院释明,患方不同意追加乙医院为本案共同被告经患方申请,法院委托鉴定机构进行了司法鉴定。鉴定意见书确认甲医院的诊疗行为存在过失,与患者发生骨髓抑制有关,对患者的损害后果的责任参与度为同等。一审法院参照鉴定意见书,最终判令甲医院按照50%的比例,对患方提出的各项损失合理部分予以赔偿,总计赔偿金额达60余万元。判决后,双方当事人均不服上诉。甲医院上诉坚持认为一审法院遗漏了必要的共同被告,程序违法,且直接导致案件事实不清,错误地认定其承担50%的赔偿责任。患方上诉认为,甲医院应承担全部赔偿责任。

【研究主旨】

患方是否有权选择仅起诉甲医院承担侵权责任?一审法院未将乙医院列为共同被告是否程序违法?

【裁判观点】

一审法院认为,根据司法鉴定意见书,甲医院在对患者的诊疗过程中存在医疗过错,患者的死亡与甲医院的医疗行为存在因果关系,鉴定人建议甲医院承担同等责任。医患双方虽认为司法鉴定意见书的结论有误,但均未提供翔实的证据,法院对其所述不予采信。法院根据患方提交的证据,对其各项损失逐一审核后确认了具体金额,并根据实际案情确定甲医院对患方因此受到的损失按照50%的比例予以赔偿。但一审判决未对没有追加乙医院为共同被告的原因,进行分析论述。

二审法院认为,患者在诊疗活动中受到损害,医疗机构及其医务人员有过错的,由医疗机构承担赔偿责任。当事人可以就查明事实的专门性问题向人民法院申请鉴定。人民法院委托鉴定部门作出的鉴定结论,当事人没有足以反驳的相反证据和理由的,可以认定其证明力。本案中,一审法院委托鉴定机构就甲医院对患者的诊疗行为是否存在过错,过错与患者损害后果之间是否存在因果关系及过错程度进行了鉴定。鉴定机构出具司法鉴定意见书认为甲医院对患者诊疗过程中存在医疗过失,与患者死亡之间存在因果关系,起同等作用。双方虽不认可鉴定意见,但鉴定人出庭就当事人提出的异议予以较为合理的解释,双方也未能就其主张提供证据,故法院认定鉴定意见书合法有效,可以作为认定案件事实的依据,一审法院根据鉴定意见书及鉴定人出庭质询的意见,酌定甲医院应当承担的责任比例为50%,无明显不当。一审法院审核确定的患方各项损失并无错误,法院予以确认。

关于乙医院是否应当在本案中承担责任的问题。患方并未在本案中向乙医院主张责任,而根据鉴定意见书,鉴定人已经审阅了患者在乙医院的所有病历材料,在此基础上,鉴定人根据患方诉求,仅针对甲医院的医疗过失与患者损害后果是否存在因果关系以及责任程度作出鉴定意见,并无不当。至于乙医院是否承担责任,取决于患方是否对其提出诉求并提供证据证明其侵权事实成立,但乙医院是否对患者死亡承担责任并不影响甲医院对患者所应承担的侵权责任。一审法院根据患方诉请以及鉴定意见,仅就甲医院应当承担的责任作出判决并无不当。甲医院关于乙医院构成共同侵权、本案未追加乙医院为第三人属于程序违法等上诉理由均不能成立,法院不予支持。综上所述,双方的上诉请求均不能成立,应予驳回。最终判决:驳回上诉,维持原判。

【法律评析】

《民法典》关于共同侵权的规定基本继承了《侵权责任法》的相关规定。《民法典》第1168条至第1172条就共同侵权的责任构成及分担原则作出了明确规定。该法实施后,司法实践中对于共同侵权的责任分担,还是较为清晰的。根据《民法典》规定,二人以上实施危及他人人身、财产安全的行为,其中一人或者数人的行为造成他人损害,能够确定具体侵权人的,由侵权人承担责任,不能确定具体侵权人的,行为人承担连带责任;二人以上分别实施侵权行为造成同一损害,每个人的侵权行为都足以造成全部损害的,行为人承担连带责任;二人以上分别实施侵权行为造成同一损害,能够确定责任大小的,各自承担相应的责任,难以确定责任大小的,平均承担赔偿责任;法律规定承担连带责任的,被侵权人有权请求部分或者全部连带责任人承担责任;连带责任人根据各自责任大小确定相应的赔偿数额,难以确定责任大小的,平均承担赔偿责任。

现实生活中,患者就同一疾病先后在多家医疗机构接受诊疗的情况普遍存在。一旦患者发生损害,患方有的选择将所有为患者诊治过的医疗机构均列为被告起诉,要求其承担连带责任,共同赔偿,也有的仅选择其中一个或几个医疗机构作为被告起诉,主张赔偿。本案就属于第二种情况。

本案患者先后在甲、乙两家医院住院治疗,且最终死于乙医院,甲医院始终坚持认为乙医院的诊疗行为在影响患者死亡的多种因素中,可能占一定比例,与其存在共同侵权的可能,故坚持申请依法追加乙医院为共同被告。是否必须追加乙医院为共同被告呢?一审法院并未追加乙医院为共同被告,且在裁判论理部分显然回避了此问题。二审法院则认为,患方仅将甲医院作为被告起诉,而司法鉴定已经在审查甲、乙两家医院全部病历材料的情况下,就甲医院的诊疗行为作出评价,并确认甲医院对患者实施的诊疗行为的不足与患者损害后果之间存在因果关系并就责任度作出认定。一审法院在此基础上,仅就甲医院应当承担的责任作出判决并无不当。即肯定了在涉及多个侵权主体同时存在的情况下,原告有权仅选择向其中一个侵权主体主张权利。

笔者同意二审法院的意见。从最有利于保护患方合法权益的角度出发,如果患者先后在几家医院转诊,出现损害后,患方可以在一个诉讼中将涉及的医院全部作为被告起诉,这样有利于法院更好地查明事实、分清责任。但是,法律并不禁止权利人放弃向侵权人主张权利,所以,即便除被诉医疗机构外,其他医疗机构的诊疗行为对患者也造成了损害,患方也有权选择仅起诉其中一个或几个医疗机构,但考虑患方的选择可能损害其利益,法官应将相应的法律后果充分向患方释明。且由于其他医疗机构实施的诊疗行为可能与患者损害后果之间存在因果关系,在委托进行司法鉴定时,应将其他医疗机构的病历资料作为检材一并移送鉴定机构,以期鉴定机构能对患者的整个诊疗过程有清楚的了解,并对被诉医疗机构的诊疗行为是否存在过错及在患者致损原因中的原因力大小,作出正确评价。

(三)医疗机构与其他主体的共同侵权

1. 事故责任与医疗责任的区分

医疗机构在救治交通事故中的伤者过程中,出现不当诊疗行为,造成或加重患者(伤者)损害时,就涉及与事故责任方的责任分担问题。但显然此种情况属于《民法典》第1172条规定的情形,而不属于其他。

此类纠纷,即便患者仅以医疗损害责任纠纷为案由起诉医疗机构要求赔偿,法官在考量医疗机构应当承担的侵权责任时,首先要注意交通事故本身可能对患者造成的损害,即区分事故责任方应当承担的侵权责任。其次,还要注意患者(伤者)是否已经就赔偿问题与事故责任方达成协议或经诉讼解决。由于我们国家侵权赔偿适用"填平原则",因此,对于患者已经获得赔偿医疗费、残疾赔偿金、交通费、误工费、护理费、住院伙食补助费、营养费等实际发生的经济损失,原则上不宜再行赔偿;但由于精神损害程度无法用金钱衡量,笔者认为医疗机构应针对自己的错误给患者造成的精神损害,仍应进行适当赔偿。

例如,笔者遇到过的案例。俞某骑电动摩托车被大货车挂到摔伤,致右小腿粉碎性、开放骨折,全身多处软组织损害,头皮外伤。经交管部门认定,双方负事故同等责任。肇事司机将俞某送至医院急诊治疗,因乙医院不具备救治能力,在对俞某伤口处进行止血等简单处理后,将俞某转运至甲医院进行住院治疗。甲医院对俞某给予清创、骨折复位等一系列治疗。后俞某右小腿出现严重感染,高热。甲医院经检查发现骨折处有伤口未清理干净,遂再次为俞某清理了伤口。俞某伤愈出院。俞某因此次受伤,右腿遗留有后遗症,经鉴定构成伤残。俞某遂以甲医院不负责任、清理伤口不彻底为由,起诉甲医院要求赔偿其因车祸治疗期间产生的全部医疗费、误工费、交通费、护理费、住院伙食补助费、营养费及残疾赔偿金、精神抚慰金共计数十万元。一审法院审理中,委托司法鉴定机构进行了鉴定。鉴定意见书确认:甲医院未彻底清理患者伤口,导致患者发生严重感染,不利于患者伤口愈合和骨折处恢复。患者目前残疾后果主要系外伤导致,甲医院诊疗行为不足与患者残疾的后果之间存在一定因果关系,责任参与度为轻微,建议赔偿比例为10%—20%。一审法院遂以俞某提供的医疗费发票复印件为依据,将俞某住院期间全部医疗费及相关各项经济损失均认定为其合理损失,判令甲医院按照20%的比例予以赔偿,并支付俞某精神抚慰金5万元。判决后,双方均不服一审判决上诉。甲医院认为俞某的残疾后果系交通事故造成的,该院前期诊疗行为并无过错,治疗骨折、清创等发生的费用应当由俞某自行承担,即便认定其有过错,其仅应就发生感染后,为治疗感染而产生的相关费用按责任比例予以赔偿。俞某则认为,医疗机构应当对其治疗期间发生的全部医疗费及相关损失承担赔偿责任。二审法院审理中,发现卷宗中没有俞某的医疗费票据原件,遂对俞某进行询问,并要求其提供。俞某无奈承认其与肇事司机另有诉讼,票据原件在该案卷宗中。该案经法院生效判决确认,肇事司机按照50%的比例,赔偿俞某车祸受伤后,在甲、乙两家医疗机构治疗期间产生的自负部分医疗费及相应的交通费、护理费、住院伙食补助费、营养费、残疾赔偿金及精神损害抚慰金。二审法院认为,一审判决未查清案件关键事实,未厘清甲医院就其不当诊疗行为给俞某造成的合理损失范围,将本案发回一审法院重审。

二审法院的意见,体现了此类案件的裁判思路。首先是要区分医疗行为对应的损害后果,将患者治疗原发损伤产生的包括医疗费在内的各项损失与医疗因素造成的损失分开,二是要将事故责任方与医疗机构各自应当承担的责任予以明确。

需要注意,发生重大或恶性交通事故,肇事方构成交通肇事罪,伤者或家属提起刑事附带民事赔偿的案件中,往往出现肇事人服刑等原因,没有支付能力,生效判决得不到履行。在此情况下,伤者再行起诉经治医疗机构,而法院经审理发现,该医疗机构实施的医疗行为确实存在不足,且与伤者的损害后果之间有一定因果关系。由于伤者的全部或部分损失已经刑事附带民事生效判决确认由肇事方予以赔偿,此种情况下,仍不能以伤者合法权益得不到保护为由重复赔偿,而仅能就伤者未能得到赔偿的那部分损失按照医疗机构应当承担的责任比例,确定由医疗机构予以相应赔偿。同时,还需注意患者因治疗交通肇事造成的损伤而支付的医疗费及产生的护理费、误工费、住院伙食补助费、营养费等相关经济损失,都不属于医疗损害责任纠纷案中患方的合理损失范畴,甚至对应的残疾赔偿金、精神抚慰金等也不属于医疗损害责任纠纷案中患方的合理损失,即医疗机构无须对此承担赔偿责任。但应当指出,上述原则在交通肇事与医疗行为对患者造成的损害能分开的前提下,才能适用。

司法实践中,法官在不能明确医疗因素与外力伤害造成的损害时,宜就相关问题进行鉴定或向相关专家进行咨询,切忌盲目凭主观臆断进行裁量。

2. 雇主责任与医疗责任的区分

《民法典》第1192条规定,"个人之间形成劳务关系,提供劳务一方因劳务造成他人损害的,由接受劳务一方承担侵权责任。接受劳务一方承担侵权责任后,可以向有故意或者重大过失的提供劳务一方追偿。提供劳务一方因劳务受到损害的,根据双方各自的过错承担相应的责任。提供劳务期间，因第三人的行为造成提供劳务一方损害的，提供劳务一方有权请求第三人承担侵权责任，也有权请求接受劳务一方给予补偿。接受劳务一方补偿后，可以向第三人追偿"。《人身损害司法解释》第3条规定，"依法应当参加工伤保险统筹的用人单位的劳动者，因工伤事故遭受人身损害，劳动者或者其近亲属向人民法院起诉请求用人单位承担民事赔偿责任的，告知其按《工伤保险条例》的规定处理。因用人单位以外的第三人侵权造成劳动者人身损害，赔偿权利人请求第三人承担民事赔偿责任的，人民法院应予支持"。第4条规定，"无偿提供劳务的帮工人，在从事帮工活动中致人损害的，被帮工人应当承担赔偿责任。被帮工人承担赔偿责任后向有故意或者重大过失的帮工人追偿的，人民法院应予支持。被帮工人明确拒绝帮工的，不承担赔偿责任"。第5条规定，"无偿提供劳务的帮工人因帮工活动遭受人身损害的，根据帮工人和被帮工人各自的过错承担相应的责任；被帮工人明确拒绝帮工的，被帮工人不承担赔偿责任，但可以在受益范围内予以适当补偿。帮工人在帮工活动中因第三人的行为遭受人身损害的，有权请求第三人承担赔偿责任，也有权请求被帮工人予以适当补偿。被帮工人补偿后，可以向第三人追偿"。

至于司法实践中如何具体操作，下面举例予以说明。

案例2-2　患者就全部损失向雇主主张赔偿获得支持后，无权要求医疗机构就原有损失承担赔偿责任

甲某为乙某盖房过程中，不慎被从高处掉落的重物砸中头部，当即出现双下肢活动障碍。当日，甲某被送至丙医院住院治疗，经影像学检查确诊甲腰1椎体爆裂性骨折。入院4天后，丙医院给甲某实施了手术。

甲某出院后，起诉其雇主乙某，要求乙某承担全部赔偿责任。A法院受理该案后，经甲某申请，委托鉴定机构就甲某是否构成残疾及残疾等级等进行司法鉴定。鉴定机构出具鉴定意见书,确认甲某术前符合二级伤残。A法院遂判决雇主乙某按照二级伤残对贾某的合理损失承担了全部赔偿责任。

后,甲某又起诉丙医院,称该院无故延迟手术、诊疗行为不规范,导致其出现了截瘫的严重后果,申请进行司法鉴定以明确丙医院的过错行为与其目前的损害后果之间的因果关系及责任参与度,并要求丙医院按照鉴定意见确认的责任比例对其各项损失予以赔偿。

一审法院委托鉴定机构针对丙医院的诊疗行为是否存在过错,与甲某的损害后果之间是否存在因果关系及原因力大小进行鉴定。鉴定机构鉴定后出具了鉴定意见书,主要内容为:(1)按照病历记载,患者术前病历记载病情程度,综合评定达到二级残疾程度状态,术后评定为三级伤残。(2)医方在对甲某的诊疗过程中存在医疗过错,与患者损害结果具有一定的因果关系,法医学参与度建议评定为B-C级。(3)甲某目前的损害后果是脊髓损伤、圆锥马尾综合征、截瘫(双下肢瘫痪)、神经源性膀胱/大肠。(4)关于责任参与度,本次鉴定是基于患者伤后出现双下肢完全截瘫症状、排尿障碍,提示为脊髓完全性损伤特点,此类伤情只有在早期数小时内进行有效治疗,才有可能挽回部分脊髓功能。患者伤后赴丙医院就诊,入院后完善检查、会诊等情况,客观上需要一定时间。就患者病情而言,客观上预后差,在现有医学条件下难以达到完全康复。(5)就患者的脊髓损伤程度而言,由于双下肢均呈肌力0级,符合完全性瘫痪程度特点,也表明脊髓损伤程度严重,手术及时实施的效果也难以预料,但根据《外科学》教科书的观点,术后截瘫指数可望至少提高一级。(6)脊髓损伤后的治疗,尽快手术解压是主要的,但治疗效果取决于脊髓损伤程度。

丙医院辩称:首先,甲某的现状是其自身所患原始疾病所致,根据鉴定意见甲某术前构成二级残疾,术后成为三级,甲某系通过我院的医疗行为获益的。其次,甲某已经向雇主主张权利,乙某对其伤残结果已经承担了全部赔偿责任,甲某再要求我院承担80%的赔偿责任属于重复赔偿,违反了"填平原则"。

一审法院最终酌情判定丙医院对甲某在该院治疗期间的医疗费和为诉讼支出的鉴定费予以负担。

判决后,甲某与丙医院均提起上诉。甲某认为:(1)一审判决证据采信错误。鉴定意见为"丙医院在对甲某的诊疗过程中存在错误,与甲某的损害结果具有一定的因果关系",但一审判决书中却认定丙医院的诊疗过程中虽有过错,但与我的伤残结果间并不形成因果关系。(2)一审判决推论错误。鉴定机构评定我术前为二级残疾状态,一审判决没适用状态一词,将可变化的临时状态修改为确定的伤残等级,以此排除了丙医院延误治疗等根本性医疗过错对我造成的实际损害。《外科学》脊髓损伤病例部分表明:"及时去除压迫物后脊髓的功能可望部分或全部恢复;如果压迫时间过久,脊髓因血液循环障碍而发生变化,萎缩或瘢痕形成,则瘫痪难以恢复。"丙医院未对我进行合理医治,应当对我未能康复承担赔偿责任。(3)一审判决适用法律错误。认定"甲某用工期间受伤,雇主已承担全责,故再要求丙医院承担责任有悖于填平原则"。且雇主乙某也是残疾人,只能赔付3万元,执行不能,所以并不能认定我的损失已经填平。丙医院则认为:(1)一审判决认定责任不当,适用法律错误。判决援引的《侵权责任法》第24条①和第54条②分属不同的归责原则,不能同时适用。由于甲某从术前的二级伤残变成三级伤残实际是受益的,不能用过错责任原则,且甲某的损害已经在另外诉讼中由其雇主全部赔偿,所以不存在我院侵权导致的损害结果,不适用过错责任原则。(2)一审费用不合理,甲某的医药费已判决由雇主乙某赔偿,一审判决我院再行赔偿,属于重复赔偿,有违填平原则。

---

① 《民法典》第1186条规定,"受害人和行为人对损害的发生都没有过错的,依照法律的规定由双方分担损失"。
② 《民法典》第1218条规定,"患者在诊疗活动中受到损害,医疗机构或者其医务人员有过错的,由医疗机构承担赔偿责任"。

【研究主旨】

患者就全部损失向雇主主张赔偿获得支持后,是否有权再行要求医疗机构就原有损失承担赔偿责任?

【裁判要旨】

一审法院认为,鉴定机构关于尽早实施手术的意见,只是对甲某病情的缓解,不能在伤残程度上有所改变。故丙医院在其医疗行为中虽存在一定的过错,但与甲某的伤残结果之间并不形成因果关系,且甲某在用工期间受伤,其雇主已经按照全责承担了相应的责任,故甲某再要求丙医院按80%的比例承担赔偿责任,不仅有悖于填平原则,亦缺乏事实及法律依据,法院不予支持。考虑到甲某实际医疗费及为诉讼支出的鉴定费等状况,法院结合鉴定意见,认为丙医院应当就诉讼费用及在该院发生的医疗费承担赔偿责任。

【法律评析】

在甲某诉其雇主乙某的诉讼中,A法院已经判决乙某就其已经产生的损失,包括在丙医疗机构治疗期间产生的全部医疗费及相关各项损失、残疾赔偿金、精神损害抚慰金等,承担了全部赔偿责任。根据当时适用的《侵权责任法》第12条①之规定,二人以上分别实施侵权行为造成同一损害,能够确定责任大小的,各自承担相应的责任。而此事件中,法院生效判决已经判令雇主乙某对甲某的全部损害后果承担了全部赔偿责任。丙医院再行就该案中贾某已经得到支持的请求进行赔偿,则甲某可能得到的利益远远超过其实际损失,不符合民事侵权赔中的"填平原则"。虽然由于乙某系残疾人,暂时缺乏履行判决的能力,甲某的处境值得同情,但是同情不能代替法律,按照现行法律规定,丙医院无须再行就甲某主张的

---

① 《民法典》第1172条规定,"二人以上分别实施侵权行为造成同一损害,能够确定责任大小的,各自承担相应的责任;难以确定责任大小的,平均承担责任"。

各项损失承担赔偿责任。

从另一角度即丙医院的诊疗行为与甲某的损害结果之间的因果关系，审视本案。虽然理论上讲，尽早实施手术可能对甲某伤情进展程度有所缓解，但这涉及医学专业问题，不能仅凭法官个人主观臆断进行确认。而鉴定意见指出，甲某手术前是二级残疾状态，其提供的《外科学》记载，及时去除压迫物后的脊髓功能可望部分或全部恢复，但是其脊髓损伤不仅是受到压迫，而是双下肢肌力已呈0级，符合完全性瘫痪程度，脊髓损伤十分严重；同时，手术效果取决于受损伤程度，而本案中甲某术前情况十分严重，为完全性损伤的特点，所以以这种二级残疾的状态恢复的概率微乎其微，其瘫痪的结果一定程度上讲是必然的；并且甲某入院需要检查、会诊，根本不可能在几十分钟内实施手术，所以"及时"手术从对病人负责的角度看是不可能的。再者，甲某改善了残疾程度，是获益的，所以丙医院未"及时"手术，与甲某的损害结果之间并无因果关系。

笔者认为，基于上述分析，本案中丙医院对于甲某不构成侵权，不应承担赔偿责任，一审判决判令丙医院再行对甲某的医疗费和鉴定费承担赔偿责任，是否妥当，值得商榷。对于此类纠纷的处理原则，也应遵循法律规定的可以分清的分开责任，同时要注意适用"填平原则"，不能重复赔偿。

3. 工伤保险责任与医疗责任的区分

现实生活中，医疗机构收治的患者致病、致伤的原因很多，有一类就是因职业病或工作中受到意外伤害的患者，对于这类患者，一旦医疗机构的诊疗行为存在过错，可能就会形成工伤保险与医疗责任的交叉，或用人单位基于劳动、聘用或者雇佣关系，应当承担的赔偿责任与医疗责任的交叉。其原因在于虽然按照《工伤保险条例》规定，我国境内的企业、事业单位、社会团体、民办非企业单位、基金会、律师事务所、会计师事务所等组织的职工和个体工商户的雇工,均有依照本条例的规定享受工伤保险待遇的权利①。但仍有些用人单位未按照该规定执行,导致职工发生工伤事故时,不能享受工伤保险赔付。为保护职工的合法权益,该条例第62条规定,"依照本条例规定应当参加工伤保险而未参加工伤保险的用人单位职工发生工伤的,由该用人单位按照本条例规定的工伤保险待遇项目和标准支付费用"。"用人单位参加工伤保险并补缴应当缴纳的工伤保险费、滞纳金后,由工伤保险基金和用人单位依照本条例的规定支付新发生的费用。"对于公务员和参照公务员法管理的事业单位、社会团体的工作人员,规定因工作遭受事故伤害或者患职业病的,由所在单位支付费用②。

一旦涉及工伤和医疗原因共同导致患者发生损害后果,应如何确定医疗机构应当承担的责任呢?目前《工伤保险条例》除医疗费、康复费用外,伤残补助、护理费、供养亲属抚恤金、一次性工亡补助金等基本都是按照该职工工资的一定比例或者倍数定额计算,一次性支付的,很多时候并不能满足受伤职工的生活或治疗所需。同时,由于定残标准的不同,同样的损害后果,适用工伤标准确定的残疾等级虽普遍高于适用人身损害定残标准确定的伤残等级,但因赔偿标准和范围也不同,职工按照工伤标准获得的赔偿通常还是要低于按照人身损害标准获得的赔偿金,工伤赔偿中也没有精神损害抚慰金。

长期以来,司法实践中,对于工伤职工在治疗过程中,因受到医疗行为的侵害致损或加重原有损伤的,掌握的处理原则是,该职工有权起诉经治医院,要求该医院就其实施的诊疗行为给自己造成的损害承担赔偿责任,除该职工的享受工伤保险报销或用人单位支付

---

① 《工伤保险条例》第2条。
② 《工伤保险条例》第65条。

的医疗费外,对于其他损失,如护理费、营养费、住院伙食补助费、残疾赔偿金、精神损害抚慰金,均应由经治医疗机构按责赔偿,而不受"填平原则"的限制。

4. 医疗产品责任与医疗责任的区分

医疗机构的诊疗行为,离不开药品和医疗器械,甚至血液制品,因此医疗侵权纠纷中很多会涉及医疗产品质量与医疗责任的交叉。

《民法典》及《医疗损害司法解释》都规定了医疗产品责任纠纷的责任主体。相比《侵权责任法》,《民法典》扩大了责任主体范围。《民法典》第1223条规定,"因药品、消毒产品、医疗器械的缺陷,或者输入不合格的血液造成患者损害的,患者可以向药品上市许可持有人、生产者、血液提供机构请求赔偿,也可以向医疗机构请求赔偿。患者向医疗机构请求赔偿的,医疗机构赔偿后,有权向负有责任的药品上市许可持有人、生产者、血液提供机构追偿"。《医疗损害司法解释》对于涉及医疗产品责任的医疗侵权纠纷,不同主体之间的责任,进行了细化,更便于实践操作。根据该司法解释,患者因缺陷医疗产品受到损害,起诉部分或者全部医疗产品的生产者、销售者、药品上市许可持有人和医疗机构的,应予受理。患者仅起诉医疗产品的生产者、销售者、药品上市许可持有人、医疗机构中部分主体,当事人依法申请追加其他主体为共同被告或者第三人的,应予准许。必要时,人民法院可以依法追加相关当事人参加诉讼。因医疗产品的缺陷或者输入不合格血液受到损害,患者请求医疗机构、缺陷医疗产品的生产者、销售者、药品上市许可持有人或者血液提供机构承担赔偿责任的,应予支持。

但是,在此类纠纷中,应当具体如何区分医疗产品生产者、销售者、药品上市许可持有人及不合格血液提供者,与医疗机构的责任呢?

根据《医疗损害司法解释》第 22 条明确规定,"缺陷医疗产品与医疗机构的过错诊疗行为共同造成患者同一损害,患者请求医疗机构与医疗产品的生产者、销售者、药品上市许可持有人承担连带责任的,应予支持"。因此,在诉讼过程中,不论是患方意识到存在产品质量问题要求医疗机构就全部损失承担连带赔偿责任,还是未意识到产品质量问题仅要求医疗机构承担赔偿责任,一旦医疗机构主张不存在产品质量问题或使用的血液系合格血液,医疗机构就应当就此承担举证责任。所以,司法实践中鲜少有医疗机构主动申请追加医疗产品生产者和销售者的,多是医疗机构先行按责就患方的合理损失承担赔偿责任后,再私下要求药品、器械生产者、销售者实际承担赔偿金。当然此种做法也是符合《医疗损害司法解释》的规定的。该解释第 21 条规定:"因医疗产品的缺陷或者输入不合格血液受到损害,患者请求医疗机构,缺陷医疗产品的生产者、销售者、药品上市许可持有人或者血液提供机构承担赔偿责任的,应予支持。医疗机构承担赔偿责任后,向缺陷医疗产品的生产者、销售者、药品上市许可持有人或者血液提供机构追偿的,应予支持。因医疗机构的过错使医疗产品存在缺陷或者血液不合格,医疗产品的生产者、销售者、药品上市许可持有人或者血液提供机构承担赔偿责任后,向医疗机构追偿的,应予支持。"

司法实践中,患方出于方便诉讼、降低鉴定诉讼成本、缩短诉讼时间等诸多考虑,多直接选择医疗机构为被告起诉要求赔偿。其中有的患者意识到有产品质量问题,有的患者则根本没有意识到存在产品质量问题。极少数案件,药品器械的生产厂家或经销商会被列为共同被告。笔者认为,如果双方一致确认或经鉴定能够确认医疗机构给患者适用的是某厂家生产或某经销商经销的不合格产品、器械致损的,宜尽量分清损害是由产品本身质量存在缺陷,还是运输途中出现毁损而经销商出售时未发现,抑或是医疗机构本身医疗行为导致的。患方要求各主体承担连带责任的可以判令各主体之间就给患者造成的合理损失承担连带责任,患者同意分开各主体应当承担的责任的,也可以在判决中明确各主体的赔偿责任。

(四)共同侵权在实践中常见的问题

一是鉴定意见无法明确本不应承担连带责任的各主体各自应当承担的责任,以致法官只能凭自己的判断酌情处理,这样很容易造成执法尺度不统一。这个问题虽然突出,但由于是个案法官行使自由裁量权,倒也不至于明显不妥。

二是鉴定意见书虽然明确了各责任主体应当承担的赔偿责任比例,但由于鉴定意见书及相关规范均未就多个主体之间各自应承担的责任不同时,对医疗责任给患者造成损害如何整体评价作出明确规定,以至于有法官机械地按照鉴定意见确认的各主体应承担的责任的比例分别确定赔偿比例,导致各主体应承担的责任比例之和高于100%,闹出笑话。

笔者就遇到过这样的典型案例,既有多个主体责任分担问题,又有医疗机构的诊疗行为与医疗产品责任交叉的问题。

案例2-3 多侵权主体、多法律关系交叉下侵权责任的认定

患者余某因出现咳血、咳黄痰、胸闷、肺部阴影,肺炎待查,数次到甲医院门诊就诊,并于2012年11月初接受强化CT检查,因检查中要使用某种碘造影剂,甲医院在检查前为余某进行了过敏试验,并用地塞米松10mg预防过敏,患者未出现过敏反应,后该院建议余某到肿瘤专科医院(以下称乙医院)明确诊断。余某于2013年8月下旬,至乙医院就诊,该院为其进行胸部增强CT检查。余某在CT检查中因注射与甲医院同种碘造影剂发生过敏反应,做完检查后,栽倒在CT室候诊区座椅上,乙医院虽给予抢救、治疗,但余某一直昏迷不醒,至今仍处于植物人状态。

余某法定代理人李某将甲医院、乙医院起诉至法院,后一审法院追加

碘造影剂生产厂家丙公司为本案第三人,要求:甲、乙两家医院及丙公司赔偿余某医疗费、护理费、住院伙食补助费、误工费、残疾赔偿金、残疾辅助器具费、交通费、其他费用、营养费、精神损害抚慰金、鉴定费、康复费、后续检查治疗费合计 1100 余万元。认为甲医院未将余某收住院治疗,而是建议其至乙医院再行检查,导致余某在乙医院发生过敏反应,存在过错;乙医院在使用碘造影剂前未对余某进行皮试,直接引起其发生过敏反应,且因不能排除碘造影剂本身存在质量问题,故该药剂生产者丙公司也对余某发生的损害后果负有不可推卸的责任。本案应为"医疗损害责任纠纷"与"医疗产品责任纠纷"两个并列案由。同时,乙医院违反药品说明书,抢救不及时、不规范与余某的损害后果亦有因果关系。

甲医院辩称,余某在我院仅有两次门诊治疗,且治疗后未出现异常。其损害后果与我院诊疗行为无因果关系。

乙医院辩称,我院不应承担赔偿责任。鉴定证实余某发生的过敏性休克是意外事件,我院对此并无过错。在司法鉴定书中认定我院持续两个多小时的救治没有达到有效的通气和循环,是因 CT 室没有管道氧气,我院为患者进行的救治行为符合诊疗规范。患者过敏反应严重,经我院积极抢救,挽救了其生命,说明我院处理及时、得当,不应承担赔偿责任。鉴定书认定我院在 CT 检查后未观察病人的不适反应,实际我院在患者出现不适症状后立即施救,没有任何延误。即便要我院承担一定责任,也仅为轻微责任,赔偿比例不应超过 10%。所以,鉴定机构认定我院为次要责任,缺乏科学依据,且未分析我院的过错与责任程度认定之间的关系。

丙公司辩称,本案系为医疗损害责任纠纷,医疗产品不存在缺陷,医疗产品生产者不应承担责任。法院依职权追加第三人与判令医疗产品生产者承担赔偿责任的前提,均为医疗产品存在缺陷,但本案中医疗产品碘造影剂不存在任何缺陷。首先,该药品是进口药,经过药品检验机构检验合格,药政管理局颁发《进口药品许可证》批准进口,在我国上市已有 29 年,不存在质量缺陷。其次,该药品不存在任何警示缺陷。第一,药品说明书已在[不良反应][用法用量][禁忌][注意事项]等多处地方注明了该药品可能引起的不良反应结果及相关注意事项,对药品不良反应进行了充分的说明,符合法律规定。余某所发生的过敏性休克也已列明在[不良反应]一栏,我公司已尽到了提示义务;第二,药品说明书系经国家药监局依法核准,不存在任何缺陷。司法鉴定意见书对于药品说明书关于小剂量过敏试验的鉴定意见没有依据,不应采信。鉴于案涉药品不存在任何缺陷,根据《医疗损害司法解释》的相关规定,法院追加我公司为本案第三人缺乏法律基础,且我公司作为合格药品的生产者更不应承担任何责任。

经鉴定,余某构成一级伤残,完全护理依赖,误工期及营养期计算至定残前一日。鉴定意见书确认:甲医院在对余某的诊疗过程中不存在过错,与其损害后果无因果关系;乙医院在对余某的诊疗过程中存在过错,该过错与余某的损害后果之间有次要因果关系;余某发生严重过敏反应的损害后果是丙公司的碘造影剂所致,建议丙公司按次要因果关系给予被鉴定人损害后果的补偿。

另查,乙医院的《接受碘造影剂知情同意书》记载:"……为减少不良反应的发生,本科在行静脉注射碘造影剂前常规进行小剂量静脉注射试验,如近期曾做过静脉注射碘造影剂检查者请告知接诊护士,由护士判断是否需要再次进行试验。"

2013年2月,国家食品药品监督管理总局发布药品不良反应信息通报,内容为:通报碘造影剂存在严重不良反应问题,主要不良反应表现均以严重过敏反应为主。为使医务人员、药品生产经营企业以及公众了解这个品种的安全性问题,降低用药风险,故通报此。本通报旨在提醒广大医务人员在选择用药时,仔细询问患者过敏史,并进行充分的风险/效益评估,告知患者可能存在的用药风险;相关生产企业应尽快完善产品说明书的相关安全性信息,加强产品上市后安全性研究及不良反应的跟踪监测工作,采取有效措施,减少严重药品不良反应的发生,保障公众的用药安全。关注碘造影剂的严重过敏反应。2012年,国家药品不良反应监测数据库共收到怀疑药品为碘造影剂的不良反应/事件报告709例,其中严重报告157例。严重不良反应/事件累及系统排名前三位的依次为全身性损害、呼吸系统损害、心血管系统损害。(1)碘造影剂严重过敏反应,主要表现为过敏性休克(39.49%)、喉水肿(5.15%)、过敏样反应(4.72%)和呼吸困难(4.72%)等……(2)碘造影剂严重过敏反应的发生特点。根据监测数据库资料显示,该药的严重过敏反应具有一定的特点,具体表现如下:①发生不良反应与用药时间间隔较短:157例严重报告中,94.27%的病例用药与不良反应发生间隔在1小时以内。提示严重不良反应的发生比较迅速……②过敏试验假阴性:157例严重报告中,有9.74%的病例明确标注碘过敏试验阴性后用药发生严重不良反应,提示部分患者存在碘过敏试验假阴性的情况……(3)相关建议:①鉴于碘造影剂易发生严重过敏反应,建议医务人员在用药前应详细询问患者的过敏史,对本品所含成分过敏者禁用,过敏体质者慎用。在给药期间应对患者密切观察,一旦出现过敏症状,则应立即停药并进行救治。②医务人员应严格掌握碘造影剂的适应症、禁忌症及使用注意事项,权衡利弊,谨慎用药;应加强发生不良反应后的快速抢救技能、抢救流程的培训,配备抢救设备及药品,争取抢救时间,避免严重后果的发生。③建议生产企业更新产品说明书,完善[禁忌][警告][注意事项]等安全性内容,强调使用风险。④建议生产企业加强相关医疗机构关于碘造影剂安全性问题以及针对严重过敏反应抢救技能的宣传和培训工作,减少严重不良后果的发生。

一审法院判决:乙医院赔偿余某医疗费、住院伙食补助费、护理费、残疾赔偿金、残疾辅助器具费、交通费、营养费、精神损害抚慰金、鉴定费、康复费,合计115万元;第三人丙公司赔偿余某医疗费、住院伙食补助费、护理费、残疾赔偿金、残疾辅助器具费、交通费、营养费、精神损害抚慰金、鉴定费、康复费,合计178万元;驳回余某其他诉讼请求。

判决后,乙医院和丙公司均不服上诉。乙医院认为,鉴定结论确认其承担次要责任缺乏科学依据;一审判决忽略患者在发生严重过敏反应的情况因其积极有效救治得以挽救生命的事实,判令其按照30%的比例承担赔偿责任,明显过高;且本案存在两个责任主体,均属于医方主体,一审判决简单将两个主体的责任参与度累加,确定的医方责任已达60%,明显超出鉴定意见书的认定的患者出现严重过敏反应的损害后果,主要是其自身体质原因所致,且不符合事实和逻辑。丙公司认为一审法院将其列为第三人,未让其对封存病历进行质证,未让其在鉴定听证会上发表意见,剥夺了其作为被告的诉讼权利,却判令其承担赔偿责任,超出第三人的义务范围,且鉴定意见书仅建议由其给予患者部分补偿,一审判决判令其按照30%的比例对患者进行赔偿,显然缺乏依据。

二审法院调解结案,各方达成一致意见,乙医院和丙公司承担的赔偿金额略有下调。

【研究主旨】

丙公司是否应当在本案中承担赔偿责任,应当如何确定乙医院及丙公司应当承担的责任?

【裁判要旨】

一审法院认为,《侵权责任法》第54条①及第59条②规定,在医疗损害责任诉讼中,发现案件涉及药品缺陷问题,余某可以向丙公司主张权利。本案涉及的法律关系为医疗损害责任纠纷,其中包含因诊疗过程中使用碘造影剂所涉及的医疗产品责任问题。

关于各方主体的责任。经司法鉴定确认,甲医院无责,余某要求甲医院承担赔偿责任,显无依据。司法鉴定认定乙医院在长达2个多小时的救治过程中未达到有效通气和有效循环,且从该院给余某的《接受碘造

---

① 《民法典》第1218条规定,"患者在诊疗活动中受到损害,医疗机构或者其医务人员有过错的,由医疗机构承担赔偿责任"。

② 《民法典》第1223条规定,"因药品、消毒产品、医疗器械的缺陷,或者输入不合格的血液造成患者损害的,患者可以向药品上市许可持有人、生产者、血液提供机构请求赔偿,也可以向医疗机构请求赔偿。患者向医疗机构请求赔偿的,医疗机构赔偿后,有权向负有责任的药品上市许可持有人、生产者、血液提供机构追偿"。

影剂知情同意书》中可以看出,该医院在进行增强 CT 检查时,为减少不良反应的发生,告知患者要进行注射前常规小剂量静脉注射实验,但其并未对俞某进行过敏试验,对此与患者沟通不足也未记录不做过敏试验原因,存在过错。但根据《对比剂使用指南》《临床诊疗指南》及《碘普罗胺注射液说明书》的记载,关于提示小剂量碘过敏实验无助于预测是否发生不良反应,同时也存在引起严重不良反应的风险,一般不需要进行小剂量碘过敏试验。2013 年 2 月 6 日,国家食品药品监督管理总局发布的药品不良反应信息通报(第 52 期)记载,碘造影剂严重不良反应的特点为碘过敏试验假阴性,157 例严重报告中,有 9.74% 的病例明确标注碘过敏试验阴性后用药发生严重不良反应,提示部分患者存在碘过敏试验假阴性的情况。故应认定乙医院未进行过敏试验本身并不存在过错。关于丙公司是否应在本案中承担责任的问题。乙医院提交的余某使用的碘造影剂说明书显示修改日期为 2007 年 2 月 20 日。其中,说明书预试验中记载:"不推荐使用小剂量对比剂做过敏试验,因为这没有预测价值。此外,过敏试验本身偶尔也会引起严重和甚至致命的过敏反应。"不良反应中记载,过敏性休克(包括致死性病例)属于罕见类型。禁忌中记载:"对含碘对比剂过敏及明显的甲状腺功能亢进的患者禁用。"注意事项中特殊警告及特殊注意事项记载了过敏反应事项。2013 年 1 月 5 日,丙公司对碘造影剂说明书进行了修改,其中,预试验内容没有变化,涉及过敏的不良反应内容有结构性变化,实质性变化为用加黑字体记录了最严重不良反应的主要症状。2013 年 2 月 6 日,国家食品药品监督管理局发布的药品不良反应信息通报(第 52 期)提出建议包括:建议生产企业更新产品说明书,完善[禁忌][警告][注意事项]等安全性内容,强调使用风险;加强相关医疗机构关于碘造影剂安全性问题以及针对严重过敏反应抢救技能的宣传和培训工作,减少严重不良后果的发生。丙公司提交的修改日期为 2007 年 2 月 20 日、2013 年 1 月 5 日、2013 年 7 月 22 日、2013 年 10 月 15 日、2014 年 3 月 21 日、2014 年 4 月 3 日的药品说明书显示,上述碘造影剂说明书有关预试验及过敏反应的相关内容与 2013 年 1 月 5 日修改的碘造影剂说明书内容无变化。法院认为,药品生产企业应对所生产药品的不良反应尽到提示说明、跟踪观察、宣传培训等义务,本案的主要争议焦点为第三人丙公司是否尽到了上述义务,尤其在产品说明书中对碘造影剂严重过敏性休克的不良反应是否尽到了提示义务。而余某使用的碘造影剂说明书为2007年2月20日修改。故应认定丙公司针对碘造影剂严重过敏反应,在说明书上未尽到充分说明义务,强调使用风险不足,丙公司产品说明书上存在指示缺陷。乙医院为余某使用的碘造影剂说明书为2007年2月20日修改,该版说明书较2013年1月5日修改的说明书在严重过敏反应提示上更加欠缺,丙公司应加大宣传培训力度,向医务人员提示使用风险,使医务人员重视风险收益评估。关于产品说明书中预试验不推荐使用小剂量对比剂做过敏试验问题,法院认为从医务实践中看,进行过敏试验在医院中仍为通常做法。丙公司对其药品是否需要进行过敏试验及预防过敏的其他方式应加强培训宣传。根据现行法律规定,因药品存在缺陷造成患者损害的,生产者应承担侵权责任。碘造影剂在产品说明书上存在指示缺陷,该指示缺陷增加了余某使用药品发生不良反应的风险,丙公司应就此承担赔偿责任,具体赔偿比例本院综合上述情况确定为30%。余某进行增强CT检查后发生过敏性休克,有其自身体质因素,增强CT检查存在医疗风险,乙医院为余某进行检查具备检查指征,故该医疗风险不应由医方承担。

关于余某的合理损失范围,一审判决逐一进行审核,并依法进行确认,认定余某合理损失为389万元。因余某欠付乙医院医疗费已从其赔偿款中折抵,丙公司应按责任比例赔偿余某上述医疗费10万元。判令丙公司赔偿金额为178万元;乙医院赔偿金额为115万元。

【法律评析】

医疗产品责任纠纷本身就属于医疗损害责任纠纷项下的四级案由,医疗损害的产生原因,往往也涉及医疗产品质量因素;再者,根据当时生效的《侵权责任法》第 54 条①、第 59 条②及《医疗损害司法解释》第 21 条之规定,本案虽为医疗损害责任纠纷,余某仍有权在本案中要求丙公司承担赔偿责任。

　　至于乙医院和丙公司的责任应当如何确定的问题。由于余某并未明确主张乙医院与丙公司就其损失承担连带赔偿责任。因此,尽管余某因乙医院使用丙公司生产的碘造影剂发生严重不良反应,但就乙医院与丙公司的责任负担,笔者认为仍应遵循当时《侵权责任法》针对多个侵权主体共同侵权时如何确定责任进行的相关规定,即第 8 条、第 10 条、第 11 条、第 12 条、第 13 条、第 14 条③的内容。本案符合第 10 条规定的"二人以上实施危及他人人身、财产安全的行为,其中一人或者数人的行为造成他人损害,能够确定具体侵权人的,由侵权人承担责任"的情形,既然鉴定机构指出了乙医院和丙公司各自过错所在并确定了各自应当承担的责任大小,就应按照其各自应当承担的责任确定承担的赔偿金额。

　　但是,涉及多个主体共同致损责任分担时,不是做简单的算术题,需要考虑案件整体情况及各致损原因与损害后果之间的实际关联程度,综合进行判断。本案一审判决就忽视了鉴定意见书明确的余某使用碘造影剂后出现严重不良反应,主要是其自身体质原因所致,以及使用碘造影剂出现药物不良反应是小概率事件,一旦出现不良反应的凶险性,乙医院为余某使用该药剂的合理性、过敏试验的不必要性等全案情况,简单的确定乙医院和丙公司均按照 30% 的比例承担赔偿责任,以至于医疗因素在致损后果中占比达到 60%,远高于鉴定给出的医方因素为次要责任的认定,判决缺乏科学依据。再有,本案一审法院将丙公司列为第三人,并直

---

　　① 《民法典》第 1218 条规定,"患者在诊疗活动中受到损害,医疗机构或者其医务人员有过错的,由医疗机构承担赔偿责任"。
　　② 《民法典》第 1223 条规定,"因药品、消毒产品、医疗器械的缺陷,或者输入不合格的血液造成患者损害的,患者可以向药品上市许可持有人、生产者、血液提供机构请求赔偿,也可以向医疗机构请求赔偿。患者向医疗机构请求赔偿的,医疗机构赔偿后,有权向负有责任的药品上市许可持有人、生产者、血液提供机构追偿"。
　　③ 对应《民法典》第 1168 条、第 1170 条、第 1171 条、第 1172 条、第 178 条。

接判决其独立承担侵权责任,是否妥当？笔者对此认为,根据《民事诉讼法》第 56 条规定,民事诉讼第三人是指对他人争议的诉讼标的有独立请求权,或者虽无独立请求权,但案件处理结果与其有法律上的利害关系,而参加到原告、被告已经开始的诉讼中进行诉讼的人。分为有独立请求权和无独立请求权两种。现有法律既然赋予原告选择向药品生产厂家直接要求赔偿的权利,本案宜将丙公司列为被告,再判令其直接向余某按责承担赔偿更为适宜。

四、医师异地执业引发的医疗侵权纠纷由谁担责

(一)《执业医师法》对医师执业地点和范围作出的限制性规定。

(1)《执业医师法》第 13 条①、第 14 条②规定,取得医师资格的,经向所在地县以上人民政府卫生行政管理部门申请注册,并被准予注册后,可以在医疗、预防、保健机构中按照注册的执业地点、执业类别、执业范围执业,从事相应的医疗、预防、保健业务。未经医师注册取得执业证书,不得从事医师执业活动。相关规范对于护理人员和医技人员从业也有类似限制性规定。

---

① 《医师法》第 13 条规定,国家实行医师执业注册制度。取得医师资格的,可以向所在地县级以上地方人民政府卫生健康主管部门申请注册。医疗卫生机构可以为本机构中的申请人集体办理注册手续。除有本法规定不予注册的情形外,卫生健康主管部门应当自受理申请之日起 20 个工作日内准予注册,将注册信息录入国家信息平台,并发给医师执业证书。未注册取得医师执业证书,不得从事医师执业活动。医师执业注册管理的具体办法,由国务院卫生健康主管部门制定。

② 《医师法》第 14 条规定,医师经注册后,可以在医疗卫生机构中按照注册的执业地点、执业类别、执业范围执业,从事相应的医疗卫生服务。中医、中西医结合医师可以在医疗机构中的中医科、中西医结合科或者其他临床科室按照注册的执业类别、执业范围执业。医师经相关专业培训和考核合格,可以增加执业范围。法律、行政法规对医师从事特定范围执业活动的资质条件有规定的,从其规定。经考试取得医师资格的中医医师按照国家有关规定,经培训和考核合格,在执业活动中可以采用与其专业相关的西医药技术方法。西医医师按照国家有关规定,经培训和考核合格,在执业活动中可以采用与其专业相关的中医药技术方法。

因此，通常情况下，医务人员应当在注册地点、按照注册的职业类别执业，否则属于违法执业。但普遍认为，这种违反行政规范的非法执业与根本不具备行医资格的人员从事"诊疗行为"构成的"非法行医"，有着本质上的区别。

(2)法定例外情形。

案例 2-4　医师外出会诊造成患者损害时由接受会诊的医疗机构承担责任

患者因左耳患胆脂瘤到边疆地区某医院(以下简称甲医院)就诊，在征得患者家属同意后，甲医院邀请了北京某著名三甲医院(以下简称乙医院)耳鼻喉科主任至甲医院，为患者实施胆脂瘤切除手术。术后，甲医院对患者进行护理。在患者麻醉复苏过程中，由于甲医院的护理人员，过早撤掉氧气插管，造成患者大脑缺氧并出现心跳呼吸停止症状，经救治未能苏醒，现为植物状态。同年，甲医院与患者家属就该院给患者造成的医疗后果签订了《协议书》，约定：甲医院同意患者家属要求转院治疗的要求，将患者转院至北京某医院(以下简称丙医院)进行阶段性治疗，转运途中安排护理人员随行，负责途中的护理工作；甲医院已明确告知患者家属转运途中可能出现的风险，患者家属同意自行承担此风险，转院途中因受抢救条件限制导致患者病情加重而发生意外的，甲医院不承担任何责任；甲医院先行垫付患者在丙医院的治疗费用，患者治疗好需转康复治疗的，甲医院负责接回本院继续治疗；未尽事宜双方协商或通过司法途径解决，等等。

后患者家属将甲医院、乙医院作为共同被告起诉，要求其共同赔偿已经发生的医疗费、护理费、误工费、住院伙食补助费、营养费、残疾赔偿金、精神损害抚慰金及后续治疗费、护理费数百万元。

甲医院同意按照鉴定意见承担相应的赔偿责任。乙医院辩称：我院派出专家给患者会诊的行为发生在邀请医院，即甲医院，发生医疗事故争议，按规定应由邀请医院处理，患者与我院不存在医疗服务合同关系，我院并非适格被告,且手术是成功的,患者是在麻醉复苏过程中发生的问题,与手术无关。故不同意患者的诉讼请求。

一审法院审理中,因双方对部分病历的真实性存在异议,导致鉴定中止。甲医院同意不再申请进行医疗事故技术鉴定,并按法律规定对患者的损害结果承担全部责任。经司法鉴定确认,患者符合一级伤残,护理人数为2人。一审法院判决:甲医院赔偿患者已发生的各项经济损失、精神抚慰金及后续治疗费、护理费、营养费、住院伙食补助费共计近200万元。宣判后,患者及甲医院均不服,患者上诉坚持要求乙医院承担连带赔偿责任;甲医院上诉主张损失计算错误。

【研究主旨】

乙医院是否应当承担共同侵权责任?

【裁判观点】

一审法院认为,本案中,虽然未进行医疗事故及医疗行为与损害结果之间的因果关系的责任鉴定,但甲医院同意按全责承担赔偿责任,对此,法院照准。关于患者的伤残等级以及今后的医疗护理依赖等相关问题,经双方同意,已经由司法鉴定机构进行了鉴定,甲医院应依据法律规定承担相应的赔偿责任。患者虽认为甲医院与乙医院系联合办医,手术由乙医院专家实施,乙医院亦应承担赔偿责任,但患者及甲医院均认可系甲医院的护理人员在患者麻醉未苏醒的情况下,提前取下吸氧管,造成其心脏、呼吸停止,导致其大脑缺氧、昏迷,呈现植物人状态。故乙医院对患者现在的损害结果不应承担责任。现患者要求甲医院赔偿其医药费、误工费、住院伙食补助费、交通费、护理费、住宿费、营养费、残疾医疗器械费用、复印及邮寄费、通讯费、残疾赔偿金、精神抚慰金,以及后续生存依赖及护理费用理由正当,法院予以支持。另,由于甲医院已先行支付了患者部分生活费,故该费用应在其应得的赔偿费中予以核减。

二审法院针对患者要求乙医院承担共同赔偿责任的请求对一审判决

论理部分作出补充,认为,因会诊发生的医疗损害,由接受会诊的医疗机构承担相应责任,同时根据患者与甲医院的陈述,均证明患者现在损害结果的发生系甲医院的护理人员在其麻醉未苏醒的情况下,提前取下吸氧管所致,故患者要求乙医院承担责任,依据不足,法院难以支持。并认为一审法院确定的各项损失正确。最终判决:驳回上诉,维持原判。

【法律评析】

医师外出会诊,是指医师经所在医疗机构批准,为其他医疗机构特定的患者开展执业范围内的诊疗活动。由于我国各地区经济发展不平衡,与之相对应的各地区医疗水平也存在很大差异,优质医疗资源分布不均,不能满足广大民众的就医需求。因此,会诊制度一直以来就是促进医学交流与发展、提高医疗水平、保证医疗质量和医疗安全、方便群众就医的行之有效的解决方式之一。

经所属医疗机构批准或委派至邀请会诊(接受会诊)医疗机构参与会诊的医师,其会诊行为并非发生在所属医疗机构,此种行为是否构成超注册范围执业,一旦发生医疗纠纷责任由谁承担呢?

根据原卫生部、中医药局2001年颁发的《关于医师执业注册中执业范围的暂行规定》第5条规定,医师注册后有下列情况之一的,不属于超范围执业:(1)对病人实施紧急医疗救护的;(2)临床医师依据《住院医师规范化培训规定》和《全科医师规范化培训试行办法》等,进行临床转科的;(3)依据国家有关规定,经医疗、预防、保健机构批准的卫生支农、会诊、进修、学术交流、承担政府交办的任务和卫生行政部门批准的义诊等;(4)省级以上卫生行政部门规定的其他情形。也就是说,医师在紧急情况下院外施救不属于超范围执业;医师因会诊、委派、进修等需在非注册地点实施相应的诊疗行为,不需要办理执业地点变更,亦不属于超范围执业。

至于发生医疗损害时承担责任的主体问题,根据原卫生部颁发,2015年7月1日起实施的《医师外出会诊管理暂行规定》第14条,医师在外出会诊过程中发生的医疗事故争议,由邀请医疗机构按照《医疗事故处理条例》的规定进行处理。必要时,会诊医疗机构应当协助处理。《医疗损害司法解释》第20条也规定,医疗机构邀请本单位以外的医务人员对患者进行诊疗,因受邀医务人员的过错造成患者损害的,由邀请医疗机构承担赔偿责任。因此,一旦发生纠纷,应当由邀请会诊(接受会诊)的医疗机构承担主体责任。

本案中甲医院为邀请会诊方,乙医院派出专家在甲医院为患者实施手术,之后患者出现损害,且不论是否是甲医院在患者手术后麻醉苏醒过程中不当操作导致患者出现损害后果,即便是乙医院的专家在手术操作过程中出现失误,造成患者发生损害,也应由甲医院承担赔偿责任。因此,本案一审判决书论理部分略显不足。

(3)紧急情况下院外施救,是否属于超注册范围执业?是否应当承担法律责任?

"有医生吗?有人晕倒了,请医生同志马上联系我们。""我是医生,病人在哪里?"这可不只是影视剧里的场景,现实生活中,我们经常会遇到周围有人突发疾病的情况,特别是在火车、飞机、轮船上,没有条件及时送患者就医,而"120"也是鞭长莫及。患者若不能得到及时诊治,病情一旦延误,可能直接危及生命。每年媒体都会报道多起医务人员院外紧急施救,挽救患者生命的事件。远的不说,2019年3月25日晚,几名协和医院的医师正在东单羽毛球馆打球,发现隔壁篮球场一中年男人突然倒地。几名医师飞奔过去,发现该男子是心脏骤停,随即呼叫120,同时立即对其开始心肺复苏,并使用球馆配备的自动除颤仪(AED)进行除颤。后救护车赶到,将该男子就近转送到同仁医院急诊,半个多小时后病人苏醒。这一事件一时间被炒得沸沸扬扬,大家都说这名患者是幸运的,发病最初的几分钟,遇到协和医师的神助力。但是,对于医务人员院外施救,有些人还是存在错误认识。

2019年3月17日,某飞驰的列车上,有乘客突发疾病,女医师陈瑞及时伸出援手、积极施救。可之后,列车工作人员却向其索要医师证,并要求其亲手写下情况说明。事后,广西南宁客运段官微就此致歉,承认工作人员处置不当,表示将进一步规范应急处置流程。省卫健委也及时发声,力挺陈医师做法是发扬人道主义和救死扶伤精神,符合《执业医师法》等相关法规,值得表扬和肯定。

医务人员院外施救是否会因违反法律规范关于职业地点和范围的限制性规定,构成非法行医呢?特别是一旦救治行为给患者造成损害,是否一定承担法律责任呢?笔者认为,答案是否定的。

首先,我们看看现行法律规定对于此种行为的定性。《民法典》第184条规定,"因自愿实施紧急救助行为造成受助人损害的,救助人不承担民事责任"。这一条款,旨在豁免善意救助者责任,被称作"好人法",赋予了在公共场所出现紧急医疗事件时,善意施救者必要的责任豁免权,即在紧急情况下实施救治,即使产生了不利的后果,救助者也不承担民事责任。这一条款降低了善意施救者所要承担的法律风险,鼓励、倡导医务人员在关键时刻能够挺身而出。《关于医师执业注册中执业范围的暂行规定》第5条也明确规定,医师对病人实施紧急医疗救助的,不属超范围执业。

其次,关于此种行为的法律责任问题。由于《关于医师执业注册中执业范围的暂行规定》将医师的紧急医疗救助定性为合法执业行为,这就意味着医生在紧急救助时也要受到相关医师法律法规的限制。即医师在紧急医疗救助时,也要在条件许可的情况下,按照相关诊疗规范施救。通常情况下,在公共交通工具上或其他公共场所,受环境因素和医疗条件影响,医师往往只能基于自己以往的执业经验作出初步判断,并采取力所能及的救治措施,出现一些失误,是在所难免的。如果过分强调医师在特殊环境里、紧急情况下,须严格遵守诊疗规范,并对病患做出精准的判断和治疗,否则就要承担相应的法律责任,这种做法无疑会使医师因害怕承担法律责任,在院外遇到需要急救的病患时,就不愿或不敢施以援手了。这不仅限制了医师院外施救的善举,更会使那些在院外需要紧急救助的病患丧失得到更多帮助的机会。所以,笔者认为,在考量因紧急院外施救造成患者损害的责任时,一方面应充分考虑环境、病患疾病突发的严重程度及紧急性等诸多因素,对医师行为进行正确判断;另一方面须审查施救医师是否在可能的情况下已经尽到合理必要的注意义务,如果施救医师主观上不存在故意或重大过失,一般不宜认定施救医师就患者发生的损害承担法律责任。毕竟如果施救医师不实施救治行为,患者面临的可能就是死亡的结果而不是现有的损害后果了。这也是出于对生命的尊重和医生执业注意义务考量的必要,与"好人法"的规定并不冲突。

(二)医师多点执业问题

1. 传统的医师一点执业的弊端

长期以来,我国都是实行医师一点执业,即医师只能在一个医疗机构注册,并只能在该医疗机构执业。由于地区经济和医疗水平发展不平衡、医疗机构人事制度及管理体制不健全等多方面因素,导致优质医疗资源过度集中,不能与民众的就医需求相适应,特别是三甲医院的重点科室"一号难求",患者"就医难"现象突出。

2. 现行的医师区域注册

随着深化医药卫生体制改革的推进,推动医务人员的合理流动,促进不同医疗机构之间人才纵向和横向交流,卫生部曾于2009年颁发的《卫生部关于医师多点执业有关问题的通知》规定,医师通过向卫生行政部门申请增加注册的执业地点,可以在3个地点(原则上同一省、自治区、直辖市内)执业。但医师多点执业如何落地,如执业医师的人事关系如何落户、各注册执业地点之间的责、权、利如何划分等,通知中并未规定。2018年6月,该通知已被国家卫生健康委宣布失效。

根据现行的2017年4月1日实施的《医师执业注册管理办法》,目前实行的是区域注册,在同一个省、自治区、直辖市范围内的多个机构执业的医师,应当将其中一个机构确定为其主要执业机构,并向相关行政部门申请注册;对于拟执业的其他机构,应向相关行政部门申请备案。助理医师只能注册一个执业地点①。医师应当按照《医师执业证书》载明的注册的执业地点、执业类别和执业范围,从事相应的医疗、预防、保健活动②。

3. 医师违反相关规定,私自在非注册的地点执业,应承担的法律责任

案例2-5　医师违规"走穴"可能加重医疗机构的民事责任

患者因鞍部占位,垂体细胞瘤待查,在当地医院(以下简称甲医院)接受手术治疗。因肿瘤巨大且位置特殊,甲医院实施的手术未能将肿瘤全部切除。患者病情持续恶化,再次至甲医院住院治疗。甲医院认为其现有医师不能完成再次手术,遂征得患者家属同意,从乙医院聘请某专家丙来甲医院为患者实施手术。丙在甲医院为患者行内镜经鼻蝶垂体

---

① 《医师执业注册管理办法》第7条规定,医师执业注册内容包括:执业地点、执业类别、执业范围。执业地点是指执业医师执业的医疗、预防、保健机构所在地的省级行政区划和执业助理医师执业的医疗、预防、保健机构所在地的县级行政区划。执业类别是指临床、中医(包括中医、民族医和中西医结合)、口腔、公共卫生。执业范围是指医师在医疗、预防、保健活动中从事的与其执业能力相适应的专业。第10条规定,在同一执业地点多个机构执业的医师,应当确定一个机构作为其主要执业机构,并向批准该机构执业的卫生计生行政部门申请注册;对于拟执业的其他机构,应当向批准该机构执业的卫生计生行政部门分别申请备案,注明所在执业机构的名称。医师只有一个执业机构的,视为其主要执业机构。

② 《医师执业注册管理办法》第8条规定,医师取得《医师执业证书》后,应当按照注册的执业地点、执业类别、执业范围,从事相应的医疗、预防、保健活动。

细胞瘤切除术。术后,患者出现尿崩、电解质紊乱(高钠血症)及精神症状等手术并发症,经相关治疗后,症状好转出院。

患者以医疗损害责任纠纷为案由,将甲医院起诉至法院,要求甲医院赔偿各项经济损失及精神抚慰金共计200余万元。其理由之一就是甲医院提供的邀请外院专家会诊的手续是虚假的,丙为其实施手术系"走穴",对由此给其造成的损失,应加大甲医院的赔偿责任。甲医院抗辩其聘请外院专家丙为患者实施手术的行为符合相关规范要求,并无过错。患者损害后果系其本身疾病所致,不应由其承担赔偿责任。

法院审理中,委托鉴定机构进行了司法鉴定。鉴定意见书中分析意见认为,医方在对患者的诊疗过程中存在术后告知不到位(第一次手术后未告知肿瘤切除的真实情况、第二次手术后出院时未针对并发症随诊进行详细的告知)、病历书写不规范、请外院专家来院手术的手续不符合规定(系后补)的过错,其中第二次手术后在出院时未针对已出现的手术并发症的随诊进行告知,与患者出院后未能规范系统康复治疗具有一定的因果关系,在患者目前损害后果中属轻微参与因素。鉴定意见为:(1)患者双眼伤残程度为三级。(2)患者目前属部分护理依赖。(3)甲医院在对患者的诊疗过程中存在过错,其过错行为在患者损害后果中的原因力大小属轻微因素,参与度拟为1%—20%(仅供参考)。一审法院参照上述鉴定意见,判令甲医院赔偿患者各项损失合计30余万元。判决后,双方当事人均不服上诉。患者坚持认为甲医院未履行聘请外院专家会诊手续,医师"走穴"行为与其损害后果有关,应加重甲医院的赔偿责任。甲医院认为其已经提交了邀请外院专家所需手续,并未违规;患者目前状况系其自身疾病发展转归所致,不应由其承担赔偿责任,且鉴定机构评定伤残等级是没有考虑患者此前的损伤程度。二审法院最终判决:驳回上诉、维持原判。

【研究主旨】

医师的"走穴"行为,造成患者损害,应当如何担责?

【裁判观点】

一审法院认为,患者不幸患上垂体细胞瘤,经鉴定主要原因在于其自身疾病,甲医院在诊疗过程中虽然有对患者的诊疗过程中存在术后告知不到位、病历书写不规范的行为,但其不存在诊断、手术方式及手术操作方面的过错,病历书写不规范与损害后果无直接因果关系。根据鉴定意见,甲医院在患者第二次手术后出院时未针对已出现的手术并发症的随诊进行告知,与患者出院后未能规范系统康复治疗具有一定的因果关系,甲医院的该过错行为在患者的损害后果中的原因力大小属于轻微因素,参与度为1%—20%,法院根据鉴定意见书及案件的实际情况,酌定甲医院过错参与度为15%。并在审核确定患者各项合理损失数额后,判令甲医院按照15%的比例予以赔偿。

二审法院认为,司法鉴定中心就甲医院对患者的医疗行为是否存在过错及其参与程度进行了鉴定,鉴定结论为甲医院存在过错,过错参与度为1%—20%。前述鉴定结论系专业机构作出,依据充分、程序合法,足以作为法院认定本案事实的依据。当事人的意见均无法推翻该鉴定结论。一审判决并无不当,应予维持。

【法律评析】

"走穴"一词源于20世纪80年代演艺界,原本是指"演员为了捞外快而私自外出演出"①。医师"走穴"则是指医师利用休息时间兼职其他医疗机构的临时聘用。

目前,随着医疗体制改革,医师可以采取区域执业、外出会诊等方式在所属医疗机构以外的医疗机构执业。但根据《医师外出会诊管理暂行规定》,会诊中涉及的会诊费用按照邀请医疗机构所在地的规定执行;差旅费按照实际发生额结算,不得重复收费;属医疗机构根据诊疗需要邀请

---

① 《现代汉语词典》,商务印书馆2017年版,第1748页。

的,差旅费由医疗机构承担;属患者主动要求邀请的,差旅费由患者承担;会诊中涉及的治疗、手术等收费标准可在当地规定的基础上酌情加收,加收幅度由省级价格主管部门会同同级卫生行政部门确定;邀请医疗机构支付会诊费用应当统一支付给会诊医疗机构,不得支付给会诊医师本人,会诊医疗机构由于会诊产生的收入,应纳入单位财务部门统一核算;会诊医疗机构应当按照有关规定给付会诊医师合理报酬,医师在国家法定节假日完成会诊任务的,会诊医疗机构应当按照国家有关规定提高会诊医师的报酬标准;医师在外出会诊时不得违反规定接受邀请医疗机构报酬,不得收受或者索要患者及其家属的钱物,不得牟取其他不正当利益①。由此可见,医师外出会诊不能随便收取费用,而统一规定的会诊费标准很低,单凭规定的会诊费,与会诊医师付出的时间和精力严重不成正比。加之很多医疗机构出于多种因素考虑,并不愿意其医师外出会诊、手术,如外出会诊,特别是外出手术存在的风险,可能会影响该医疗机构的声誉,再如医生周末外出会诊、手术,得不到正常休息,可能会影响本职工作等等。随之而来,规定标准之外出现了医患双方协商议定会诊费的情况,使本身合法的外出会诊、手术变了味,医师往往也不愿意让所属医疗机构知晓其因外出会诊、手术获得的利益。久而久之,医师外出会诊、手术成为医师接的"私活儿",不再通过两个医疗机构之间沟通,而成为真正意义上的"走穴"了。

---

① 《医师外出会诊管理暂行规定》第15条规定,会诊中涉及的会诊费用按照邀请医疗机构所在地的规定执行。差旅费按照实际发生额结算,不得重复收费。属医疗机构根据诊疗需要邀请的,差旅费由医疗机构承担;属患者主动要求邀请的,差旅费由患者承担,收费方应向患者提供正式收费票据。会诊中涉及的治疗、手术等收费标准可在当地规定的基础上酌情加收,加收幅度由省级价格主管部门会同同级卫生行政部门确定。邀请医疗机构支付会诊费用应当统一支付给会诊医疗机构,不得支付给会诊医师本人。会诊医疗机构由于会诊产生的收入,应纳入单位财务部门统一核算。第16条规定,会诊医疗机构应当按照有关规定给付会诊医师合理报酬。医师在国家法定节假日完成会诊任务的,会诊医疗机构应当按照国家有关规定提高会诊医师的报酬标准。第17条规定,医师在外出会诊时不得违反规定接受邀请医疗机构报酬,不得收受或者索要患者及其家属的钱物,不得牟取其他不正当利益。

医生外出"走穴",患者出现损害,应如何担责?笔者认为,医师"走穴"的行为因违反了《执业医师法》《医师外出会诊管理暂行规定》①等相关法律规范,应由所在医疗机构记入医师考核档案;经教育仍不改正的,依法给予行政处分或者纪律处分,违反《执业医师法》有关规定的,按照《执业医师法》第37条规定,由县级以上政府卫生行政部门给予警告或者责令暂停6个月以上1年以下执业活动;情节严重的,吊销执业证书;构成犯罪的,依法追究刑事责任②。同时,医疗机构及其主要负责

---

① 《医师外出会诊管理暂行规定》第19条规定,医疗机构违反本规定第6条、第8条、第15条的,由县级以上卫生行政部门责令改正,给予警告;诊疗活动超出登记范围的,按照《医疗机构管理条例》第47条处理。第20条规定,医师违反第2条、第7条规定擅自外出会诊或者在会诊中违反第17条规定的,由所在医疗机构记入医师考核档案;经教育仍不改正的,依法给予行政处分或者纪律处分。医师外出会诊违反《执业医师法》有关规定的,按照《执业医师法》第37条处理。(《执业医师法》第37条经修改演化为《医师法》第56条至第58条)

② 《执业医师法》第37条规定,医师在执业活动中,违反本法规定,有下列行为之一的,由县级以上人民政府卫生行政部门给予警告或者责令暂停6个月以上1年以下执业活动;情节严重的,吊销其执业证书;构成犯罪的,依法追究刑事责任:(1)违反卫生行政规章制度或者技术操作规范,造成严重后果的;(2)由于不负责任延误急危患者的抢救和诊治,造成严重后果的;(3)造成医疗责任事故的;(4)未经亲自诊查、调查,签署诊断、治疗、流行病学等证明文件或者有关出生、死亡等证明文件的;(5)隐匿、伪造或者擅自销毁医学文书及有关资料的;(6)使用未经批准使用的药品、消毒药剂和医疗器械的;(7)不按照规定使用麻醉药品、医疗用毒性药品、精神药品和放射性药品的;(8)未经患者或者其家属同意,对患者进行实验性临床医疗的;(9)泄露患者隐私,造成严重后果的;(10)利用职务之便,索取、非法收受患者财物或者牟取其他不正当利益的;(11)发生自然灾害、传染病流行、突发重大伤亡事故以及其他严重威胁人民生命健康的紧急情况时,不服从卫生行政部门调遣的;(12)发生医疗事故或者发现传染病疫情,患者涉嫌伤害事件或者非正常死亡,不按照规定报告的。

《医师法》第56条规定,违反本法规定,医师在执业活动中有下列行为之一的,由县级以上人民政府卫生健康主管部门责令改正,给予警告,没收违法所得,并处1万元以上3万元以下的罚款;情节严重的,责令暂停6个月以上1年以下执业活动直至吊销医师执业证书:(1)泄露患者隐私或者个人信息;(2)出具虚假医学证明文件,或者未经亲自诊查、调查,签署诊断、治疗、流行病学等证明文件或者有关出生、死亡等证明文件;(3)隐匿、伪造、篡改或者擅自销毁病历等医学文书及有关资料;(4)未按照规定使用麻醉药品、医疗用毒性药品、精神药品、放射性药品等;(5)利用职务之便,(转下页)

人,在邀请或者接受会诊要求过程中,因违反《医疗机构管理条例》《医师外出会诊管理暂行规定》,也要承担行政责任。

至于医师"走穴"造成患者发生损害的,是否应当加重承担民事责任呢? 笔者认为应视个案情况决定。如果医师持有执照,外出实施的诊疗行为并未超出其执业范围,其仅未按规定办理外出会诊手续,发生损害的原因又非因其利用休息外出会诊或为了经济利益安排多台手术,导致明显因疏忽大意造成患者发生损害的,可以不因"走穴"行为加重接受会诊的医疗机构应当承担的民事责任;反之则应从重认定接受会诊的医疗机构主观过错程度,在成立侵权责任的情况下,适当增加其承担赔偿责任的比例。本案中,甲医院与丙虽存在违规办理外院会诊手续的事实,但丙持有执业证书,除执业地点问题,不存在其他超注册范围执业以及疲劳执业的情形,故在司法鉴定已经就甲医院(包括丙)实施的诊疗行为从技术层面进行评价后,可以不再加重甲医院应当承担的赔偿责任比例。

从上述案例不难看出,医师违反相关规定,私自在非注册的医疗机构执业,当事医师及相关医疗机构不仅要承担行政责任,一定情况下,可能加重承担民事责任,造成严重后果的甚至可能承担刑事责任。

(接上页)索要、非法收受财物或者牟取其他不正当利益,或者违反诊疗规范,对患者实施不必要的检查、治疗造成不良后果;(6)开展禁止类医疗技术临床应用。

《医师法》第57条规定,违反本法规定,医师未按照注册的执业地点、执业类别、执业范围执业的,由县级以上人民政府卫生健康主管部门或者中医药主管部门责令改正,给予警告,没收违法所得,并处1万元以上3万元以下的罚款;情节严重的,责令暂停6个月以上1年以下执业活动直至吊销医师执业证书。

《医师法》第58条规定,严重违反医师职业道德、医学伦理规范,造成恶劣社会影响的,由省级以上人民政府卫生健康主管部门吊销医师执业证书或者责令停止非法执业活动,5年直至终身禁止从事医疗卫生服务或者医学临床研究。

第三章 医疗纠纷的起诉与受理

引言 当事人提起医疗纠纷诉讼,首先要符合《民事诉讼法》第119条规定的起诉条件,才能被法院受理。本章结合司法实践中常出现的不当起诉情形,针对起诉的几个法定条件进行较为详细的分析说明,并介绍了医疗纠纷中原告不当起诉时可能承担的法律后果。

一、医疗纠纷的管辖问题

管辖问题与案件的起诉与受理并非同一问题,但在司法实践中,当事人欲提起医疗纠纷诉讼必须要解决的就是由哪个法院管辖的问题,法院受理民事案件亦需符合管辖的规定,因此管辖问题是当事人起诉、法院受理案件首要面临的问题。因此本章先介绍民事案件的管辖问题。

(一)医疗纠纷的级别管辖问题

级别管辖,是管辖中的一种,亦称为"审级管辖"或"事务管辖",通常指根据案件性质、情节轻重和影响范围大小来确定各级审判机构对第一审案件管辖范围的划分。

我国设立四级法院,即最高人民法院、高级人民法院、中级人民法院及基层人民法院,实行四级二审制。《民事诉讼法》第17条至第20条对四级法院管辖的一审案件作出明确规定。

《民事诉讼法》第17条规定,基层人民法院管辖第一审民事案件,但本法另有规定的除外。第18条规定,中级人民法院管辖下列第一审民事案件:(1)重大涉外案件;(2)在本辖区有重大影响的案件;(3)最高人民法院确定由中级人民法院管辖的案件。第19条规定,高级人民法院管辖在本辖区有重大影响的第一审民事案件。第20条规定,最高人民法院管辖下列第一审民事案件:(1)在全国有重大影响的案件;(2)认为应当由本院审理的案件。但是《民事诉讼法》并未明确"重大影响"的标准。

最高人民法院对判断是否构成"重大影响"的标准之———诉讼标的,作出了具体规定。《最高人民法院关于调整部分高级人民法院和中级人民法院管辖第一审民商事案件标准的通知》,规定了高级人民法院和中级人民法院管辖一审民商事案件的标准。

级别管辖解决的是由哪一级法院来管辖某一案件的问题,影响级别管辖的因素主要是诉讼标的和案件影响力。当事人不论是以医疗服务合同纠纷起诉,还是以医疗损害责任纠纷起诉,均不得违反《民事诉讼法》关于级别管辖的规定。而不论是医疗损害责任纠纷还是医疗服务合同纠纷,绝大多数的医疗纠纷还是由基层法院管辖。实践中,患者或者医疗机构作为原告起诉时,在级别管辖上基本都没有问题。

(二)医疗纠纷的地域管辖问题

地域管辖,是指以当事人住所地、诉讼标的物所在地或者法律事实所在地来确定管辖法院。即当事人住所地、诉讼标的或者法律事实的发生地、结果地在哪个法院辖区,案件就由该地人民法院管辖。

根据《民事诉讼法》的规定,地域管辖分为一般地域管辖、特殊地域管辖、专属管辖、共同管辖和协议管辖。

《民事诉讼法》第 21 条规定,对公民提起的民事诉讼,由被告住所地人民法院管辖;被告住所地与经常居住地不一致的,由经常居住地人民法院管辖。对法人或者其他组织提起的民事诉讼,由被告住所地人民法院管辖。同一诉讼的几个被告住所地、经常居住地在两个以上人民法院辖区的,各人民法院都有管辖权。此条是关于"一般地域管辖"的规定,体现出"原告就被告"的原则。

《民事诉讼法》第 23 条规定,因合同纠纷提起的诉讼,由被告住所地或者合同履行地人民法院管辖。医疗服务合同纠纷,属于服务合同纠纷项下的三级案由。根据《民事诉讼法》的规定,因服务合同纠纷提起的诉讼,由被告住所地或者合同履行地人民法院管辖。因此,患方可以选择在被诉医疗机构所在地起诉,医疗机构可以选择其住所地或者患者住所地起诉,即双方当事人住所地及诊疗行为实施地(指医疗机构在不同基层法院所辖范围内设有多个诊区,该医疗机构对患者的诊疗行为发生在其住所地之外的诊区的情况)所属法院均有管辖权。

《民事诉讼法》第 28 条规定,因侵权行为提起的诉讼,由侵权行为地或者被告住所地人民法院管辖。医疗损害责任纠纷,属于侵权纠纷项下的三级案由。根据《民事诉讼法》第 28 条的规定,因侵权行为提起的诉讼,由侵权行为地或者被告住所地人民法院管辖。根据《民诉法解释》第 24 条的规定,侵权行为地,应包括侵权行为实施地和侵权结果发生地。医疗侵权纠纷,患方可以选择在被诉医疗机构所在地所属人民法院起诉,也可以选择在自己住所地所属人民法院起诉,各相关法院对该案均享有管辖权。

《民事诉讼法》第 34 条规定,合同或者其他财产权益纠纷的当事人可以书面协议选择被告住所地、合同履行地、合同签订地、原告住所地、标的物所在地等与争议有实际联系的地点的人民法院管辖,但不得违反本法对级别管辖和专属管辖的规定。这是协议管辖的规定,在医疗纠纷中比较少见。

《民诉法解释》第 26 条规定,因产品、服务质量不合格造成他人财产、人身损害提起的诉讼,产品制造地、产品销售地、服务提供地、侵权行为地和被告住所地人民法院都有管辖权。这一条规定亦适用于医疗产品责任纠纷,但一般患方也会选择被诉医疗机构所在地的法院管辖。

(三)确定一审民商事案件管辖法院的一般方法

级别管辖是从纵向划分上、下级人民法院之间受理第一审民事案件的权限和分工,解决某一民事案件应由哪一级人民法院管辖的问题;而地域管辖,则是从横向划分同级人民法院之间受理第一审民事案件的权限和分工,解决某一民事案件应由哪一个人民法院管辖的问题。地域管辖是在级别管辖的基础上划分的,只有在确定了级别管辖的前提下,才能确定地域管辖;而要最终确定某一民商事案件的管辖法院,则必须先确定级别管辖,再通过确定地域管辖来落实受诉法院。

也就是说,一审民商事案件,必须符合上述关于级别管辖和地域管辖的规定。医疗纠纷中,原告必须要解决的就是向哪一个法院起诉的问题,级别管辖是纵坐标,地域管辖是横坐标,通过级别管辖、地域管辖相结合的方式,就能确定一个点,即应当管辖该案件的法院。

(四)医疗纠纷中共同管辖的相关规定

1. 我国法律对共同管辖的规定

《民事诉讼法》第 35 条规定,两个以上人民法院都有管辖权的诉讼,原告可以向其中一个人民法院起诉;原告向两个以上有管辖权的人民法院起诉的,由最先立案的人民法院管辖。第 36 条规定,人民法院发现受理的案件不属于本院管辖的,应当移送有管辖权的人民法院,受移送的人民法院应当受理。受移送的人民法院认为受移送的案件依照规定不属于本院管辖的,应当报请上级人民法院指定管辖,不得再自行移送。

由于《民事诉讼法》第36条并未明确移送的期限,因此《民诉法解释》第35条就此进行了补充,规定"当事人在答辩期间届满后未应诉答辩,人民法院在一审开庭前,发现案件不属于本院管辖的,应当裁定移送有管辖权的人民法院"。而该司法解释第36条对《民事诉讼法》第35条"先立案法院有管辖权"进行了细化,规定"两个以上人民法院都有管辖权的诉讼,先立案的人民法院不得将案件移送给另一个有管辖权的人民法院。人民法院在立案前发现其他有管辖权的人民法院已先立案的,不得重复立案;立案后发现其他有管辖权的人民法院已先立案的,裁定将案件移送给先立案的人民法院"。

同时,为避免因行政区划调整导致的法院管辖变化造成的混乱局面产生,《民诉法解释》第38条规定:"有管辖权的人民法院受理案件后,不得以行政区域变更为由,将案件移送给变更后有管辖权的人民法院。判决后的上诉案件和依审判监督程序提审的案件,由原审人民法院的上级人民法院进行审判;上级人民法院指令再审、发回重审的案件,由原审人民法院再审或者重审。"

2. 司法实践中因共同管辖而出现的问题

现实生活中,患者出于多种原因,经常就所患同一疾病至多家医疗机构连续就诊,若患方因此主张该多个医疗机构或其中某几个医疗机构对其构成侵权,则相应的各医疗机构住所地所属法院对原告起诉的医疗损害责任纠纷案均享有管辖权。患方可以选择在被诉的任意一个医疗机构住所地所属人民法院起诉。

受医患矛盾突出,医疗纠纷专业性强、审理难度大,审理周期长等诸多因素影响,很多法官不愿意审理医疗纠纷,特别是医疗损害责任纠纷。在争议的诊疗行为主要发生在辖区内医疗机构,且本法院先于其他法院立案的情况下,有些法官仍将已受理的医疗损害责任纠纷案件移送给其他法院审理,或者动员当事人撤诉,再行到其他法院起诉,造成当事人诉累,甚至浪费司法资源。

二、医疗纠纷的起诉

(一)起诉的条件概述

《民事诉讼法》第119条规定,起诉必须符合下列条件:(1)原告是与本案有直接利害关系的公民、法人和其他组织;(2)有明确的被告;(3)有具体的诉讼请求和事实、理由;(4)属于人民法院受理民事诉讼的范围和受诉人民法院管辖。但《民事诉讼法》及《民诉法解释》均未对"具体"进行解释,也没有对"诉讼请求"是否满足"具体"的要求明确判断标准。

(二)对起诉条件中"有具体的诉讼请求"的理解

1. 不同类型的诉讼中对诉讼请求"具体"的要求

要正确理解"具体的诉讼请求",首先需要明确何为"诉讼请求"。诉讼请求,通常都是根据实体法律提出的,但也有依程序法提出,如以《民事诉讼法》第56条规定的第三人撤销之诉为依据提出的诉讼请求,还有依法定再审事由提出的再审请求等。因此,将诉讼请求界定为原告向人民法院提出的要求保护自己权益的请求比较合适,既包括实体权益也包括程序权益。而"具体",就是要求原告根据诉的种类,对于要求被告及无独立请求权的第三人承担责任的形式及内容,予以明确和细化。即对确认之诉、形成之诉和给付之诉的诉讼请求,有不同的判断标准。

确认之诉,是指当事人要求法院认定某种法律关系存在或者不存在的诉讼。确认法律关系存在的属于积极确认之诉,确认法律关系不存在的属于消极确认之诉。形成之诉是指原告要求人民法院通过裁判改变已成立或既存的民事法律关系(或民事权利)或特定的法律事实,依判决宣告法律关系发生、变更或消灭之诉。给付之诉是民事诉讼中诉的一种,原告要求被告履行一定民事实体义务的诉讼①。从三种诉的概念,不难看出,由于原告追求的法律效果相对简单,且不存在履行问题,因此,与给付之诉相比,判断确认之诉与形成之诉的诉讼请求是否符合具体的标准,相对简单,即只要诉讼请求中的对象和法律效果具体,也就符合"具体"的要求了。

  给付之诉的诉讼请求是要求相对人承担某种特定的给付义务,给付的对象可以归结为财产和行为两类。由于财产和行为具有多种表现,导致承担责任的具体形式也呈多样化。我国法律明确规定了众多的给付责任形式,如《民法通则》第134条就规定了10种民事责任:停止侵害;排除妨碍;消除危险;返还财产;恢复原状;修理、重作、更换;赔偿损失;支付违约金;消除影响、恢复名誉;赔礼道歉。《民法典》第179条②保留了《民法通则》中的责任形式,合同编第八章对违约责任的相关事项进行了规定。同时,对于金钱类财产,存在数量问题,对于行为类责任,存在如何操作问题。这两个问题不明确同样属于不具体。再有,给付之诉的判决确定了被告的给付义务,是需要被告履行或法院强制执行的,如果诉讼请求不够具体或过于具体都会造成执行过程中出现问题。因此,判断给付之诉中的诉讼请求是否"具体",还需从以下几方面进行考量:

---

  ① 邹瑜:《法学大辞典》,中国政法大学出版社1991年版。
  ② 《民法典》第179条规定,承担民事责任的方式主要有:(1)停止侵害;(2)排除妨碍;(3)消除危险;(4)返还财产;(5)恢复原状;(6)修理、重作、更换;(7)继续履行;(8)赔偿损失;(9)支付违约金;(10)消除影响、恢复名誉;(11)赔礼道歉。法律规定惩罚性赔偿的,依照其规定。本条规定的承担民事责任的方式,可以单独适用,也可以合并适用。

（1）原告应明确要求被告承担的具体责任形式。原告应对发生争议的法律关系进行具体分析，从众多的责任形式中提出合适的、具体的、与争议法律关系最相适应的责任形式。如对于原物不存在的，只能请求赔偿，不能请求返还原物等。

（2）原告应从可实际履行的角度，对所选择的责任形式做进一步具体化。法定的责任形式有的未明确其组成部分，有的则未明确实现方式，若不进一步具体化，义务人就无法主动履行，法院也无法强制执行。其中，财产责任分为金钱类责任和非金钱类责任。对于金钱类责任，如赔偿损失，应具体损失种类和损失金额或计算方法。对于非金钱类责任，如返还财产等，应视要求返还的是种类物还是特定物而决定细化标准。如果要求返还特定物，应达到交付的是能与别的特定物区分开的对象特定，否则应视为不够具体。

（3）原告应明确要求多数被告之间承担责任的形式。如在共同侵权诉讼中，数名被告之间对外承担责任的形式不同。如《民法典》第1168条①规定的连带责任；第1172条②规定各自承担相应的责任或者平均承担赔偿责任，等等。

2.原告拒不明确诉讼请求的后果

案例3-1 当事人拒不明确诉讼请求被法院裁定驳回起诉

患者尚未满18周岁时至甲医院治疗眼疾。患者在甲医院提交的注射调查表上签名后，该院给其注射了A型肉毒毒素。5个月后，患者因脑干肿瘤在乙医院去世。患者父母认为，甲医院超剂量注射的A型肉毒毒

---

① 《民法典》第1168条规定，二人以上共同实施侵权行为，造成他人损害的，应当承担连带责任。

② 《民法典》第1172条规定，二人以上分别实施侵权行为造成同一损害，能够确定责任大小的，各自承担相应的责任；难以确定责任大小的，平均承担责任。

素,属于国家非正式批准使用的药品,该药品致患者中毒,促使脑干病变并死亡。甲医院未经监护人同意,由未成年的患者在注射调查表上签名,且事后伪造病历,甲医院的治疗行为构成医疗事故和医疗过错,侵害了其合法权益,给其经济、精神造成损失。故起诉要求甲医院赔偿医疗费、住院伙食补助费、护理费、死亡赔偿金、丧葬费、交通费、抚养子女费、运尸费、尸体损失、精神损害赔偿金、复印费共计220万余元,并按照每天50元标准赔偿至尸体被火化之日止的尸体停放费。一审法院审理后,作出民事判决书。患者父母不服该判决上诉。二审法院审理后作出民事裁定书,裁定:撤销原判、发回重审。一审法院重新组成合议庭审理了本案。

一审法院重审中,患者父母坚持认为二审法院所作裁定错误,一、二审法院对于本案均无管辖权。一审法院就此曾专门向高级人民法院请示,高级人民法院明确答复,该法院对该案有管辖权。就管辖问题,一审法官反复向患者父母释明,患者父母仍坚持认为一审法院对本案无管辖权,并坚持不解决管辖权问题就不谈其他问题,也不明确诉讼请求。一审法院曾与相关部门联系,为其提供司法援助,遭拒绝。一审法院遂裁定驳回了患者父母的起诉。患者父母不服,仍持一审法院重审时其所持意见上诉至二审法院,并坚持不进入法庭、不参加二审庭审,并明确表示不先行解决管辖问题,其拒绝提出实体请求,也不发表任何意见。二审法院最终裁定:驳回上诉,维持原裁定。

【研究主旨】

一审法院是否对本案有管辖权?当原告拒绝明确诉讼请求时,法院应该如何处理?

【裁判观点】

一审法院认为,原告起诉要有具体的诉讼请求和事实、理由。当事人在庭审中有增加、变更、减少和放弃诉讼请求的权利。任何主张、诉讼请求和证据都应该经过法庭审理。本案患者父母只纠缠于二审法院发回重审的裁定,坚持认为该裁定书是违法的、且二审法院没有管辖权,拒绝陈述诉讼请求和回答任何其他问题。法院依法向其进行多次释明,其仍不陈述具体事实、理由及诉讼请求。现患者父母在庭审中不明确诉讼请求及陈述具体事实、理由,其起诉不能成立。待其有明确的诉讼请求后,可另行解决。据此,裁定驳回患者父母的起诉。

二审法院认同一审法院的裁判理由,认为患者父母坚持认为一审法院及二审法院对本案没有管辖权,从而拒绝陈述案件事实和诉讼请求。在此情况下,一审法院裁定驳回其起诉,并无不当,二审法院予以维持。待患者父母明确其诉讼请求后,可另行解决。最终裁定:驳回上诉,维持原裁定。

【法律评析】

本案中患者父母第一次起诉,是有具体的诉讼请求、事实和理由的,一审法院针对其诉讼请求作出实体判决后,患者父母不服上诉。二审法院经审查认为一审判决认定事实不清,裁定撤销原判,将本案发回一审法院重审。在一审法院重新审理本案时,患者父母依法享有放弃、变更诉讼请求的权利。患者父母重审时主张因一、二审法院裁决不公,对本案无管辖权,并明确表示在解决管辖权问题前拒绝明确其诉讼请求。

管辖权问题属于程序问题,直接决定法院对所受理的民事案件是否有权审理并做出裁决,法院确实应当先行解决管辖权问题再对本案进行实体审理。

本案一审法院是否对本案有管辖权呢?答案是肯定的。理由如下:一则,本案系医疗侵权之诉,按照《民事诉讼法》规定,被告住所地、侵权行为地法院均对本案享有管辖权。二则,本案患者父母原起诉标的为220万元,根据级别管辖的相关规定,属于该地区基层法院受案范围。基于上述分析,一审法院受理本案符合《民事诉讼法》关于地域管辖和级别管辖的规定,有权审理本案。

本案虽然发生在《民诉法解释》实施前,法院不能引用该解释第39条第2款的规定①对患者父母的上述请求不予审查,但是按照管辖恒定的原则,即便确定管辖的事实在诉讼过程中发生变化,也不能导致管辖权发生变化。一审法院完全可以直接驳回其管辖异议的请求。

原告拒不明确具体诉讼请求的后果问题。患者父母认为一、二审法院对案件处理不公,提出一、二审法院对本案无管辖权,要求移送外地法院审理本案,毫无法律依据。如果患者父母向一审法院提出管辖异议,一审法院应对此进行审查,并出具裁定书。双方当事人不服裁定,可对该裁定提出上诉。但本案患者父母并未明确提出管辖异议,仅表示一审法院不将本案移送其他法院审理解决管辖问题,就不发表任何意见。一审法院在此情况下,经向高级人民法院请示,明确对本案有管辖权后,再度向患者父母进行释明,患者父母仍坚持自己的意见。根据《民事诉讼法》第119条第1款第3项规定,起诉必须要有具体的诉讼请求和事实、理由。本案患者父母在一审法院多次释明其不明确诉讼请求应当承担的法律后果之后,仍坚持不提出诉讼请求,也不就案件实体问题发表意见,以致案件审理出现僵局,无法继续。最终法院裁定驳回其起诉,是完全正确的。

患者父母诉讼中的错误行为,导致该起纠纷历时13年至今尚未得到解决,其间且不说因解决纠纷、进行诉讼发生的误工损失,其还耗费了无数的时间和精力。同时,尸检结论对于确定死因、判明责任有很大影响,但是尸检是有时间限制的,长期存放尸体或影响尸检效果。现患者父母拒绝将患者遗体火化,以致存尸费用不断发生,患者父母已欠付巨额存尸费;且按照中国传统风俗,逝者"入土为安",患者父母执着于自己错误的认识,导致患者不能被火化、安葬,其也身心疲惫,始终沉浸在失去孩子的痛苦中,无法开始新的生活。

除了像上述案例中的患者父母外,由于害怕得到一个自己不能认同

---

① 《民诉法解释》第39条第2款规定,人民法院发回重审或者按第一审程序再审的案件,当事人提出管辖异议的,人民法院不予审查。

的裁判结果,就一直沉浸在自己的错误逻辑中,拒不明确诉讼请求,导致起诉被法院裁定驳回的案例还有很多。实践中,还有患方提出的诉讼请求,因并不属于民事案件诉讼请求而被法院裁定驳回起诉的情况存在。例如,患方起诉仅要求法院对本案进行司法鉴定。因该请求并非针对对方当事人提出的,也不涉及要求对方当事人承担何种民事责任或义务,根本不构成民事案件的诉讼请求,其起诉被法院直接裁定予以驳回。

(三)原告起诉需"属于受诉法院民事受案范围"

1. 对"属于受诉法院民事受案范围"的理解

原告的诉讼请求"属于受诉法院民事受案范围",实际包含了两层意思,一是原告的诉讼请求必须"属于民事案件受案范围";二是原告的诉讼请求必须"属于受诉法院管辖范围"。

民事案件受案范围与民事纠纷(或称为民事争议),密不可分。所谓民事纠纷,是指平等主体之间,以民事权利义务为内容的社会纠纷,是行为人违反民事法律法规,侵犯他人合法权益引发的纠纷。因一方当事人将双方之间的上述争议起诉至人民法院,寻求解决,就形成民事诉讼。人民法院对于民事案件的受案范围,是有明确规定的,《民事案件案由规定》中所列案由,均属于民事受案范围。但是,司法实践中,由于多种原因,出现当事人虽以规定的民事案由起诉,但争议实质问题涉及其他法律关系。如原告以排除妨碍为案由起诉要求被告拆除违章建设的小厨房,作为民事案件,法院仅依原告起诉具体理由,审查该小厨房是否对原告的建筑物构成妨碍,或是否对其通行、采光、排水等权利构成妨碍,如果构成,可以判令被告拆除,如果不构成妨碍,则不能以违法建筑为由而判决拆除。如果此类案件,原告选择向相关政府部门投诉,相关行政机关介入处理纠纷,人民法院一般会告知当事人撤诉,由行政机关对双方争议的小厨房先行作出认定和处理。再者,原告提出的请求,并非针对相对方的,甚至不构成诉讼请求。如医疗纠纷中,有原告提出的诉讼请求是要求封存病历,或要求医院对其作出某种诊断。

"属于受诉人民法院管辖",是指原告起诉,应符合《民事诉讼法》及《民诉法解释》关于地域管辖、级别管辖、专属管辖等规定,即不得随意选择与各方当事人、争议事实、涉案财产所在地均无关的法院起诉。

2. 原告起诉不属于人民法院受案范围的后果

案例 3-2　认定病例属于医疗事故、认定医师构成医疗事故罪均不属于民事受案范围

患者在某三甲医院(以下简称甲医院)接受甲状腺肿物手术,手术过程顺利,麻醉苏醒返回病房后,因伤口出现渗血,夜间患者出现喘憋。家属报告护士后,护士未予重视,没有及时报告值班医生。患者持续喘憋,逐渐出现呼吸困难。期间,家属多次催促护士让医生予以诊治。后值班医师来病房查看患者,对患者情况未予足够重视。后患者出现窒息,虽急请二线大夫到场救治,怎奈回天乏术,患者终因术后伤口出血形成血肿导致窒息而亡。患者家属张某以医疗损害赔偿纠纷为案由,将甲医院及当事医师乙本人起诉至一审法院,其诉讼请求之一就是要求法院认定本病例构成医疗事故,并要求确认医师乙构成医疗事故罪。一审法院审理中,委托医学会进行了医疗损害技术鉴定,确认本病例构成一级甲等医疗事故,甲医院负全部责任。一审法院据此判决甲医院退还了全部医疗费,并赔偿张某护理费、住院伙食补助费、误工费、死亡赔偿金及精神抚慰金等各项损失 100 余万元。双方对该判决均未上诉。

【研究主旨】

人民法院在审理医疗损害责任纠纷或者医疗服务合同纠纷案中,是否有权对涉案病例作出是否构成医疗事故的认定?是否有权对当事医师作出是否构成医疗事故罪的认定?

【裁判观点】

一审法院审理认为,本病例经委托医学会进行医疗事故鉴定,构成一级甲等医疗事故,甲医院负全责,应对由此给患者家属张某造成的合理损失承担全部赔偿责任。合理损失包括已付医疗费、护理费、误工费、住院伙食补助费、死亡赔偿金及精神损害抚慰金,具体损失数额,由法院根据当事人具体情况,按照法律及司法解释的规定予以确定。据此,判决支持了张某关于民事赔偿的大部分请求,仅就其主张的非法定赔偿项目的部分费用未支持;但对张某所持要求认定医师乙的行为构成医疗事故罪的主张,未作出正面回应,判决主文最后一项为驳回张某其他诉讼请求。

【法律评析】

笔者认为,本案一审判决虽因双方当事人均未上诉而发生法律效力,但是从专业角度审视,是存在缺陷的。民事判决书不仅体现了裁判结果,更是审判过程和裁判理念的体现,是对社会具有导向作用的。人民法院对于当事人的诉讼请求,经过审理后,对那些属于法院民事受案范围,且符合法律规定的请求,应当予以支持,同时也要对不属于法院民事受案范围或不符合法律规定的请求,明确处理意见,否则属于越权违法裁判或者遗漏诉讼请求。

本案一审法院存在的问题之一。原告张某的诉讼请求之一系要求一审法院确认本病例属于医疗事故,无论是在《侵权责任法》实施之前还是之后,此项请求显然不属于人民法院民事受案范围,一审法院对此处理欠妥。

探究我国医疗纠纷处理法律制度的沿革,会发现自新中国成立至1987年,国家并没有制定专门处理医疗纠纷的法律、法规,仅有卫生行政部门制定的一些规定、条例和制度,如1950年公布的《解剖尸体暂行规则》、1982年公布的《医院工作制度》等,为当时医疗纠纷的解决提供法律上的依据①。这一时期医疗纠纷的处理,多为直接追究医务人员刑事责任,特别是最高人民法院1964年发布的《关于处理医疗事故案件不应判给经济补偿问题的批复》,明确患方不可以从医疗纠纷中获得损害赔偿。在此情况下,医患双方的合法权益,都得不到有力保护。

  国务院于1987年6月29日发布的《医疗事故处理办法》,成为我国首部专门处理医疗纠纷的行政法规。办法明确了患方可以在医疗事故中获得一定经济补偿,在保护患者合法权益方面有进步意义。但补偿数额相对较低,往往不能弥补患方的合理损失。经过数年的立法准备工作,国务院于2002年颁发《医疗事故处理条例》,明确了医疗事故的概念,把医疗机构及其医务人员在医疗活动中,违反医疗卫生管理法律、行政法规、部门规章和诊疗护理规范、常规,过失造成患者人身损害的事故定义为医疗事故②,同时将"造成患者明显人身损害的其他后果的"增加为第四级医疗事故,扩大了对患方合法权益的保护范围和力度。同时,条例还规定医疗事故的预防和医疗纠纷的处理方式,明确医疗事故需要经卫生行政管理部门委托医学会进行医疗事故技术鉴定后才能确定。

  虽然《医疗事故处理条例》规定了医疗事故的认定和处理,由卫生行政部门负责,也并不排斥医患纠纷通过民事诉讼的途径解决,但它毕竟属于行政法规,根据损害后果确定的四级医疗事故,也不能涵盖所有的损害后果。人民法院审理因医疗纠纷引起的民事赔偿案件,优先适用民事实体法,在2010年7月1日前即《民法通则》。《民法通则》第119条规定,侵害公民身体造成伤害的,应当赔偿医疗费,因误工减少的收入、残疾者生活补助费等费用;造成死亡的,并应当支付丧葬费、死者生前扶养的人必要的生活费等费用。《民法通则》并未把损害后果明显作为侵权人承担赔偿责任的标准,显然相较于《医疗事故处理条例》,对于患方合法

---

  ① 许学敏、林嘉:《医疗卫生法律基础》,北京出版社2015年版,第158页。
  ② 《医疗事故处理条例》第2条规定,本条例所称医疗事故,是指医疗机构及其医务人员在医疗活动中,违反医疗卫生管理法律、行政法规、部门规章和诊疗护理规范、常规,过失造成患者人身损害的事故。

权益保护力度更大。而最高人民法院2003年印发了《最高人民法院关于参照〈医疗事故处理条例〉审理医疗纠纷民事案件的通知》，明确要求各级法院，在审理《医疗事故处理条例》施行后发生的因医疗事故引起的医疗赔偿诉讼时，参照条例有关规定办理；因医疗事故以外的原因引起的其他医疗赔偿纠纷，适用《民法通则》的规定，即不构成医疗事故的依照《民法通则》及2003年《人身损害司法解释》确定赔偿范围和计算标准。自此，司法实践中，对医疗纠纷的处理开始了鉴定二元化和法律适用二元化阶段。但是，即便如此，上述通知也仅明确了人民法院对构成医疗事故的医疗赔偿案件，参考《医疗事故处理条例》相关规定处理，即参照条例第49条至第52条的规定确定医疗机构的责任、赔偿项目和损失计算，并不涉及法院对医疗事故作出认定的问题。

2010年10月1日，随着《侵权责任法》的实施，结束了法律适用的二元化和鉴定的二元化，无须进行医疗事故鉴定，法院无论是委托医学会还是社会上的鉴定机构进行鉴定，都属于医疗损害技术鉴定范围，目的是明确医疗机构的诊疗行为是否存在过错，且与患者的损害后果之间是否存在因果关系及原因力大小，不再涉及对是否构成医疗事故进行认定了。

而本案甲医院对患者实施手术的行为，发生在《侵权责任法》实施后，应当适用《侵权责任法》及相关司法解释进行裁判；委托鉴定机构进行鉴定时，委托事项也不应涉及是否构成医疗事故，并应向原告张某释明，其此项请求不属于人民法院民事受案范围，应由医疗卫生行政管理部门负责对本病例是否构成医疗事故进行认定，如其坚持要求确认本病例构成医疗事故，并按照医疗事故要求甲医院承担赔偿责任，应以不属于人民法院民事案件受理范围为由裁定驳回其起诉。

本案一审法院存在问题之二，判决书对于原告张某起诉要求确认医师乙构成医疗事故罪的请求没有回应。

人民法院审理医疗纠纷过程中，时常会遇到患方认为医务人员严重不负责任，导致患者出现重残或死亡等严重后果，构成医疗事故罪。《刑法》第335条对医疗事故罪给出了明确的定义，即医疗事故罪是指医务人员由于严重不负责任,造成就诊人死亡或者严重损害就诊人身体健康的行为。该罪侵犯的客体是医疗单位的工作秩序,以及公民的生命健康权利。犯罪对象是生命健康安全正遭受病魔侵害的病人。在客观方面表现为严重不负责任,造成就诊人死亡或者严重损害就诊人身体健康的行为。

是否构成医疗事故罪,是须经司法机关按照法定程序审查认定后才能予以确定的,不属于人民法院民事受案范围。因此,对原告张某要求法院确定医师乙构成医疗事故罪的请求,超出了人民法院民事受案范围,应告知其向有关部门反映,主张相应权利。如张某在本案中坚持此项请求,应就其此项请求出具裁定书,裁定驳回其起诉,即便不单独就此出具裁定书,至少也应在一审判决书论理部分对此作出回应。

人民法院对于当事人诉讼请求明显超出民事受理范围的,应向当事人释明,力争由当事人自行撤销或者变更该项诉讼请求,当事人拒不变更该项诉讼请求的,人民法院应裁定驳回其该项起诉,或按照"判决吸收裁定"的原则,在判决论理部分予以明确。

三、医疗纠纷的受理

在案件受理方面,法院执行的是统一的受理标准与程序,并未就医疗纠纷有特殊规定,本部分就案件受理的相关规定进行汇总。

《民事诉讼法》第123条规定,人民法院应当保障当事人依照法律规定享有的起诉权利。对符合本法第119条的起诉,必须受理。符合起诉条件的,应当在7日内立案,并通知当事人;不符合起诉条件的,应当在7日内作出裁定书,不予受理;原告对裁定不服的,可以提起上诉。第124条规定,人民法院对下列起诉,分别情形,予以处理:(1)依照行政诉讼法的规定,属于行政诉讼受案范围的,告知原告提起行政诉讼;(2)依照法律规定,双方当事人达成书面仲裁协议申请仲裁、不得向人民法院起诉的,告知原告向仲裁机构申请仲裁;(3)依照法律规定,应当由其他机关处理的争议,告知原告向有关机关申请解决;(4)对不属于本院管辖的案件,告知原告向有管辖权的人民法院起诉;(5)对判决、裁定、调解书已经发生法律效力的案件,当事人又起诉的,告知原告申请再审,但人民法院准许撤诉的裁定除外;(6)依照法律规定,在一定期限内不得起诉的案件,在不得起诉的期限内起诉的,不予受理;(7)判决不准离婚和调解和好的离婚案件,判决、调解维持收养关系的案件,没有新情况、新理由,原告在六个月内又起诉的,不予受理。

2015年5月1日起我国法院改变传统的立案审查制为立案登记制,《民诉法解释》第208条根据《民事诉讼法》第119条和第123条,就登记立案程序作出规定,"人民法院接到当事人提交的民事起诉状时,对符合民事诉讼法第一百一十九条的规定,且不属于第一百二十四条规定情形的,应当登记立案;对当场不能判定是否符合起诉条件的,应当接收起诉材料,并出具注明收到日期的书面凭证。需要补充相关材料的,人民法院应当及时告知当事人。在补齐相关材料后,应当在七日内决定是否立案。立案后发现不符合起诉条件或者属民事诉讼法第一百二十四条规定情形的,裁定驳回起诉"。

《民诉法解释》第211条赋予法官依职权审查管辖权的权利,规定:"对本院没有管辖权的案件,告知原告向有管辖权的人民法院起诉;原告坚持起诉的,裁定不予受理;立案后发现本院没有管辖权的,应当将案件移送有管辖权的人民法院。"

《民诉法解释》第211条至第216条,针对重新起诉、再次起诉、不交纳案件受理费、仲裁与诉讼衔接等问题作出具体规定。其中第212条规定,裁定不予受理、驳回起诉的案件,原告再次起诉,符合起诉条件且不属于《民事诉讼法》第124条规定情形的,人民法院应予受理。第213条规定,原告应当预交而未预交案件受理费,人民法院应当通知其预交,通知后仍不预交或者申请减、缓、免未获批准而仍不预交的,裁定按撤诉处理。第214条规定,原告撤诉或者人民法院按撤诉处理后,原告以同一诉讼请求再次起诉的,人民法院应予受理。第215条规定,依照《民事诉讼法》第124条第2项的规定,当事人在书面合同中订有仲裁条款,或者在发生纠纷后达成书面仲裁协议,一方向人民法院起诉的,人民法院应当告知原告向仲裁机构申请仲裁,其坚持起诉的,裁定不予受理,但仲裁条款或者仲裁协议不成立、无效、失效、内容不明确无法执行的除外。

法官在对案件事实进行审查认定前,应先行按照相关法律规定,确认案件确属本院受理范围。

第四章 医疗纠纷中不当使用诉权的处理

引言 医疗纠纷中经常会遇到当事人不当行使诉权的情况发生,尤其是当事人涉嫌重复起诉。《民事诉讼法》及《民诉法解释》规定的构成重复起诉的条件,不够清晰,且与实体法的规定如何衔接,没有体现,以致法官们的理解也不尽相同,司法实践中出现掌握尺度不同、裁判不统一的现象。本章针对医疗纠纷的特点,对当事人不当行使诉权的相关问题进行了梳理,并分析了法院的处理方式。

一、法院对医疗纠纷中涉嫌重复起诉的处理

《民事诉讼法》第124条第5项"对判决、裁定、调解书已经发生法律效力的案件,当事人又起诉的,告知当事人申请再审"的规定,是我国关于"一事不再理"原则的法律渊源[①]。《民诉法解释》对重复起诉的判断标准进行了细化,第247条规定:"当事人就已经提起诉讼的事项在诉讼过程中或者裁判生效后再次起诉,同时符合下

---

① 沈德咏:《最高人民法院〈民事诉讼法司法解释理解与适用〉》,人民法院出版社2015年版,第633页。

列条件的,构成重复起诉:(一)后诉与前诉的当事人相同;(二)后诉与前诉的诉讼标的相同;(三)后诉与前诉的诉讼请求相同,或者后诉的诉讼请求实质上否定前诉裁判结果。当事人重复起诉的,裁定不予受理;已经受理的,裁定驳回起诉,但法律、司法解释另有规定的除外。"这是民事诉讼中关于"一事不再理"原则及判断标准的规定。由此可见,违反"一事不再理"原则即构成重复诉讼。

但是,由于《民事诉讼法》及《民诉法解释》均未对"诉讼标的""诉讼请求"等关键概念的内涵及外延作出明确限定,法官们的理解也不尽相同,加之实体法对侵权责任和违约责任竞合情况下的规定,使得判断是否构成重复诉讼的裁判标准不仅未能得到统一,反而变得更加复杂。

(一)原告变更诉讼主体就同一侵权事实及损害后果再行起诉

当事人作为重复起诉的判断标准,看似简单,但仍面临实践困境。传统观点认为,当事人是指因民事上的权利义务关系与他人发生争议,而以自己的名义参加诉讼,并受法院裁判拘束的人[①]。且传统理论认为,诉讼标的即为当事人之间争议的实体权利义务关系,将诉讼标的作为确定诉讼主体是否具有当事人资格的主要判断标准。正如现行《民事诉讼法》第119条在规定起诉条件时所要求的"原告是与本案有直接利害关系的公民、法人和其他组织"。因此,把当事人和诉讼标的一并列为重复起诉的判断标准,起决定作用的仅为诉讼标的。如原告在前诉处于诉讼系属中或者裁判后,又以同一诉讼标的和同一诉讼请求,更换被告提起诉讼,后诉是否构成重复起诉? 法官们的看法并不相同,导致裁判结果出现不同。医疗纠纷中更常见的是患方增加被诉医疗机构后就同一事实及损害

---

① 江伟、张晋红:《中国民事诉讼法教程》,中国政法大学出版社1994年版,第86页。

后果再次起诉,下面为大家介绍一个案例。

案例4-1　患方增加诉讼主体后就同一侵权事实及损害后果再行起诉对原被诉医疗机构构成重复诉讼

患者因病住甲医院治疗,该医院对其进行相关检查后,作出诊断,并给予对应药物治疗。患者在服用某种药物(以下简称A药品)后出现严重过敏反应。甲医院发现后,立即停止使用该药物,并对患者过敏症状予以对症治疗,患者情况好转后坚持要求出院。从甲医院出院当天,为治疗其原发病,患者至乙医院继续住院治疗,病愈后出院。后,患者以医疗损害责任纠纷为案由,将甲医院诉至该医院住所地所属法院,认为甲医院错误地为其使用A药物,导致其发生严重过敏反应,要求甲医院赔偿其住院期间全部医疗费、住院伙食补助费、营养费、误工费、护理费、交通费及精神抚慰金等各项损失。甲医院认为其用药符合诊疗常规,患者出现过敏反应系自身体质特殊所致,且其在患者出现过敏反应后,已及时停药并对患者进行了对症治疗,并无过错,患者要求其承担侵权赔偿责任,缺乏依据。一审法院就甲医院用药等行为是否存在过错,与患者出现过敏的损害后果是否存在因果关系,如存在因果关系则原因力大小,委托司法鉴定机构进行鉴定。鉴定机构鉴定后出具鉴定意见书,确认:患者出现过敏反应系因服用A药物所致,但在甲医院为患者使用该药前,患者并无该药品使用禁忌症,甲医院亦系按照药品说明规定的药量用药,并无过错,患者出现过敏反应,系因其自身体质特异所致;甲医院在患者出现药物过敏反应后予以及时用药并对症治疗,符合诊疗常规,亦不存在过错。一审法院据此判决驳回了患者的全部诉讼请求。

随后,患者在乙医院住所地所属法院,以医疗损害责任纠纷为案由,起诉乙医院及甲医院,要求两家医院共同赔偿其前诉涉及的全部损失。诉讼理由系甲医院为其开具的A药物导致其发生严重过敏反应。法院判决驳回了原告的全部诉讼请求。

【研究主旨】

原告变更诉讼主体后就同一侵权事实及损害后果再行起诉,是否构成重复诉讼?

【裁判要旨】

法院认为,患者曾以甲医院用药存在过错为由起诉过甲医院要求赔偿,其诉讼请求并未得到支持。其起诉乙医院与甲医院共同承担赔偿责任,但其自认乙医院对其诊疗行为并无过错,与其所述甲医院的用药错误毫无关联。故法院对其全部诉讼请求均无法支持,均应予以驳回。

【法律评析】

诉讼主体即当事人,可以分为原告和被告。依照《民事诉讼法》第119条规定,诉讼主体必须与本案诉讼标的有直接关系。虽然《民诉法解释》第247条将当事人同一作为判断是否构成重复诉讼的要件之一,但是,我们不能机械地理解该规定的含义,应当做适当扩大理解。如,诉讼担当人①的诉讼结果对于被担当人具有约束力,在判断是否构成重复诉讼时,诉讼担当人与被担当人具有同一性;再如,当事人的继受人②在判断是否构成重复诉讼时与当事人具有同一性。

司法实践中,患方通过变更原告再行起诉的情况极为少见,各法院裁判尺度较为统一,基本上会认定原告构成重复起诉而裁定驳回。常见的是患方通过增加被告的方式再次起诉。有的选择在新增加的被诉医疗机构住所地所属法院再次起诉,有的则因被诉医疗机构住所地同属一个法院管辖等原因,而仍在原诉讼法院起诉。对于原告通过增加被告再次起诉的案件,各法院处理不尽相同。笔者认为,原则上应认定原告对甲医疗

---

① 诉讼担当人是指就他人的诉讼标的权利义务有当事人的诉讼实施权的人。
② 当事人的继受人是指通过继承而承受诉讼标的权利义务关系,从而继受当事人地位的人。

机构的起诉构成重复诉讼，裁定驳回原告对甲医疗机构的起诉，至于案件最终如何裁判，应视具体情况而处理，但不宜将原告针对原被诉医疗机构的起诉与增加的被诉医疗机构的起诉混为一谈，笼统的以判决的方式作出实体处理。

就本案情况而言，在患者自认增加的被告乙医院对其并未实施侵权行为，其仍是基于"甲医院用药错误，给其造成损害"而要求赔偿的情况下，应明确患者针对甲医院的起诉构成重复诉讼。至于对整个案件的处理，有观点认为，本案患者基于侵权请求权提起的后诉，其主张的争议事实与乙医院并无法律关系，故本案应据《民事诉讼法》第119条第1款第2项、《民诉法解释》第247条之规定，裁定驳回患者针对乙医院的起诉。在认定患者针对甲医院再次起诉构成重复诉讼，裁定驳回其对甲医院的起诉后，对乙医院的起诉请求，因患者不能证实其损害后果与乙医院的诊疗行为有关，应判决驳回其诉讼请求。再有，就是像本案受诉法院的处理方式，针对患者的后诉请求，全部以判决的方式予以驳回。笔者倾向于第一种观点，《民事诉讼法》第119条规定的"有明确的被告"，不应仅指形式上明确的被告。立案阶段要求的是符合形式标准的被告，而起诉阶段"有明确的被告"应该是适格的被告。至于原告起诉的被告是否是适格被告，应审查被告是否符合与原告就本案争议事实有法律关系这一要素。而显然，本案被告乙医院与患者本案起诉的争议事实并无实质上的联系，不属于本案适格被告，裁定驳回患者对乙医院的起诉更符合法理及法律精神。

(二)患方变换案由后就同一侵权事实及损害后果再行起诉

传统理论认为诉讼标的是当事人之间所争议的民事法律关系，亦即当事人之间的权利义务关系，而案由是以民法理论为基础对民事法律关系进行的分类，虽然二者存在很大差异，但在诉讼过程中，民事案由和诉讼标的都旨在帮助当事人和法官认清纠纷的本质，案由实际上是诉讼标的在判决上的宣示。

如果依最高人民法院所持传统诉讼标的理论，将诉讼标的作为判断是否构成重复起诉的核心要素，仍给司法实践带来困扰。即便是在出现《民法典》第186条所规定的，基于违约的请求权与基于侵权的请求权相竞合的情形，法官们的认识都也还不尽相同。有法官认为，无论前诉裁判结果如何，后诉都应被认定为重复诉讼；而有法官则认为，原告就前诉请求未涉及部分再行起诉，不应认定为重复起诉。而针对《民法典》第186条以外的其他形态的请求权竞合时，如原告先行起诉主张返还欠款，未被支持，后再行起诉主张返还不当得利，原则上法院会受理、审理并做出裁判；但如果原告之前的请求已被支持，之后再行起诉主张返还不当得利，一般会被认定为构成重复诉讼。这种根据前诉裁判结果判断后诉是否构成重复起诉的做法，显然与传统诉讼标的理论和禁止重复起诉的法理不合。

实践中，同一侵权事实所引起的侵权法律关系可能被不同案由所涵盖，有的当事人就采用变换案由的方式就同一事实及损害后果再次起诉。

案例 4-2　当事人变换案由后就同一侵权事实及损害后果再行起诉构成重复起诉

患者为治疗腿疾，在甲医院接受了手术治疗。术中，甲医院植入了钢板并使用了一些医疗器械。患者术后，下肢肌力减弱，最终无法行走。患者曾以医疗损害责任纠纷为案由，将甲医院诉至法院，认为该医院使用的医疗器械存在质量问题、相关医务人员严重不负责任、诊疗行为存在过错，要求甲医院承担全部赔偿责任，赔偿其各项损失金额高达数百万元。一审法院审理该案过程中，经患者申请，就其所主张的甲医院的诊疗过程中存在的问题委托鉴定机构进行了司法鉴定，鉴定机构虽无医疗器械质量鉴定资质，但在鉴定意见中表明从手术记录等病历显示未见医疗器械有缺陷，并认定甲医院的诊疗行为存在过错，与患者的损害后果之间存在因果关系,原因力为主要。一审法院据此判决甲医院按照90%的比例对给患者造成的各项合理经济损失予以赔偿,并判决甲医院酌情赔偿患者精神损害抚慰金,总计赔偿金额达一百余万元。

之后,患者又以医疗产品责任纠纷为案由起诉甲医院,要求赔偿其前案所诉全部损失。一审法院判决驳回了患者全部诉讼请求。判决后,患者不服上诉。二审法院审理后,裁定:撤销一审判决,裁定驳回患者的起诉。

【研究主旨】

患方变换案由后就同一侵权事实及损害后果再行起诉,是否构成重复诉讼?

【裁判要旨】

一审法院认为,患者在本案中的全部诉讼请求,已经法院实体审理并做出生效判决,绝大部分损失已经得到支持;且患者以医疗产品责任纠纷为案由起诉本案,但并无证据证实甲医院使用的医疗器械存在质量问题,故法院对其诉讼请求难以支持。

二审法院认为,患者在前案中以医疗损害责任纠纷为案由起诉要求甲医院赔偿,其起诉理由中已经涉及甲医院手术过程中使用的医疗器械存在质量问题,鉴定机构在鉴定意见中对医疗器械质量作出了评价,前案已经认定了甲医院的过错诊疗行为与患者目前的损害后果之间存在因果关系,并判令甲医院就由此给患者造成的全部损失按照其应承担的责任比例予以赔偿。现患者本案提出的全部诉讼请求与前案相同,而医疗产品质量纠纷也仅系医疗损害责任纠纷项下的四级案由,故患者本次起诉违反一事不再理原则,应予以驳回。一审法院判决驳回其诉讼请求,欠妥,二审法院予以撤销。

【法律评析】

民事案件的案由反映的是案件涉及的民事法律关系,是对各方当事人争议所包含的法律关系的概括。《民事案件案由规定》涉及医疗纠纷有两个三级案由,即医疗损害责任纠纷和医疗服务合同纠纷。医疗损害责任纠纷项下还有医疗产品责任纠纷和侵犯患者知情同意权纠纷两个四级案由。一般理解,原告起诉应当以与其诉讼标的最为契合的案由作为起诉案由,能适用四级案由的应当优先适用四级案由,没有适合的四级案由,则需按照四、三、二、一的顺序确定案由。

  本案患者起诉前案,并未选择四级案由医疗产品责任纠纷,而是选择了三级案由医疗损害责任纠纷起诉,但其在陈述事实及理由时将使用不合格医疗器械作为甲医院存在的过错之一,且把该"过错行为"与其所诉甲医院存在的其他过错医疗行为一并作为导致其损害后果的原因,提出了前案的诉讼请求。法院审理前案过程中,委托的司法鉴定机构虽无医疗器械质量检验、鉴定资质,但鉴定意见提及未见甲医院使用的医疗器械存在缺陷,肉眼可见未见植入钢板等器械有断裂等情形,鉴定机构最终认定甲医院的诊疗行为存在过错,在造成患者损害的原因力中占主要部分。现患者再行以医疗产品责任纠纷起诉甲医疗机构,诉讼当事人及诉讼标的均与前案相同,且目的系推翻前案判决,完全符合《民诉法解释》第247条规定的重复诉讼的情形。一审法院判决驳回其诉讼请求,显然不符合法律规定。二审法院撤销一审判决,裁定驳回其起诉,笔者认为完全正确。至于有观点认为,鉴定机构超越权限对甲医院适用的医疗器械质量进行认定,一审判决赖以作出的依据存在问题一节。笔者认为,即便此观点成立,涉及的只是前案是否存在错判的问题,应该通过审判监督程序纠正,不能通过变更案由另诉予以解决。否则,容易引起患方错误认识,助长重复诉讼之风。

(三)当事人变更部分诉讼请求对同一侵权事实再行起诉

  诉讼请求和诉讼标的一并作为重复起诉的判断标准,并不合理,且导致司法实践乱象丛生。由于法律及司法解释对诉讼请求并无界定,学界对于如何理解诉讼请求并未形成统一认识,因而对诉讼请求与诉讼标的的关系也无统一立场。目前存在两种观点,一是将诉讼请求理解为当事人所主张的实体法律关系,即传统诉讼标的理论中的诉讼标的;二是将诉讼请求理解为当事人起诉所要达到的具体的法律效果,即诉讼标的理论中的诉的声明。从《民诉法解释》第247条规定及最高人民法院就该司法解释所作释义可以看出,实务部门对诉讼请求的理解已经趋向统一,即将其理解为诉的声明①。但是,如此界定带来的直接问题是,将诉的声明界定为诉讼标的的构成要素之一时,在对前后两诉的诉讼标的是否相同进行比较时,就已经对前后两诉的诉讼请求进行了比较。按照传统诉讼标的理论,当事人在诉讼中主张的具体、特定的实体法律关系构成诉讼标的,而判断法律关系是否是具体而特定的,需要从诉的声明、法律关系性质和原因事实三个方面来进行。因此,在判断前后两诉是否构成重复起诉时,诉的声明即诉讼请求作为诉讼标的的构成要素之一,与诉讼标的作为并列标准,显然并无必要。明确了诉讼请求与诉讼标的的两者关系之后,不难看出,单就诉讼请求发生变化,未必会导致诉讼标的的不同。

案例4-3　患方就同一侵权事实不断增加诉讼请求多次起诉,法院应做好区分

患者因心慌于2014年6至8月期间先后至包括甲医院在内的多家医疗机构就诊。患者认为甲医院的诊疗行为导致其精神出现问题而自杀,其至乙医院住院治疗,后痊愈出院。出院后,患者以甲医院错误用药导致其精神紊乱、精神障碍及肢体障碍,引发自杀为由,将甲医院诉至法院,要求该医院赔偿其损失费100余万元、医疗费6万元、交通费及护理

---

① 沈德咏:《最高人民法院〈民事诉讼法司法解释理解与适用〉》,人民法院出版社2015年版,第635页。

费各 6000 元。一审法院审理中,患者主张甲医院未给其书写病历,且不同意根据甲医院提供的药房保管的处方底联作为检材,对甲医院的诊疗行为是否存在过错进行司法鉴定,坚持认为外院诊断的其身体状况,已经说明甲医院的诊疗行为对其造成身心伤害,无须再进行鉴定,并撤回鉴定申请。一审法院认为,患者主张的甲医院的诊疗过程存在过错的证据不足,但应酌定给予一定的经济补偿,遂判决:甲医院补偿患者 3 万元,并驳回患者其他诉讼请求。判决生效后,患者申请上级法院再审该案。二审法院作出驳回其再审申请的裁定。

患者数年来采取不断增加部分诉讼请求的方法,多次以甲医院对其存在误诊误治,造成其身体多发损害和精神损伤为由,起诉甲医院索赔,且多次诉讼中,虽经法官释明相关法律规定及诉讼风险,患者仍坚持不申请进行医疗过错司法鉴定,也不交纳判决确定应由其承担的诉讼费。

【研究主旨】

患方就同一侵权事实,通过不断变更具体诉讼请求的方式,多次起诉,是否构成重复诉讼?

【裁判要旨】

法院认为,患者在诊疗活动中受到损害,医疗机构及其医务人员有过错的,由医疗机构承担赔偿责任。一般医疗损害,应当由患者就医疗机构存在过错、自己存在损害后果且医疗机构的过错行为与其损害后果之间存在因果关系承担举证责任。因医疗损害责任纠纷涉及医学问题,专业性极强,故患者可以申请人民法院委托司法鉴定机构针对专业性问题进行鉴定,鉴定机构出具的司法鉴定意见书是人民法院审理此类纠纷的重要证据。患者虽主张甲医院在诊断、用药方面存在诸多错误,给其造成各种损害后果,但其不申请进行司法鉴定,其所提供的检查报告仅能证实其查体时情况,并不能达到证明甲医院的诊疗行为存在过错且与其所述损害后果之间存在因果关系的程度,故对其要求甲医院对其主张的各项损失予以赔偿的请求，实难支持。

【法律评析】

尽管有些患者因受所患疾病经年累月的折磨，或者因纠纷解决周期过长，导致心态发生变化，无理缠诉，甚至毫不避讳地在法庭上直言要和被诉医疗机构干到底，法官凭经验判断，患者反复诉讼的行为属于滥用诉权，但是由于《民诉法解释》第247条规定的构成重复起诉的条件之一，是后诉与前诉的请求相同或者后诉的诉讼请求实质上否定前诉裁判结果。受此规定制约，出现本案的情况，法院不得不重复审判过程甚至重复裁判结果，浪费大量司法资源。

从《民诉法解释》规定的重复诉讼的标准这一视角审查本案例，患者所诉后案均较前案的诉讼请求发生细微变化，如后诉与前诉相比，患者主张的损害后果有增加，对应的请求金额也略有增加。为了维护法律的权威性，充分保护当事人的诉讼权利，确实不能直接认定患者的起诉构成重复诉讼，从而直接裁定驳回其起诉。但是如果各后案的诉讼标的中均部分包含前案的诉讼标的，各后案以判决的形式驳回患者全部诉讼请求，虽然处理起来相对简单，但明显又与《民诉法解释》第247条第2款"当事人重复起诉的，裁定不予受理；已经受理的，裁定驳回起诉，但法律另有规定的除外"的规定相悖。笔者以为，此种情况下，将前诉的诉讼标的与后诉的诉讼请求剥离，就患者在前诉中明确的损害后果及对应的赔偿项目涉及的损失，应在后诉中以裁定方式驳回患者起诉，对于前诉未涉及部分的诉讼标的，以判决形式予以驳回。这样处理虽较判决驳回患者全部诉讼请求烦琐，但更符合法律规定，也更能发挥裁判文书的引领释法作用。

医疗纠纷司法实践中，关于重复诉讼的乱象，凸显现有法律的不足或存在的冲突。如何解决，还需建立健全各种配套法律、司法解释及制度。如对于像本案这样，患者反复起诉，在法官多次释明相关法律、诉讼风险及可能的法律后果的情况下，既拒绝申请进行司法鉴定以确定甲医院的诊疗行为是否存在过错，是否与其所述损害后果之间存在因果关系，又拒绝缴纳诉讼费,不承担诉讼成本,完全使人有理由相信原告在滥用诉权,法院能否采取不同意其缓交诉讼费的申请,或者通过追缴已生效判决确认其应当缴纳的诉讼费,对其滥诉行为予以制约,而不是这样任由其浪费司法资源。

二、法院对患方撤诉后再次起诉并申请重新鉴定的处理

案例 4-4 当事人撤诉不影响前案诉讼过程中法院委托的司法鉴定的效力

患者高龄,本身罹患高血压、糖尿病等基础病,因咳嗽、喘憋先在甲医院住院治疗,后因病情危重,转至乙医院。入院当天,患者病情恶化,经抢救无效,在乙医院病逝。患者家属李某认为甲医院和乙医院对患者的诊疗存在不当,导致患者死亡。2008 年,李某以医疗损害赔偿纠纷为案由,向乙医院住所地所属 A 法院,起诉该两家医疗机构,要求其共同赔偿医疗费、住院伙食补助费、护理费、交通费、死亡赔偿金和精神抚慰金等共计近百万元。A 法院审理该案过程中,委托医学会进行了医疗事故技术鉴定,鉴定结论为:本病例构成一级甲等医疗事故,甲医院承担轻微责任,乙医院无责。后李某撤回起诉。李某于 2010 年底,向甲医院住所地所属 B 法院,仍以医疗损害责任纠纷为案由,持前诉理由起诉甲医院和乙医院,要求该两家医疗机构共同赔偿其前案提出的全部诉讼请求。B 法院在审理本案过程中,李某申请就甲医院和乙医院的诊疗行为是否存在过错,与患者死亡后果之间是否存在因果关系进行医疗损害司法鉴定。鉴定机构接受法院委托,鉴定后出具了司法鉴定意见书,认定甲医院的诊疗行为存在过错,与患者死亡后果之前存在一定因果关系;乙医院的诊疗行为不存在过错。法院最终按照司法鉴定意见书,判令甲医院按照 30%的比例赔偿李某主张的各项损失中合理部分,共计 10 万余元。

【研究主旨】

当鉴定结果不利于患方时,患方是否可以通过撤诉后重新起诉的方

式启动重新鉴定程序?

【裁判要旨】

B法院认为,本案虽经医疗事故技术鉴定,但李某针对该鉴定结论持有异议,现李某申请就本案进行医疗过错司法鉴定,理由充足。根据双方鉴定结论,可以确认甲医院对患者的诊疗行为存在不足之处,与患者死亡的后果之间存在一定因果关系,乙医院的诊疗行为并无过错。法院据此判令甲医院按照30%的比例赔偿由此给李某造成的合理经济损失,并酌情赔偿李某一定数额的精神抚慰金。对李某要求乙医院承担赔偿责任的请求不予支持。

【法律评析】

本案涉及的诊疗行为及损害后果均发生在《侵权责任法》实施之前,按照《最高人民法院关于适用〈中华人民共和国侵权责任法〉若干问题的通知》规定,法院应适用当时的法律法规及司法解释审理本案。即便B法院受理李某起诉时,《侵权责任法》已经实施,也不构成对该案法律适用的影响。

《侵权责任法》实施之前,法院审理医疗侵权纠纷案件,处于鉴定二元化及法律适用二元化的阶段。因此A法院经被诉医疗机构申请,委托医学会进行了医疗事故技术鉴定。但是不论是《侵权责任法》实施前,还是《侵权责任法》实施后,人民法院在诉讼过程中为查清案件相关事实无论是委托医学会还是委托司法鉴定机构进行的鉴定,本质上都属于司法鉴定。对鉴定意见持有异议,应按照相关法律法规及司法解释规定的方式进行救济。《医疗事故处理条例》第21条规定,设区的市级地方医学会和省、自治区、直辖市直接管辖的县(市)地方医学会负责组织首次医疗事故技术鉴定工作。省、自治区、直辖市地方医学会负责组织再次鉴定工作。必要时,中华医学会可以组织疑难、复杂并在全国有重大影响的医疗事故争议的技术鉴定工作。第22条规定,当事人对首次医疗事故技术鉴定结论不服的,可以自收到首次鉴定结论之日起 15 日内向医疗机构所在地卫生行政部门提出再次鉴定的申请。因此,李某对区级医学会出具的鉴定结论不服,应申请市级医学会再次进行鉴定。李某采取撤诉后至其他法院重新起诉,再行申请进行司法过错鉴定的做法明显规避法律,B 法院不应准予其提出的司法鉴定申请,另行委托司法鉴定机构进行司法鉴定。B 法院在医学会鉴定本病例构成医疗事故的情况下,错误地适用法律,按照《侵权责任法》及相关司法解释对本案作出实体判决,客观上在一定程度上加重了医疗机构承担的赔偿责任。

随着时间推移,《侵权责任法》生效后,法院受理的医疗损害责任纠纷基本上都应适用《侵权责任法》作为裁判依据,也无须委托医学会进行医疗事故技术鉴定,但是患方因不满意鉴定结论采取撤诉后另诉的方式,以达到启动重新鉴定的目的的情况还时有发生。经过不断探索与思考,目前实务界对此已基本达成一致,凡是诉讼过程中法院委托的鉴定,均视为整案的证据,不因当事人撤诉而影响其效力;严格掌握启动重新鉴定的条件,对当事人提出的重新鉴定申请,不符合《证据规定》第 40 条规定的启动重新鉴定条件的,不予准许。

三、法院对"拉管辖"现象的处理

所谓"拉管辖",是指原告通过增加与案件无利害关系或者利害关系不大的主体作为被告,从而使自己掌握一审民事案件诉讼管辖权。由于法院实行立案登记制,法院对于当事人的起诉并不进行实质审查,仅对形式要件进行核对,除不符登记立案的情形外,当事人提交的起诉状和相关证据材料符合法定条件,当场即予以立案。因此,在立案登记制下,"拉管辖"现象很难避免。

即便在《侵权责任法》实施之前,人民法院审理医疗纠纷法律适用二元化阶段,2003 年《人身损害司法解释》也是人民法院审理医疗侵权纠纷(包括前期的医疗损害赔偿纠纷和现在的医疗损害责任纠纷)案件适用的法律规范之一。由于该司法解释规定,相关损失须按受诉法院所在地标准计算,因此当事人选择以医疗侵权纠纷起诉时,经常通过"拉管辖"的方式,获得较高的赔偿金额。

案例4-5 "拉管辖"曾是实践中常见的现象,造成司法不公

  患者因患肿瘤,在其居住的生活水平较低的A县城甲医院住院治疗。期间,甲医院为其实施了肿瘤切除手术,术后患者伤口处出现严重感染。后经甲医院聘请外院专家对患者病情进行会诊,并按照专家会诊意见采取为患者截肢的治疗方式,挽救了患者生命。数月后,患者至北京某三甲医院(以下简称乙医院)挂号就诊,医生开具检查单并为其开了口服药物。患者未交费进行相关检查,也未支付药费取药。后患者于2015年5月,在乙医院住所地所属B法院起诉,要求甲、乙两家医院共同赔偿其各项损失近百万元。法院审理过程中,经委托司法鉴定机构针对甲、乙两家医院对患者的诊疗行为是否存在过错,如有过错,与患者损害后果之间是否存在因果关系及责任参与度进行鉴定。司法鉴定机构后出具鉴定意见书,确认:甲医院的诊疗行为存在过错,造成患者术后发生感染,对感染治疗存在不及时、不对症等问题,并最终导致患者被截肢的损害后果,甲医院责任参与度为主要责任;乙医院的诊疗行为与患者的损害后果之间不存在因果关系。一审法院根据鉴定结论,判令甲医院赔偿患者各项损失共计100余万元。甲医院不服,上诉称:患者居住地为A县城,其主张的医疗费、护理费、误工费等均发生在A县城,残疾赔偿金、被扶养人生活费系为保障患者及由患者承担扶养义务的被扶养人今后生活所需,故赔偿标准应当适用A县城所属地区相关统计数据,一审法院按照北京的标准判令我方承担赔偿责任,显然不符合我国侵权赔偿的"填平原则",也加重了我方的责任。故请求二审法院依法改判。二审法院审理后作出判决:驳回上诉,维持原判。

【研究主旨】

  本案一审法院按照北京市标准计算赔偿金额是否妥当?

【裁判要旨】

一审法院认为,本案经司法鉴定确认,甲医院的诊疗行为存在过错,与患者的损害后果之间存在因果关系,责任参与度为主要;乙医院的诊疗行为与患者的损害后果之间并无因果关系,故法院判令甲医院对于患者合理损失按照70%的比例予以赔偿。至于各项损失,法院根据患者举证情况,并依照相关规定酌情确定具体金额。

二审法院认为,甲医院上诉提出的一审法院适用B法院所在北京市标准计算相关各项赔偿金数额,不符合法律规定且加重其责任一节,因2003年《人身损害司法解释》规定,应当按照受诉法院所在地标准计算相关损失金额,故一审法院确认的患者合理损失金额符合该司法解释的规定,不存在错误问题。法院对甲医院的上诉意见不予采信,对其上诉请求不予支持。

【法律评析】

本案患者诉讼中主张的损害后果均发生在甲医院住院治疗期间,其之后虽在乙医院挂号就诊,但并未进行相关检查更未服用药物,即乙医疗机构的诊疗行为对其身体不可能造成实质性伤害。患者将甲、乙两家医院作为共同被告起诉,目的系为可以选择在乙医院住所地所属北京法院审理本案,从而适用北京市标准计算各项损失,以获得较高数额的赔偿金。本案明显属于患者"拉管辖"的情形。

由于当时相关法律规定尚不完善,导致司法实践中,对如何处理这种"拉管辖"的案件,确实存在不同观点。一种意见认为,我国作为成文法国家,在法律有明确规定的情况下,法官只能适用法律,不能创设法律,只能按照2003年《人身损害司法解释》的规定以受诉法院所在地标准计算各项损失。另一种观点认为,我国的侵权赔偿,适用"填平原则",患者合理损失应当以其实际发生和需要为计算依据,即应当按照患者实际生活地标准计算其合理损失。笔者也是倾向于第一种意见,法官依法审判,严格适用法律,更有助于同案同判,维护执法统一。

  这种司法不统一的现象一直持续到2017年《医疗损害司法解释》实施。该解释第24条明确规定,被侵权人同时起诉两个以上医疗机构承担赔偿责任,人民法院经审理,受诉法院所在地的医疗机构依法不承担赔偿责任,其他医疗机构承担赔偿责任的,残疾赔偿金、死亡赔偿金的计算,按下列情形分别处理:(1)一个医疗机构承担责任的,按照该医疗机构所在地的赔偿标准执行;(2)两个以上医疗机构均承担责任的,可以按照其中赔偿标准较高的医疗机构所在地标准执行。从近两年司法实践看,"拉管辖"现象基本上得到解决。

第五章　医疗纠纷中法官的释明权和裁量权

引言　现阶段民众法律意识不强,对法律的理解可能存在偏差,为了保护当事人合法权益,法律赋予法官一定的释明权。同时,由于法律本身不可避免的局限性,法律也规定了法官享有的自由裁量权。正确行使释明权和裁量权,是保障司法公正的必然要求,但却是实践中较难掌握的问题。本章不仅梳理释明权和裁量权的概念、立法现状、适用范围、必要限制,还结合医疗纠纷司法实践,就如何正确适用,进行了分析说明。

一、释明权

(一)释明权的概念、特征及作用

1. 概念

释明权,又被称为法官释明权或阐明权,是指为了防止极端辩论主义对诉讼的公正性所造成的损害,当事人在诉讼过程中的声明或陈述不清楚、不充分、不得当,提供的证据不够充分却自认为已经足够时,法官以发问和晓谕的方式,告知其对相关问题作出解释、说明、补充、修正，或者让其提出新的证据，以证明案件事实的职责和权能。

2. 特征

（1）主体特殊性，即释明主体是法官，释明权属于法官的职责和职权，属于诉讼指挥权的范畴。

（2）适用条件特殊性，即只有当事人在诉讼过程中的声明或陈述不清楚、不充分、前后矛盾，或者提出的证据材料不充分时，才可以适用。

（3）目的特殊性，是为了促使当事人排除不当的诉讼主张，完善不清楚、不充分的诉讼主张，补充不充分的证据材料。

（4）行使方式特殊性，是通过法官向当事人发问、提醒、告知的方式，启发当事人对其不清楚、不充分、不适当的声明或陈述予以明确、补充和修正，或对不充足的证据进行补充。

3. 作用

（1）有利于当事人针对争议事实和法律问题充分发表意见，避免突袭性裁判。

（2）有利于平衡双方当事人的诉讼能力，使之能充分行使诉讼权利，从而保障案件审理的实质正义。

（3）有利于当事人对可能的裁判结果有一定的认知，从而减少判后答疑、上诉和申诉案件量，提升司法的公信力。

（二）释明权的限制

司法实践中，法官不适当行使释明权的情况屡见不鲜，直接影响了案件的裁判质量与效率，甚至误导当事人作出错误选择，侵害当事人的实体权利。因此，有必要对法官在民事诉讼中行使释明权的范围加以限定。

1. 法官行使释明权应遵循的基本原则

一是合法性原则。法官行使释明权须有明确的法律依据，不可随意扩大释明范围;在规定情况下,法官应当主动释明。

二是尊重当事人真意原则。法官在当事人提出了不清楚或矛盾的诉讼请求、声明,对法律理解有误,或出现了其他法律规定应当释明的情形时,应当通过发问了解当事人真实的意思表示,或向其解释法律相关内容等,由当事人自行对自己提出的诉讼请求或声明进行修正、完善。

三是适度行使原则。法官行使释明权时,应充分尊重当事人的处分权,由当事人自主决定是否接受释明内容,法官只能根据当事人最终确定的诉讼主张进行裁判;法官可以通过释明促使当事人明确或补充声明,但不可以在当事人现有主张之外直接提出新的主张,代替当事人辩论,丧失裁判者应保持的中立立场。

如当事人并不接受法官释明,仍坚持其原来的诉讼请求、事实主张,不提交新证据或客观上没有新证据,不追加诉讼主体,等等,法官应根据当事人原诉讼请求及所述事实,结合现有证据,对案件依法作出裁量。

2. 法官行使释明权的尺度和范围

所谓释明权的尺度和范围问题,是指法官在何种情况下,应当如何行使释明权,更贴切地说,是指应该如何履行释明义务。毋庸置疑,法官履行释明义务,首先必须要尊重上述基本原则,同时还要根据个案实际,区分情况进行释明。笔者根据现行法律规范并参考学界、实务界的观点,作如下归纳:

(1)对于诉讼请求存在瑕疵的释明

民事案件遵循"不告不理"的原则,因此当事人的诉讼请求决定了审理的方向及适用的法律。虽然《民事诉讼法》第119条规定了起诉必须"有具体的诉讼请求和事实、理由",但司法实践中,还有当事人因诉讼能力较低、诉讼经验不足或降低诉讼成本等多种原因,起诉时不明确具体诉讼请求。在医疗损害责任纠纷中,有的当事人的请求尚需经过鉴定,明确责任和损伤程度才能得以确定;有的则是为达到少交诉讼费的目的,故意在起诉时不明确请求,待庭审中再增加诉讼请求;还有的是因诉讼能力较低,不会计算损失等等。

受立案登记制影响,原本立案法官通过审查起诉状,对当事人诉讼请求表述不清的,可以要求其予以明确,现在基本上都是由审判庭承办法官在审理过程中,通过向当事人发问,了解其真实想法,释明相关法律,促使其明确、补充、更正诉讼请求,甚至促使其放弃诉讼主张通过其他合法渠道解决相关问题。如果当事人在庭审中叙述的事实与理由与其诉讼请求之间出现矛盾时,法官应询问当事人,提示其明确自己的请求或主张,包括排除不当的请求或主张。

具体来讲,在出现下列情况时,法官应当履行释明义务:一是诉讼请求不清晰。如在违约责任和侵权责任竞合时,尤其是医疗纠纷中,当事人未明确赔偿请求所依据的法律关系性质,仅提出赔偿请求,或者提出的诉讼请求与其依据的法律关系不符时,法官应向当事人释明,要求其明确所主张的法律关系的性质,既包括明确请求,也包括明确案由。二是诉讼请求相互矛盾。如当事人请求法院确认合同无效,同时又请求对方承担违约责任时,法官应当提示当事人,要求其予以更正。三是诉讼请求明显无法实现。如在返还原物纠纷中,原物已经灭失,原告仅请求返还原物的,其请求明显无法实现,法官此时应通过释明,提示其变更诉讼请求。

应当注意,当事人提出的诉讼请求不充分时,法官应否释明,存在不同认识。一种观点认为应当予以释明,另一种观点则认为不应释明,因涉嫌超出了当事人诉讼请求范围,可能引起对方当事人质疑法官的公正性。笔者认为,对此问题的认识不能过于绝对化,法官可以通过提问了解当事人的真实意思,并向当事人释明相关法律,由当事人自行判断其请求是否充足。同时,还应注意,经法官释明,当事人变更诉讼请求后,很可能会改变依据原诉讼请求可能获得的裁判结果,因此,必须赋予对方当事人相应的进行答辩和举证的机会,否则就会侵害对方当事人的诉讼权利,构成重大程序瑕疵。而且,变更诉讼请求应当在法庭辩论终结前进行。

(2)对于事实主张不明确或前后矛盾时的释明

目前司法实践中,参加诉讼的当事人文化水平和语言表达能力参差不齐,律师或专业法律工作者代理诉讼尚不能完全普及,加之当事人出于利己的目的,以致在陈述案件事实时,往往出现所述事实不充分、不完整,甚至出现前后矛盾、逻辑不清等诸多问题。这就需要法官通过发问,及时了解当事人的真实想法,并提示当事人尽量对瑕疵陈述进行完善,以准确、充分地表达自己主张的事实。这样不仅可以指导弱势一方当事人的诉讼,平衡双方之间的诉讼能力,也是实现司法公正的必然要求。医疗纠纷的专业性强,甚至有的专业法律工作者对医疗领域的相关规范都不甚了解,造成了医患双方的诉讼能力有一定差距,法官在进行事实调查时,更应当充分行使释明权,根据双方当事人的陈述对案件事实形成内心确认。

需要注意,《证据规定》第4条明确规定:"一方当事人对于另一方当事人主张的于己不利的事实既不承认也不否认,经审判人员说明并询问后,其仍然不明确表示肯定或者否定的,视为对该事实的承认。"该条规定了法官的说明与询问义务作为确认拟制自认成立的条件,以避免当事人在不清楚自认后果或不清楚事实内容的情况下误认而导致实体不公。因此,在一方当事人就对方当事人主张的争议事实不明确表态时,法院应当明确告知其相应的后果。

(3)对于举证责任分配及证明程度的释明

举证责任分配关系到当事人在诉讼中的成败,被称为"民事诉讼的脊梁"。民事诉讼必须面对的两个问题,即认定事实和适用法律,其中认定事实是适用法律的前提和依据,而认定事实的关键在于对证据的采信。但是,显而易见,对于诉讼案件的事实,往往存在客观上无法查清的状态,在此情况下,法官应如何裁决呢?这就是证明责任要解决的问题。德国著名诉讼法学家罗森贝克认为,"证明责任规范的本质和价值的意义就在于,在重要的事实主张的真实性不能被认定的情况下,它告诉法官应当作出判决的内容"。

民事诉讼中,受当事人法律素养、举证责任分配的复杂性等因素影响,当事人可能对争议事实由哪方承担举证责任并不知晓,甚至错误地以为举证责任在对方当事人,或者误以为自己提供的证据已经达到能够证明其主张的事实成立的程度。在此情况下,如果法官不向当事人释明举证责任的承担主体,而直接以某一方当事人举证不充分为由否定其事实主张,就会使当事人丧失了进一步举证的机会。因此,首先,法官应当就诉讼中当事人争议的焦点问题的举证责任进行分配,并向当事人予以释明。《证据规定》始终保留了这一原则性规定,即"人民法院应当向当事人说明举证的要求及法律后果,促使当事人在合理期限内积极、全面、正确、诚实地完成举证"。这样既可以给予当事人就举证责任的分配发表意见的机会,又可以通过明确举证责任的分配,督促承担举证责任的当事人最大限度地提供证据,以证明所提出的事实主张成立。其次,法官在发现当事人误以为其提供的证据已经达到能够证明其主张的事实成立的情况下,法官应当向其释明尚需进一步举证。如租赁合同纠纷中,因租赁合同提前解除,承租人仅提供了自己的记账本或装修合同,就误以为足以证实其主张的装修损失存在,出租人应当予以赔偿,显然属于这种情况。在出租人不认可承租人此项请求时,法官应当提示承租人补充证据,或询问其是否申请进行造价鉴定或现值评估。同时,在当事人提供的证据存在瑕疵时,比如当事人提供的证明材料,仅加盖了公章而没有经手人签名,明显不符合《民诉法解释》第115条的要求,形式上存在瑕疵,法官应当向其释明补强证据。

值得注意的是,如果经法官释明后,当事人补充提供了新证据或完善原有证据的,法官应询问对方当事人,就此是否需要新举证期限,以保证双方当事人诉权平等。至于举证时限,应当遵照《民诉法解释》第99条的规定执行。同时,笔者认为,为了使民事审判符合高效、高质的要求,举证时限可以因双方当事人达成一致意见而缩短。

在医疗纠纷中,有部分当事人起诉医疗机构时认为自己所提供的证据能够证明被诉医疗机构给自己造成了损害,有的当事人认为应该由被诉医疗机构证明自己没有过错,有的当事人让法官肉眼判断其所遭受的身体伤害,这些都不符合医疗损害责任纠纷中举证责任的相关规定,法官应当向当事人耐心释明,讲解侵权责任构成四要件,及每个要件的举证责任、证明标准等,尤其是涉及司法鉴定时,法官应当向当事人释明鉴定流程,包括鉴定机构的选择、检材的质证等,以确保鉴定程序合法。如果当事人拒不提供相关证据或拒绝履行举证义务,法官也要向当事人释明相应的法律后果。

(4)对于法律适用的释明

在民事诉讼中,虽然法官对法律适用享有最终决定权,但并不能因此排除当事人对法律适用享有的参与权,特别是当法官最终裁判所适用的法律与当事人提出的法律观点完全不同时,法官应当就法律适用向当事人进行释明。这样不仅有利于当事人在诉讼过程中有效开展攻击或防御,还可以避免当事人遭受突袭裁判。

根据《证据规定》第53条第1款规定,"诉讼过程中,当事人主张的法律关系性质或者民事行为效力与人民法院根据案件事实作出的认定不一致的,人民法院应当将法律关系性质或者民事行为效力作为焦点问题进行审理"。司法实践中,时常有当事人因各种原因导致对于起诉主张的法律关系存在认识错误。例如,当事人以对方当事人违约为由,起诉要求解除租赁合同,并要求对方按照合同约定承担违约责任并赔偿其经济损失。但经审查,发现租赁标的系未经规划审批而建设的违法建筑,双方所签租赁合同因此只能被确认为无效合同,而针对双方之间善后事宜,也不能依据合同条款进行处理。在此情况下,就要求法官向原告方释明,提示其是否变更诉讼请求。对于医疗纠纷,患方通常选择以侵权法律关系起诉,但也有当事人选择合同之诉,此时法官可以向当事人释明侵权之诉与合同之诉的不同,尤其是在法律适用方面存在较大差异,避免当事人因为不了解相关法律规定而损害了自己的实体权利。

(5)关于诉讼主体的释明

对于原告放弃向必须共同进行诉讼的当事人主张权利的,是否应当释明。按照《最高人民法院关于适用〈中华人民共和国民事诉讼法〉若干问题的意见》第57条、第58条规定,对于应当追加的诉讼当事人,法官应当明确告知原告可以追加当事人及不追加的法律后果,且在原告放弃的情况下,需要其作出放弃追究其他当事人的书面材料,以确保当事人明了利害关系,防止遗漏诉讼主体,但该意见已经被废止。《民诉法解释》第73条、第74条虽然就追加主体问题进行了规定,但未再明确规定法官的释明义务。

笔者认为,在我国国情之下,对于应当追加的诉讼主体,法官最好还是视具体案情,在必要情况下,向当事人进行释明。这样既可以尽可能不遗漏当事人,查清案件事实,切实保护当事人合法权益,还可以避免当事人诉累,不浪费司法资源。

二、法官的司法裁量权

(一)司法裁量权的概念及其存在的必要性

1. 概念

司法裁量权也被称为"自由裁量权",是指法官在审理民商事案件时,在法律没有规定或者规定不具体的情况下,遵循公平、合理的价值目标,结合立法精神、法律原则、民事政策、法学原理及民商事习惯,运用司法理念和审判经验,对具体案件的程序和实体问题作出理性判断的权力,是相对于"拘束裁量权"而言的[①]。

2. 存在的必要性

(1)自由裁量权是克服法律局限性和滞后性的有效方法。

法律本身的属性使其具有相对稳定性,必然与现实生活中民事纠纷多样性之间存在冲突,造成法律无法避免的具有滞后性和局限性,以致现行法律规范存在缺乏规定或规定不明确,甚至相互矛盾等漏洞。现行民商事单行法律、法规,虽然经过了修订,但仍不能满足司法实践的需要,而法官又不能以无法律规范为由拒绝作出裁判,故需要法官发挥主观能动性,在遵守法律原则及精神、符合公平正义的法律理念的框架下行使自由裁量权,对纠纷作出裁判。

(2)自由裁量权是解决抽象的法律规范与司法实践中不规则、非典型个案之间冲突的有力武器。

众所周知,法律规范具有抽象性,这种抽象性对典型的、规则的案件是可以适用的,但对非典型、不规则的案件,是不能适用的。越

[①] 江必新:《论司法自由裁量权》,载《法律适用》2011年第11期。拘束裁量是指法律规定得十分明确,法官在没有任何选择和判断余地的情况下作出裁判或实施行为。

是具体的规范,适用的范围越窄。如《民法典》第480条①、第484条②、第509条③、第510条④、第558条⑤、第466条⑥、第599条⑦中,对承诺作出、承诺生效、严格履行与诚实信用、合同约定不明的补救、合同终止后的义务、合同解释,有关单证和资料的交付作出规定,其中七次提到交易习惯,但因不同合同主体间交易习惯可能存在差异,这就需要法官运用自由裁量权进行判断。

(3)自由裁量权是化解法律规范之间存在冲突的有效方式。

当不同的法律规范对同一社会关系的调整作出矛盾的规定时,需要法官基于公平、正义等司法理念,对法律的实质内容作出选择和判断,即在出现法律冲突时,法官要行使自由裁量权才能够解决案件具体如何适用法律的问题。

(4)自由裁量权是推进立法,实现法律适用统一的利器。

---

① 《民法典》第480条规定,承诺应当以通知的方式作出;但是,根据交易习惯或者要约表明可以通过行为作出承诺的除外。

② 《民法典》第484条规定,以通知方式作出的承诺,生效的时间适用本法第137条的规定。承诺不需要通知的,根据交易习惯或者要约的要求作出承诺的行为时生效。

③ 《民法典》第509条规定,当事人应当按照约定全面履行自己的义务。当事人应当遵循诚信原则,根据合同的性质、目的和交易习惯履行通知、协助、保密等义务。当事人在履行合同过程中,应当避免浪费资源、污染环境和破坏生态。

④ 《民法典》第510条规定,合同生效后,当事人就质量、价款或者报酬、履行地点等内容没有约定或者约定不明确的,可以协议补充;不能达成补充协议的,按照合同相关条款或者交易习惯确定。

⑤ 《民法典》第558条规定,债权债务终止后,当事人应当遵循诚信等原则,根据交易习惯履行通知、协助、保密、旧物回收等义务。

⑥ 《民法典》第466条规定,当事人对合同条款的理解有争议的,应当依据本法第142条第1款的规定,确定争议条款的含义。合同文本采用两种以上文字订立并约定具有同等效力的,对各文本使用的词句推定具有相同含义。各文本使用的词句不一致的,应当根据合同的相关条款、性质、目的以及诚信原则等予以解释。

⑦ 《民法典》第599条规定,出卖人应当按照约定或者交易习惯向买受人交付提取标的物单证以外的有关单证和资料。

受现实生活中法律规范存在冲突及其他因素影响,不同法官在审理案件时经常会针对同一类案件,依据不同的法律规范作出不同判决,特别是新类型案件或学术上有争议的案件。例如,依照《民法典》第186条规定,在侵权责任和违约责任竞合的情况下,原告只能择一而诉。但由于我国现有《民事诉讼法》并未作出配套规定,相反,《民诉法解释》第247条把前诉与后诉的当事人相同、诉讼标的相同、诉讼请求相同或后诉的诉讼请求实质上否定前诉的裁判结果,规定为判断是否构成"一事不再理"的并列条件,使得无论是学界还是实务界,都对请求权竞合情况下,当事人已经择一而诉,之后再行以另一案由起诉,法院是否应当对当事人的诉讼请求进行实体审查和处理,产生争议,各地法院对这一情况的处理也不尽相同。这种司法尺度和适用法律不统一的现象,已经严重影响到人民法院的公正形象、法律的权威和人们对法治的信仰。目前,迫切需要从立法层面上予以重视,尽快出台新的法律法规或司法解释,以统一司法尺度,保障法律适用的统一,以平等保护各类民商事主体的合法权益。

(5) 司法裁量权是提升民事审判公正性的利刃。

法律条文是死的,而民事案件的案情却是千差万别的,法官在查明事实、适用法律、作出裁判的过程中,必须能动地适用法律。绝对的自由裁量主义固然会破坏法制的统一,但绝对的严格规则主义必然使法律陷入僵化并牺牲个别正义。法官行使自由裁量权的目的是将法律原则和法律精神运用到具体案件中,通过追求个案的公平正义,达到社会公众认同的普遍正义。

同时,自由裁量权是法律赋予法官的司法权力,属于司法选择权和司法判断权。我国现行法律法规,直接赋予了法官一定自由裁量的权利,如《民法典》第585条第2款规定,约定的违约金低于造成的损失的,人民法院或者仲裁机构可以根据当事人的请求予以增加;约定的违约金过分高于造成的损失的,人民法院或者仲裁机构可以根据当事人的请求予以适当减少。这就是法律赋予法官自由裁量权的具体体现。司法实践中,遇到当事人依上述规定请求增加或减少违约金时,法官必定要对"过高"或"过低"作出判断。

(二)对司法裁量权的必要限制

虽然现代法治社会,司法裁量权有其存在的必要性,但是不可否认,司法裁量权是一把双刃剑,运用得好,无疑有利于实现个案正义和实质正义,但是一旦被滥用,就变成一种恣意和专横的权力。因此,正确地对待司法裁量权,在看到其优越性的同时,一定要认识到其危害性。

1. 法官不当行使裁量权的原因

(1)立法缺陷导致法官有可能不当行使司法裁量权。法官行使司法裁量权的前提,往往是由于法律规范缺失或规定不清楚、不明确、不具体,才使法官有可能背离法律的精神和目的,作出自己的解释和判断,滥用解释权和判断权。

(2)法官的个人政治素质及业务水平直接影响法官行使司法裁量权的水平。由于司法裁量权,是法官凭借其个人的认识与经验作出的判断和解释,而不仅各个法官的认识能力及知识水平有高下之分,更重要的是其价值观也存在不同,有自己的好恶,导致极有可能出现不同法官对同一种事实作出不同判断和处理的情况,即"同案不同判"。其中,如果再加入个人利益,司法裁量权就很可能成为以权谋私、枉法裁判的工具,甚至会成为打击报复的工具。

(3)外界诸多不利因素干扰法官适当行使司法裁量权。虽然司法改革将中、基层人民法院的人事、财政管理权都收归省级高级人民法院,也建立了过问案件留痕和追究制度、法官办案质量终身负责制和错案追究制等一系列制度,以保障审理者对裁判负责,但是现实中干扰法官正确履职、正当行使司法裁量权的事件仍时有发生。大致分为以下几类：一是，行政因素的干预。现阶段，法院干部任免、财政拨款，还是与地方政府有着千丝万缕的联系，这种情况在基层法院中体现尤为突出。政府官员干涉法院审判的例子还大量存在，法院很难独立行使审判权。二是，人大代表、政协委员的干涉。个别人大代表、政协委员，利用其特殊身份，过问与其有私人关系，甚至涉及个人利益的案件，严重干涉法院的司法权力。三是，新闻媒体的制约。新闻媒体肩负着舆论监督的职责，但是有些媒体出于多种原因，对案件作出带有倾向性的报道或不实评论，导致大众形成错误认识，使法官迫于媒体的影响和舆论的压力，作出有失公正的判决。四是，管理监督机制落实不到位的影响。如司法改革实行了主审法官责任制，中、基层法院面临案多人少以及案件收结比等各种绩效考核指标带来的巨大压力，合议制名存实亡，陪审制也处于"半死不活"的状态，严重削弱了合议制作用，使得主审法官行使司法裁量权时缺乏集体智慧的帮助。再如司法去行政化，固然给年轻的法官放权，但同时也使其在面对疑难复杂案件时，不知所措，影响其正当行使司法裁量权。五是，其他因素的困扰。如由于缺乏对法官人身权益的有效保护，法官被当事人跟踪，被殴打致伤、致残，甚至被害身亡的事件时有发生，当法官受到严重威胁甚至家人的生命安全受到威胁时，难免会动摇，违心地作出裁量。

2. 不当行使司法裁量权的表现

（1）法官对司法裁量权的性质及目的缺乏正确的认识。有法官单纯地把司法裁量权看作是一种权利，是其选择裁判结果的过程，完全根据自己的理解进行裁量，忽视了对社会正确价值取向的维护；还有法官把司法裁量权作为满足一己私欲、迎合外界干扰的借口，没有把司法裁量权当成自己的职责、义务看待，未正确解读法律精神，违背社会公理或主流价值观，作出逻辑明显错误的裁判结果。

(2)法官在法律规定范围外滥用司法裁量权。在法律有明确规定的情况下,法官应严格适用现有规范,不适用现有规定进行裁判,就属于滥用司法裁量权。如在 2017 年《医疗损害司法解释》实施前,2003 年《人身损害司法解释》明确规定,有关损失计算须按照受诉法院所在地官方公布的数据作为标准。但有些法官在面对患者"拉管辖"且仅有其实际生活地区的医疗机构成立侵权责任的医疗损害赔偿(或医疗损害责任)纠纷时,认为让实际承担责任的医疗机构按照较高标准承担赔偿责任,一方面实际加重了其应当承担的责任,另一方面也不符合我国侵权赔偿一贯坚持的填平原则,让原告获得不当的利益,故判令实际承担责任的医疗机构按照其所在地标准赔偿原告各项损失,这一貌似公正的裁决因违背当时司法解释的规定,就属于滥用自由裁量权。且从宏观上看,由于不同法官面对此情况处理意见不同,就会造成执法不统一的现象出现,最终损害法律的公正性。

(3)法官对行使司法裁量权的理由和裁量依据说理明显欠充分。通过查阅裁判文书,法官针对为何适用司法裁量权以及如何得出的具体裁判结果的论理部分,基本简略为"本院酌定""基于多种因素,本院认为",等等。说理不充分或不说理,这样的裁判文书,由于缺少对裁判依据和标准的说明,往往不能说服当事人,成为其上诉或者申诉的理由,进而会影响司法公信力。

3. 正确行使司法裁量权的保障

(1)在立法层面,要尽可能做到法律规定明确、具体、可执行,以避免司法裁量权适用范围过于宽泛。在法律法规不能满足司法实践需要,新法的立法准备工作尚未完成、立法时机尚不成熟时,最高人民法院可以通过制定司法解释、批复等方式;各高级人民法院可以通过发布指导意见、答复等形式,各中级人民法院可以通过召开辖区法院"片会"的方法,尽可能地使法律规定更为明确化、具体化,从而限制司法裁量权的范围。

(2)在司法层面,要尽可能使司法裁量权的行使有据可循,"把权力关进制度的笼子里"。应制定、确立并落实一系列的规则、制度,合理制约司法裁量权的行使,以保障司法裁量权不被滥用。具体规则包括:符合目的规则、正当考虑规则、平等对待规则、尊重先例规则、比例规则、利害权衡规则、避免专横规则,等等①。法官一旦违反这些规则,就可能会被视为滥用自由裁量权。

(3)在队伍建设方面,应严格把握法官选任条件,完善继续教育机制,落实监督机制,保证法官队伍始终是一支政治立场坚定、忠诚、担当、能打硬仗的队伍。显而易见,法官具备高于一般人的品质,不为金钱、私利诱惑,忠于党、忠于宪法、法律,是司法裁量权正当行使的基础;而具有深厚法学理论功底,熟知法律法规、立法本意及法律精神,具有丰富的生活实践经验,是法官认定个案事实的特殊性,正当行使司法裁量权的支撑。因此,从选任,到入职培训,再到在职继续教育,是法官正当行使司法裁量权的必要保障。

(4)在法官待遇方面,应提高法官经济收入,使之在社会生活中能够处于一个中等偏上的水平,避免因生活上的窘迫而较容易受利益驱使;加强对法官人身及尊严的法律保护,提高职业尊荣感,避免因害怕遭受不法侵害和威胁而滥用司法裁量权。

(5)在责任追究方面,要遵循对法官正当行使司法裁量权的必要保护,坚持对滥用司法裁量权一追到底的原则。这是控制、保障法官依法履职,适当行使司法裁量权的有力武器。

---

① 江必新:《论司法自由裁量权》,载《法律适用》2011年第11期。

三、医疗纠纷中法官的不当释明与裁量

(1)司法实践中,除了有法官在履行释明义务时,因违反了本章前述的三个基本原则而出现不当释明的情况,还有法官甚至由于自己对法律的理解出现偏差,导致错误地向当事人进行释明。

案例 5-1 法官错误行使释明权可能损害当事人实体权益

患者患有骨髓瘤,后左腿发生病理性骨折,当地医院救治不愈。患者看广告得知北京某民营医院(以下简称甲医院)可以通过细胞疗法治疗骨不连,遂来京至该医院住院治疗。虽经两个疗程治疗,骨折处仍未愈合。患者出院后不久,将甲医院以医疗损害责任纠纷为案由起诉至法院,起诉状上载明的诉讼请求为:要求甲医院返还已经收取的医疗费20余万元,并按照其应当承担的责任比例,一次性赔偿住院伙食补助费、营养费、护理费、误工费、交通费、残疾赔偿金及精神抚慰金30余万元。一审法官审理本案过程中,认为返还医疗费不属于侵权案件及医疗损害责任纠纷案件的诉讼请求,遂告知患者撤销此项请求,另案起诉医疗服务合同纠纷案,在该案中再行主张退还已收取的医疗费。经患者申请,一审法院委托鉴定机构进行了司法鉴定,确认甲医院对患者采取的治疗措施不具有适应症,手术方式选择错误,对患者所患疾病无积极治疗意义,与患者损害后果之间有一定因果关系,责任参与度为轻微。一审法院采信了鉴定意见,但判决甲医院按照主要责任赔偿患者护理费、住院伙食补助费、交通费、误工费、营养费、伤残赔偿金、精神损害抚慰金等共计近20万元;并承担鉴定费1万元。甲医院不服,上诉至二审法院。二审法院审理后,作出裁定:撤销一审判决,将本案发回一审法院重审。

【研究主旨】

一审法官是否恰当地履行了释明义务?

【裁判要旨】

一审法官认为,返还医疗费不属于侵权赔偿类案件的诉讼请求,故向患者释明让其在本案中撤销此项诉讼请求,之后另案起诉医疗服务合同纠纷。二审法院则认为,当事人就医疗纠纷提起诉讼时,只能在合同之诉或侵权之诉中择一进行,如果当事人对此认识模糊,法官有义务向当事人释明。一审法官在本案中向患者所作释明欠妥,以致本案患者放弃了医疗费部分的诉讼请求,选择另行起诉医疗服务合同是不妥的,其此部分请求完全可以作为损失在本案提出,卷宗中未见一审法官对此进行释明。现在的处理结果,极易导致患者大部分合法权益得不到法律保护,引起患者对法院的不满,对法律的不信任,因本案还存在其他实体问题,故将本案发回一审法院重审。

【法律评析】

本案系一起典型的因法官错误地行使释明权,导致当事人作出错误选择,其实体权利可能遭受侵害的案例。

医疗纠纷,因存在违约责任和侵权责任的竞合,患方可以选择以医疗损害责任纠纷或其项下四级案由起诉,当然也可以选择以医疗服务合同纠纷为案由起诉。尽管学界和实务界就当事人选择一种案由起诉后,是否有权再行选择另一案由起诉存在争议,但北京、浙江、上海、广东等地实务界主流观点认为,当事人只能择一诉讼。一审法官告知患者另案起诉退还医疗费,让患者面临着其起诉被法院裁定驳回的风险。再者,按照当时生效的《侵权责任法》第16条①规定,侵害他人造成人身损害的,应当赔偿医疗费、护理费、交通费等为治疗和康复支出的合理费用,以及因误

---

① 《民法典》第1179条规定,侵害他人造成人身损害的,应当赔偿医疗费、护理费、交通费、营养费、住院伙食补助费等为治疗和康复支出的合理费用,以及因误工减少的收入。造成残疾的,还应当赔偿辅助器具费和残疾赔偿金;造成死亡的,还应当赔偿丧葬费和死亡赔偿金。

工减少的收入,造成残疾的,还应当赔偿丧葬费和死亡赔偿金。本案患者在医疗损害责任纠纷中提出的诉讼请求包括返还医疗费,形式上即便与侵权赔偿的诉讼请求不完全符合,但法官应当在庭审中探求其本意,如患者真实意思认为甲医院的诊疗行为存在过错,实施的诊疗行为并不对症,意图索要其已支付的医疗费,这显然也是一种损失,可以提示患者变更此项请求为要求赔偿已支付的医疗费,这样的主张普遍存在于医疗损害责任纠纷案件中。因此,本案一审法官没有依法行使释明权或说履行释明义务不当,不仅妨害了患者的诉讼权利,甚至可能损害患者的实体权益,即在甲医院存在过错,并给其造成损害后果的情况下,其已经支付的医疗费无法得到全部或部分赔偿。

因此,法官应提高自身业务能力,熟悉相关法律规范的内容及法律精神实质,严格在法律、法规及司法解释规定的范围内适度履行释明义务,以免因错误释明,导致损害当事人的合法权益、给当事人造成诉累、出现错案。

(2)法律的局限性与个案不规律性之间的冲突,导致司法实践中,针对相当一部分案件,法官并不能直接引用具体的某项法律规定直接做出裁判,而必须依赖于法官对法律原则和法律精神的理解、社会主流价值观的判断,正当行使司法裁量权,能动司法,才能妥善作出处理。

案例 5-2 法官应积极行使裁量权就案件事实作出综合评价

患者长期酗酒,患系统性红斑狼疮、高血压等基础病多年,并患肝性脑病,属于肝硬化失代偿期,已出现肝腹水症状。患者主因"四肢及后背多处皮损一年以上,双下肢水肿一周"被送入某三甲医院(以下简称甲医院)住院治疗。家属要求保守治疗,甲医院遂给予联合保肝、输血、利尿、电解质平衡治疗。该院为患者输液过程中,患者出现不适,护工遂呼叫值班医师和护士,并电话通知家属火速赶到医院。经初步判断,患者为输液导致的药物不良反应,值班医师让护士立即停止输液,家属与院方将输液瓶中剩余药液共同进行了封存,但未对所输药物的批次、生产日期进行登记。后患者虽经多方抢救,始终处于嗜睡状态,并出现肺部感染等合并症。患者虽被转至某专科医院(以下简称乙医院)救治,最终因病情过重,于2011年1月在乙医院不治身亡。乙医院认定患者的死亡原因为:脑出血、脑疝、低凝状态、酒精性肝硬化、活动性失代偿期、系统性红斑狼疮、肺部感染(细菌+真菌)。

因甲医院擅自将封存的药品销毁,双方就封存的药品并未进行检验。患者家属曾就此事向卫生行政管理机构投诉,该机构针对其投诉出具书面材料,表示对甲医院的做法进行批评教育,告知其应就此事与家属进行解释和沟通。

患者家属向法院起诉,认为甲医院不负责任,未及时将患者转至相应科室就肝病对症治疗,且在治疗感染过程中,患者出现输液不利反应,甲医院却擅自处分了双方共同封存的药品;不积极让患者转院,延误治疗,导致患者最终死亡。故要求判令甲医院按照100%的比例,赔偿医疗费、营养费、护理费、交通费、住院伙食补助费、护理用品费、死亡赔偿金、丧葬费等各项经济损失及精神损害抚慰金共计80余万元,并承担本案诉讼费及鉴定费。

甲医院辩称:我院对患者实施的诊疗行为符合规范,患者死亡与我院用药无关,是其自身疾病发展所致。在患者家属针对封存药物提出异议后,我院对药物购买情况进行了审查,证实药品是合法的。对药物进行相关的检验,有相应的程序规定,但患者家属在封存药物2个月后并未提出具体申请,且该药物此时已不符合检测条件,故我院未再予以保留。患者家属要求我院全额赔偿,我院不同意;其主张的大部分费用是治疗其原发疾病的,与我院无关,我院也不同意赔偿。

一审审理中,甲医院并未提供证据证明患者家属要求对封存药品进行检测的时间。患者家属则主张其系于封存药品的第二天就要求甲医院进行药品检测,但被告知护士已经把封存的药品扔掉了,但就其所述也未能举证。

一审法院委托司法鉴定机构就甲医院的诊疗行为是否存在过错,如有过错,与患者的损害后果之间是否存在因果关进行鉴定。鉴定机构鉴定后出具了《司法鉴定意见书》,其中分析说明为:(1)关于患者死因评价。鉴于患者的尸体未进行尸体解剖和病理检验,故其确切的死因不能判定,只能根据现有病历材料分析。患者患有系统性红斑狼疮高血压等多种基础疾病,自身免疫力低下,审阅患者的发病过程及相关检查结果,符合肝性脑病死亡的特点。(2)关于甲医院对患者诊疗行为的评价。甲医院对患者入院诊断及明确诊断均符合诊疗常规,在患者诊疗过程中,病情出现变化时,曾多次请相关科室进行会诊,及时调整治疗方案并进行监测、检查,并与家属进行了沟通和告知,符合诊疗规范,但病历书写存在一些瑕疵。甲医院为患者采用静脉滴注的方式使用西普乐,针对患者肺部感染进行治疗时,对患者出现的异常反应,没有进行缜密的分析,对该药的性能和不良反应缺乏足够的重视。特别是患者出现嗜睡后,在家属对上述药物提出异议的情况下,医方仍在给患者使用上述药物数日后才停药。而西普乐有中枢神经系统的不良反应嗜睡症状,该药物有加重患者肝性脑病的作用。(3)关于甲医院对患者诊疗过程中的医疗过错行为与其损害后果之间的因果关系责任程度的分析。甲医院对患者诊疗过程中主要过错行为系在未征得患方同意的情况下,继续使用西普乐,存在用药不妥及告知不足,该药物有诱发或加重患者肝性脑病的因素,与患者的死亡后果之间存在一定的因果关系。鉴于患者所患酒精性肝硬化、肝性脑病,目前医学界尚无特效疗法,死亡率高,其死亡主要原因是自身疾病发生发展的自然转归,医方负轻微责任。并明确甲医院擅自处理了封存药品的后果,不属于司法鉴定内容,不予评价。一审法院判决甲医院按照70%的比例对患者家属主张的各项损失中合理部分予以支持,共计应赔偿患者家属60余万元。

判决后,双方当事人均不服上诉。患者家属认为鉴定结论没有考虑甲医院销毁封存药品的责任及该药品可能存在质量问题,坚持要求甲医院承担全部赔偿责任。而甲医院则认为一审判决远远超出鉴定意见确认的其应承担的责任,明显没有依据。二审法院审理后,认为一审判决正确,故判决:驳回上诉、维持原判。

【研究主旨】

在甲医院擅自销毁封存的药品后,应如何考量、确定其应当承担的责任?

【裁判要旨】

一审法院认为,就医疗纠纷中的专业问题,法院可以根据当事人的申请,委托有资质的鉴定单位进行医疗鉴定。对于鉴定人出具的鉴定意见,当事人可以进行反驳,但应当提出合理的理由以及充分的证据。否则鉴定意见应当作为法院认定事实的重要参考。本案中,经当事人申请,法院委托司法鉴定单位进行了医疗过错司法鉴定。鉴定人又根据当事人对鉴定意见的异议进行书面回复,并出庭接受质询,鉴定程序合法。根据鉴定人的意见,甲医院对患者诊疗行为的不足仅体现于在使用西普乐时,对患者出现的异常反应,没有进行缜密的分析,对该药的性能和不良反应缺乏足够的重视,也未就此对患者及家属进行告知及沟通。患者使用该药物出现嗜睡后,家属提出了异议,甲医院仍继续为患者使用该药物数日后才停药,而药有加重患者肝性脑病的因素。故法院对鉴定人认定该药有加重患者肝性脑病的因素予以采信。鉴定人同时指出,封存药物销毁的情况,不属于法医评价的范围。因甲医院违反了《医疗事故处理条例》的规定,擅自将封存的药品销毁,并导致对封存药物无法进行检验,其应对此承担不利后果。甲医院出具了西普乐的说明书以及购买药物的发票、入库明细表、支出凭单,但只能证实药品的来源,无法替代对封存药品进行检测的法律效力。由于无法进行药品检验,导致对封存药品中是否包含有害人体健康的因素已无法确切得以证实。患者输入上述药物后的确存在不良反应,并且在10余天后死亡。由于无法进行药品检测,不能排除药品品质的因素与产生不良反应之间的关系。因此,甲医院应当就其销毁封存药品的行为对患者死亡承担相应的责任。同时,根据鉴定人分析,由于患者的尸体未进行尸体解剖和病理检验,故其确切的死因不能判定,只能根据现有病历材料分析,并得出肝性脑病导致患者死亡的意见。而未进行尸检导致无法查清确切死因,以及患者原发病情在导致其死亡的原因中占有的因素,不应当由甲医院承担责任。另外,考虑患者所患酒精性肝硬化、肝性脑病,目前医学界尚无特效疗法,死亡率高,其死亡与自身疾病发生发展的自然转归也有一定关系。基于上述分析,法院认定甲医院就患者的死亡给家属造成的合理损失应当承担主要责任,责任程度酌定为70%。

二审法院针对双方争议的焦点甲医院应当承担的赔偿责任比例,认为:因双方对疑似引发患者不良反应的药物进行封存后,甲医院在未征得患者家属同意的情况下,擅自将由其保管的封存药品销毁,导致已无法对封存药物进行检验,法院也无法判断事发时该院为患者使用的是否系病历记载的且合格的药品,患者输入上述药物后的确存在不良反应,并且在10余天后死亡。现无法进行药品检测,就不能排除药品品质的因素与产生不良反应之间的关系。因此,甲医院应当就其销毁封存药品的行为承担法律责任,对患者死亡后果承担相应赔偿责任。而之所以不能确定甲医院应当承担100%的赔偿责任,是因为根据鉴定人分析,由于患者的尸体未进行尸体解剖和病理检验,故不能判定其确切的死因,只能根据现有病历材料分析,并得出肝性脑病导致患者死亡的意见。由于患者死于其他医院,当时患者家属并未要求进行尸检所致,因此,不应当由甲医院对此承担责任。未进行尸检导致无法查清确切死因以及患者原发病情在导致其死亡的原因中占有的比例。另外,考虑患者所患多种严重基础病,目前医学界尚无特效疗法,死亡率高,其死亡与自身疾病发生发展的自然转归也有一定关系。基于以上分析,二审法院认为原审法院根据本案实际情况、参考鉴定意见书及鉴定人意见,酌情确定甲医院就患者的死亡给患者家属造成的合理损失应当承担主要责任,并确定按照70%的比例予以承担,是适当的。

【法律评析】

　　法官们普遍认为医疗纠纷属于审理难度较大的案件类型之一。究其原因,不仅是由于案件事实涉及医学专业问题,仅凭普通人的认知标准和法律逻辑仍不易作出正确的认定,更主要的是判断诊疗行为是否存在过错所依据的判断标准并不是完全统一,如鉴定机构常用的"指南",就五花八门,且目前的相关法律、行政法规、规章、规范不可谓不多,但缺乏衔接,比如一些行政法规规定了医疗机构不得为何种行为,但并未规定相应的法律后果,即便规定了法律后果,也是为行政管理部门履行管理职责提供依据,对相关医疗机构及责任人进行相应处罚的法律依据,是否应当体现在民事责任承担上?如何体现?往往使法官在适用法律时产生困惑,很多时候需要法官行使司法裁量权作出判断,因而增加了案件审理难度。

　　本案中,甲医院确实违反了《医疗事故处理条例》第28条第2款规定,"当事人应当自收到医学会的通知之日起10日内提交有关医疗事故技术鉴定的材料、书面陈述及答辩。医疗机构提交的有关医疗事故技术鉴定的材料应当包括下列内容:(一)住院患者的病程记录、死亡病例讨论记录、疑难病例讨论记录、会诊意见、上级医师查房记录等病历资料原件;(二)住院患者的住院志、体温单、医嘱单、化验单(检验报告)、医学影像检查资料、特殊检查同意书、手术同意书、手术及麻醉记录单、病理资料、护理记录等病历资料原件;(三)抢救急危患者,在规定时间内补记的病历资料原件;(四)封存保留的输液、注射用物品和血液、药物等实物,或者依法具有检验资格的检验机构对这些物品、实物作出的检验报告;(五)与医疗事故技术鉴定有关的其他材料"。但是,该条例仅规定"医患双方应当依照本条例的规定提交相关材料。医疗机构无正当理由未依照本条例的规定如实提供相关材料,导致医疗事故技术鉴定不能进行的,应当承担责任",并未明确医疗机构发生上述行为应如何承担民事责任。

即便按照当时《侵权责任法》第 58 条①规定,即患者有损害,因下列情形之一的,医疗机构因违反法律、行政法规、规章以及其他有关诊疗规范的规定,隐匿或者拒绝提供与纠纷有关的病历资料,伪造、篡改或者销毁病历资料,推定医疗机构有过错,也仅仅规定了甲医院擅自销毁了封存的药液,无须患方家属就甲医疗机构存在过错承担举证责任,但这仅仅可以认定甲医院具备了侵权责任的四个构成要件之一的过错,并未确定其应承担侵权责任。

而根据《证据规定》和《民事诉讼法》及其司法解释,当事人没有提供证据,需要承担举证不能的后果。具体到实体责任的承担,并无明确规定。

因此,本案出现了法律规定不明确、不具体的情形,毫无疑问,法官应当行使司法裁量权对本案作出裁判。

甲医院是否应当就其擅自销毁封存药物的行为承担实体责任呢?一审法院确认的甲医院应当承担的赔偿责任是否适当呢?笔者认为,答案是肯定的。首先,由于甲医院的上述行为,直接导致无法对封存药物进行检验,也无法判断事发时甲医院为患者使用药品是否为病历记载的合格药品,也就无法排除药品品质因素与患者产生不良反应之间的关系。因此,按照相关法律规定、法律原则及法律精神,甲医院应当就其销毁封存药物的行为承担不利的诉讼后果,但是否应当就此推定封存的药物直接导致患者死亡,甲医院对患者死亡的后果应当承担全部赔偿责任呢?笔者认为,就本案而言,答案是否定的。因为判断患者死因最有利的证据是尸检鉴定结论。按照相关法律、行政法规规定,尸检必须经家属同意。本例患者死亡时,家属并未对乙医院认定的死亡原因提出异议,因此并未

---

① 《民法典》第 1222 条规定,患者在诊疗活动中受到损害,有下列情形之一的,推定医疗机构有过错:(1)违反法律、行政法规、规章以及其他有关诊疗规范的规定;(2)隐匿或者拒绝提供与纠纷有关的病历资料;(3)遗失、伪造、篡改或者违法销毁病历资料。

要求进行尸检鉴定,故不能判定患者确切的死因,只能根据现有病历材料分析,得出患者因肝性脑病导致死亡的结论。同时,由于未进行尸检,导致无法查清确切死因以及患者原发病情在导致其死亡的原因中所占比例。而此后果应当由患者家属承担,而不应由甲医院承担。另外,由于鉴定意见给出患者所患酒精性肝硬化、肝性脑病,属目前医学界尚无特效疗法、死亡率高的严重疾病,患者死亡与自身疾病发生发展的自然转归也有一定关系。基于以上分析,患者死亡原属于多因一果的情形,如果仅因甲医院销毁了封存的药物,而不考虑其他致死因素,就简单地判令其就患者死亡后果承担全部赔偿责任,明显不当地加重了甲医院的责任。同时,也应该看到,鉴定结论确定的甲医院是在排除了封存药物本身存在质量问题的前提下作出的,恰恰由于甲医院擅自销毁封存的药物,按照当时《侵权责任法》规定,应当推定其存在过错,同时按照法律精神,还应该直接推定该药物存在质量问题,如果仍按鉴定结论确定的甲医院诊疗行为中不足,在患者死亡后果中仅占轻微责任,无疑遗漏了甲医院使用的药品可能对患者死亡后果造成的不利影响,对患者家属来说显然极为不公平。因此,一审法官行使司法裁量权,根据本案实际情况、参考鉴定意见书及鉴定人意见,酌情确定甲医院就患者的死亡给其家属造成的合理损失应当承担主要责任,并判令甲医院按照70%的比例予以赔偿,很好地解决了个案的特殊情况,保护了医患双方的合法权益,是极为妥当的。

  本案是众多纷繁复杂的医疗纠纷案件中极为普通的一件,但却印证了法官行使司法裁量权的必要性,也解释了正确行使司法裁量权的标准和尺度,裁判思路值得大家借鉴。

第六章 医疗损害责任纠纷的举证责任

引言 举证责任分配既然被誉为"民事诉讼的脊梁",其在民事诉讼中的地位可见一斑。医疗纠纷中举证责任分配,随着不同时期法律规定的变化,经历了颠覆性的改变。本章不仅从法律沿革的角度,介绍了医疗纠纷举证责任分配的变迁,还就不同侵权责任构成要件分析了相应的举证责任分配,以及医疗过错及侵权责任认定问题。

一、大陆法系国家证明责任理论

(一)证明责任的概念及其含义

1. 概念

通常认为,法官裁判采取"三段论"推理的方式,以抽象的法律规范为大前提,以具体案件事实为小前提,最后根据上述两方面内容做出判决。而且一般认为"法官知法",即大前提存在和确定是没有问题的,法官审理案件的关键是确定案件的主要事实。但是由于案件毕竟是已经过去的事实,因此即便双方当事人穷尽了可以提供的证据,甚至法官也调取了可能调取的全部证据,也还可能存在法官对案件事实仍不能作出认定的情况,此时就存在由谁承担败诉后果的问题,这就是最简单意义上的证明责任问题。证明责任也被称为"举证责任",简单说就是当事人对于诉讼中提出的事实主张提供证据加以证明,并在不能证明时承担不利后果的责任。

2. 证明责任的双重含义

(1)双重含义

从证明责任的概念上就不难看出,证明责任本身包含两层含义,即行为意义上的证明责任和结果意义上的证明责任,有学者也称之为主观证明责任和客观证明责任。

行为意义上证明责任,是指当事人就其主张的事实负有提供证据的责任,简称行为责任。诉讼中,一般情况下双方当事人均负有提供证据的责任。

结果意义上的证明责任,是指事实真伪不明时,主张该事实成立的一方应承担不利诉讼后果的责任,简称结果责任。原则上讲,结果责任是由法律预先设定的,仅由一方承担。

(2)区分双重含义的意义

证明责任与民事诉讼相伴而生。诉讼过程就是一方用证据"立论",另一方用相反的证据"驳论",循环往复,直至厘清事实的过程。但不可否认,有些案件,可能存在一方当事人不积极提供证据甚至故意隐匿证据的情况,导致案件事实不清;而有些案件可能双方当事人都穷尽了所有手段,提交了全部证据,甚至法官也调查了所有可能调取的证据,案件事实仍处于真伪不明的状态,那么就需要区分举证责任的两层含义,法律须规定双方针对不同情况的举证责任,特别是预先规定由谁承担待证事实真伪不明时的不利后果,否则案件无法处理。由此可见,区分举证责任的两层含义直接影响证明责任的分配,而证明责任分配在民事诉讼中占据十分重要的地位,被德国著名民事诉讼法学家罗森贝克称为"民事诉讼的脊梁"。

(二)从法律规定沿革看我国证明责任理论发展及医疗侵权之诉举证责任的分配

(1)1991年第七届全国人大第四次会议通过的《民事诉讼法》第64条规定"当事人对自己提出的主张,有责任提供证据"。这一规定标志我国法律首次确立了"谁主张、谁举证"的举证责任制度。学界普遍认为,此项规定仅仅规定了行为责任。而这一阶段的医疗侵权之诉,应适用过错责任原则,由患方承担结果责任。

(2)2001年《证据规定》第2条规定:"当事人对自己提出的诉讼请求所依据的事实或者反驳对方诉讼请求所依据的事实有责任提供证据加以证明。没有证据或者证据不足以证明当事人的事实主张的,由负有举证责任的当事人承担不利后果。"此项规定,首次明确了证明责任的双重含义。同时,该规定第4条第8款还明确了因医疗行为引起的侵权诉讼,由医疗机构应就医疗行为与损害后果之间不存在因果关系及不存在医疗过错承担举证责任。由此确立了医疗侵权之诉在归责原则上适用"举证责任倒置",由被诉医疗机构承担结果责任。修正后的《证据规定》已经将上述第2条、第4条删除。

(3)《侵权责任法》于2010年7月1日实施,对于医疗损害责任纠纷的归责原则做出了明确规定,确定适用该法审理的一般医疗损害责任纠纷,不再适用"举证责任倒置"原则。

这一项规定,一定程度上减轻了医疗机构在诉讼过程中的举证责任,但并不意味着医疗机构在诉讼中就不用承担任何举证责任了。

(4)《民法典》中关于医疗损害责任纠纷的规定基本沿袭了《侵权责任法》中的规定,因此《民法典》时代,医疗损害责任纠纷的举证责任没有变化。

二、医疗损害责任纠纷案件中的举证责任

尽管《侵权责任法》实施了 10 年,《民法典》也延续了《侵权责任法》中关于医疗损害责任纠纷的相关规定,但司法实践中,不仅当事人,甚至有些法官在医疗损害责任纠纷案件的举证责任问题上,还存在概念不清的问题,混淆了行为责任与结果责任的不同,以及证明的内容,甚至错误地分配了举证责任。学界和实务界均认为,从《侵权责任法》开始到《民法典》实施,我国法律明确了一般医疗侵权纠纷,适用一般过错责任原则,即应由患方就被诉医疗机构存在过错诊疗行为,且与患者发生的损害后果之间存在因果关系承担举证责任。但是具体到个案中,在现有法律框架下,人民法院针对构成侵权责任的四个基本要素,即违法行为、损害事实、因果关系和过失,应如何分配举证责任呢?

(一)对案件基本事实的举证责任

1. 由患方就患者与被诉医疗机构之间存在医患关系承担双重意义上的举证责任

在医疗损害责任纠纷中,患方应当首先证明患者与被诉医疗机构之间存在医疗关系并发生医疗损害。道理很简单,原告若不能证明患者与被诉医疗机构存在医患关系,其起诉就不符合《民事诉讼法》规定的起诉条件,很可能被法院裁定驳回。

2. 医患双方对于诊疗过程均应承担举证责任

医患双方都应当提交病历及相关资料,说明相应的诊疗过程。由于医疗卫生管理性规范规定,住院病历、门诊大病历、一些病理组织等病历资料由医疗机构保管,门诊手册、一些影像学资料由患者保管,而判断医疗机构在诊疗过程中是否存在过错行为,原则上需要根据患者提供完整的病历资料才能进行。

值得注意,"举证责任倒置原则"虽不再适用于一般医疗侵权

纠纷,但医院仍要承担提供由其保存的病历材料的举证责任,即行为意义上的举证责任。

3. 证据形式

患方一般可以提交挂号单、交费单等诊疗凭证及病历、出院证明等证据用于证明患者与被诉医疗机构存在医疗关系。患方提供不出上述证据,但有其他证据能证明医疗行为存在的,人民法院可以认定存在医疗关系。但如果患方不能证实患者与被诉医疗机构之间存在医患关系,其起诉应该被驳回。

(二)对过错、因果关系的举证责任

1. 举证责任倒置的取消——"谁主张、谁举证"的过错责任原则在一般医疗侵权案件中的确立

(1)以过错责任原则为主

根据《民法典》第1218条的规定,患者在诊疗活动中受到损害,医疗机构或者其医务人员有过错的,由医疗机构承担赔偿责任。该条延续了《侵权责任法》第54条的规定。自《侵权责任法》实施后,适用《侵权责任法》审理的一般医疗损害责任纠纷,不再适用"举证责任倒置"的归责原则,而采用过错责任原则。《民法典》实施后,人民法院受理的医疗损害责任纠纷,也都延续适用此原则。即对于涉及医疗伦理损害和医疗产品损害以外的一般医疗损害责任纠纷案件,患方主张医疗机构存在诊疗过错,且诊疗行为与患者的损害结果之间存在因果关系的,应当承担相应的举证责任,这当然是结果意义上的举证责任。

(2)以过错推定原则为补充

由于医疗的专业性、复杂性,导致患方在证据取得、保存等方面处于相对弱势的地位,所以《民法典》第1222条还规定了过错推定原则,该条是对《侵权责任法》第58条的完善,尽管有学者认为过错推定并非独立的归责原则。

《民法典》第 1222 条规定,患者在诊疗活动中受到损害,有下列情形之一的,推定医疗机构有过错:(1)违反法律、行政法规、规章以及其他有关诊疗规范的规定;(2)隐匿或者拒绝提供与纠纷有关的病历资料;(3)遗失、伪造、篡改或者违法销毁病历资料。但并未明确由哪一方来证明存在上述三种情况以及证明到何程度才符合法律规定。为避免产生歧义,各省、直辖市高级人民法院纷纷推出解释,以北京市高级人民法院为例,就作出指导意见明确规定,发生医疗损害,患者能够证明医疗机构有下列情形之一的,人民法院应推定医疗机构有过错:违反法律、行政法规、规章以及其他有关诊疗规范的规定;隐匿或者拒绝提供与纠纷有关的病历资料;伪造、篡改或者销毁病历资料。也就是说,应当由患方举证证明被诉医疗机构存在上述三种情况;医疗机构也可以提出反证证明自己没有过错。

(3)以无过错原则为例外

《民法典》第 1223 条规定,因药品、消毒产品、医疗器械的缺陷,或者输入不合格的血液造成患者损害的,患者可以向药品上市许可持有人、生产者、血液提供机构请求赔偿,也可以向医疗机构请求赔偿。患者向医疗机构请求赔偿的,医疗机构赔偿后,有权向负有责任的药品上市许可持有人、生产者、血液提供机构追偿。因药品、消毒药剂、医疗器械均符合产品特征,涉及其质量问题引发的医疗损害责任纠纷案件,应适用产品责任的规定,即适用无过错原则。

医疗产品损害责任纠纷案件,一般患方仅需对患者使用了医疗产品,且发生了损害后果承担举证责任;输入的血液是否合格引发的医疗损害责任纠纷案件,由患方对输入了血液、产生了损害后果承担举证责任,而由被告就是否存在免责事由承担举证责任。

根据产品质量相关法律的立法精神及国外立法例,在强制性标准规定的范围以外,产品仍有可能具有不合理危险。因医疗器械质量问题引起损害责任纠纷案件,往往诉争焦点是医疗器械是否存在质量缺陷,一般需要进行质量鉴定。但司法实践中,有些器械客观上无法检验,如植入患者体内的医疗器械无法取出,以致无法进行质量鉴定。在此情况下,人民法院通常应查明以下事实:首先,患者植入的医疗器械是否达到一般同类产品的使用年限,由此证明该医疗器械是否存在质量缺陷。其次,被告包括生产者、销售者或医疗机构是否能证明该医疗器械未达到一般同类产品的使用年限,是系原告原因所致。如果被告无法举证证明,即视为该医疗器械存在质量缺陷。最后,医疗机构应当提供该医疗器械的质量合格证、采供途径进口器械还应提供许可证等相关证明。

医疗产品责任纠纷案件,在司法实践中占比不高,究其原因,并非此类纠纷少,而是由于多数纠纷医患双方或者患方和药品器械生产厂家能够诉前达成和解,鲜少有向法院起诉的。法院审理的此类纠纷,相较于一般医疗损害责任纠纷,调解成功率高。但还是需要注意,此类纠纷在因果关系的举证责任等方面,明显与一般医疗损害责任纠纷案件不同,适用无过错原则。

2. 例外情形——对消极事实的举证(医疗伦理损害)

《民法典》第1219条规定,医务人员在诊疗活动中应当向患者说明病情和医疗措施。需要实施手术、特殊检查、特殊治疗的,医务人员应当及时向患者具体说明医疗风险、替代医疗方案等情况,并取得其明确同意;不能或者不宜向患者说明的,应当向患者的近亲属说明,并取得其明确同意。这条规定内容涉及医疗伦理责任的范畴。医务人员未尽到第1219条的规定义务,造成患者损害的,医疗机构应当承担赔偿责任。《医疗损害司法解释》第5条规定,患者依据《民法典》第1219条规定主张医疗机构承担赔偿责任的,应当按照前条第 1 款①规定提交证据。实施手术、特殊检查、特殊治疗的,医疗机构应当承担说明义务并取得患者或者患者近亲属明确同意,但属于《民法典》第 1220 条规定情形的除外。医疗机构提交患者或者患者近亲属明确同意证据的,人民法院可以认定医疗机构尽到说明义务,但患者有相反证据足以反驳的除外。

虽然上述规定并未明确由哪方对此承担举证责任,但学界和实务界公认应由医疗机构就此承担举证责任。原因在于"消极事实"不能被直接证明,只能通过一个积极事实得到间接的证明。患方在医疗损害责任纠纷案件中,经常会主张医疗机构未履行告知义务,由于患方是被动接受告知的主体,如果让其自证没有接受告知是荒谬的。而医疗机构是履行告知义务的主体,针对患方的指控,往往会抗辩已经履行了告知义务。如果医疗机构证实自己履行了告知义务,也就是证实积极事实存在,患方的上述主张自然不能成立。

人民法院在判断医疗机构是否已向患方履行了说明病情、医疗措施、医疗风险、替代医疗方案等情况的义务时,应当根据病历记载、知情同意书、视频、录音资料等证据进行综合认定。

3. 免责事由的举证责任

《民法典》第 1224 条规定,患者在诊疗活动中受到损害,有下列情形之一的,医疗机构不承担赔偿责任:(1)患者或者其近亲属不配合医疗机构进行符合诊疗规范的诊疗;(2)医务人员在抢救生命垂危的患者等紧急情况下已经尽到合理诊疗义务;(3)限于当时的医疗水平难以诊疗。前款第 1 项情形中,医疗机构或者其医务人员也有过错的,应当承担相应的赔偿责任。

---

① 《医疗损害司法解释》第 4 条第 1 款规定,患者依据《民法典》第 1218 条规定主张医疗机构承担赔偿责任的,应当提交到该医疗机构就诊、受到损害的证据。

该条款虽未明确证明责任主体,但因"待证事实"同样涉及"消极事实",因此,仍应由医疗机构对此承担举证责任。

(三)对于损害后果的举证责任

1. 损害后果的类别及证明责任主体

侵权责任构成的四个要件之一是损害后果,按照一般过错责任原则,"谁主张,谁举证",既然患方主张损害赔偿,则须对患者身体、精神遭受的伤害及所受经济损失,承担举证责任。如果不能证明患者因被诉医疗机构实施的诊疗行为发生损害,基于"无损害就无赔偿"原则,患方诉讼请求也会被人民法院驳回。

针对患者的身体损伤后果,一般可以通过伤残鉴定予以评定。原则上被评残的患者,可以要求被诉医疗机构赔偿精神损害抚慰金。但不可否认,现实中确实存在虽然医疗行为造成患者发生损害,但经过治疗,患者最终没有落下残疾后果的情形。司法实践中,多数法官认为如果医疗机构不当诊疗护理行为造成患者损害,虽经治愈,但是延长了患者治疗或受病痛折磨的时间,除对于患方由此增加的医疗费用予以赔偿外,对于患者还应适当给予一定的精神补偿。关于经济损失,原则上患方应提供原始票据佐证其主张成立。

2. 几项主要损失的证明标准

(1)医药费。首先,患方需证明其主张的仅是被诉医疗机构不当医疗行为造成的损失,注意与治疗原发病发生的医疗费用进行区分。其次,由于我国侵权赔偿制度以"填平"为原则,所以诉讼中应以患方提供原始票据为原则,避免患方在已经将医疗费进行了医保报销,或者由其他侵权主体予以赔偿后,又要求被诉医疗机构赔偿,从而获得不当利益。当然,有的法官对经医保报销的医疗费是否还可以向被诉医疗机构主张有不同认识,他们认为即便社保已经报销,也不能因此减轻侵权人的侵权责任;同时,社保机构报销后可以对本应由侵权人承担的费用主张返还。

另外,特殊情况下,其他证据可以证明医疗费实际损失的,如商业保险公司出具的证明材料等,也可以作为确认患者医疗费损失的依据,但法官对此项损失原则上不宜自由裁量。

(2)误工费。单位为其职工出具的误工损失证明,不仅要加盖财务章,还须经办人签名或盖章,才符合现行《民事诉讼法》对于此类证据形式上的要求;所载内容须反映出患者或其家属因被诉医疗机构的侵权行为导致误工而减少的收入。患方还需提供能证明与出具证明的单位存在劳动或劳务关系的证据,包括劳动合同、社保信息等。对于收入明显高于个人所得税起征点的,患方还应当提供纳税证明。司法实践中,还要注意与患者所患疾病本身需要的治疗恢复期间的误工损失进行区别。

(3)护理费。患者主张护理费首先需要提供其需要护理的证明,如医嘱、鉴定意见等;就护理费损失一般需要提供护工工资收据,家属因护理产生的误工损失证明,无固定收入的家属护理产生的误工费可以按照《人身损害司法解释》的规定予以确定。

(4)交通费。患者主张就医或转院治疗产生的交通费,须以经济和必要为限,且提供的票据应与就诊记录相对应。司法实践中,对于外地患者死亡,家属处理纠纷和丧事产生的交通费应否予以支持,法官们处理结果不太统一,有的对此予以支持,有的则不予支持。笔者倾向严格按法律规定处理,根据《人身损害司法解释》规定,交通费根据受害人及其必要的陪护人员因就医或者转院治疗实际发生的费用计算,并不包括患者死亡后家属处理纠纷及患者后事发生的交通费。家属处理患者后事发生的交通费应包含在丧葬费中,患方不应重复主张;处理纠纷产生的交通费属于患方维权成本,人民法院审理传统民事纠纷案件,原则上对此项损失并不支持。

(5)住宿费。根据《人身损害司法解释》,受害人确有必要到外地治疗,因客观原因不能住院,受害人本人及其陪护人员实际发生的住宿费,可以请求赔偿。患方主张此项损失时,应提供与就诊期间相符的正规票据。

(6)被扶养人生活费。按照法律及司法解释规定,患方只有证明相关权利人同时具备了丧失劳动能力又无生活来源两个条件,才有权主张此项损失。享有退休金的人,原则上不应获得此项赔偿。

三、医疗过错及医疗侵权责任的认定

长久以来,医疗责任的认定一直是我国民法学界讨论的重点问题,而是否存在医疗过错又是认定医疗侵权责任的关键。在一般医疗损害责任纠纷中,过错是医疗机构承担侵权责任的必要条件,无过错即无责任,这是现代侵权行为法追究行为人法律责任的最基本的归责原则。

(一)医疗过错认定法定化

民法意义上医疗损害责任只能是医疗机构存在主观上的过失,而不包括故意。如果存在主观故意,可能就涉及医疗事故罪,属于刑事责任的考量范围了。

1.《民法典》的相关规定

(1)《民法典》第七编侵权责任编第六章规定了医疗损害责任,不再使用医疗事故的概念,规定只要是患者的合法权益受到损害,构成医疗侵权的,医疗机构就应当承担侵权责任,按照《民法典》及《人身损害司法解释》等司法解释的规定承担相应赔偿金。因此,适用《民法典》审理的医疗损害责任纠纷,患方要求被诉医疗机构赔偿,医患双方不必再为是进行医疗事故鉴定,还是医疗损害鉴定而纠缠不清。

(2)《民法典》第1219条①规定了医疗机构的告知义务,包括告知的内容、范围、方式及顺序。医疗机构只要能够把证明履行了告知义务的证据,包括知情同意书、告知书、其他经患方签字认可的病历记载,或者录音、录像等,保存并提交,一般情况下,法官可自行进行判断,无须再启动鉴定程序进行认定。

(3)《民法典》第1221条规定,医务人员在诊疗活动中未尽到与当时的医疗水平相应的诊疗义务,造成患者损害的,医疗机构应当承担赔偿责任。这是关于医疗机构注意义务的规定。适用《民法典》审理医疗损害责任纠纷案件时,一旦认定医疗机构未尽到与当时的医疗水平相应的诊疗义务,就应认定医疗机构具有过错。

(4)《民法典》第1222条②是关于过错推定的规定。按照民法原理及侵权责任的立法思想,违反有关诊疗规范,或者隐匿、拒不提供有关病历资料甚至遗失、伪造、篡改、销毁有关病历资料,这类行为本身即是过错。对这种情形,人民法院应当直接根据"违反有关诊疗规范,或者有隐匿、拒不提供有关病历资料甚至遗失、伪造、篡改、销毁有关病历资料"的事实,认定被告医疗机构有过错。

(5)《民法典》第1226条规定,医疗机构及其医务人员应当对患者的隐私和个人信息保密。泄露患者的隐私和个人信息,或者未经患者同意公开其病历资料的,应当承担侵权责任。

此条款是关于患者隐私权保护的,规定医疗机构及医务人员应

---

① 《民法典》第1219条规定,医务人员在诊疗活动中应当向患者说明病情和医疗措施。需要实施手术、特殊检查、特殊治疗的,医务人员应当及时向患者具体说明医疗风险、替代医疗方案等情况,并取得其明确同意;不能或者不宜向患者说明的,应当向患者的近亲属说明,并取得其明确同意。

② 《民法典》第1222条规定,患者在诊疗活动中受到损害,有下列情形之一的,推定医疗机构有过错:(1)违反法律、行政法规、规章以及其他有关诊疗规范的规定;(2)隐匿或者拒绝提供与纠纷有关的病历资料;(3)遗失、伪造、篡改或者违法销毁病历资料。

对患者隐私权保密,否则构成过错,而一旦因此造成患者损害,就应承担侵权责任。

(6)《民法典》第 1227 条规定,医疗机构及其医务人员不得违反诊疗规范实施不必要的检查。这一条款是关于过度医疗的规定。一旦医疗机构及其医务人员实施了不必要的检查,即构成过错。

2. 违反行政规章、诊疗规范等规定的诊疗义务,也构成过错

《民法典》第 1222 条第 1 款第 1 项①对此进行了明确规定,如医疗机构违反"转诊义务"和"首诊负责制"等,也应被认定存在过错。

(二)医疗过错的认定标准、责任主体及认定方法

1. 应把医疗机构是否尽到注意义务作为认定其是否存在过错的客观标准

如果医疗机构在实施医疗行为时不存在过错,即使患方发生了损害后果,医疗机构也不承担侵权赔偿责任。如无过错输血造成患者感染丙肝等,医疗机构并不承担赔偿责任,但可以给予患者一定补偿。

2. 医疗过错是由于医生在实施具体的诊疗行为时未能充分履行其应尽的注意义务而引起的

医生注意义务的要求多表现在相关的法律、规章和诊疗常规等规范性文件中,在法律和规章对注意义务有明确规定时,对医疗过错的认定就比较容易。反之,就涉及对医疗过错责任的构成起着关键作用的医疗过错行为的判断标准问题。

3. 不同注意义务的认定标准

(1)违反"告知义务"或称"说明义务"的判断标准、证明责任主

---

① 《民法典》第 1222 条第 1 款第 1 项规定,患者在诊疗活动中受到损害,有下列情形之一的,推定医疗机构有过错:(1)违反法律、行政法规、规章以及其他有关诊疗规范的规定。

体及认定方法

首先,医务人员应当预见自己所采用的医疗处置措施发生损害后果或其他风险的可能性,如外科医师应该预见到:术前诊断的不确定性;手术过程的复杂性;术中临时更改术式的可能性;手术治疗效果的不确定性;发生术后并发症的可能性甚至已知的患者个体差异性带来的医疗风险等。其次,医生必须向患方告知病情、治疗方法、医疗风险、替代医疗方案及治疗过程中的疗养方法、注意事项等,目的在于得到患者的有效同意或回避已经预见到的不良结果。

因告知义务涉及证明责任理论中的消极行为的证明问题,患者不能自证没有被告知,故应由医疗机构就其是否履行告知义务承担证明责任。损害结果是否发生,本质上属于几率问题,发生的几率越高,注意义务的程度越高。如何判断,应以科学的合理性为标准。对于是否履行告知义务,证明起来较为简单,涉及特殊检查、特殊治疗的,原则上讲,只要医疗机构不能举证证明其履行了告知义务,就应认定其构成过错,无须鉴定。

对于告知义务履行是否恰当,因涉及医疗行为本身,证明起来有一定难度,如果双方对此产生争议,法官不能做出判断,可以通过司法鉴定予以解决。

但需注意,在紧急状态及法律有特别规定的情况下,医方未履行相关说明义务不应认定为过错。如《民法典》第1220条规定,因抢救生命垂危的患者等紧急情况,不能取得患者或者其近亲属意见的,经医疗机构负责人或者授权的负责人批准,可以立即实施相应的医疗措施。需要指出的是,如果直接向患者告知会对疾病的治疗产生不良影响,也应当向患者家属进行告知,不属于可以不告知的情形。

(2)违反"未尽与当时医疗水平相应义务"的判断标准、证明责任主体及认定方法这里的"当时",是指争议的诊疗行为发生时。医学是不断发展进步的,医疗人员只能尽到与当时的医疗水平相应的诊疗义务。我们不能以"今天"的医疗水平来判断"昨天"的诊疗活动是否尽到应当的诊疗义务,即是否有过错。

因适用《民法典》审理的一般医疗损害责任纠纷,适用"谁主张、谁举证"的过错责任原则。患者主张被诉医疗机构没有尽到与当时的医疗水平相应的注意义务,就应对此承担证明责任。如果患方能够提供法律法规、规范、规章、政策性文件及诊疗规范,可以证实被诉医疗机构没有按照"当时"的医疗水平对其实施诊疗行为的,可以直接认定该医疗机构存在过错;如果患方不能提供充足证据使法官确信其所述成立,则需要患方申请进行司法鉴定;必要时法官可以向相关专家、机构进行咨询。最终由法官参考咨询意见,形成内心确认后做出判断,或者根据鉴定结论做出判断,抑或按照举证责任进行认定并做出裁决。

(3)"过度医疗"的判断标准、证明责任主体及认定方法

是否构成"过度医疗",是以医疗机构实施的医疗行为是否是根据患者病情,符合诊疗规范要求所实施的合理的诊疗行为为标准的。只要医疗机构及其医务人员违反诊疗规范要求实施检查治疗,其诊疗行为就是不合理的、不必要的,就应对不必要检查治疗所发生的损害承担相应责任。司法实践中,如果患方能够提供法律法规、规章、政策性文件及诊疗规范,可以证实被诉医疗机构没有按照当时的诊疗规范要求实施检查治疗,可以直接认定该医疗机构存在过错;否则,因诊疗行为涉及医学专业知识,患方应申请就此进行司法鉴定;必要时法官也可以向相关专家和机构进行咨询。

(4)"侵犯患者隐私"的判断标准、证明责任主体及认定方式

患者享有隐私权,医疗机构对患者的隐私负有保密义务。医疗机构及其医务人员非经患者同意,擅自泄露患者病历资料、病情等

隐私,或非因医疗必要侵犯患者隐私部位,都构成过错。一般情况下,患者只需就此提供相关证据,法院就可以直接认定医疗机构是否构成侵犯患者隐私权,无须启动鉴定程序。需要注意的是,医疗机构按照相关法律及规范规定向相关卫生行政管理机构及疾病防控机构等单位上报收治的特殊病例等行为不在此列。

(5)违反"首诊负责制""转诊义务"等其他法律法规、规章等规定的义务的判断标准、证明责任主体及认定方法

如果患方提供的相关有效法律法规、规章等文件规定足以证实其主张成立的,法官可以直接做出认定;否则不予认定。

(三)侵权责任的认定

1. 侵权责任认定标准

侵权责任中有过错并不一定就要承担侵权责任。一般侵权责任的构成要件包括:行为、过错、损害事实及因果关系。过错仅是其中一个要件,而承担侵权责任,需同时具备上述四个要件。一般医疗损害责任纠纷案件,属于侵权纠纷,判定医疗机构是否应承担侵权责任,当然也要考量上述四个要件是否同时成立,仅存在医疗过错,不能直接判定被诉医疗机构承担侵权责任。

2. 实践中常见的几个问题

(1)对《民法典》第1219条①的理解偏差

《民法典》第1219条是对《侵权责任法》第55条的延续规定。有法官认为,只要医疗机构未履行告知义务,就应当承担赔偿责任,却完全忽视了该条第2款规定的医务人员未尽到前款义务,造

---

① 《民法典》第1219条规定,医务人员在诊疗活动中应当向患者说明病情和医疗措施。需要实施手术、特殊检查、特殊治疗的,医务人员应当及时向患者具体说明医疗风险、替代医疗方案等情况,并取得其明确同意;不能或者不宜向患者说明的,应当向患者的近亲属说明,并取得其明确同意。医务人员未尽到前款义务,造成患者损害的,医疗机构应当承担赔偿责任。

成患者损害的医疗机构应当承担赔偿责任的规定。本条款明确规定医疗机构未尽告知义务,只有在因此给患者造成损害的情况下,才承担侵权责任。

笔者就遇到过这样的案例。某患者下腹疼痛两周余,经影像学检查显示左侧卵巢有占位,遂至甲医院住院治疗。经完善各项检查后,甲医院决定为患者实施手术治疗。因病变性质需要术中及术后病理才能确定,甲医院拟实施的手术名称为"剖腹探查术+左侧卵巢切除术"。术前向患者告知了手术存在的风险及可能的预后。术中,手术医师发现患者的阑尾红肿并出现糜烂,遂一并将患者阑尾予以切除。术后病理印证了手术医师的判断。患者认为甲医院未对其进行告知,擅自切除了其阑尾,侵犯其知情同意权,给其造成损害,遂以侵犯知情同意权为案由,将甲医院诉至法院,要求赔偿医疗费、住院伙食补助费、护理费、营养费及精神抚慰金等各项损失共计数十万元。甲医院则认为患者腹部疼痛原因尚不确定,剖腹探查术的目的就是通过手术的方式直观的检查患者腹腔的病变情况,以明确诊断。手术医师在术中发现患者阑尾出现病变,为了避免病情进一步发展,手术予以切除,符合诊疗常规,术中也不可能征求患者意见,且手术并未给患者造成不当损害,故不同意患者的全部诉讼请求。

法院就甲医院的诊疗行为是否存在过错,与患者损害后果之间是否存在因果关系及责任参与度等问题委托鉴定机构进行了司法鉴定。鉴定机构出具鉴定意见书,认为:患者腹部疼痛,且影像报告显示左侧卵巢占位,甲医院为患者行"剖腹探查术+左侧卵巢切除术",有手术适应症,符合诊疗常规。对于急性阑尾炎,首选治疗方式为手术切除术,对于非急性发作,可以采取药物保守治疗。本例患者术后病理证实被切除的阑尾已出现糜烂,手术医师为避免二次手术的风险,虽未征得患者同意就将患者阑尾切除,并未给患者造成实质损害。最终认定甲医院在未对患者进行告知的情况下,切除患者阑尾,虽存在告知不足的过错,但与患者的损害后果之间无因果关系。法院认为,成立侵权责任应当同时具备四个构成要件。甲医院虽存在告知不足,但经司法鉴定确认,并未因此造成患者发生损害,即与患者的损害后果之间无因果关系。故患者主张甲医院基于侵权责任,赔偿其各项损失,缺乏事实及法律依据,法院难以支持。最终判决驳回了患者基于甲医院告知不足提出的赔偿各项损失的请求。

(2)对《民法典》第1222条①的理解偏差

《民法典》第1222条是对《侵权责任法》第58条的延续规定。有观点认为,患方只要证明被诉医疗机构存在该条规定的"推定过错"的情况,被诉医疗机构就应承担侵权责任。笔者认为这种观点忽视了侵权责任构成需要四个要件同时具备,缺一不可。如果仅仅是存在过错,患者没有发生损害,或者患者虽发生损害,但并非因该医疗机构的上述过错造成,即两者之间并不存在因果关系,则也不能判令该医疗机构承担侵权责任。

司法实践中,医疗机构提供的住院病历,经常出现各种各样的瑕疵,如果瑕疵仅限于不影响对诊疗行为进行判断的文字错误或者未按规定进行改动,则该医疗机构因违反《病历书写基本规范》被推定存在过错,但并不能直接确定其应当就患者的损害承担侵权赔偿责任。

---

① 《民法典》第1222条规定,患者在诊疗活动中受到损害,有下列情形之一的,推定医疗机构有过错:(1)违反法律、行政法规、规章以及其他有关诊疗规范的规定;(2)隐匿或者拒绝提供与纠纷有关的病历资料;(3)遗失、伪造、篡改或者违法销毁病历资料。

(3)对《民法典》第1224条①的理解偏差

《民法典》第1224条是对《侵权责任法》第60条的延续规定。司法实践中,法官们出于多种原因,对于本条款规定的免责事由,普遍不敢作出事实认定,更不敢因此免除医疗机构的责任。

如著名的孕妇李丽云死亡案。李丽云因感冒被"丈夫"肖志军送至北京朝阳医院京西分院(以下简称朝阳西院),在李丽云病情急剧恶化,危及生命的情况下,医生多次就是否接受剖宫产手术征求李丽云及肖志军意见。李丽云在意识清楚的情况下,表示由肖志军做主,而肖志军坚持认为"我爱人就是感冒,吃一点感冒药就好了",表示"不能做手术,做了剖宫产手术将来就不能生第二胎了"并在手术通知单上签署"拒绝剖宫产手术生孩子,后果自负"的意见。李丽云在医院的近3个小时,医务人员不断对其及家属进行告知,劝说其同意接受剖宫产手术,以挽救胎儿和李丽云的生命,周围群众也不断劝解,院方甚至答应免除手术费用,但其始终不同意接受剖宫产手术。为此,院方还上报卫生行政管理机构,就是否手术进行请示,相关机构明确答复:拒绝签字,就不能手术。最终,怀孕9个月的李丽云不仅胎死腹中,自己也命丧黄泉。

李丽云的父母将朝阳西院诉至法院,认为朝阳西院对李丽云致死负有不可推卸的责任,一是没有核实肖志军的身份,套用只有亲属签字才能手术的规定;二是没有采取呼吸科诊疗急救措施,未做相关检查就让李丽云接受剖宫产手术等等。经司法鉴定确认,朝阳西院对李丽云的诊疗存在一定不足,但与李丽云的死亡无明确因果

---

① 《民法典》第1224条规定,患者在诊疗活动中受到损害,有下列情形之一的,医疗机构不承担赔偿责任:(1)患者或者其近亲属不配合医疗机构进行符合诊疗规范的诊疗;(2)医务人员在抢救生命垂危的患者等紧急情况下已经尽到合理诊疗义务;(3)限于当时的医疗水平难以诊疗。前款第一项情形中,医疗机构或者其医务人员也有过错的,应当承担相应的赔偿责任。

关系。法院根据该鉴定意见,认为朝阳西院的诊疗行为与李丽云的死亡后果之间无因果关系,不构成侵权责任,不应承担赔偿责任。同时指出,李丽云入院时病情危重,朝阳西院已按法律法规履行了相关义务,但患方不予配合,这都是造成患者死亡的原因。关于肖志军的身份,因李丽云神志清醒时并未对肖志军的"关系人"身份表示异议,医院也没有能力对肖志军的家属身份进行核实。据此,判决驳回了原告的全部诉讼请求。但考虑朝阳西院愿意给予李丽云家属一定经济帮助,最终判决朝阳西院向原告支付人民币10万元。

  这是一起典型的应该认定免责事由成立的医疗侵权案。笔者十分赞同法院的裁判结果。首先需要明确一点,按照当时的法律法规,医疗机构实施手术等特殊检查、特殊治疗的,应当书面征求患者或其家属同意。本案患者李丽云在神志清楚的状态下,认可肖志军系其丈夫,并在医生询问其是否接受剖宫产手术时,表示听从肖志军的意见。而肖志军始终明确表示拒绝手术,并在手术通知单上签署了拒绝手术、自行承担后果的意见。说明朝阳西院履行了告知义务,同时,朝阳西院为了挽救患者生命,同意免费救治,还向卫生行政管理机构就相关问题进行了请示,履行了自己的职责。李丽云发病急、病情危重,本人及"家属"拒绝手术治疗,延误了救治时机,导致一尸两命的悲剧发生。患方的行为明显属于拒绝配合医疗机构实施符合诊疗规范的诊疗行为,构成朝阳西院免责的事由。因此,朝阳西院不构成侵权责任,无须对李丽云的家属承担赔偿责任。

  判决书不仅对个案起到定分止争的作用,其更大的作用是对公众行为的指引、导向作用。遗憾的是,司法实践中,尽管《民法典》第1224条明确规定了医疗机构的免责事由。但是,一方面由于医疗机构对于免责事由的举证困难,客观上导致法官对免责事由是否存在很难做出认定;另一方面,法官们因受信访压力、舆论压力、个人利益等诸多因素影响,不愿意对免责事由作出认定。个别案件法官即便认定医疗机构不构成侵权责任,往往也会强行调解,给医疗机构施加一定压力,使之作出对患方给予一定补偿的妥协。这种现象,一定程度上破坏了法律的权威、损害了司法的公正、加重了医疗机构的负担,甚至鼓励患方不如实陈述病情和病史、不积极配合诊疗的行为继续下去,最终可能会导致延误治疗、误导医师作出错误诊断、错误的治疗方案,损害患者的生命健康,加剧医患之间的矛盾,是十分不可取的。

总之,认定构成侵权责任,四个要件缺一不可。在《侵权责任法》实施了 10 年,《民法典》实施后,一般医疗损害责任纠纷案件,继续适用过错责任原则,由患者承担举证不能的结果责任。但只有医疗机构负责提供由其保管的真实有效的全部病历,才可以认定其完成了行为意义上的举证责任,否则,可能导致法官用过错推定原则推定其存在过错,且如果其没有完整提供真实有效的病历,影响了法官对于因果关系的判断,还面临着直接承担不利诉讼后果的可能。还需要注意的是,法官还要遵守《民法典》对特殊的医疗侵权纠纷确立的归责原则,以及对医疗伦理责任、免责事由的举证责任的相关规定。

第七章　医疗纠纷中的病历

引言　之所以把病历问题作为本书独立章节,不仅因病历真伪问题经常成为医疗纠纷中医患双方争议的焦点之一,更是因为病历在医疗纠纷诉讼中占有重要地位且对诉讼结果有重大影响。而且司法实践中,当事人、律师,甚至法官,对于病历问题在认识上还存在一定的偏差。因此有必要就相关问题进行梳理。

一、病历的概念、分类及书写要求

(一) 相关概念

1. 病历与病案

病历是指一切记载医疗机构及医务人员对患者诊疗、护理过程形成的文字、符号、图表、影像、切片等资料的总和①。我们通常所说的病历实际是指病历资料。病历归档后形成病案。

2. 病历书写

是指医务人员通过问诊、查体、辅助检查、诊断、治疗、护理等医

---

① 《病历书写基本规范》第 1 条。

疗活动获得有关资料,并进行归纳、分析、整理形成医疗活动记录的行为①。

(二)病历的分类

按照种类、形成时间等不同的标准,病历有不同的分类。医疗纠纷诉讼中,不同的病历保管责任主体不同。下面仅介绍与诉讼有关的几种分类。

1. 按照种类可以划分为:门(急)诊病历和住院病历

(1)门(急)诊病历,是指医疗机构及其医务人员针对患者门(急)诊过程中形成的记录诊疗活动的病历资料。根据《病历书写基本规范》等规范要求,门(急)诊病历主要应包括门(急)诊手册封面、病历记录、化验单检验报告、医学影像检查资料。首页内容应当包括患者姓名、性别、年龄、民族、婚姻状况、工作单位或住址、联系电话、药物过敏史等。门(急)诊病历分为初诊病历和复诊病历。初诊病历应当包括就诊时间、科别、住宿、现病史、既往史、阳性体征、必要的阴性体征和辅助检查结果、诊断及治疗意见等;复诊病历应当包括就诊时间、科别、病史、必要的检查和辅助检查结果、诊断、治疗处理意见。

(2)住院病历,是指医疗机构及其医务人员对患者住院期间形成的记载整个诊疗活动的病历资料。根据《病历书写基本规范》等规范要求,住院病历应当包括病案首页、入院记录、病程记录、手术同意书、麻醉同意书、输血治疗知情同意书、特殊检查(特殊治疗)知情同意书、替代医疗方案告知书、病危(重)通知书、医嘱单、辅助检查报告单、体温单、医学影像检查资料、病理资料等等。

2. 按照载体可以划分为:电子病历和纸质病历

(1)纸质病历,是指以纸张、影像资料等为载体的病历资料。

---

① 《病历书写基本规范》第2条。

(2)电子病历,是指医务人员在医疗活动过程中,使用信息系统生成的文字、符号、图表、图形、数字、影像等数字化信息,并能实现存储、管理、传输和重现的医疗记录,是病历的一种记录形式,包括门(急)诊病历和住院病历①。

随着医疗档案无纸化进程的推进,有条件的医疗机构已经普遍使用各种电子病历。实践中,因对电子病历有着不同的理解,电子病历也存在诸多争议问题。相信随着科技进步、经济发展,电子病历很可能会逐渐取代纸质病历。

3. 按照记载内容可以分为主观病历和客观病历

(1)主观病历指医务人员根据患者主诉、症状、体征,并结合各项化验、检查作出的诊断和治疗方案,以及根据患者在治疗过程中的病情变化所调整的治疗方案。主观病历反映了医务人员对患者疾病的认识和治疗方案的制定及调整过程,一般包括死亡病例讨论记录、疑难病例讨论记录、上级医生查房记录、会诊意见、病程记录等。

(2)客观病历主要是对患者进行各项检查和治疗护理过程的客观记录,包括门诊病历、住院志、体温单、医嘱单、化验单(检验报告)、医学影像学资料、特殊检查同意书、手术同意书、手术及麻醉记录单、护理记录及国务院卫生行政部门规定的其他病历资料。

根据2002年9月1日实施的《医疗事故处理条例》第10条、第16条规定,患者仅有权复印或复制客观病历,申请封存主观病历,且封存后的主观病历仍由医疗机构负责保管。《医疗机构病历管理规定》也明确规定,"医疗机构可以为申请人复制门(急)诊病历和住院病历中的体温单、医嘱单、住院志(入院记录)、手术同意书、麻醉同意书、麻醉记录、手术记录、病重(病危)患者护理记录、

---

① 《电子病历应用管理规范(试行)》第3条。

出院记录、输血治疗知情同意书、特殊检查(特殊治疗)同意书、病理报告、检验报告等辅助检查报告单、医学影像检查资料等病历资料"。上述规定,明确了可以给患方复制的病历范围,因此长期以来,医疗机构习惯按照上述规范的要求,将病历区分为主观病历和客观病历,带有医师主观意见的主观病历并不提供给患方。但无论是主观病历,还是客观病历,均是司法鉴定的检材,所以双方一旦成讼,患方往往会对医疗机构提供给法院的主观病历的真实性提出疑问,增加案件审理难度,也给启动鉴定程序造成掣肘。

2018年10月1日实施的《医疗纠纷预防和处理条例》第16条明确规定"患者有权查阅、复制其门诊病历、住院志、体温单、医嘱单、化验单(检验报告)、医学影像检查资料、特殊检查同意书、手术同意书、手术及麻醉记录、病理资料、护理记录、医疗费用以及国务院卫生主管部门规定的其他属于病历的全部资料"。有观点认为该条例的实施,可以让患者名正言顺地查阅复制主观病历,也有人认为上述规定是否彻底解决了主、客观病历的问题,还有赖于相关部门进一步明确病历的概念和范围。笔者同意第一种观点,认为患方有权复制全部病历材料。

(三)病历书写的基本要求

1.《病历书写基本规范》及《医疗机构病历管理规定》等规范对于病历的书写、修改、保管等问题均有明确规定,主要内容如下:

(1)《病历书写基本规范》第3条至第6条、第8条和第9条规定了病历书写的原则要求,以及病历书写形式上的要求,即病历书写的基本要求是:客观、真实、准确、及时、完整、规范;应当使用蓝黑墨水、碳素墨水,需复写的病历资料可以使用蓝或黑色油水的圆珠笔,打印的病历应当符合病历保存的要求;应当使用中文,通用的外文缩写和无正式中文译名的症状、体征、疾病名称等可以使用外文;应当使用规范的医学术语,文字工整、字迹清晰、表述准确、语句通顺、标点正确;须一律使用阿拉伯数字书写日期和时间,采用24小时制;应当按照规定的内容书写,并由相应医务人员签名。

特殊人员制作病历的要求有:进修医务人员由医疗机构根据其胜任本专业工作实际情况认定后书写病历;实习医务人员、试用期医务人员书写的病历,应当经过本医疗机构注册的医务人员审阅、修改并签名。

(2)《病历书写基本规范》还详细规定了不同病历书写的不同要求。如《病历书写基本规范》第三章就对住院病历的书写内容及要求进行了详细规定,其中仅就入院病历一项就规定了十个方面的内容。

2. 病历的形成时间

实践中,患方经常会以病历系后补为由,否定病历的真实性,有些法官对此也存在错误认识。根据《病历书写基本规范》,多数病历都被允许在一定时间内完成。

(1)门(急)诊病历记录应当由接诊医师在患者就诊时及时完成。

(2)抢救病历应当在抢救结束后6小时内据实补记。

(3)入院出院记录、手术记录等应在24小时内完成。

(4)各种化验结果应当在收到后24小时内归入住院病历。

(5)门(急)诊病历由医疗机构保管的,医疗机构应当在收到检查检验结果后24小时内,将检查检验结果归入或者录入门(急)诊病历,并在每次诊疗活动结束后首个工作日内将门(急)诊病历归档。

需要注意的是,由于电子病历显示的是书写时间,使人直观上认为病历就是后补的,故应结合其他病历资料对病历真实性及所记载的医务人员实施医疗行为的时间节点进行客观认定。近期有一个案例,鉴定机构就把电子病历显示的记录时间直接认定为实施诊疗行为的时间,认定医疗机构延误救治,确定医疗机构承担了相关责任。笔者认为这是不妥当的。

普遍认为,除非提前预写的病历,如知情同意书等,通常情况下,医务人员不可能一边实施诊疗、护理行为,一边书写病历,有些病历如检查报告单等,需要检验时间,客观上也不可能立即生成。如果患者封存病历的时间早于规定的病历形成时间,是不能以"后补"为由直接否定该部分病历的真实性的。

3. 病历资料的修改

司法实践中,经常会出现患方以医疗机构提供的病历有改动为由,主张病历系伪造或被篡改,从而拒绝以该病历为检材进行司法鉴定。但是,根据《病历书写基本规范》及《医疗机构病历管理规定》,病历可以在一定范围内,按照规定的方式被改动。

(1) 有权修改

修改方式 病历书写过程中出现错字时,应当用双线画在错字上,保留原记录清楚、可辨,并注明修改时间、修改人签名,不得采用刮、粘、涂等方法掩盖或者去除原来的字迹;

修改主体 医务人员本人发现书写错误的,可以修改;上级医务人员有权审查修改下级医务人员书写的病历;注册的医务人员对实习医务人员、试用期医务人员书写的病历有权审阅、修改并签名。

(2) 涂改与篡改的区别

严格来讲,未在规定的时间和范围内,或未按照规定的方式修改病历,都属于篡改。但目前优质医疗资源不足、不均衡,且与患者就医需求不适应,如果对篡改病历做严格定义,无疑会加重医疗机构的责任,甚至会激化医患矛盾,所以一段时间内宜就改动后的病历区别不同情况作出不同处理。

涂改病历,是指在《病历书写基本规范》规定的范围内,但未按规定的方式对病历进行的改动。这种涂改,通常实施者主观上不具有恶意,故法院应区别情况作出不同处理,不宜直接推定医疗机构存在过错。

篡改病历,是指行为人恶意超出允许改动的范围,对病历资料进行改动或曲解,以掩盖病历的真实情况。

伪造病历,是指行为人恶意假造、制作虚假的病历资料。其特点是行为人存在主观恶意。

医疗机构恶意篡改、伪造病历,毫无疑问应拟定其存在过错。

二、病历的保管责任主体、保管年限及相关法律责任

前面章节讲述了医疗纠纷的举证责任问题。虽然《侵权责任法》实施延续至《民法典》实施后,一般医疗侵权案件,适用过错责任原则,由患方承担结果意义上的举证责任,但也不可否认,医患双方在诉讼中都负有行为意义上的举证责任,而且如果一方不能履行行为意义上的举证责任,有可能导致其最终承担不利后果,甚至转而承担结果意义上的举证责任。因此,只有区分病历材料中哪些应由医疗机构保管,哪些应由患方保管,才能确定哪方负有提供病历的义务。根据《医疗事故处理条例》《医疗机构病历管理规定》及《电子病历应用管理规范(试行)》之规定,不同病历的保管责任主体及保管年限不同,有必要进行区分。

(一)保管责任主体

1. 门(急)诊病历原则上由患者负责保管

医疗机构应当将检查检验结果及时交由患者保管。医疗机构建有门(急)诊病历档案室或者已建立门(急)诊电子病历的,经患者或者其法定代理人同意,其门(急)诊病历可以由医疗机构负责保管。

2. 住院病历应由医疗机构负责保管

患者住院期间,住院病历由所在病区统一保管。因医疗活动或

者工作需要,须将住院病历带离病区时,应当由病区指定的专门人员负责携带和保管。医疗机构应当在收到住院患者检查检验结果和相关资料后24小时内归入或者录入住院病历。

患者出院后,住院病历由病案管理部门或者专(兼)职人员统一保存、管理。

(二)病历的保管年限

(1)门(急)诊病历,无论纸质病历还是电子病历,只要是由医疗机构保管的门(急)诊病历,保存时间自患者最后一次就诊之日起不少于15年。

(2)住院病历保存时间自患者最后一次出院之日起不少于30年。

(3)对于个人保管的门诊病历手册,无法从法律规范上限制其持有保管年限。

(三)医患双方针对病历应承担的法律责任

《民法典》、行政法规、《民事诉讼法》及相关司法解释等从不同层面对双方的法律责任进行了相应规定。

1. 医疗机构负有制作真实病历、保管应当由其保管的病历资料的义务

《医疗事故处理条例》《医疗纠纷预防和处理条例》《执业医师法》等均规定,医疗机构不得篡改、伪造、隐匿、销毁病历资料。从行政管理的角度,对医疗机构作出了禁止性规定。

《民法典》规定,医疗机构遗失、伪造、篡改或者违法销毁病历资料,患者有损害的,应直接推定医疗机构存在过错。之所以推定医疗机构存在过错,是因为医疗机构是故意为之,改动的内容与客观诊疗活动不相符合,且可能会影响对医疗行为的判断。下面给大家介绍一个伪造病历的典型案例。

案例 7-1 医疗机构伪造、篡改病历导致无法进行司法鉴定,医疗机构承担侵权责任

患者系 80 岁高龄男性,常年生活在外地,没有明确诊断患有基础病。患者之子王某因父亲年事已高,想接父亲到北京和自己共同生活,安享晚年。遂呼叫当地救护车将父亲转运至北京,为稳妥起见,先将父亲送至甲医院住院进行查体。经检查发现患者长期便秘,患者某日排便过程中,护士在卫生间外等候,忽闻患者大叫一声,入内一看,见患者已然倒地。医务人员遂对患者施救,但患者因心脏病突发等原因最终不治身亡。王某遂将甲医院诉至法院,要求其按照法律规定的赔偿项目和标准赔偿包括医疗费、护理费、住院伙食补助费、交通费、死亡赔偿金及精神抚慰金在内的各项损失 100 余万元。甲医院辩称:我院对患者诊疗行为并无过错,不应承担赔偿责任。患者年事已高,存在心脑血管等基础病患的可能,长期便秘,排便困难,医护人员已给予高度重视,由护士陪同排便,但患者突然发病,实属意外,虽已尽力抢救,终未能挽救其生命。

一审法院审理中,欲委托司法鉴定机构对甲医院的诊疗行为是否存在过错,与患者的损害后果之间是否存在因果关系及责任参与度进行鉴定。在组织双方就病历进行质证过程中,王某提出甲医院提供的住院病历系伪造,患者于 3 月 14 日晚住院,病历却记载患者于 3 月 13 日住院,且当日还进行了相关检查。甲医院认为患者确系于 3 月 13 日住院,有护理记录中的体温测试记录、查体等记录为证。由于王某坚持不同意以甲医院提供的病历进行司法鉴定,一审法院判决驳回其一审诉讼请求。判决后,王某不服上诉,请求撤销原判,依法改判或将本案发回一审法院重审。二审法院审理中,王某提供了当地急救中心出具的呼叫记录、救护车费用结算单据及证明,证实患者家属确系于 3 月 14 日早晨 6 时呼叫的救护车,7 时接上患者从当地往北京运送,直至当晚 21 时才将患者运送至甲医院。二审法院遂裁定:撤销一审判决,将本案发回一审法院重审。

【研究主旨】

医疗机构伪造、篡改病历,应承担什么责任?

【裁判观点】

一审法院认为,一般医疗损害责任纠纷,应由患方就被诉医疗机构存在过错,与患者的损害后果之间存在因果关系承担举证责任。王某虽主张甲医疗机构提供的病历系伪造,不同意依据该病历进行司法鉴定,但其并未就其所述提供证据,法院对其所述不予采信。因其没有证据证明甲医疗机构的诊疗行为存在过错,且与患者的死亡后果之间存在因果关系,故对其诉讼请求,法院不予支持。

二审法院认为,王某二审中提供的第三方证据,已经证实其所述患者系于3月14日21时入住甲医院的事实成立,而甲医院提供的病历中记录的患者入院时间明显错误,护理记录明显系伪造,王某有理由怀疑该病历的真实性,其以此为由不同意进行司法鉴定,有合理依据。一审法院未就争议事实进一步审查,直接依据举证责任,判决驳回王某的全部诉讼请求,明显错误。

【法官评析】

《侵权责任法》实施之后,虽然一般医疗侵权责任纠纷,由患方就医疗机构存在过错,且与患者发生的损害之间存在因果关系承担举证责任。如果患者举证困难,可以申请法院就相关问题委托鉴定机构进行司法鉴定。但是由于医疗损害司法鉴定,原则上需要将记载诊疗活动全过程的病历资料作为检材,而病历资料,由医疗机构制作,医疗机构负有如实制作病历的义务;且住院病历原则上一直由医疗机构保管,因此,医疗机构不仅负有提供住院病历的义务,还要在不能提供或者提供的病历不真实的情况下,承担不利的后果。即如果因病历的问题影响对医疗行为的评价,以致不能确定医疗机构的诊疗行为是否存在过错,与患者的损害后果之间是否存在因果关系,则须由医疗机构承担结果意义上的举证责任。

本案一审中,王某虽否认甲医院提供的病历的真实性,但并未提供充足证据佐证其所述事实成立,故一审法院未采信其上述主张,直接依据举证责任对本案进行实体裁判。王某二审提供的第三方证据,效力明显高于甲医院自行制作并保管的病历资料的效力;且该第三方证据已经形成证据链条,完全能够证实患者的实际入院时间。而甲医院不仅伪造了患者入院时间,还伪造护士测体温、查体等护理记录,主观恶意明显,构成伪造病历。甲医院如果认为其仅伪造13日的相关病历,不影响后面病历的真实性,其应进一步举证。如甲医院不能举证或所提供的证据不足以证实其主张,则应推定其对患者实施的诊疗行为存在过错,且因该病历不能被用作检材,无法启动鉴定程序,造成法院对其诊疗行为与患者发生的死亡后果之间是否存在因果关系,无从判断,因此推定其实施的诊疗行为与患者的损害后果之间存在因果关系,成立侵权责任。

主流观点认为,诊疗义务属于行为义务,判断是否构成过错时需要考虑疾病本身复杂程度、医疗机构资质、医务人员水平、个体差异等诸多因素,且允许医务人员对疾病有一个合理的认知过程。因此,鲜有鉴定结论确认医疗机构的过错与患者损害后果之间因果关系的原因力大小为全部责任。但是某些医务人员,由于法律意识淡薄,随意改动病历,甚至为掩盖诊疗行为的错误或瑕疵,恶意伪造、篡改、隐匿病历,最终导致被法院判令其所属医疗机构对患者损害后果承担全部赔偿责任。

2. 医患双方均负有如实提供由其保管的病历资料的义务

《医疗事故处理条例》规定,医患双方应当依照本条例的规定提交相关材料。医疗机构无正当理由未依照本条例的规定如实提供相关材料,导致医疗事故技术鉴定不能进行的,应当承担责任。

3. 拒不提供病历应当承担的法律责任

(1)医疗机构拒不提供病历应当承担行政责任、民事责任乃至刑事责任不仅《医疗事故处理条例》第9条及《执业医师法》对此有相应规定,《医疗纠纷预防和处理条例》第45条更是明确规定,医疗机构篡改、伪造、隐匿、毁灭病历资料的,对直接负责的主管人员和其他直接责任人员,由县级以上人民政府卫生主管部门给予或者责令给予降低岗位等级或者撤职的处分,对有关医务人员责令暂停6个月以上1年以下执业活动;造成严重后果的,对直接负责的主管人员和其他直接责任人员给予或者责令给予开除的处分,对有关医务人员由原发证部门吊销执业证书;构成犯罪的,依法追究刑事责任。

(2)医患双方拒不提供由其保管的病历资料,应当承担证据法上的责任

《证据规定》第95条规定:"一方当事人控制证据无正当理由拒不提交,对待证事实负有举证责任的当事人主张该证据的内容不利于控制人的,人民法院可以认定该主张成立。"

司法实践中,如患者主张医疗机构没有为其书写病历,法院原则上不予认定。因为如果医疗机构没给患者书写病历,患者是有权要求其书写的。而门诊病历是由患者保管的,患者不提供,医疗机构就无法证明其书写了病历。同样,医疗机构主张患方抢夺病历或隐匿部分病历,除有充足证据证实,原则上也不予认定。有法官对此仍然理不清思路,以致错误地分配举证责任,造成错判。下面就给大家分享一个这样的案例。

案例7-2　患方未提供应由其保管的门诊病历,且主张医疗机构没有为其书写病历的,患方承担举证不能的后果

患者李某患有糖尿病、高血压,后因左踝关节外伤,至甲医院治疗,该院经完善各项检查后,为其实施切开复位内固定术。术后1周,李某出院。出院医嘱每3天切口换药,术后3周拆线。术后每月门诊复查,如发现骨折不愈合,必要时进行二次手术治疗。李某出院后在近1个月时间

里,先后 6 次至甲医院换药。最后一次换药时,李某因切口红肿流脓发热,再次至甲医院治疗,该医院为其行切开引流及内固定取出术。后因李某病情严重,甲医院又为其行左下肢膝下截肢术。

李某认为甲医院的医疗行为具有严重过失,对于术后换药等治疗不负责任,故起诉要求甲医院按照损失的 70% 进行赔偿。甲医院辩称其实施的诊疗行为符合诊疗常规,现李某最终结果是由自身疾病发展所致,与其实施的诊疗行为无因果关系。

审理中,李某提交了门诊病历手册 1 本,记载了其左踝关节受伤后在甲医院骨科门诊检查及出院后其中一次在甲医院换药的情况,但没有其他几次换药情况记载。李某称其他几次换药甲医院并未书写病历。

李某申请就甲医院的诊疗行为与其损害后果之间是否存在因果关系进行司法鉴定。鉴定机构出具鉴定意见,认为:根据现有门诊病历手册记载仅见一次就诊换药记录,其他换药记录缺乏,是否能够视为医方未书写病历,如果视为医方未书写病历则其对术后伤口管理存在过错,对患者病情有一定延误,建议承担共同责任,否则建议承担轻微责任。

一审法院参考鉴定结论,酌情确定甲医院对于李某的损害后果承担 40% 的赔偿责任,判决其赔偿李某各项损失 20 余万元。判决后,甲医院不服上诉,认为门诊病历应由患方保管,李某未提供全部病历,应承担不利后果,一审法院错误地分配了举证责任,导致裁判错误。请求二审法院依法改判或将本案发回一审法院重审。二审审理中,在法院主持下,双方达成一致意见,本案调解结案。

【研究主旨】

患方主张医疗机构没有为其书写病历,应该如何处理?

【裁判要旨】

一审法院认为,本案的争议内容为甲医院是否按规定书写了门诊病历,记录了李某术后伤口的变化和发展。对此争议的举证问题,根据民事诉讼证据规则,主张消极事实的当事人不负有举证义务。本案中,"未书写门诊病历"这一争议属于消极事实,李某没有举证能力去证明甲医院没有书写病历。现甲医院的主张是其每次给李某换药时都书写了门诊病历,该主张属于积极事实。根据证据规则,主张积极事实的一方当事人负有举证义务,故甲医院应当提交证据证明其书写了门诊病历。甲医院主张其书写了门诊病历,是李某未提交其他门诊病历,但无论是"李某还持有甲医疗机构的其他门诊病历",还是"李某存在隐瞒门诊病历的行为",均属于积极事实,甲医院应当对此加以证明。法院认定甲医院对其已书写门诊病历的主张,未完成举证义务,应当承担举证不利的后果,故确认甲医院对于李某术后的伤口管理存在过错,造成病情诊断延误,与李某最终截肢的损害后果存在因果关系。综合鉴定意见、涉案案情及在案证据,酌情确定甲医院对于李某的损害后果承担40%的赔偿责任,判决甲医院赔偿李某损失20余万元,并驳回李某的其他诉讼请求。甲医院不服上诉,认为门诊病历应由患方保管,李某未提供全部病历,应承担不利后果,一审法院错误地分配了举证责任,导致裁判错误。请求二审法院依法改判或将本案发回一审法院重审。

【法律评析】

本案争议焦点是病历的举证责任问题。双方当事人关于病历的争议,普遍存在于司法实践中,也是一个困扰着法官们的常见问题。因为病历资料对于医疗纠纷诉讼来讲,是司法鉴定的检材,直接决定着鉴定的启动及鉴定结论的做出,从而影响裁判结果,因此病历资料在医疗纠纷中的重要性不言而喻。而提供病历资料的举证责任分配直接关乎医疗纠纷的最终结果,法官在分配举证责任时须结合案件事实,正确适用法律。

病历按照不同标准有不同分类。常见的分类方式有主观病历和客观病历、门(急)诊病历和住院病历、电子病历和纸质病历。医患双方均负有如实提供由其保管的病历资料的义务,拒不提供病历应当承担相应的法律责任。而门(急)诊病历原则上是由患者负责保管,因而患方负有如实提供门(急)诊病历的义务。

关于"消极事实"的证明理论。众所周知,事实是事情的真实情况。如果事实不以人的意志为转移,存在于意识之外,这就是客观事实。与之相对的就是主观事实,即存在于意识之中的事实。客观事实又可以分为积极事实和消极事实。积极事实以具体的物质形态存在,在四维空间中,积极事实可以被定位,而之外的就是消极事实,它以"虚无""空"的状态存在,是积极事实的补集。需要指出的是,积极事实与消极事实不是一一对应的,积极事实是唯一的,但消极事实却有无限多样性,比如,在某一时间点上存在"甲偷东西"这一积极事实,其消极事实是在这一时间点上,甲实施除了"偷东西"以外的任何行为,而不是"甲没偷东西",因为"甲偷东西"和"甲没偷东西"不能同时存在。但在诉讼中,需要区分事实和主张。如果一方主张"甲偷东西",另一方主张"甲没偷东西",可以同时存在上述两种主张,但根据事实情况,其中有的主张是虚假的。

根据罗马法的法谚,现在人们普遍认为"肯定者承担证明,否定者不承担证明"。消极事实虽然是一种客观事实,但是其存在状态为"空",与积极事实相比,消极事实没有留下痕迹,其本身不能被直接证明,需要通过积极事实来间接证明,也就是说无论是主张消极事实还是主张积极事实,都需要对积极事实进行证明。因此消极事实的主张者一般不承担证明责任。但是,考虑到证明难度和双方当事人的能力相差悬殊,法律也会规定在一定条件下由消极事实的主张者承担证明责任。因此,在一般情况下,消极事实的主张者无须承担证明责任,但在法律规定的特殊情况下,消极事实的主张者也需要承担证明责任。

本案中,患者门诊换药,仅可能形成门诊病历,而门诊病历手册的保管责任,显而易见在患者一方。现患者主张医疗机构没有为其书写相关病历,而医疗机构则主张患者没有提供全部门诊病历手册。本案应该如何分配举证责任呢?

首先,应当综合审查全案证据并结合本案实际情况进行认定。患者向一审法院提供了一本门诊病历手册,其中明确记载了患者受伤后就诊情况及其中一次换药的过程,这说明患者所持医疗机构根本没有在换药时为其书写门诊病历的主张是不成立的。而门诊病历手册由患者保管,医疗机构不能强迫患者每次就诊、换药时均使用同一本病历手册,医生也只能在患者提供的病历手册上书写病历。患者没有携带同一本病历手册,医生在患者提供的病历手册上书写了病历,而患者没有提供给法院,或者患者认为换药没有必要带病历手册,也没有必要要求医生书写病历,因此没有带病历手册的情况均是可能存在的。同时,如果医生没有为患者书写病历,患者有权要求医生书写病历。在日常生活中,确有患者忘带病历手册而使用临时病历或者带了其他病历手册复诊的情况发生。综合本案情况,患者不能提供由其保管的门诊病历手册,应承担举证不能的责任。

其次,关于一审法院适用"消极事实"证明原则分配举证责任是否正确的问题。一审法院认为,医疗机构"未书写门诊病历"属于消极事实,患者没有能力去证明此事实存在。而医疗机构主张每次换药均书写了门诊病历,且患者未提供其他门诊病历手册,其主张均属于积极事实。根据证据规则,主张积极事实的一方当事人负有举证义务,故医疗机构应当提交证据证明其上述主张成立。笔者认为,这一论述貌似合情合理,但实则不然。一是,现有证据已经证明医疗机构对于换药这一过程是应该且已经书写了病历的;二是,医疗机构书写换药病历的载体,只能是由患者提供的门诊病历手册,而除了患者已经提供的门诊病历手册外,如果存在其他的门诊病历手册,也应该是由患者保管并提供。无论是医疗机构还是法院,客观上都没有能力要求患者提供。因此本案由于不能完全归责于医疗机构的原因,导致法院对于医疗行为与损害后果之间的因果关系不能判断,按照当时《侵权责任法》的规定,最终应由患者承担不利后果。

病历资料的保管义务主体决定了保管责任主体,病历是影响司法鉴定的关键检材,因此,在司法实践中,不能机械地适用法条和相关理论,应当注意在诉讼过程中,双方行为意义上的举证责任是否履行到位,举证责任是否发生了转移,并对全案证据进行审查分析,认定案件事实,进而分清责任,依法裁量。

三、病历资料是医疗纠纷案件中至关重要的证据

(一)证据的含义和种类

1. 证据的概念

从法律角度看,一般认为,证据就是证明案件事实或者与法律事务有关的事实存在与否的根据。

2. 证据的种类

根据我国民事诉讼法、刑事诉讼法和行政诉讼法的规定,按照证据的表现形式或者存在形式,证据可以分为书证、物证、视听资料、证人证言、当事人陈述、鉴定结论、勘验检查笔录等。

(二)病历资料的证据属性

(1)病历资料的真正价值在于其内在的文字内容反映的书写者的特定思想,与其赖以存在的介质无关。

(2)医学文书必须是相关人员亲自参与或者直接主持下形成的文件,正常情况下其内容具有反映客观事实的特征,符合证据的真实性原则。而且《执业医师法》第 21 条规定,医师在注册的职业范围内进行医学诊查、疾病调查、医学处置,出具相应的医学证明文件[①]。这就保证了医学文书的客观性、公正性和科学性。

(3)相关法律法规限制了医学文书制作的格式、内容、程序及制作时间,保证医学文书尽可能地具有客观性、真实性。

[①] 《医师法》第 22 条规定,医师在执业活动中享有下列权利:(1)在注册的执业范围内,按照有关规范进行医学诊查、疾病调查、医学处置,出具相应的医学证明文件,选择合理的医疗、预防、保健方案;(2)获取劳动报酬,享受国家规定的福利待遇,按照规定参加社会保险并享受相应待遇;(3)获得符合国家规定标准的执业基本条件和职业防护装备;(4)从事医学教育、研究、学术交流;(5)参加专业培训,接受继续医学教育;(6)对所在医疗卫生机构和卫生健康主管部门的工作提出意见和建议,依法参与所在机构的民主管理;(7)法律、法规规定的其他权利。

(4)病历资料一经制作完成,最少需要保存15年,时间长的需要保存30年,因此病历资料的保存相对稳定、完整。

正因病历资料具有上述特点,所以说它是病人疾病发生、发展情况和医院对疾病诊断、检查和治疗情况的载体。记载了医疗机构对患者进行的医疗活动的全过程,是医疗质量、技术水平、管理水平综合评价的依据。是医疗纠纷中至关重要的证据。从列举的内容看,其中大部分属于书证,也有些属于物证,如针管、器具等。

在此,特别提醒大家注意,医务界通常把病历分为主观病历和客观病历,传统观念及旧的规范,都认为主观病历对患方是保密的,排除在患方可以复制病历的范围之外。但在司法实践中,医疗机构制作的客观性病历资料与主观性病历资料均属于证据材料,需要经过双方质证确认,并被法院认定后,才可以作为司法鉴定的检材。《医疗纠纷预防和处理条例》也已经突破旧规范的上述限制性规定。

(三)病历是鉴定的重要检材

(1)无论是医疗事故技术鉴定办公室,还是司法鉴定机构,接受法院委托进行的医疗损害责任鉴定,均属于司法鉴定。进行司法鉴定,首先要求提供的检材就是患者在被诉医疗机构进行诊治的相关病历资料。如果没有相应的病历或病历不真实,鉴定机构将不予鉴定。当然还可能需要患者在其他医疗机构就诊的病历或对患者身体状况进行相关检查的资料等。

(2)《侵权责任法》实施之前,医疗事故技术鉴定及医疗损害司法鉴定都是人民法院审理医疗纠纷的证据;《侵权责任法》实施之后到目前《民法典》实施,司法鉴定文书(既包括司法鉴定机构,也包括医学会接受法院委托进行的医疗损害鉴定),是人民法院审理医疗纠纷案件定案的根据。

由此可以看出病历资料在医疗纠纷中的重要法律地位,可能直接关系到案件的裁判结果。

四、对"瑕疵病历"的认定

(一)瑕疵病历的多种表现

病历书写方面存在的问题属于诉讼证据存在的缺陷,有些是普遍性问题,尤其在外科领域更为突出。

1. 病历中关键地方记载不清、记载不全或没有记载

例如,缺失抢救病历。某70岁老太太腿骨折后住院治疗,后发生肺部感染,经抢救无效死亡。家属认为医院抢救不及时、措施不当,而医院认为院方对患者给予高度重视,患者年事已高、基础病症多,加之肺部感染,经各科会诊后,已尽力抢救,患者死亡是自身疾病转归所致,与其诊疗护理行为无关。但患者家属在患者死亡后1周左右封存的病历中没有发现抢救病历。诉讼中,医院拿出抢救病历,患方不予认可。法院最终认定医院提供的抢救病历不能作为证据使用,确认医院就此应承担不利后果。从情理上讲,应该说医院不可能没有进行抢救,但是由于其没有按规定时间补齐记录,使法官有理由相信患方所述抢救记录系伪造的说法成立,以致做出对医院不利的认定。

2. 医疗行为发生过程中的程序和手续不全

"没有规矩,不成方圆",医疗行为也是一样。各种法律法规、规章制度为医疗行为规定了较为严格的程序。按照相应程序执行、履行了相关手续,才能证明医疗机构或医师依法行医。反之,则不能说明医疗行为的合法性。比如有的案件中医嘱和执行记录等不相符,没有患者签署的手术同意书等。

3. 字迹潦草,不知所云

《病历书写基本规范》规定病历书写应当文字工整、表述准确,语句通顺。

病历是记载整个诊疗过程的文件,或许哪天就成为诉讼证据,可是司法实践中见到的病历,经常是笔迹潦草、无法辨认,法官经常需要让医疗机构出庭人员解读,更有甚者,连医疗机构出庭人员也看不懂,要求回去与当事医师进行核实。

4. 病历记载明显错误,如人名、时间,甚至左右患肢也有写错的

曾经有这样一个案例,一名 7 岁的小儿麻痹症患者,慕名至某医疗机构接受患肢矫正术,由于病历误将其左侧患肢记载为右侧,导致手术医师错误地对右侧健肢实施了矫正手术。当患儿被推出手术室,患儿母亲发现儿子的好腿缠着纱布,患肢却仍保持原样。还有一个案例,由于病历将切除患者右肺错误地记载为切除左肺,让患者家属误以为手术切除部位发生错误,导致患者死亡,不仅引发持续数年的诉讼,之后家属还一直在信访。

5. 有关文件缺失,如输血三联单、特殊器具条形码等标识

为了避免因植入患者体内的医疗器械引发纠纷,无法溯源,应将对应的标识留存在病案内。

6. 临时变更手术术式,缺乏告知

如告知患者采取腹腔镜方式手术,后因术中发现不宜采取腹腔镜的术式进行手术,未向患方告知就直接将手术方式变更为开腹手术。

7. 病历部分或全部丢失

目前病历管理方面还存在很多漏洞,病人有机会拿到本应由医疗机构保管的病历,因此丢失的原因虽可能不全部是医疗机构的责任,但对于丢失的法律后果,由于医疗机构举证不能,恐怕多数会由医疗机构承担。要怎样解决,还有待进一步完善病历管理制度。

8. 随意添加病历内容

如,在手术同意书格式文本中添加的内容明显与患方签字时的

情况不符。

审判实践中,病历问题已经成了患方攻击医疗机构的重型武器,不论一、二审,大概95%以上的医疗纠纷都会涉及病历问题。许多医疗机构败诉的案件,究其根源,也与其提供的病历存在瑕疵有关。

(二)对"瑕疵病历"认定

(1)如患方提出医疗机构的全部病历均系伪造,但没有提供相应证据,而医疗机构提供的病历资料较为系统、完备,可以相互印证真实性的,对患方主张则不予认定。

(2)如患方仅针对部分病历真实性提出疑问,而病历确有涂改,但医疗机构主张涂改并不影响病历实质内容的,应由该医疗机构对涂改不影响病历实质内容承担举证责任。法官应主持双方就争议病历进行举证、质证,让医疗机构就涂改问题给予说明,并提供相关证据来佐证。如果医疗机构能够证明涂改内容属于规范规定可以修改的范围,只是没有按照规范要求的方式和时间进行修改的,可以认定不属于篡改病历。对于经过质证,法官凭普通人的认知标准仍不能判断涂改部分是否属于可以修改的病历范围的,需先进行病历评估,予以确定。

(3)对病历的真伪进行甄别判断后,如果不能够作出病历涂改部分对整个医疗行为不构成影响的判断,或不能直接认定病历存在篡改、伪造等情形的,应向当事人说明,启动鉴定程序。患方坚持不同意的,要释明相应的法律后果,按照举证责任确定案件处理结果。或者,将双方争议问题逐一记录、汇总,交由鉴定机构在进行过错鉴定时一并考虑。因涂改部分对医疗机构作出不利认定时,要对其医疗行为进行综合评价。如果经过质证后,法官可以认定医疗机构的涂改行为构成篡改病历,但篡改部分是否影响对整个诊疗行为的判断,仍需向有关专家进行咨询或委托相关机构对病历进行评估。

司法实践中,法官针对病历文字上的改动容易判断,医患双方争议焦点是改动是否使病历丧失可信度,医疗机构是否就此直接承担赔偿责任。所以病历问题通常不是委托文检鉴定就能解决的,需要由具有医学专业知识的专门机构就此做出判断。但法官也不能把希望全部寄托到鉴定机构身上的,不是所有的鉴定机构都愿意接受法院委托进行病历评估,且有些鉴定人对病历的认识也存在一定偏差。因此,法官要把属于自己职责范围内的工作尽量做好,对瑕疵病历中应该认定的事实问题尽量在庭审质证过程中完成,比如签字真实性问题等。总之,病历的正确认定直接关系到案件的裁决结果,应该慎之又慎。

第八章　医疗侵权纠纷中的司法鉴定

引言　医患纠纷不仅是当今社会普遍关注的焦点问题之一,也是法官们普遍认为不易处理的案件类型之一。法官们之所以感到医疗纠纷特别是医疗责任纠纷不易审理,不仅是因为医患双方冲突激烈,更主要的是法官们对于案件中涉及的医学专业问题无从判断。不可否认,司法鉴定机构对医疗纠纷审判给予了很多支持、帮助,但是,现有的医疗损害司法鉴定,尚存在一些不尽如人意的地方。本章从法官的视角讲述了医疗损害司法鉴定意见书的法律地位,结合司法实践分析了司法鉴定现状及存在的问题,解释了人民法院对司法鉴定意见书的审查和认定规则,并提出了相关建议。

一、医疗损害司法鉴定意见书的法律地位

要明确医疗损害司法鉴定意见书的法律地位,首先要厘清相关概念。

(一)医疗损害司法鉴定及医疗损害司法鉴定意见书

受所学知识限制,法官对于很多医学专业问题难以做出正确判

断,以致审理这类案件时,因无法对案件事实和责任认定做出正确认识,使得审判难以顺利进行,这时就需要借助外力,对双方当事人争议的专门性问题进行专业评判。根据《民事诉讼法》第76条之规定,"当事人可以就查明事实的专门性问题向人民法院申请鉴定。当事人申请鉴定的,由双方当事人协商确定具备资格的鉴定人;协商不成的,由人民法院指定。当事人未申请鉴定,人民法院对专门性问题认为需要鉴定的,应当委托具备资格的鉴定人进行鉴定"。法官在审理涉及专门性问题时,绝大多数会依当事人申请或依职权启动鉴定程序。

1. 司法鉴定和司法鉴定意见书

司法鉴定,是指诉讼活动中鉴定人接受法院委托运用科学技术或者专门知识对诉讼涉及的专门性问题进行鉴别和判断并提供鉴定意见的活动。

司法鉴定意见书,则是鉴定意见的载体,是鉴定程序的产物,是鉴定人针对案件中的专门性问题鉴定后出具的结论性意见。

2. 医疗损害司法鉴定和医疗损害司法鉴定意见书

医疗损害司法鉴定,就是人民法院在审理医疗损害责任纠纷案件过程中,委托具有相应资质的鉴定机构针对双方争议的医学专门性问题,运用专业知识技术,进行专业判断的活动,不包括当事人自行委托鉴定机构进行的鉴定。根据目前法律法规、司法解释及相关指导性意见,可以进行医疗损害司法鉴定的机构包括两类:一是医学会;二是在司法行政管理机构登记备案的司法鉴定机构。医疗损害司法鉴定意见书就是相关鉴定机构接受法院委托进行鉴定后,出具的结论性意见。

《医疗纠纷预防和处理条例》规定了诉前医疗损害鉴定制度,主要是为医患双方、卫生行政机构、第三方调解机构解决医患纠纷时明确责任而设立的,虽然明确医学会和司法鉴定机构都有权进行"医疗损害鉴定",但医学会依据该条例进行的鉴定,不是法院在司法程序中委托的,与司法鉴定的内涵不同。根据相关法律规定,诉前鉴定如果是单方进行的,另一方对鉴定结果不认可,该鉴定意见一般不会被采信,法院应当重新组织鉴定。但并非所有的诉前鉴定都不能在诉讼中被当作证据采信,为了和诉前人民调解、行政调解等程序中的医疗损害鉴定有效衔接,避免浪费鉴定资源和给双方当事人造成负担,缩短审理周期,北京市高级人民法院指导意见中规定,对双方当事人诉前一致同意委托进行的医疗损害鉴定,没有证据推翻的,一般应认定其效力。

特别是如果能够按照《医疗纠纷预防和处理条例》的规定建立统一的专家库,采用统一的鉴定标准和流程,很大概率上说,即便鉴定机构不同,得出的鉴定结论也应该大体一致。但是具体如何建立统一的专家库,如何管理和使用,目前还没有具体可操作的规范。

(二)医疗损害司法鉴定意见书的法律属性及诉讼地位

1. 医疗损害司法鉴定意见书属于证据

仅从医疗损害司法鉴定意见书的概念上看,其毫无疑问地属于司法鉴定意见书的一种,是《民事诉讼法》第63条第1款规定的8种证据之一。既然医疗损害司法鉴定意见书属于民事证据,按照《民事诉讼法》第63条第2款的规定,"证据必须查证属实,才能作为认定事实的根据",就应该经双方当事人质证后,由人民法院认定效力。

2. 医疗损害司法鉴定意见书的特殊属性

应当指出,医疗损害司法鉴定意见书终究是法院委托具有相关资质的鉴定机构,对于医疗纠纷诉讼中涉及的专门性问题进行判断、评价后做出的鉴定意见,与普通的民事证据相比,具有一定特殊性。

首先,司法鉴定有赖于鉴定人对检材的审查、对查验客体的检查等,所以归根到底是人的活动。司法鉴定意见书更是鉴定人在对被鉴定的客体进行检验后,基于鉴定人特有的专门知识和经验,将对客体的认识从感性上升为理性而形成的。所以,首先,司法鉴定意见书本质上属于言词证据。其次,司法鉴定意见书是司法鉴定机构对诉讼中专门性问题的专业评价,是一种特殊的言词证据,其效力远远高于普通的证人证言。最后,司法鉴定意见书无疑是法官赖以认定案件事实、做出裁量的重要证据,是民事诉讼的关键证据,直接关系到裁判结果。

3. 医疗损害司法鉴定意见书的质量直接影响人民法院的裁判质量

一则,医学是一门极具专业性的学科,受专业知识限制,法官普遍在医疗纠纷特别是医疗损害责任纠纷案件事实和责任认定上存在一定的困难,很大程度上需要依赖于专家的专业评价和判断。二则,据法院统计,法官审理医疗纠纷案件时对于鉴定的依赖程度极高。以北京市某中级人民法院统计,2011年至2013年审理的医疗损害责任纠纷案件80%以上都经过司法鉴定程序,医疗损害司法鉴定意见书无疑是法官审理此类纠纷的关键证据。

司法实践中,受法官对于医学知识认知的有限性与现行鉴定审查机制不完善的影响,绝大多数鉴定意见会被法院完全采信,导致某种程度上,医疗损害司法鉴定意见书的质量直接关系案件的裁判质量,在民事诉讼中有着特殊的地位。

二、医疗损害司法鉴定对审判实践的影响

(一)关于鉴定的相关法律尚不完善

1. 迄今为止,我国司法鉴定领域尚无统一的基本法律

《鉴定管理决定》主要规范的是司法鉴定管理体制,并没有全方位地规范鉴定其他问题,不属于司法鉴定领域的基本法律。而

且,自此开始,关于医学会能否进行医疗损害司法鉴定的争论就一直没有停止过。

司法部于2016年3月2日公布的《司法鉴定程序通则》,虽以保障司法鉴定质量,保障诉讼活动的顺利进行为目的,规范了司法鉴定机构和司法鉴定人的司法鉴定活动,但对于鉴定程序中如何选取鉴定专家、专家如何进行听证、回避制度的落实等保障鉴定程序公正,从而保证鉴定实体公正的关键问题并未明确。

2. 从司法实践看,医学会和司法鉴定机构做出的鉴定意见书各有利弊

由于缺乏统一管理的专家库,有些司法鉴定机构,往往缺乏具备临床专业知识的鉴定人参加鉴定,鉴定程序也没有医学会进行的医疗事故鉴定程序严格,做出的鉴定结论说理不充分,不足以作为法院定案的依据。而原有的医学会下设的医疗事故技术鉴定办公室与社会上的司法鉴定机构相比,虽然普遍技术力量强大,拥有更多的临床专家参加鉴定,但医学会没有在司法部备案,以致有意见认为其不属于合法的司法鉴定机构,基本上不在法院摇号名册范围之内;同时,因医学会与卫生行政管理机构及医疗机构的渊源较深,社会上也常常质疑其作出的鉴定结论的客观性和公正性;此外,因不熟悉法院审判要求,有些医学会所做鉴定结论晦涩难懂,使得法官难以应用。

据统计,北京市高级人民法院和部分省、直辖市高级人民法院以指导意见的方式确立原有的医学会在一定条件下可以接受法院委托进行医疗损害司法鉴定,有些已将医学会纳入司法鉴定机构目录。

目前来讲,法律规范尚不健全,导致对鉴定机构缺乏监督制约机制,司法行政管理部门虽有对司法鉴定机构投诉考核制度,但有些考核指标不符合审判实践需要,不能因此对司法鉴定机构起到有

效监督作用。同时,由于医疗损害司法鉴定缺乏标准的鉴定程序、统一的专家库和统一的鉴定标准,以致有些司法鉴定机构缺乏具备临床专业知识的鉴定人参加鉴定,出现鉴定专家跨领域进行鉴定,甚至靠找熟人咨询、查阅教科书等方式进行鉴定的情况。

(二)鉴定程序问题影响案件实体审理

司法鉴定意见书是法院审理医疗纠纷的重要证据,因此在鉴定程序方面不能出现瑕疵,否则当事人可能质疑鉴定结论的公正性、科学性,从而影响了法院对案件的实体处理,下面梳理总结几个实践中经常遇到的鉴定程序问题。

1. 鉴定人及鉴定机构资格的问题

(1)相关规范对于鉴定机构、鉴定人的资格限制

第一,《鉴定管理决定》第2条规定,国家对从事下列司法鉴定业务的鉴定人和鉴定机构实行登记管理制度:①法医类鉴定;②物证类鉴定;③声像资料鉴定;④根据诉讼需要由国务院司法行政部门商最高人民法院、最高人民检察院确定的其他应当对鉴定人和鉴定机构实行登记管理的鉴定事项。

第二,《鉴定管理决定》第4条规定了司法鉴定人的资格:具有与所申请从事的司法鉴定业务相关的高级专业技术职称;具有与所申请从事的司法鉴定业务相关的专业执业资格或者高等院校相关专业本科以上学历,从事相关工作五年以上;具有与所申请从事的司法鉴定业务相关工作10年以上经历,具有较强的专业技能;因故意犯罪或者职务过失犯罪受过刑事处罚的,受过开除公职处分的,以及被撤销鉴定人登记的人员,不得从事司法鉴定业务。前三个条件仅需具备其中之一,第四个是限制性规定。

第三,《鉴定管理决定》第5条规定了司法鉴定机构的成立条件:有明确的业务范围;有在业务范围内进行司法鉴定所必需的仪器、设备;有在业务范围内进行司法鉴定所必需的依法通过计量认

证或者实验室认可的检测实验室;每项司法鉴定业务有3名以上鉴定人。法院、检察院不得设立鉴定机构;侦查机关根据侦查工作的需要设立的鉴定机构,不得面向社会接受委托从事司法鉴定业务。

第四,审核机构:申请从事司法鉴定业务的个人、法人或者其他组织,由省级人民政府司法行政部门审核,对符合条件的予以登记,编入鉴定人和鉴定机构名册并公告。

(2)实践中出现的问题

第一,由于医学会没有按照《鉴定管理决定》的要求,向司法行政部门登记备案,其进行医疗损害司法鉴定的资格一直备受质疑。《侵权责任法》实施后,鉴定二元化问题得到解决,《民法典》在此问题上延续了《侵权责任法》的规定。即便在双方当事人同意的情况下,法院委托医学会进行鉴定,也是针对医疗机构的诊疗行为是否存在过错,与患者损害是否存在因果关系等进行鉴定。但是,由于医学会没有在司法行政机构备案,其从事司法鉴定的资格问题,仍受到质疑。

第二,司法鉴定人及参与鉴定专家的回避流于形式。现行鉴定制度下,由于司法鉴定实行鉴定人负责制,出于对临床鉴定专家的保护,避免当事人骚扰或威胁专家正常的工作和生活,同时保证参与鉴定的临床专家更符合鉴定专业需要,避免随机抽取的专家的鉴定能力不能胜任对鉴定涉及的专业问题的判断,以保障鉴定符合科学性的需要,多数司法鉴定机构在进行医疗损害司法鉴定时,采取的是由鉴定人选取临床鉴定专家参与鉴定的方式。鉴定程序中,鉴定人并不向双方当事人披露参与鉴定的临床专家的个人信息,使得当事人对于参与鉴定专家的回避权利流于形式。

第三,鉴定机构邀请的专家与争议医疗行为所属类别不完全相符。由于受现代医学分科趋于细化,而鉴定专家资源有限等因素影响,客观上鉴定专家符合大的分科,但不一定符合案件涉及的具体专业。但司法实践中,也确还有鉴定机构邀请的专家与涉案医疗机构或当事医生存在某种利害关系,或所长专业与争议医疗行为所属类别不完全相符的情况出现。举例说明,外科医生鉴定骨科的问题,更有甚者,外科医生鉴定妇科的问题。

2017年《医疗损害司法解释》实施后,此种状态有望得到改善。《医疗损害司法解释》第9条规定,"当事人申请医疗损害鉴定的,由双方当事人协商确定鉴定人。当事人就鉴定人无法达成一致意见,人民法院提出确定鉴定人的方法,当事人同意的,按照该方法确定;当事人不同意的,由人民法院指定。鉴定人应当从具备相应鉴定能力、符合鉴定要求的专家中确定"。法官据此可以对参与鉴定的包括临床专家在内的鉴定人资格进行实质审查,以保证鉴定结论更符合科学性原则。但是《鉴定管理决定》仅规定了鉴定人资质形式上的要求,法官仅依据《鉴定管理决定》是无法从实质上判断鉴定人是否具备相应鉴定能力的,或者说即便符合《鉴定管理决定》规定的鉴定人资质要求,并不当然符合针对具体案件进行司法鉴定的鉴定人资质要求。因此,此项规定应当如何落地,司法解释中没有给出答案。

2. 鉴定人员鉴定过程中违反鉴定程序

有些鉴定人缺乏法律意识,在鉴定过程中,违反相关规范规定,程序违法。

(1)未当着双方当事人拆封病历资料,造成当事人不能确认该病历资料是否是被双方封存的病历资料,甚至发生丢失病历资料的情况,导致无法进行鉴定。笔者就曾经遇到过鉴定机构将患者原始住院病历丢失,而其出具的鉴定意见书又没有被法院采信。法院欲启动重新鉴定程序,委托其他鉴定机构进行鉴定,但重新委托的鉴定机构因原始病历丢失、复印病历不全,以根据现有检材无法就法院委托事项进行鉴定为由,作出退卷处理。

(2)违反《司法鉴定程序通则》第12条规定,擅自收取一方当事人提供的、未经法院组织质证并认定的病历资料,以致当事人对鉴定程序提出异议,鉴定结论不能被法院采信。

需要注意的是,原有规范规定,鉴定材料应由法院认定后移送鉴定机构,如果鉴定机构在鉴定过程中需要某方当事人提供一些补充材料,应向委托法院提出要求,由法院向当事人收取后组织双方质证,并作出认定后再行移送鉴定机构,鉴定机构无权单方收取一方提供的用作检材的任何病历资料。《医疗损害司法解释》作为《民法典》中医疗损害责任部分的司法解释,第10条更是明确规定:"委托医疗损害鉴定的,当事人应当按照要求提交真实、完整、充分的鉴定材料。提交的鉴定材料不符合要求的,人民法院应当通知当事人更换或者补充相应材料。在委托鉴定前,人民法院应当组织当事人对鉴定材料进行质证。"

(3)鉴定机构私自向一方当事人提前透露鉴定结论,引发当事人缠闹的。司法实践中,不乏鉴定人因为缺乏法律意识或者同情当事人,在听证会结束,其对鉴定结果有了倾向性意见后,私自向当事人透露结果信息,以致当事人为了避免鉴定结果对其不利,采取多种方式给鉴定机构施压的案例。

3. 鉴定机构以不适当理由退卷

司法实践中,经常有鉴定机构迫于压力,接受法院委托进行鉴定后,又以不正当理由退卷的情况发生。如有的鉴定机构咨询专家后,预见到鉴定结论不利于患方,怕患方闹事,就以超出本鉴定机构鉴定范围等理由退卷。实际上,一旦鉴定机构退卷,几乎所有的鉴定机构都不愿再受理该案鉴定,这在很大程度上给审判造成不利影响。通常情况下,在接受法院委托时,鉴定机构就应该对自身是否具备针对法院委托的鉴定事项进行鉴定的能力及资质进行评估,对超出其鉴定范围或鉴定能力的,应直接向法院说明,不必接受委托。

4. 鉴定机构无正当理由撤销鉴定意见书

司法实践中,有鉴定机构在接受法院委托按照规定程序就委托事项进行了鉴定,并出具了鉴定意见书之后,因迫于当事人在力争非正当理由,又自行撤销其出具的鉴定意见书,给法院案例工作造成障碍。

(三)鉴定范围尚不能满足审判需要

医疗纠纷中许多问题都涉及医学专业,法官需要依赖专业的鉴定意见,但目前的鉴定范围尚不能满足审判需要,主要包括以下几个方面:

1. 瑕疵病历评估被很多鉴定机构排除在鉴定范围之外

司法实践中,经常遇到医患双方对患者病历的真实性产生争议的情况。而病历能否作为检材使用,是需要由法院先行确定的。原则上讲只有经双方确认的病历,才能够作为检材使用,但现实生活中,病历存在涂改的情况大量存在。如何区别是医疗机构恶意涂改,甚至篡改、伪造病历,还是仅未按规定进行修改,很多时候不是法官能够识别的,特别是这些改动,是否会对判断造成患者损害的原因产生影响,更是医学专业问题,需要专门机构进行专业评价。现行法律规范也明确,在病历资料存在瑕疵时,法院应通过咨询专家、委托文件检验、病历评估或由鉴定专家作初步判断来认定瑕疵病历是否对鉴定有实质影响[①],但实际上,鲜少有医疗机构愿意承担此项工作,以致过错和因果关系鉴定成为不可能。

2. 对于患者是否具备出院条件的评估,也经常被鉴定机构排斥在鉴定范围之外

有些患者或者患者家属认为医疗机构在诊疗过程中存在过

[①] 《北京市高级人民法院关于审理医疗损害赔偿纠纷案件若干问题的指导意见(试行)》第13条。

错,给患者造成损害,或不满意诊疗效果,却不主动提起诉讼寻求救济,而在患者病情平稳、已经没有其他积极有效治疗措施或者医疗机构已经对患者病情无能为力的情况下,拒绝出院。更有甚者,有些家属,将患者(多数是失能老人或者残疾儿童)长期"扔在"医院,不管不问,甚至连费用也不交。患者滞留医院的做法,不仅不利于医患双方矛盾的解决,更是占用了医疗资源。

在此情况下,有些医疗机构以医疗服务合同纠纷为由,向法院起诉要求患者出院。但是由于原告是与被告患者存在纠纷的一方,其即便出具了出院通知书,法院也并不能就此认为被告符合拒不出院的条件,往往需要委托第三方对此进行评估。但现有司法鉴定机构经常表示无力就此作出判断,不知道是技术原因还是迫于压力。但这样的结果无疑给审判造成一定压力。

3. 鉴定机构缺乏对民事案件中药品质量进行鉴定

尽管法律法规规定,患者输液过程中,出现不良反应,应及时封存药品和所用器械,并进行相关鉴定,但目前缺乏鉴定机构能受理法院委托的药品质量鉴定。

(四)鉴定意见书实体方面存在的问题

1. 鉴定意见书的公正性令人担忧

由于社会上的司法鉴定机构完全属于商业运作,受利益驱使或受其他因素影响,比如无力应对缠闹的当事人等,出具的医疗损害司法鉴定意见书的公正性往往受到干扰。经常听到医患双方表达对某某鉴定机构的不满,指摘其暗箱操作;还有的医疗损害司法鉴定意见书从分析论述看,认为涉案医疗机构无过错医疗行为或者虽有过错行为但与患者损害后果并无因果关系,但鉴定结论却很牵强地认定涉案医疗机构对患者损害后果承担轻微责任,经沟通鉴定机构认可系迫于患方压力作出的鉴定结论。

2. 鉴定结论的科学性令人质疑

多数医疗损害司法鉴定意见书只是对医疗行为进行客观性描述，缺乏对诊疗行为的具体分析，甚至毫无科学性可言。鉴定结论得出的理由和依据本应是鉴定意见书的核心内容，可从司法实践看，这往往是司法鉴定意见书最为薄弱的环节。早期的鉴定意见书大部分在分析评价医方的诊疗行为时，多采用首先罗列患者在医方进行了哪些检查和诊疗，然后直接得出"上述诊疗行为符合诊疗常规"的结论的格式。这不禁使人产生疑问"诊疗常规是什么？""医方的诊疗行为符合诊疗常规的依据是什么？"在鉴定意见书中往往就此很难找到答案。还有在分析医方诊疗行为存在的过失时，鉴定意见书的通常写法是：医方在对患者实施检查或手术时，采取的某措施不当，与患者目前的损害后果有一定因果关系。至于"不当"体现在哪些方面？"不当"的依据是什么？正确的诊疗方法应是什么？也同样无法在鉴定意见书中找到答案。之前大部分司法鉴定意见书中通篇没有任何依据的医学文献、临床试验数据、学术资料等，只是在最终判定过失参与度理论时会引用相关程序性规定。近些年，又出现了另一种情况，就是鉴定意见书用大量篇幅引述文献，然后得出医方是否有过错的结论，但依然缺乏分析论证的内容。

司法鉴定意见书本来应当是一份论证科学、逻辑缜密、依据充足、全面细致的专家意见书，然而现状却是缺乏论述和依据，只有判断和结果，客观上造成了法官对鉴定结论这一证据的可采性认定困难。以致经常有当事人对鉴定意见书提出疑问，并提供一定的证据支持，而鉴定意见书由于缺乏科学依据或者存在逻辑混乱的情形，使得法官不能对鉴定结论形成内心确认，最终法官即使勉强采信了该鉴定意见书，但裁判论理部分要么不知所云，要么生硬地直接按照鉴定结论进行裁决，很难保证裁判的公正性。还有的法官不确认鉴定意见书的证明效力，但马上就面临审判如何继续的问题。

如果启动重新鉴定程序,理论上应当委托更高一级的司法鉴定机构才更妥当。但是按照《鉴定管理决定》第 8 条规定,各司法鉴定机构之间没有隶属关系,不存在上一级司法鉴定机构。据笔者所知,我国承认的具有国家级实验室资质的司法鉴定机构仅 10 家,其中具有法医临床鉴定资质的仅 3 家,分别是位于北京的法大法庭科学技术鉴定研究所、位于上海的司法鉴定科学研究所,以及位于重庆的西南政法大学司法鉴定中心。这三家鉴定机构相对全国范围的疑难的医疗损害责任鉴定,可谓杯水车薪;而即便不考虑技术资质强弱问题,其他鉴定机构也不太愿意接受法院委托的重新鉴定。启动重新鉴定程序难度较大,可没有说服力的鉴定意见书委实让法官难以裁判,这也就是此类案件不易审理的原因之一。

3. 鉴定意见书用语缺乏统一标准,集中表现在因果关系及原因力大小的表述上极其不规范

司法鉴定意见书在表述诊疗行为与患者发生的损害后果之间的因果关系时,除了采用传统的主次责任、全部责任、同等责任,以及有无因果关系外,还出现了不明确责任,不排除存在因果关系、无直接因果关系等让法官容易产生歧义的表述,客观上给法官正确认定因果关系、确定责任带来很大困扰。值得庆幸的是,《医疗损害司法解释》第 12 条规定,鉴定意见可以按照导致患者损害的全部原因、主要原因、同等原因、次要原因、轻微原因或者与患者损害无因果关系,表述诊疗行为或者医疗产品等造成患者损害的原因力大小。各鉴定机构在制作鉴定意见书时应按照《医疗损害司法解释》的规定执行,杜绝表述因果关系时使用不规范用语。

笔者就遇到过司法鉴定意见书对因果关系的原因力大小语焉不详的案例。患者在甲医院就诊,后不幸死亡。家属以医疗损害责任纠纷为案由,将甲医院起诉至法院,要求赔偿。法院委托司法鉴定机构就甲医院的诊疗行为是否存在过错,与患者死亡的损害后果

之间是否存在因果关系进行鉴定。鉴定机构鉴定后,出具司法鉴定意见书,认定甲医院的医疗行为存在不当之处,且与患者损害后果之间存在因果关系,对于甲医院的不当行为与患者死亡后果之间原因力的表述为:医疗机构不当行为与患者损害后果之间有因果关系,责任比例为等同至主要之间。众所周知,等同的责任比例一般为50%,主要责任一般指60%—90%之间,这个鉴定意见我们该如何解读呢?法官确定甲医院应当承担的责任,是应该在50%—60%之间考虑,还是应该在50%—90%之间考虑合适呢?恐怕法官们会仁者见仁智者见智,不同法官会按照自己的理解确定甲医院应该承担的赔偿责任,这就难免会导致司法不统一的情况出现,这种随意裁量,对医患双方也极不公平。

再有,各种原因导致一个案件中,存在两份以上结论不同的鉴定意见书。从证明力的角度而言,鉴定意见书的效力是不分等级的,医患双方各自坚持有利于己方的鉴定结论,法官要想作出中立的、有说服力的判断,无疑会是一件非常困难的事情。

(五)鉴定人出庭的相关问题

1. 鉴定人出庭作证的法律沿革

(1)2002年4月1日至2005年10月1日期间,鉴定人可以出庭,也可以不出庭,可以采取书面形式答复当事人的质询意见。

2001年《证据规定》第59条规定:"鉴定人应当出庭接受当事人质询。鉴定人确因特殊原因无法出庭的,经人民法院准许,可以书面答复当事人的质询。"第60条第1款规定:"经法庭许可,当事人可以向证人、鉴定人、勘验人发问。"此两条规定,赋予了鉴定人出庭接受质询的义务和当事人可以询问鉴定人的权利,使得我国的鉴定制度更加符合程序正义的要求。但没有规定鉴定人不出庭的法律后果,且出于对鉴定人的保护等多种原因,对鉴定人不出庭作证开了一个口子,规定了鉴定人因特殊原因无法出庭作证的,经人民法院准许,可以书面答复质询。这一规定的初衷是好的,但是后来的司法实践证明由于当时赋予鉴定人过高的法律地位,法律和司法解释又没有规定鉴定人不出庭作证的法律后果,使得鉴定人不出庭作证成为惯例。

(2)2005年10月10日至今,鉴定人出庭接受质询是法定义务,拒绝出庭应当承担相应的法律责任。

《鉴定管理决定》第11条规定:"在诉讼中,当事人对鉴定意见有异议的,经人民法院依法通知,鉴定人应当出庭作证。"明确规定了鉴定人出庭作证的义务,宣示了鉴定人与证人同等的法律地位。《鉴定管理决定》第13条还进一步规定了鉴定人不出庭作证的法律责任,即"鉴定人或者鉴定机构有违反本决定规定行为的,由省级人民政府司法行政部门予以警告,责令改正。鉴定人或者鉴定机构有下列情形之一的,由省级人民政府司法行政部门给予停止从事司法鉴定业务三个月以上一年以下的处罚;情节严重的,撤销登记:(一)因严重不负责任给当事人合法权益造成重大损失的;(二)提供虚假证明文件或者采取其他欺诈手段,骗取登记的;(三)经人民法院依法通知,拒绝出庭作证的;(四)法律、行政法规规定的其他情形。鉴定人故意作虚假鉴定,构成犯罪的,依法追究刑事责任;尚不构成犯罪的,依照前款规定处罚"。

现行《民事诉讼法》在《鉴定管理决定》的基础上,对于鉴定人出庭作证制度作了进一步完善,并明确规定了鉴定人出庭作证义务,及拒不出庭作证的民事法律后果。为鉴定人出庭作证及对鉴定意见的采信提供了明确的法律依据。对于完善民事诉讼中的鉴定程序乃至对案件事实的认定程序,增强鉴定意见的权威性和公信力,促进案件依法妥善审理,均具有积极意义。

《医疗损害司法解释》也对鉴定人出庭问题进行了规定。其中第13条规定,鉴定意见应当经当事人质证。当事人申请鉴定人出庭作证,经人民法院审查同意,或者人民法院认为鉴定人有必要出庭的,应当通知鉴定人出庭作证。双方当事人同意鉴定人通过书面说明、视听传输技术或者视听资料等方式作证的,可以准许。鉴定人因健康原因、自然灾害等不可抗力或者其他正当理由不能按期出庭的,可以延期开庭;经人民法院许可,也可以通过书面说明、视听传输技术或者视听资料等方式作证。无前款规定理由,鉴定人拒绝出庭作证,当事人对鉴定意见又不认可的,对该鉴定意见不予采信。该条对鉴定人出庭义务的履行进行了操作性较强的规定,且规定了鉴定人拒绝出庭的法律后果。

2020年5月1日,新修订的《证据规定》实施,对鉴定人出庭接受质询进行了更详细的规定。其中第80条规定,"鉴定人应当就鉴定事项如实答复当事人的异议和审判人员的询问。当庭答复确有困难的,经人民法院准许,可以在庭审结束后书面答复。人民法院应当及时将书面答复送交当事人,并听取当事人的意见。必要时,可以再次组织质证"。第81条规定,"鉴定人拒不出庭作证的,鉴定意见不得作为认定案件事实的根据。人民法院应当建议有关主管部门或者组织对拒不出庭作证的鉴定人予以处罚。当事人要求退还鉴定费用的,人民法院应当在三日内作出裁定,责令鉴定人退还;拒不退还的,由人民法院依法执行。当事人因鉴定人拒不出庭作证申请重新鉴定的,人民法院应当准许"。第82条规定,"经法庭许可,当事人可以询问鉴定人、勘验人。询问鉴定人、勘验人不得使用威胁、侮辱等不适当的言语和方式"。

2. 鉴定人出庭的必要性

(1)鉴定人负有出庭义务,有助于增强鉴定人的责任心,减少鉴定的暗箱操作,保证鉴定结论的客观准确。

鉴定机构需自负盈亏,鉴定人的收入一般和业绩挂钩,在进行鉴定过程中难免因受自身执业水准的限制、利益驱使或迫于当事人施加的压力,出具的鉴定意见缺乏科学性、公正性。要求鉴定人出庭接受质询,面对各方当事人的质疑、法官的询问,无疑会有一定压力,对避免其受外界不利因素影响有一定帮助。

(2)鉴定人出庭可以让对鉴定结论有不同意见的当事人能在法庭上,与其当面进行质证,符合程序正义的内在要求。

程序正义是《民事诉讼法》的基本价值取向。现代法治理念不仅追求实体正义,更注重程序的公开和公正,程序正义是实现实体正义的首要前提。直接言词原则作为《民事诉讼法》重要的证据规则之一,鲜明地体现了程序正义的要求。该原则要求法官调查核实证据,必须以直接的方式进行;除法律另有规定的情形外,法庭审理活动应当以口头陈述的方式进行。法官必须对证据保持直接接触,在各方当事人到场的情况下才能进行证据调查,并在法庭上亲自听取各方当事人、证人以及其他诉讼参与人的陈述,从而产生直接的感知,进而形成对案件事实的内心确信。庭审质证活动应当以言词质证和辩论的方式展开,才能使法官对作为裁判基础的证据保持全面而充分的接触和审查,从而作出正确的判断。

按照这一原则的要求,相关司法解释确定了证据必须质证的原则。2001年《证据规定》第47条规定,"证据应当在法庭上出示,由当事人质证。未经质证的证据,不能作为认定案件事实的依据。当事人在证据交换过程中认可并记录在卷的证据,经审判人员在庭审中说明后,可以作为认定案件事实的依据"。修正后的《证据规定》第60条规定:"当事人在审理前的准备阶段或者人民法院调查、询问过程中发表过质证意见的证据,视为质证过的证据。当事人要求以书面方式发表质证意见,人民法院在听取对方当事人意见后认为有必要的,可以准许。人民法院应当及时将书面质证意见送交对方当事人。"因此,无论是书证、物证,还是证人证言等都要经过双方当事人的质证。鉴定意见作为言词证据也应当经过质证才能作为定案根据。没有经过质证,其就不具有证据能力。

(3)鉴定人出庭质证符合鉴定意见自身特点的要求。

一则,鉴定意见作为鉴定人依据其专业知识对某一专门性问题所作的陈述,属特殊的言词证据,具有专业性和科学性。鉴定意见是否能够客观地反映鉴定对象的真实状态,鉴定方法是否科学,是否具有科学理论依据,是否具有证明力,仅凭书面审查难以做出准确判断。

二则,鉴定意见并非案件事实认定的最终意见,对案件事实的认定只能是人民法院行使审判权的范围。鉴定意见作为法定证据形式的一种,并无特殊地位,也必须经过质证、认证才能被采信。鉴定意见是人的活动,根据人的认识形成的,同样有着或真或假的可能性。鉴定意见的普通证据地位及鉴定意见的非唯一性特质,决定了针对鉴定意见的质证和认证是诉讼程序中不可缺少的环节,而只有鉴定人出庭接受质证,法官才能在诉讼双方对鉴定意见有争议时,最终认定某一鉴定意见是否真实可靠、哪一鉴定意见最为真实可靠,能够真正成为其公正裁判的有力依据。

(4)对于鉴定意见的审查,无论是大陆法系国家还是英美法系国家,其审查方式都和对证人的审查方式一样,在形式上表现为对鉴定人的审查。

如果缺乏对鉴定机构及鉴定人的必要约束,极易导致轻率、甚至随意鉴定的情形出现。

3. 鉴定人出庭的条件及例外规定

(1)启动鉴定人出庭作证程序,必须是当事人对鉴定意见有异议或者人民法院认为鉴定人有必要出庭。

根据现行《民事诉讼法》第 78 条规定,只要当事人对鉴定意见有异议,原则上讲,鉴定人应出庭作证;人民法院认为有必要,鉴定人也应当出庭作证,至于必要的理由则在所不问。

但是,人民法院对于当事人针对鉴定提出的异议,享有一定的审查权。为防止其拖延诉讼,节约司法资源,依法保护鉴定人的合法权益,防止当事人随意提出异议或人民法院滥用权力,人民法院对于当事人有关鉴定意见的异议,应有一定的审查权。当事人对于鉴定意见中直接影响案件事实认定的内容存在异议,人民法院为查明案件事实所必须时,方可要求鉴定人出庭作证。

(2) 鉴定人出庭的例外规定。

《民事诉讼法》第73条明确规定了证人可以不出庭作证的情形,故存在以下情形,鉴定人也可以不出庭作证:一是,双方当事人对鉴定意见并无异议,鉴定文书仅是存在标点、错别字或语言不规范等方面的瑕疵,当事人仅就此瑕疵提出异议的,不宜要求鉴定人出庭作证;二是,客观不能——鉴定人年迈体弱、患重病或行动极不便、路途遥远交通不便,或者鉴定人已经死亡、失踪或者下落不明以及因自然灾害等不可抗力导致其无法出庭。

《医疗损害司法解释》第13条第3款也明确鉴定人不出庭的条件,即"鉴定人因健康原因、自然灾害等不可抗力或者其他正当理由不能按期出庭的,可以延期开庭或经法院许可,采取其他方式作证"。

4. 鉴定人出庭应当注意的问题

司法实践中,经常发现鉴定人出庭接受质询时,存在对患者诊疗全貌掌握得并不清楚,甚至遗漏关键事实,或者就当事人针对鉴定结论赖以作出的诊疗常规或指南等鉴定依据提出的质疑,解释不充分等诸多问题。

鉴定人出庭质证能否达到预期目的,不仅取决于鉴定人的专业知识、鉴定技能和基础工作是否周密、严谨,很大程度上还取决于出庭前的准备工作。准备工作不足,很可能会出现讲不清事实,回答关键问题论据不足、推理混乱等情况,从而导致鉴定结论显得苍白无力。因此，鉴定人出庭前应充分做好以下几项准备：

(1) 接到人民法院的出庭通知后，应立即将原鉴定档案材料调出，认真回忆鉴定细节，翻阅有关记录，熟悉相关资料，再一次对原鉴定结论进行审查，要做到对案件中涉及的鉴定技术以及工作职责内的问题了如指掌。

(2) 及时与案件承办法官取得联系，详细了解各方当事人及其委托诉讼代理人对鉴定提出的质疑，最好索要当事人提出的书面异议。

(3) 分析案情，结合鉴定意见书，尽可能预测可能出现的发问，尤其要对具有专门知识的人可能提出的专业性、技术性很强的问题进行研究并做好充分准备。

(4) 准备出庭材料。包括：鉴定机构资质及鉴定人员学历、专业职称及身份证明等，避免因身份问题导致质证失败；原鉴定意见书及鉴定过程的记载材料；就与案件承办法官联系所知悉的案件疑点、难点和争议焦点，以及通过自己的分析预测法庭可能对有关鉴定提出的问题列出清单，以答题的形式准备书面答复。对于疑难、复杂或已有多个鉴定结论的案件，在出庭前最好组织相关人员进行讨论、"会诊"，防止准备工作的片面性或出现疏漏。

在准备材料过程中，如果发现原鉴定意见中确存在某些不足之处，应进行补充完善并在开庭质证前交给承办法官。对于一些无法弥补的漏洞，或因当前的技术水平无法解决的问题，也要仔细研究其妥善的答辩方案，同时与承办法官取得联系加以说明。如果发现原鉴定结论确实错误，应当及时向主管领导如实汇报，重新组织鉴定，同时将该情况通报主审法官。切不可认为当事人不懂鉴定或者心存侥幸，而忽视应该做的出庭前准备工作。

(5) 培养良好的心理素质，对于出庭时发生的各种状况，均应沉着应对。切忌因紧张而出现思维混乱，不能正确理解当事人当庭提出的异议或者不能正确表达自己的观点,从而影响出庭效果。

三、人民法院对医疗损害司法鉴定意见书的审查认定及理解

虽然诸多因素导致目前部分医疗损害司法鉴定意见书缺乏科学性、客观性和公正性,给审判造成了一定压力。但客观上讲,出现误判、甚至错判,也不能把责任全部推到医疗损害司法鉴定上。鉴定意见书毕竟只是证据,其证明效力须经双方当事人质证后,由人民法院决定是否采信。因法官错误地采信了鉴定意见书或者误读鉴定意见书造成错判的情况也是存在的。因此,如何对鉴定意见书进行审查和认定,直接关系案件审判质量。

(一)人民法院对鉴定意见书的审查范围及方式

1. 审查范围及内容

《证据规定》第40条规定,"当事人申请重新鉴定,存在下列情形之一的,人民法院应当准许:(一)鉴定人不具备相应资格的;(二)鉴定程序严重违法的;(三)鉴定意见明显依据不足的;(四)鉴定意见不能作为证据使用的其他情形"。法院不仅有权对医疗损害司法鉴定意见书作出的程序合法性及形式合法性进行审查,还有权对于实体内容是否符合客观性、科学性进行审查。

2. 审查方式

法院对鉴定意见书的形式合法性一般可以依职权主动审查,而对程序合法性及实质内容的审查,主要的是通过组织双方当事人对鉴定意见书进行质证实现的。

质证方式主要有书面质询和当庭质证两种。其中书面质证,主要适用于当事人基本认可鉴定意见书的情况,或当事人提出的问题不属于鉴定范畴或明显没有依据的;而就当事人对鉴定结论争议较大的案件,笔者认为最好采用当庭质证的方式,即通过庭审的方式让各方当事人针对鉴定意见书发表质证意见,以利于当事人充分表

达各自的观点,当事人可以申请专家辅助人出庭支持其主张,也可以申请法院通知鉴定人出庭接受质询。

(二)人民法院对于质证后的鉴定意见书的不同处理

(1)人民法院应该主动对医疗损害司法鉴定意见书的形式进行审查,针对其中明显不符合规范要求的问题,可以直接要求司法鉴定机构修改。比如,医疗损害司法鉴定意见书没有按照《医疗损害司法解释》第12条的规定表述诊疗行为或者医疗产品等造成患者损害的原因力大小的,委托鉴定的人民法院有权直接要求其予以修正。

(2)民法院针对当事人提出的以下几方面质疑,应当予以审查并直接作出认定。一是鉴定机构、鉴定人资格问题;二是是否存在违反回避规定的情形;三是鉴定检材来源的真实性及是否符合鉴定条件;四是鉴定程序的合法性、鉴定方法是否科学的问题;五是鉴定人是否受外界影响做出不公正结论;六是针对鉴定意见书的内容和形式提出的质疑。

原则上讲,只有通过当事人质证,针对鉴定意见书提出问题,法官才能有的放矢的对医疗损害司法鉴定意见书进行有效审查,而后区别不同情况,对鉴定意见书的效力作出认定。对于鉴定程序及形式合法,结论符合科学性、客观性要求的医疗损害司法鉴定意见书的证明效力应予采信;对于鉴定程序违法的鉴定意见书,应否定其效力;对于可以补救的应当委托原鉴定机构进行补充鉴定,如果不能补救,应启动重新鉴定程序;对于鉴定结论明显依据不足,不符合诊疗规范或其他科学依据的,鉴定人出庭接受质询时,又不能就当事人提出的质疑给予符合专业标准的解答,人民法院对于该鉴定意见书应该作出不予采信的认定,必要时可以要求鉴定机构补充鉴定或启动重新鉴定程序。

(三)法官对鉴定意见书证明效力认定及解读方面的常见错误

在医疗损害司法鉴定意见书的认定上主要存在以下两种错误

情形。一是,有些法官完全被司法鉴定意见书"绑架",任由当事人对鉴定意见书指摘,不予理睬,径自对缺乏科学性、公正性的鉴定结论完全采信,并作为裁判依据。二是,有些法官对司法鉴定意见书的态度与前述法官截然相反,在双方当事人质证后,鉴定意见书并不存在《证据规定》中规定的当事人可以申请重新鉴定的法定条件的,即鉴定机构或者鉴定人员不具备相关的鉴定资格的,鉴定程序严重违法的;鉴定结论明显依据不足的、经过质证认定不能作为证据使用的其他情形,也不存在需要补充鉴定、补充质证的情形的,仅凭个人感觉,就推翻鉴定结论,直接对涉案医疗机构是否存在过错医疗行为及原因力大小自行认定,并据其所作认定对案件作出裁判。显然,上述两种做法均不可取,都可能会直接导致裁判错误。

下面给大家介绍两个典型案例,方便理解。

案例8-1　法院应当对司法鉴定意见书进行实质审查

张某患有免疫系统疾病,经甲医院对其所患免疫系统疾病进行有效治疗并成功控制病情后,张某被告知可以怀孕生产。张某怀孕后在乙医院建档,并按时进行孕检。张某先后在乙医院进行了15次孕检,且每次检查结果均未见异常,足月后在乙医院生产,胎儿出生后死亡。张某夫妇认为乙医院在为张某孕检过程中及张某生产过程中,不负责任,诊疗行为存在过错,导致新生儿死亡的后果发生,遂以医疗损害责任纠纷为案由,将乙医院起诉至法院,要求乙医院赔偿各项损失数十万元。

一审法院经张某夫妇申请,依法委托司法鉴定机构就乙医院的诊疗行为是否存在过错,与新生儿死亡的后果之间是否存在因果关系进行医疗损害司法鉴定。鉴定机构出具了司法鉴定意见书。鉴定结论为乙医院对张某孕检过程及生产过程关注不够,与新生儿死亡的后果存在一定因果关系,应承担次要责任。经质证,乙医院申请鉴定人出庭接受质询,要求鉴定人对依据什么标准判断其对张某孕检过程及生产过程关注不够进行说明。鉴定人当庭答复:乙医院的问题与本次鉴定无关。一审法官对于鉴定人的回答并未提出疑问,直接采信了该司法鉴定意见书的证明效力,判令乙医院按照40%的比例对张某的全部损失予以赔偿。乙医院不服上诉,以鉴定结论缺乏依据为由,申请启动重新鉴定程序。二审法院裁定撤销一审判决,将本案发回一审法院重新审理。一审法院重新审理过程中,因张某夫妇经法院合法传唤,拒不到庭,一审法院裁定按原告撤诉处理。

【研究主旨】

人民法院是否有权对司法鉴定意见书的实质内容进行审查,并对经审查认为缺乏科学依据的司法鉴定意见书的效力直接予以否定?

【裁判要旨】

一审法院认为,司法鉴定意见书是法院审理医疗纠纷的关键证据,是司法鉴定机构针对双方争议的医学专业问题进行的评价。乙医院虽对鉴定意见书持有异议,但并未就其主张提供翔实的证据,法院对其所述不予采信,对鉴定意见书的证明效力予以采信。依据鉴定意见书,可以认定乙医院对张某的诊疗行为存在过错,与新生儿的死亡存在因果关系,责任参与度次要。故乙医院应当按照40%的比例对张某夫妇的各项合理损失予以赔偿。

二审法院审理中,法官认为乙医院申请鉴定人出庭接受质询时,提出的要求鉴定人解答作出鉴定的依据,是直接关系鉴定结论是否符合科学性的问题,与鉴定结论最终能否被采信密切相关。鉴定人出庭时以该问题"与本次鉴定无关为由"回避该问题,没有实现质证的目的。故要求鉴定人再次出庭接受质询,并于庭前提示鉴定机构需针对乙医院提出的上述质疑认真准备资料,重点予以解释说明。鉴定人再次出庭,但针对乙医院所持的异议,仍未能提供科学依据,甚至对乙医院提出的孕检应该多少次均不知晓,表示需要回去查查。后经法官提示按照相关规范要求,孕检一般为9—12次,鉴定人才答复应该是。法官再次询问,乙医院已经对张某进行了15次检查,且每次检查均未出现异常,为何认定乙医院对张某孕检过程关注不够,鉴定人仅答复"我认为",始终回避法官提出的其作出"认为"的依据。至于乙医院提出的鉴定机构认定其对张某的生产过程关注不够的判断标准,鉴定人称产程是从张某入院时开始,而病历显示医生护士在张某入院后数小时才对张某体征进行了记录,由此认为乙医院对张某产程关注不够。

二审法院认为,鉴定人在作出鉴定结论后,连孕检标准程序要求及生产开始标志都不知道,如何能判断乙医院对张某的孕检过程和生产关注得够与不够。显然该鉴定意见书缺乏科学性,其证明效力不能被采信,一审法院依据该鉴定意见书作出裁判,缺乏依据。故裁定撤销一审判决,将本案发回一审法院重审。

【法律评析】

医疗损害司法鉴定意见书虽然是法院委托的具有相关资质的鉴定机构,对于医疗纠纷诉讼中涉及的专门性问题进行判断、评价后做出的鉴定意见,公认效力高于一般的民事诉讼证据,但是并不能因此否定其证据的属性。医疗损害司法鉴定意见书也必须经双方当事人质证后,才能由人民法院依法确认其证明效力。根据《证据规定》,人民法院不仅要从形式上审查鉴定意见书的合法性,还应审查其实质内容是否符合证据的要求,当然包括对鉴定依据是否充足的审查,尽管这种对实质问题的审查可能受到法官知识水平的限制,但是对于一些明显没有依据的鉴定结论或者依据明显错误的鉴定结论,法官还是有能力进行判断的。

正如本案中,乙医院要求鉴定人对于鉴定结论的依据作出说明,不仅属于合理请求,更是直接关系到判断鉴定结论是否具有科学性、客观性和公正性的关键问题。鉴定人所持乙医院提出的问题与本次鉴定无关的意见,明显系毫无道理的推脱,一审法官理应要求鉴定人予以答复,不应对此置之不理,更不能在鉴定依据都不明确的情况下,就认定该司法鉴定意见书的证明效力,并依据该鉴定意见书进行裁决。且从鉴定人在二审出庭接受质询时,针对鉴定依据问题所作答复,完全可以看出,鉴定人作出确认乙医院存在的不足,没有客观依据,系主观臆断,不具有科学性。法院对于这样的鉴定结论,完全有理由直接予以否定,对其证明效力不予采信。

这个案例还提示我们,法官在审查认定鉴定意见书的效力时,也要发挥主观能动性。在鉴定人出庭接受质询过程中,要抓住争议的实质,一方面对于当事人提出的不属于鉴定范围的问题,要及时予以制止,如在针对医疗损害司法鉴定意见书质证时,要求鉴定人回答知情同意书签名是否为患者本人书写的,因该问题属于客观事实,明显不属于医疗损害司法鉴定内容,法官应及时予以制止。另一方面鉴定人针对当事人提出的关乎鉴定程序及依据等方面的问题避重就轻甚至故意回避时,也应予以制止,并明确要求鉴定人予以答复。如果本案一审法官能够要求鉴定人就其鉴定结论的依据作出说明,并在其不能予以合理解释的情况下,直接对鉴定意见书的效力予以否定,很可能双方的纠纷不必经过二审程序,更无须再发回一审重审,就能得到解决。

案例 8-2　鉴定结论明显缺乏依据时,待证事实处于真伪不明状态,法院不能径行作出裁判

患者因主诉"呕血 2 小时"至甲医院急诊科就诊,入院诊断:消化道出血;失血性休克;腹痛:慢性胰腺炎？肺部感染？后患者在急诊科进行留观。当日中午,经家属同意,甲医院为患者行"胃镜"检查,术中见十二指肠球部球后多发溃疡,其中球前壁一个深大溃疡,中央见白苔,血凝块覆盖。球后较深溃疡,可见血管断端,予钛夹夹闭。手术顺利,术后患者安返病房。术后两天经会诊,外科、介入科均认为暂无手术止血指征。术后两周,患者病情好转,甲医院建议转专科治疗。翌日,患者坐轮椅至普内科检查途中突发意识丧失,伴尿失禁。经紧急救治并请上级医生查看,考虑再次大出血可能,快速转急诊抢救室进一步治疗。请消化科、内镜室会诊协助诊治。向患者家属交待病情:患者病重,病情不稳定,有大出血止血困难、危及生命危险。内镜室评估认为患者生命体征不平稳,没有行介入术的条件。基本外科认为:患者生命体征不稳定,一般情况尚差,急诊风险较高,死亡率高,术后预后极差,与家属充分交代预后。第二天,患者病情持续恶化。介入科表示患者生命体征不平稳,无法行介入栓塞治疗;消化内镜医师表示患者目前生命体征危及,难以行内镜下检查及治疗,暂继续目前保守治疗,纠正休克;基本外科医师表示患者存在休克,生命体征不稳,存在手术禁忌,风险极大,暂继续目前保守治疗,监测患者生命变化。当日,患者心率、血压下降,病危。家属拒绝行胸外按压及应用抢救相关药物,患者在甲医院死亡。

患者家属以医疗损害责任纠纷为案由起诉至法院,要求甲医院赔偿。一审法院委托乙鉴定中心就甲医院对患者的诊疗过程中有无过错,如有过错,与患者死亡的损害后果之间是否存在因果关系及原因力大小进行鉴定。该中心鉴定后出具鉴定意见书,认为:第一,诊疗行为评价。(1)患者因"呕血2小时"入医方急诊科治疗,医方对患者所做入院检查诊断及处置,急诊给予内镜止血治疗,符合消化道出血的急诊处理原则,不存在过错。(2)患者入院当天经内镜止血及对症治疗后,病情稳定,应给予外科手术治疗。医方未针对病因治疗,防止再出血,存在过错。(3)患者再次出血并很快失血性休克,会诊认为内镜、介入治疗存在禁忌,但外科会诊意见认为急诊手术风险极高,应与家属充分交待预后,医方未与家属就急诊外科手术治疗进行沟通,存在过错。第二,关于死亡原因。患者死亡后未进行尸体检验,故未取得确切的死亡原因,根据病历材料记载的病情分析(推断)认为:患者死亡原因符合十二指肠球部巨大溃疡再次大出血致失血性休克而死亡。第三,医方过错与患者损害后果之间的因果关系及原因力大小。患者损害后果为死亡。患者数月前发生过"重型胰腺炎",CT见局部组织结构不清晰,手术难度较高,早期手术也存在术后发生吻合口瘘、胰瘘等危及生命的并发症并最终死亡的风险,自身基础疾病的严重性和复杂性以及相应的诊疗风险也是影响患者最终结局的因素之一。但医方在患者病情稳定后,未针对病因治疗,防止再出血,使其丧失了避免再次出血的机会;二次发生大出血以后未按照普外科意见进行处置,也使患者丧失了得到救治的机会。鉴定结论为:医方在对患者的诊疗过程中存在过错。该过错使患者未能得到及时、必要的治疗,与患者最终的死亡之间存在一定因果关系,综合医方的过错、资质和该疾病特点以及患者自身因素等分析认为,因果关系原因力大小为同等。

患者家属对鉴定意见认可;甲医院对鉴定意见不予认可,并申请鉴定人出庭质询。鉴定人出庭接受质询并进行答复:(1)依据《急性非静脉曲张性上消化道出血诊治指南(2015年,南昌)》,一般溃疡保守治疗是可以治好的,但有一部分涉及多发大溃疡的,保守治疗效果不好,后期会选择切除,故甲医院应在缓解期对患者进行手术。(2)急诊科规定的留观期是1—7天,如果甲医院告知患者没有床位,住不进去院,患者坚持则由患者承担后果;医方称和患者沟通过择期手术但患者拒绝,病历中未见记录;鉴定中考虑了医院的级别因素。甲医院支付鉴定人出庭费1000元。甲医院对鉴定人的回复不予认可,认为鉴定人提出的理论均为患者在急性出血期进行手术的依据,不能作为稳定期需要手术的依据;采用的药物治疗即属于针对病因治疗,自2010年起,其他医院也不会因预防而对溃疡做切除手术;患者第一次出血止血后一直是肺部感染,留观是为了做抗感染治疗;患者再次大出血后迅速休克,入抢救室时已意识不清、颈强直、瞳孔散大、对光反射迟钝,此时急诊手术风险极高,预后极差,术中、术后死亡或脑死亡可能性极高,已向患者家属详细交代了病情及手术的风险、利弊及预后的情况,患者家属表示理解。

一审法院致函鉴定中心,要求进一步解释以下问题:(1)患者入院当天内镜止血后进入病情稳定期,医方对患者进行抗溃疡药物治疗是否属于"针对病因治疗?"(2)对消化道出血稳定期对患者予以手术切除病灶,在临床实践中是否普遍?在三级甲等医院中应用概率多大?(3)患者出现第二次大出血时,此时进行外科手术的风险?鉴定中心回函称:(1)抗溃疡药物治疗是针对十二指肠溃疡等治疗。本例十二指肠球部溃疡已侵袭血管,大出血的病因是被侵袭破坏的血管,预防被侵袭破坏的血管再次大出血才是本案的关键。疾病发展的不同阶段,主要病因也会发生变化。(2)十二指肠球部溃疡大出血稳定期,预防再次出血等治疗可行介入或外科治疗,根据病历记载,介入科会诊认为没有介入指征,故患者外科手术治疗是唯一可选方案,不是普遍不普遍和应用概率的问题。患者"稳定期"有外科手术指征。(3)外科会诊意见仅认为手术风险极高,死亡率极高,预后极差。所以十二指肠球部溃疡大出血稳定期及时针对病因治疗是关键。

后,双方就甲医院的诊疗行为是否存在过错进一步提交医学书籍、文献及指南等证据。

最终,一审法院对该案作出民事判决书,判令甲医院按照5%的比例赔偿患者家属医疗费、护理费、营养费、死亡赔偿金、丧葬费及精神损害抚慰金共计近6万元。后,患者家属不服上诉。二审法院以事实不清为由,裁定撤销一审判决,将本案发回一审法院重审。

一审法院重新组成合议庭审理了本案,申请某专家作为专家辅助人出庭,与鉴定人讨论;且组织了专家论证,就双方争议的医学专业问题及甲医院的诊疗行为是否存在过错,与患者死亡的后果之间是否存在因果关系进行了论证,后专家们基本达成共识,鉴定人依据的指南并不适用于患者的实际情况。最终判决甲医院按照5%的比例赔偿患者家属各项损失近10万元。判决后,患者家属不服,再次上诉,认为一审判决无视鉴定结论,自行认定甲医院的诊疗行为是否存在过错及责任参与度,认定事实及适用法律均错误。请求撤销原判,依法改判。二审法院审理后,作出判决:驳回上诉、维持原判。

【研究主旨】

鉴定结论明显缺乏依据时,法院是否有权直接作出相反认定,径行作出裁判?

【裁判要旨】

一审法院第一次审理时,认为鉴定人出庭作证,就鉴定意见书确认甲医院的诊疗行为存在错误的依据解释不清,对法院致函询问的问题避而不答,使法院有理由相信鉴定结论依据不足。且经审查双方当事人补充提供的证据,法院认为医方提供的理论书籍、文献、指南等证据效力高于患方提供的证据。故法院就此认为鉴定意见认定甲医院存在没有针对患者病因进行治疗存在错误的结论是错误的,但认可鉴定结论确认外科手术风险的告知不足的错误,故酌情确定甲医院应当承担的赔偿责任比例为5%。

二审法院认为,本案中如果法院认为司法鉴定意见书经质证后明显依据不足,不能认定其证明效力,则在此情况下,待证事实仍处于真伪不明的状态,应当释明当事人进一步举证或依职权进一步调查取证,以查清相关事实并作出责任认定。最终裁定撤销一审判决,将本案发回一审法院重审。

一审法院重审后认为,患者在诊疗活动中受到损害,医疗机构及其医务人员有过错的,由医疗机构承担赔偿责任。从该条规定可以看出,医疗机构承担赔偿责任需同时具备如下要件:一是医疗机构及其医务人员对患者实施了诊疗行为;二是患者存在损害后果;三是医疗机构及其医务人员的诊疗行为存在过错;四是医疗机构及其医务人员的过错行为与患者的损害后果之间存在因果关系。

关于甲医院的诊疗行为是否存在过错的问题。患者入院行内镜止血手术及其他的对症治疗,两周时间,未存在呕血、黑便、心率、血压等较为平稳,血色素有所升高。上述症状均可确认患者"病情稳定",而不存在活动性出血。后患者意识丧失之前患者的病情确处于稳定状态,不存在"活动性出血"的情形。同时"活动性出血"与"急性出血"非同一医学概念,鉴定意见认为此时需要针对病情进行治疗即针对病灶进行外科手术治疗的判断依据是南昌指南中的针对"急性"出血的处置方法,系专业理论适用错误,故法院对鉴定报告中就此项过错结论,不予采信。患者第二次大出血时具有手术指征,不存在手术禁忌症。此时行外科手术虽风险极高,死亡率高,预后极差。但是否实施手术,选择权在患者家属。甲医院未提供证据证明其就手术的相关问题与患者家属进行了沟通并履行了告知义务,存在过错。故法院就鉴定机构关于甲医院告知方面存在过错的结论予以采信。根据鉴定意见,综合考虑患者的病情发展过程、手术难度、生存率等因素,法院认为患者的死亡结果主要原因应为其自身疾病转归所致,甲医院亦认可承担5%轻微责任,法院认为并无不妥。

二审法院认为,根据《侵权责任法》,一般医疗损害责任纠纷,适用过错责任原则,即由患方承担举证责任。本案双方争议的焦点系法院是否有权在鉴定机构已经出具鉴定意见书的情况下,对鉴定结论不予采信。因司法鉴定意见书只是证据的一种,其效力需经双方当事人质证后,由法院依法予以确认。对于存在违反法定程序或者鉴定结论作出的依据明显不足等情形的鉴定意见书,法院当然有权对其证明效力不予采信。本案司法鉴定中心出具的司法鉴定意见书,经质证后,甲医院提交的书证及其聘请的专家辅助人当庭陈述,使人有理由认为该司法鉴定意见书认为甲医院在患者第二次出血前未针对病因进行治疗,属过错诊疗行为的判断,缺乏科学依据。在此情况下,这一本案关键事实,仍处于真伪不明的状态,应由患者家属就此继续举证。现患者家属未再申请进行司法鉴定,放弃了举证的权利。而法院仅凭其提供的证据,尚不足以认定甲医院存在上述过错。在现有证据情况下,一审法院未完全采信鉴定意见书,对于可以明确的甲医院的诊疗行为中存在的不足,酌情确定其应当承担的责任,并无明显不当,且判决论理部分分析论证清晰、充分。患者家属认为一审判决未采信司法鉴定意见书,属于滥用裁量权,认定事实及适用法律均错误,明显依据不足,法院难以采信。

【法律评析】

《侵权责任法》实施后,一般医疗损害责任纠纷案件,适用过错责任原则,即由患方对被诉医疗机构存在过错,且因该医疗机构的过错给其造成损害,承担举证责任。这里的举证责任当然是指结果意义上的举证责任。由于医疗纠纷涉及医学专业问题,仅有病历、医学理论书籍、诊疗规范及指南,法官通常不能直接对医疗行为是否存在过错作出评价。因此,往往需要委托专门机构进行医疗损害责任鉴定,并参考该鉴定机构出具的司法鉴定意见书,对争议的事实作出认定判断。既然此类纠纷适用一般过错责任原则,则医患双方提供由自己保管的病历等证据后,须由患方承担启动鉴定的责任。正如2017年《医疗损害司法解释》第4条①规定的,患者依据《侵权责任法》第54条规定主张医疗机构承担赔偿责任的,应当提交到该医疗机构就诊、受到损害的证据。由于患者举证能力相对较弱。为此,《医疗损害司法解释》规定,患者无法提交医疗机构或者其医务人员有过错、诊疗行为与损害之间具有因果关系的证据,依法提出医疗损害鉴定申请的,人民法院应予准许。但是鉴定机构作出的司法鉴定意见书,仅仅是证据的一种,按照《民事诉讼法》及其司法解释的规定,证据的证明效力,是需要经双方当事人质证后,由法院进行认定。且根据《证据规定》,对于明显存在瑕疵的鉴定意见,法院是有权要求鉴定机构进行补充鉴定,甚至启动重新鉴定程序的。由此可见,法院当然有权对鉴定结论不予采信,当然这需要经过法定程序进行严格审查才能做出。

  本案原审法院第一次审理程序中,甲医院对鉴定结论不予认可,当庭陈述了理由,并提供了相关理论书籍、指南等书证,使法官对鉴定结论产生怀疑,患方也提供了相关的理论书籍、指南等证据。法官自行进行比较,就得出甲医院提供的理论书籍、指南的效力高于患方提供的书证的效力,显然超出了法官的判断能力,也不符合相关程序要求。因为针对不同的疾病,有不同的诊疗规范和指南。指南多是各学术组织制定的,没有规范性文件明确哪个指南的效力就一定高于其他指南。一审法官依据其上

---

① 2020年修正后的《医疗损害司法解释》第4条第1款规定,患者依据《民法典》第1218条规定主张医疗机构承担赔偿责任的,应当提交到该医疗机构就诊、受到损害的证据。

述判断,得出鉴定意见不能被采信的结论。至此,应该说尚未完全超出法官的职权范围。但此后,一审法官直接就此认定医疗机构除告知以外不存在过错诊疗行为,并径行作出裁判,显然就缺乏依据且超出职权和能力范围了。应该说鉴定结论被否定后,待证事实处于真伪不明的状态。法官应向双方当事人释明可能的法律后果,由当事人进一步举证,对超出法官判断能力的医学专业问题,还应通过补充鉴定或重新鉴定程序,由鉴定机构对相关问题进行判断。但是司法实践中,鉴定机构对于法院委托的重新鉴定,并不乐于接受,可能是由于此类纠纷双方矛盾深、涉及的医学问题较为复杂等多种原因导致。所以,司法实践中,在重新鉴定不能实现的情况下,为解决纠纷,有法院探讨通过召开专家论证会的方式对争议问题进行讨论,得出倾向性意见,帮助法官形成有一定科学依据的内心确认,从而对案件作出正确的裁量。本案一审法官在重审过程中,就是采取了这种方法,最终对案件重新作出裁判,虽然从结果上看,两次裁判并无实质上的差异,但是却是基于不同的裁判基础,明显重审结果更符合程序正义及实体正义的要求。

上述两个典型案例,揭示司法实践中,存在因法官对于鉴定结论认定过程中的不足,均导致裁判结果的错误的情形,有着很好的警示作用。同时,值得注意的是,一旦否定了鉴定意见,原则上讲,意味着待证事实仍处于真伪不明的状态,需明示当事人进一步举证。

对鉴定结论的错误解读,也是造成错判的原因之一。不可否认,有些错误判决并非因医疗损害司法鉴定意见书给出的错误结论造成的,而是由于法官没有正确解读鉴定意见,错误地认定因果关系及原因力大小,以致错误地确定了赔偿责任。

下面介绍的汪某夫妇与甲医院的医疗损害责任纠纷案就属于这样的典型案例。

案例 8-3　法官错误理解司法鉴定意见导致判决不公

汪某因"停经 39 周加 3 天,不规律下腹痛伴见红 6 小时"至甲医院产科住院待产。该院经检查诊断汪某有先兆临产症状。入院当日,主任医师查房后指示向患者及家属交待孕期 B 超曾提示胎儿侧脑室增宽,不排除胎儿畸形的可能。翌日,主任医师查房后指示行人工破膜,密观胎心及宫缩情况。同日 15 时 15 分,因可疑枕后位消毒上台行阴道检查,徒手转胎位不成功,胎心突然减慢,处理 5 分钟后仍不见好转,再次处置,考虑胎儿宫内窘迫(胎心型),因体征显示短时间内不能经阴道分娩,也不能予以产钳助产,故建议急诊行子宫下段剖宫产术。汪某及家属同意手术并签字。甲医院遂对汪某行子宫下段剖宫产术,汪某娩出 1 女婴。因女婴脐带较细,绕右腿 1 周(紧),清理呼吸道,无呼吸,肌张力差,断脐交台下抢救。甲医院对汪某及婴儿的诊断为:孕 2 产 1 孕 39 周加 4 天头位、剖宫产,继发宫缩乏力,持续性枕后位,胎儿宫内窘迫(胎心型),脐带绕右腿 1 周(紧),新生儿青紫窒息。术后,汪某安返病房,后出院。因新生儿无哭声、皮肤青紫、四肢肌张力低,心率 140 次/分左右,急请儿科医师对新生儿会诊,吸氧、吸痰及刺激皮肤反应后患儿有自主呼吸,会诊诊断为:新生儿呼吸窘迫综合征、新生儿先天性肺发育不良。后由儿科医师联系转某儿科医院(以下简称乙医院)进一步诊治。该院对新生儿予以对症支持治疗,后患儿窒息应激出现消化道出血伴贫血,经治疗,消化道出血消失,贫血纠正,但患儿频发惊厥,导致撤机失败。乙医院对患儿的诊断为:新生儿肺炎、新生儿窒息、新生儿缺氧缺血性脑病、产瘤、肺出血、消化道出血及新生儿贫血,在告知汪某夫妇患儿的病情及停止治疗的危险后,在汪某夫妇因担心患儿预后问题,决定放弃治疗,并自愿承担相关风险。次日,患儿因呼吸衰竭死亡。

汪某夫妇认为甲医院的医疗行为存在过错,以医疗损害责任纠纷为案由,起诉至一审法院,要求甲医院赔偿死亡赔偿金、医疗费及精神抚慰金共计 80 余万元。

甲医院认为其对汪某的生产过程及对其女的诊治过程不存在医疗过

错,汪某之女转入乙医院后死亡系由汪某生产时出现继发官缩乏力、持续枕后位、胎儿官内窘迫所致,故不同意汪某夫妇的诉讼请求。

一审法院审理中,依法委托某司法鉴定机构(以下简称鉴定所)对甲医院的诊疗行为是否存在过错,如果存在过错,该过错与新生儿的损害后果之间是否存在因果关系,以及如果存在因果关系,诊疗行为在患儿的损害后果中所占原因力大小进行鉴定。鉴定所鉴定后,出具司法鉴定意见书。鉴定意见为:甲医院在对汪某诊疗过程中,存在医疗过失,加重了胎儿自身存在的脐带缠绕腿部过紧所致的胎儿官内窘迫,与汪某之女出生后的新生儿窒息有一定的因果关系,建议甲医院承担共同责任(医疗过失参与度考虑为D级)。汪某夫妇对该司法鉴定意见无异议;甲医院认为患儿的死亡后果与汪某夫妇放弃治疗有直接因果关系,并非因其诊疗过失所致,同时认为其诊疗过失仅与新生儿窒息有直接因果关系,司法鉴定意见所确定的过失责任比例过高。

一审法院判决甲医院按照50%的比例,对汪某夫妇主张的损失中合理部分予以赔偿,共计赔偿汪某夫妇各项损失30余万元。判决后,甲医院不服上诉,称:司法鉴定明确认定我院存在过错,仅造成新生儿窒息的后果,明确新生儿死亡系家属放弃治疗所致,一审法院在确认我院应承担的责任时,漠视鉴定结论将我院责任对应的损害后果确认为新生儿窒息而非死亡的事实,主观臆断,确认我院承担同等责任,并按照50%的比例承担赔偿责任,缺乏事实及法律依据,请求撤销原判,依法改判。

【研究主旨】

甲医院是否应当就新生儿死亡的后果按照同等责任对应的50%的比例承担赔偿责任?

【裁判要旨】

一审法院认为,汪某在甲医院入院生产,先进行阴道试产,后因胎儿官内窘迫转行子官下段剖官产术。司法鉴定认为,甲医院在汪某生产进展过程中,处理不及时,剖腹产延迟,存在医疗过失,加重了胎儿官内窘迫,与患儿窒息有一定的因果关系,应承担相应的赔偿责任。同时,甲医院的医疗过失行为与胎儿脐带绕腿过紧因素共同作用,导致患儿出现新生儿肺炎、新生儿窒息、新生儿缺氧缺血性脑病、产瘤、肺出血、消化道出血及新生儿贫血的疾病,汪某在考虑患儿预后可能存在终身疾病的前提下放弃对患儿的继续治疗。患儿死亡虽与汪某放弃治疗有直接因果关系,但其发生、发展的根源系源自甲医院的医疗过失行为,故甲医院的医疗过失间接导致了患儿死亡的损害后果,对此甲医院亦应按同等责任承担相应的赔偿责任。故对汪某夫妇主张的死亡赔偿金、医疗费中的合理部分,法院予以支持,具体赔偿数额由法院参照过失程度、法律相关规定及本案实际情况予以确定,对其过高要求,不予支持。对于汪某主张的精神损害抚慰金,予以酌定,对过高部分,不予支持。关于甲医院辩称司法鉴定结论确认其医疗过失责任比例过高,以及其诊疗行为与患儿死亡后果之间不存在因果关系的意见,依据不足,法院不予采信。

二审法院认为,一审法院认定甲医院对新生儿死亡这一后果承担的责任过重,因果关系不对应。经给双方当事人做调解工作,双方当事人自愿达成如下协议:甲医院一次性支付汪某夫妇各项损失合计人民币27万元。

【法律评析】

本案涉及在医疗机构的诊疗行为存在过错,给患者造成一定损害后果,但患者放弃治疗直接导致发生死亡后果时,如何合理确定医疗机构应该承担的责任问题。

法院在审理此案中存在两种观点。一种观点认为根据司法鉴定意见书,可以确认甲医院在对汪某诊疗过程中,存在医疗过失,加重了胎儿自身存在的脐带缠绕腿部过紧所致的胎儿官内窘迫,与汪某之女出生后的新生儿窒息有一定的因果关系,建议甲医院承担共同责任(医疗过失参与度考虑为 D 级)。患儿死亡虽与汪某夫妇放弃治疗有直接因果关系,但其发生、发展的根源系甲医院的医疗过失行为,故甲医院的医疗过失间接导致了患儿死亡的损害后果,对此甲医院亦应按照鉴定意见书给出的责任参与度 D 级的结论(即 40%—60%)承担相应的赔偿责任。原审法院按照 50% 的比例确定了甲医院的责任,是适当的。另一种观点则认为,司法鉴定明确甲医院在对汪某的诊疗过程中存在过错,但这种过错仅与汪某之女出生后发生新生儿窒息有一定的因果关系,并未认定与新生儿死亡的后果有因果关系,且建议的责任参与度也是针对新生儿窒息这一后果作出的。所以如果汪某夫妇没有放弃治疗,孩子依然存活,甲医院按照鉴定机构确定的责任比例,就孩子治疗所产生的医疗费进行赔偿,如果孩子残疾,甲医院还应依鉴定结论确认的责任比例赔偿残疾赔偿金、精神抚慰金等各项损失,即便很有可能出现甲医院实际支付的费用高于本案一审确定的赔偿数额,但这才是其应当承担的赔偿责任。本案中,新生儿死亡的后果实际是家属由于担心孩子预后不好,可能出现终身残疾从而作出放弃治疗的决定直接造成的,而且家属的这种担心并无明确的专家意见或鉴定结论支持。一审法院判令甲医院按照 50% 的责任赔偿汪某及新生儿的医疗费,符合侵权案件构成要件之一即因果关系,但如果还是按照 50% 的比例让甲医院承担死亡赔偿金,就直接违反了侵权责任的原则性规定,让甲医院对并非因其过失行为造成的损害承担了赔偿责任。所以,即使新生儿真的存在残疾后果,导致家属放弃治疗,新生儿的死亡后果也是多个原因造成的,不可否认汪某夫妇放弃治疗是导致新生儿死亡后果的直接原因,由此应降低甲医院在新生儿死亡后果中应承担的责任比例。

笔者持第二种意见。在医疗损害赔偿案件中,司法鉴定是法官认定案件事实、确认医疗机构责任的关键证据。法官在判断被诉医疗机构是否应当承担侵权责任、承担的责任比例时,应严格掌握侵权责任的构成要件是否成立,正确解读司法鉴定意见书,厘清因果对应关系,这是正确处理此类案件的关键所在。稍有疏忽,可能就导致侵权事实与损害后果脱离,误判、错判的情况出现,影响司法公正性。

第九章 患方合理损失的确定

引言 我国医疗纠纷法律规定不断完善,但历史中有一段时期法律适用还存在二元化的问题,导致不同时期医疗损害赔偿项目及适用标准存在不同。为了使读者对法院确定损失数额有正确的认知,本章不仅梳理了不同时期法定赔偿范围、计算标准,还结合司法实践就各项具体损失的认定做出了较为详细的说明,并就影响赔偿责任比例的几个重点因素进行了分析,包括一些热点问题,如医疗机构超范围职业、违规外包科室,以及多因一果情况下的责任分担问题。同时,还特别针对社会普遍关注的"缺陷出生"问题,从民事赔偿的角度进行了阐述。

一、合理损失的范围

(一)不同阶段的法律适用

(1)最高人民法院为配合《侵权责任法》的实施,于2010年6月30日下发《最高人民法院关于适用〈中华人民共和国侵权责任法〉若干问题的通知》。通知明确规定,侵权行为及损害后果均发生在侵权责任法实施之前的民事侵权纠纷,适用当时的法律法规;侵权行为发生在侵权责任法实施之后,或者侵权事实虽发生在 2010 年 7 月 1 日前,但损害后果出现在 2010 年 7 月 1 日之后的民事侵权,均适用侵权责任法的规定。

(2)《侵权责任法》实施之前的医疗侵权纠纷,法律适用存在二元化,即对构成医疗事故的,参照《医疗事故处理条例》的规定进行处理;对虽不构成医疗事故,但存在过错且造成患者损害的,则按照《民法通则》及 2003 年《人身损害司法解释》的规定处理。

(3)《民法典》实施后的法律适用问题应当遵循《最高人民法院关于适用〈中华人民共和国民法典〉时间效力的若干规定》。

(二)法律及司法解释规定的人身损害赔偿项目、计算方法及标准

《侵权责任法》实施了 10 年,目前《民法典》也已经生效。在此就不再讨论《医疗事故处理条例》规定的赔偿项目范围、计算方法及赔偿标准,仅就目前《民法典》规定的医疗侵权赔偿案件的患方合理损失范围、计算方法及标准进行探讨,并与《侵权责任法》的相关规定进行对比。

1. 关于人身损害赔偿范围

人身损害赔偿范围,是指人身损害赔偿义务人给予赔偿权利人的赔偿所包含的具体项目。

2003 年《人身损害司法解释》第 17 条、第 18 条规定了人身损害的赔偿项目。后《侵权责任法》实施,《侵权责任法》第 16 条规定:"侵害他人造成人身损害的,应当赔偿医疗费、护理费、交通费等为治疗和康复支出的合理费用,以及因误工减少的收入。造成残疾的,还应当赔偿残疾生活辅助具费和残疾赔偿金。造成死亡的,还应当赔偿丧葬费和死亡赔偿金。"目前,《民法典》第 1179 条规定,侵害他人造成人身损害的,应当赔偿医疗费、护理费、交通费、营养费、住院伙食补助费等为治疗和康复支出的合理费用,以及因误工减少的收入。造成残疾的,还应当赔偿辅助器具费和残疾赔偿金;造成死亡的,还应当赔偿丧葬费和死亡赔偿金。

相比《侵权责任法》,《民法典》将赔偿项目进行如下调整:一是,将2003年《人身损害司法解释》已有规定,但未被《侵权责任法》列入赔偿项目的"营养费"和"住院伙食补助费"补充进法律;二是,对2003年《人身损害司法解释》规定的"住宿费"未予规定;三是,2003年《人身损害司法解释》规定的被扶养人生活费再次未被列明;四是,沿袭了《侵权责任法》规定的"丧葬费",未再将2003年《人身损害司法解释》规定的"受害人亲属办理丧葬事宜支出的交通费、住宿费和误工损失"等其他合理费用予以列明;五是,将2003年《人身损害司法解释》规定的"必要的营养费"中"必要的"删去,直接规定为"营养费"。至于未被规定进《民法典》的上述费用是否属于"等合理费用"而继续在司法实践中被支持,修订后的《人身损害司法解释》已经给出了答案。

2. 关于各项经济损失的计算方法

《人身损害司法解释》第6条至第17条,详细规定了各项损失的计算方法和依据,具有很强的可操作性。具体规范内容在本章"各项具体经济损失的确定"中再为大家介绍。

3. 损失计算的适用标准

(1)《人身损害司法解释》第14条至第18条及第22条确定了计算损失的适用标准,即受诉法院所在地,截至一审法庭辩论终结时,上一年度相关官方发布的统计数据。

(2)《医疗损害司法解释》

长期以来,由于《人身损害司法解释》规定的损失计算以受诉法院所在地的生活水平为基准,导致部分偏远、生活水平较低地区的患方采取"拉管辖"的方式,选择到"北上广"等一线城市或其他大、中城市进行医疗侵权赔偿纠纷诉讼,以获取较高数额的赔偿金。但是这种做法,不仅直接加重了实际承担赔偿责任的医疗机构的负担,还不可避免地加重了大中城市、一线城市的审判压力,并不符合立法精神,一直被实务界诟病。

最高人民法院经过7年的调研,最终于2017年12月13日出台了《医疗损害司法解释》,翌日12月14日即开始实施。《民法典》出台后,人民法院于2020年12月对该司法解释进行了修正,修正后的《医疗损害司法解释》自2021年1月1日起施行。司法解释第24条规定,被侵权人同时起诉两个以上医疗机构承担赔偿责任,人民法院经审理,受诉法院所在地的医疗机构依法不承担赔偿责任,其他医疗机构承担赔偿责任的,残疾赔偿金、死亡赔偿金的计算,按下列情形分别处理:(1)一个医疗机构承担责任的,按照该医疗机构所在地的赔偿标准执行;(2)两个以上医疗机构均承担责任的,可以按照其中赔偿标准较高的医疗机构所在地标准执行。这一规定,有效遏制了"拉管辖"现象的蔓延。

案例9-1　患者合理损失的确定既要遵守相关规定,又需要法官根据案件实际情况综合考量

患者马某因左肾结石,曾多次在当地医院行体外碎石,B超显示左肾仍有近两厘米大小结石,为进一步手术治疗,马某于2014年在河北省某医院(以下简称甲医院)住院治疗近1个月,被诊断为左肾门处多发结石并左肾积水,左肾窦内多发结石;右肾、膀胱未见明显异常,双输尿管未见明显扩张。住院期间,甲医院为马某行"经尿道输尿管插管"手术,穿刺失败,家属要求择期再次穿刺。马某术后出现泌尿系统感染。院方予抗炎治疗,后于11月4日为马某行"左肾盂、左肾切开取石术",术中留置DJ管。术后继续予以抗感染等治疗,泌尿道感染控制稳定后出院,嘱1个月后拔管。

出院10日后,马某因无诱因发热两天再次至甲医院住院治疗,院方考虑留置DJ管引起感染可能性较大,感染控制稳定后予以拔管处置。马某病情仍未见明显好转,其家属要求转上级医院就诊。当日,马某被转至北京某三甲医院(以下简称乙医院)住院治疗,该院诊断:考虑肾盂肾炎可能性大,伴左肾积水。乙医院予在门诊膀胱镜急行 DJ 管置入术,置入失败。乙医院虽向患方告知了手术必要性及风险,但马某及家属开始时一直不同意行肾穿刺造瘘术。后经患方同意,乙医院为马某行左肾盂穿刺造瘘术,手术顺利,引出左肾积液。马某情况稳定,遂转回甲医院继续术后对应治疗。2个月后,影像学检查示:马某左肾盂穿刺造瘘术后,左肾输尿管上段重度狭窄。

马某于 2018 年以甲、乙两家医院存在医疗过错,给其造成损害为由,向乙医院所在地北京市某基层法院(以下简称 A 法院)起诉,要求甲、乙两家医院按照 40% 的比例,共同赔偿其医疗费、住院伙食补助费、误工费、护理费、交通费、住宿费、残疾赔偿金(按照北京市的标准)及精神抚慰金共计 50 余万元。A 法院审理过程中,就甲、乙两家医院的诊疗行为是否存在过错、与马某的损害后果之间是否存在因果关系,以及马某是否构成伤残委托进行了司法鉴定。经鉴定,马某目前损害后果属 8 级伤残;建议误工期为 90—120 日,护理期为 90 日,营养期为 90 日。甲医院存在注意义务履行不够的不足,且与马某左肾输尿管上段重度狭窄,需行肾盂穿刺造瘘的损害后果之间存在部分因果关系,应承担次要责任;乙医院无过错,无责任。

A 法院经审理,认为甲医院应按照 30% 的比例承担赔偿责任,最终判决:甲医院赔偿马某医疗费、住院伙食补助费、营养费、护理费、转诊的交通及住宿费、残疾赔偿金(按照河北省标准)、残疾辅助器具费(按照 2 年期间计算)、精神损害抚慰金及鉴定费共计 11 万元。马某不服上诉,提出 A 法院按照河北省标准计算残疾赔偿金有失公平,仅判令甲医院赔偿 2 年的换管费用,违反法律关于 20 年赔偿期限的规定。后马某向二审法院申请撤诉。

【研究主旨】

本案有两个争议焦点:一是如何适用赔偿标准问题;二是法官是否可

以突破法律关于按照 20 年计算残疾辅助器具费、后续治疗费等损失的规定作出裁判。

【法律评析】

要对上述问题作出判断,先要厘清法律适用问题。

首先,需要认定的是赔偿标准问题。2010 年 7 月 1 日,《侵权责任法》实施后,适用该法审理的医疗侵权赔偿案件,如被诉医疗机构存在过错,造成患者实际损害,被确认构成侵权的,应当按照《侵权责任法》、2003 年《人身损害司法解释》及 2001 年《精神损害司法解释》等相关法律法规及司法解释的规定,确定各项合理损失。《侵权责任法》第二章①规定了责任构成和责任方式,其中第 15 条②规定了承担侵权责任的主要方式;第 16 条③规定了侵害他人人身造成人身损害的,应当赔偿的损失的范围;第 18 条④规定了请求权人范围;第 25 条⑤规定了赔偿费用的计算方式,即损害发生后,当事人可以协商赔偿费用的支付方式,协商不一致

---

① 《民法典》第七编是侵权责任,第一章是关于侵权责任的一般规定,第二章是损害赔偿的相关规定。

② 《民法典》第 179 条规定,承担民事责任的方式主要有:(1)停止侵害;(2)排除妨碍;(3)消除危险;(4)返还财产;(5)恢复原状;(6)修理、重作、更换;(7)继续履行;(8)赔偿损失;(9)支付违约金;(10)消除影响、恢复名誉;(11)赔礼道歉。法律规定惩罚性赔偿的,依照其规定。本条规定的承担民事责任的方式,可以单独适用,也可以合并适用。

③ 《民法典》第 1179 条规定,侵害他人造成人身损害的,应当赔偿医疗费、护理费、交通费、营养费、住院伙食补助费等为治疗和康复支出的合理费用,以及因误工减少的收入。造成残疾的,还应当赔偿辅助器具费和残疾赔偿金;造成死亡的,还应当赔偿丧葬费和死亡赔偿金。

④ 《民法典》第 1181 条规定,被侵权人死亡的,其近亲属有权请求侵权人承担侵权责任。被侵权人为组织,该组织分立、合并的,承继权利的组织有权请求侵权人承担侵权责任。被侵权人死亡的,支付被侵权人医疗费、丧葬费等合理费用的人有权请求侵权人赔偿费用,但是侵权人已经支付该费用的除外。

⑤ 《民法典》第 1187 条规定,损害发生后,当事人可以协商赔偿费用的支付方式。协商不一致的,赔偿费用应当一次性支付;一次性支付确有困难的,可以分期支付,但是被侵权人有权请求提供相应的担保。

的,赔偿费用应当一次性支付,一次性支付确有困难的可以分期支付,但应当提供相应的担保。主流观点认为,《侵权责任法》确立了一次性赔偿的原则。2003年《人身损害司法解释》较为详细地规定了受害人遭受人身伤害可以获得赔偿的范围、计算标准、赔偿年限、给付方式等,明确赔偿标准采用受诉法院所在地上一年度统计局公布的相关数据,其中第25条规定:"残疾赔偿金根据受害人丧失劳动能力程度或者伤残等级,按照受诉法院所在地上一年度城镇居民人均可支配收入或者农村居民人均纯收入标准,自定残之日起按二十年计算。但六十岁以上的,年龄每增加一岁减少一年;七十五岁以上的,按五年计算。"[1]

因为规定明确,一直以来,司法实践中基本上都是按照受诉法院所在地标准计算相关损失。但由于多种原因引起"异地诉讼"的医疗损害赔偿案件,仅采用这一标准计算相关损失,极有可能导致裁判结果不太公平。直到2017年《医疗损害司法解释》实施,上述情况才得以缓解。该司法解释第19条规定"两个以上医疗机构的诊疗行为造成患者同一损害,患者请求医疗机构承担赔偿责任的,应当区分不同情况,一个医疗机构承担责任的,按照该医疗机构所在地的赔偿标准执行"。

本案中,经司法鉴定确认,乙医院对马某的诊疗过程并无过错,不需承担赔偿责任;甲医院在对马某的诊疗中履行注意义务不够,该过失与马某左肾输尿管上段重度狭窄、需行肾盂穿刺造瘘的损害后果间存在部分因果关系,应当承担次要责任。甲医院应对其过错行为给马某造成的各项合理损失,按照其应承担的责任比例予以赔偿。至于残疾赔偿金的计算标准,因本案一审期间,《医疗损害司法解释》已经实施,按照该司法解释的规定,乙医院无责,仅甲医院承担赔偿责任,则应按照甲医院所在的河北省的相关标准计算。马某坚持认为应当按照受诉法院所在地北京市的标准计算此项损失,显然不符合现行法律规定。

其次,关于本案仅按照已发生的费用标准支持马某两年期间的残疾

---

[1] 规定在2020年《人身损害司法解释》第12条第1款。

辅助器具费(更换套管费用)是否适当的问题。马某要求赔偿的残疾辅助器具费,系按照已经发生的更换套管费用,计算20年得出的。A法院并未遵循惯例,支持其主张的20年期间的全部费用,而是考虑到马某实际情况、更换周期及所需费用存在不确定性,酌定支持了2年费用,并明确超过该期限,马某可凭实际更换耗材费用另行主张。马某坚持认为一审法院如此处理属违法裁判。

笔者对此认为,当时生效的《侵权责任法》第25条①规定的支付方式有两种,即一次性支付和分期支付,可以看出法律并不禁止分期支付。本案虽然形式上不符合该条款规定的分期支付的条件,但毫无疑问,法官不能机械地照搬法律条文,只有法官熟悉法律、尊重法律、依法裁判,同时能动地适用法律,才能使案件得到公平、公正的处理,真正实现政治效果、法律效果和社会效果的统一。本案有其特殊性:第一,马某虽已被鉴定为八级伤残,但理论上讲,肾盂造瘘后,不属于临床上完全稳定的状态,即从长远看,马某的损害尚不完全确定,如经过一定时间治疗和恢复,情况好转,可能其残疾程度减轻,但如果病情持续恶化,肾功能丧失,其残疾程度还可能加重。第二,随着经济发展,物价水平变化,马某二审提供的证据证实,其今年换管费用已经增加,因此几年后马某用于换管的费用增加的可能性很大,按照目前发生的换管费用这一较低标准判决甲医院一次性赔偿20年换管费用,对于马某合法权益的保护,也并非有利的。第三,A法院考虑的换管周期因马某身体情况而变化,并不确定的情况也是存在的。第四,甲医院作为该地区公立三甲医院,未来很长时间内,都应具备履行能力,并不会因未一次性支付此项费用而对马某的权益造成实际损害。鉴于以上几种情况,本案中判决甲医院赔偿马某2年的换管费用,之后的费用根据实际情况再行主张,是对双方利益的有效保护,是法院依法行使裁量权的体现,并无不当。

---

① 《民法典》第1187条规定,损害发生后,当事人可以协商赔偿费用的支付方式。协商不一致的,赔偿费用应当一次性支付;一次性支付确有困难的,可以分期支付,但是被侵权人有权请求提供相应的担保。

我国幅员辽阔,不同地域之间经济发展水平不同,因此医疗资源配置和医疗水平在不同地域之间也存在很大差异,优质医疗资源集中在大城市,以致"北上广"等大城市成为全国医疗中心,各地患者纷纷拥挤到这里的大医院求医问药,以北京某三甲医院为例,日门急诊量基本在万件左右。可见,医疗纠纷发生量相比其他地区也要高出很多。同时,由于这些地区经济水平高于其他地区,很长时间以来,一些人抱着投机的目的,为获得不当的高额经济赔偿,钻法律空子,采取在当地就医受到损害后,来"北上广"这些城市的某个大医院挂个号,甚至未实际看病,就向大医院所在地法院起诉该医院和当地医院。由于按照《人身损害司法解释》的规定,即便这个大医院无责任,实际承担赔偿责任的当地医院也应按照受诉法院所在地的较高标准支付赔偿金。这种被业内称为"拉管辖"的做法,一是加重了实际承担赔偿责任的主体的责任,存在不公;二是使得一些患方客观上获得不当利益;三是造成优质医疗资源不能实现最大化的合理利用;四是加重了"北上广"这些大城市法院的工作压力;五是有个别法官在《医疗损害司法解释》实施前,就突破《人身损害司法解释》的规定,直接采用承担侵权责任的被诉医疗机构所在地或者患者所在地的标准,计算相关经济损失,导致裁判标准不统一的现象发生,一定程度上损害了司法公正性。

为此,最高人民法院花费很长时间,进行大量调研,广泛征求各界意见后,出台的《医疗损害司法解释》,基本上解决了上述问题,对于缓解医疗资源配置结构,缓和经济水平较高的大城市医疗纠纷审理压力,打击利用医疗纠纷不当牟利的不良现象,切实保护医疗机构的合法权益,保障医疗健康事业有序发展,起到了十分积极的作用。但新法出台,势必对固有错误观念造成一定冲击,加之法律知识尚未对社会民众普及,所以法官在审理案件中,不仅要严格依法审判,更要加强释法工作力度,加速民众对相关法律法规的理解。

本案对于认定赔偿年限的审理思路突破,是一种十分有益的司法实践探索。医疗损害责任纠纷案件如其他民事案件一样,千案千面,而现有法律及司法解释对于一些特殊情况并无特别规定,如新生儿死亡和理论生存期较短的恶性疾病患者死亡,医疗机构在诊疗过程中或多或少有一些责任,审判实践中普遍认为按照 20 年计算死亡赔偿金并不公平,但目前法律及司法解释对此尚无特别规定;再比如,侵权行为发生至一审裁判间隔时间长达数年,涉及护理费、营养费等按照哪年标准计算,也无明确规定。审理此类纠纷的法官如果仅机械地套用法律条文,即便裁判结果正确,也谈不上实现真正的公平和正义。法官只有在不违背法律规定及法律原则的情况下,针对个案的特殊性,充分考虑双方当事人利益和平衡,能动地适用法律,依法行使裁量权,才能最大限度地合理保护医患双方的合法权益。本案法官对于残疾辅助器具费的处理,基本上符合上述原则,值得赞赏。但应当注意,我国是成文法国家,法律有明确规定的,应当按照规定处理,法官亦不能滥用自由裁量权,枉法裁判。对于一些明显有漏洞或瑕疵的法律规定,法官可以在司法实践中不断调研、总结,向相关机构提出建议,促进立法工作,以填补现有规范的缺口,弥补相关法律法规的不足。

综上,本案的妥善处理,是对《医疗损害司法解释》的正确理解和适用,是法官正确行使自由裁量权的结果,是司法智慧的体现,对同类医疗损害责任纠纷的妥善处理,起到了引领示范作用。

4. 对《医疗损害司法解释》第 24 条的错误认识

《医疗损害司法解释》实施之后,司法实践中,有法官对该解释第 24 条的理解存在认识上的不清,主要涉及以下两个问题:

一是在生活水平较高地区工作和居住的人,因出差、出游或探亲等原因,在生活水平较低地区期间突发疾病或受伤,先后在当地甲医院和自己居住、生活地的乙医院就诊,并在后者所属法院起诉乙医院和甲医院医疗损害责任纠纷,经司法鉴定确认,仅甲医院应承担侵权赔偿责任,计算损失时应适用甲医院所在地标准还是乙医院所在地法院的标准?实务界存在两种观点。观点一认为,应根据

《医疗损害司法解释》第 24 条第 1 款的规定,按照甲医院所在地标准计算损失数额。观点二认为,按照《人身损害司法解释》第 18 条①的规定,赔偿权利人举证证明其住所地或者经常居住地城镇居民人均可支配收入或农村居民人均纯收入高于受诉法院所在地标准的,残疾赔偿金或死亡赔偿金可以按照其住所地或者经常居住地的相关标准计算。参照此规定,从保护患者合法权益的角度出发,上述情况应按照乙医院所在地的标准计算赔偿金。笔者持第二种意见。2017 年《医疗损害司法解释》实施后,《人身损害司法解释》并未废止。《人身损害司法解释》第 18 条解决的是赔偿权利人住所地或经常居住地与受诉法院所在地标准不同的情况下,如何更好地保护权利人的问题,与《医疗损害司法解释》第 24 条并不冲突。《医疗损害司法解释》第 24 条的立法目的是解决司法实践中"拉管辖"的问题,合理保护患方合法权益的同时,也兼顾合理确定医方应当承担的赔偿责任。在出现本案情况时,应适用《人身损害司法解释》第 18 条的规定确定损失计算标准。此种观点也被最高人民法院所认同。

二是在适用《医疗损害司法解释》第 24 条时,对于丧葬费等损失应适用何种标准计算?实务界也存在两种观点。观点一认为,因《医疗损害司法解释》第 24 条仅规定残疾赔偿金、死亡赔偿金的计算应适用实际承担责任的医疗机构所在地标准,而对于丧葬费等损失的适用标准,并未做出明确规定,就应该按照《人身损害司法解释》的相关规定,适用受诉法院所在地标准计算丧葬费等损失。观点二则认为,虽然《医疗损害司法解释》第 24 条未明确规定丧葬费等损失的适用标准,但从侵权赔偿的填平原则出发,且考虑同一案件适用标准的统一性,应适用实际承担责任的医疗机构所在地的标

---

① 2003 年《人身损害司法解释》第 30 条。

准计算丧葬费等损失，但已经发生的护理费应视案件情况确定。笔者持第二种意见。

为了统一执法尺度，笔者曾就此问题以所在庭室名义向北京市高级人民法院请示，北京高院回复，基本认同笔者的观点。

同时，需要注意的是，《民法典》对损失计算方法有所调整。《侵权责任法》第 20 条规定的损害数额计算方法是优先考量受害人的损失；不能确定损失时，考量侵权人的获益。条文内容为："侵害他人人身权益造成财产损失的，按照被侵权人因此受到的损失赔偿；被侵权人的损失难以确定，侵权人因此获得利益的，按照其获得的利益赔偿；侵权人因此获得的利益难以确定，被侵权人和侵权人就赔偿数额协商不一致，向人民法院提起诉讼的，由人民法院根据实际情况确定赔偿数额。"这一规定反映在医疗纠纷中的问题是，患者损害轻微且损失明确，而医疗机构获益极高，按照《侵权责任法》的规定，患者是不能按照医疗机构由此获得的收益主张赔偿的。显然不利于更好地保护受害人的合法权益，也使得侵权人的侵权成本降低。

《民法典》第 1182 条对损害赔偿数额的计算方法作出规定。条文内容为："侵害他人人身权益造成财产损失的，按照被侵权人因此受到的损失或者侵权人因此获得的利益赔偿；被侵权人因此受到的损失以及侵权人因此获得的利益难以确定，被侵权人和侵权人就赔偿数额协商不一致，向人民法院提起诉讼的，由人民法院根据实际情况确定赔偿数额。"本条款系对《侵权责任法》第 20 条的修订，将"被侵权人受到的损失"与"侵权人获得的利益"并列为第一顺序适用的损害赔偿数额计算方法，而不再仅仅是被侵权人的损失难以确定，且侵权人因此获得利益的，才可以按照侵权人获得的利益赔偿。这仅仅是个人理解，具体的适用有待于时间和最高人民法院解释加以验证。

笔者认为这一规定带来的实践意义在于,法官在考量损失时,可以选择适用更有利于被侵权人的标准,加大对被侵权人的合法权益的保护。比如医疗美容纠纷中,美容机构获利极高,是否可以探讨按照其获益情况确定赔偿金额,当然前提是患方选择以被侵权人获利为主张损失的依据。这样可以督促这一行业增强责任及风险意识,从根源上避免损害、减少纠纷。

(三)各项具体经济损失的确定

1. 医疗费

(1)法律依据

《民法通则》时代,《最高人民法院关于贯彻执行〈中华人民共和国民法通则〉若干问题的意见(试行)》第144条还规定,医药治疗费的赔偿,一般应以所在地治疗医院的诊断证明和医药费、住院费的单据为凭。应经医务部门批准而未获批准擅自另找医院治疗的费用,一般不予赔偿;擅自购买与损害无关的药品或者治疗其他疾病的,其费用则不予赔偿。

目前《人身损害司法解释》第6条规定,医疗费根据医疗机构出具的医药费、住院费等收款凭证,结合病历和诊断证明等相关证据确定。赔偿义务人对治疗的必要性和合理性有异议的,应当承担相应的举证责任。医疗费的赔偿数额,按照一审法庭辩论终结前实际发生的数额确定。器官功能恢复训练所必要的康复费、适当的整容费以及其他后续治疗费,赔偿权利人可以待实际发生后另行起诉。但根据医疗证明或者鉴定结论确定必然发生的费用,可以与已经发生的医疗费一并予以赔偿。

(2)把握原则

在审查患方主张的医疗费是否为合理损失时,需要注意以下几点:一是,医疗费的赔偿范围应当仅限于患者因损害而支出的额外费用,治疗原发疾病及其他与被诉医疗机构责任无关伤病所发生的费用,不应由医方承担;二是,在认定费用具体数额时,应当以实际发生的票据为准,还须结合病历、诊断证明等相关证据。三是,因医疗费属于患者实际支出的费用,法官不宜行使自由裁量权。如果患者只拿着一些药费收据等主张赔偿,而没有提交相应的医嘱、病历资料等,法官应当就这些收据加以甄别,只能将与损害相关的费用认定为患者合理医疗费,而不应不加审核而就医疗费进行酌判。

司法实践中,针对患者是否有权就已经医保报销的医疗费再行向被诉医疗机构主张的问题,一直存在争议,主要有两种观点。一种观点认为,医保是国家给予公民的福利待遇,不能由此减轻或免除侵权人应当承担的赔偿责任,且因交通事故及医疗事故等支出的医疗费,按国家有关规定办理。故患者针对已经医保报销的医疗费,仍可以向被诉医疗机构主张。另一种观点则认为,我们国家侵权赔偿适用的是"填平原则",受害人仅有权就其因侵权人实施的侵权行为给其造成的实际损失主张赔偿,医保报销的医疗费,已经不属患方的损失,故患方无权再行向被诉医疗机构主张赔偿。

笔者倾向第二种意见,因为如果允许患方就已经医保报销的医疗费再行向被诉医疗机构主张,则患方很可能因此获得不当利益。虽然相关规范规定,医保部门可以就已经报销的应由侵权人承担的医疗费向患方追偿,但医保部门大多没有能力就此行使追偿权。以致一旦对患方主张已经医保报销的费用判令被诉医疗机构再行赔偿,患者实际上就获得双重赔偿。同时,由于医疗纠纷,在未经司法审查之前,多数很难判断被诉医疗机构的行为是否存在过错,与患者的损害后果之间是否存在因果关系,如果医保部门以可能存在第三者侵权为由拒绝负担医疗费用,患者很可能无力承担医疗费,医疗机构在责任未明确之前也不会主动免费为患者治疗,患者可能因得不到救治,危及生命。况且,目前情况下,医保部门也无法严格就医疗纠纷提前采取不负担的举措,如果对患者已经医保报销的医费再行支持,无疑使患方获得双重赔偿的概率很大。因此,在没有完善制度设计的可操作性并有效提高医保部门向患者的追偿不当支付医疗费能力的情况下,采取对患者主张的已经医保报销部分的医疗费不予支持的做法,效果更好。但是值得注意的是,经患者自行购买的或单位出资为其购买的商业保险报销的医疗费,由于患者额外支付了对价,目的就是为了给自己加强保障,故不能因此免除或减少被诉医疗机构的赔偿责任。

(3)实践中的问题

第一,有些法官不当地将医疗费排除在医疗侵权案件审理范围之外,而让当事人就此另诉。

患方在起诉医疗侵权案时,一般都将医疗费作为诉请的赔偿项目之一,要求医疗机构作出赔偿。

有少量案件,患者因质疑医疗机构的诊疗行为存在错误或双方存在其他争议,医疗费可能存在部分或者全部未结算,又或者患者对医疗费提出异议的情况。对于未结算的医疗费,因患者自负部分尚不确定,可以告知其另行处理;对于患者针对收费项目、标准提出的异议,应要求医疗机构就此提供说明。这些情况均属于医疗纠纷中正常现象,区分情况妥善处理即可,不会由此导致严重后果。

还是个别案件,由于法官思路不清晰,给当事人乱支招,把本应属于案件审理范围的医疗费,排除在案件审理范围外。例如,之前讲的患者在起诉某医疗损害责任纠纷案,要求该医疗机构退还部分医疗费,一审法官机械地认为退还医疗费属于医疗服务合同纠纷审理范围,于是告知患者就此可以另案起诉医疗服务合同纠纷,让患者在本案中撤销该项诉讼请求,而并未向患者释明可以在本案中作为损失提出。此种做法显然不当,极有可能导致患者的实体权利因法官的释明不当而受到损害。

笔者认为,将医疗费排除出侵权案件审理范围不妥的理由有三:一是在侵权和合同纠纷竞合的情况下,患者作为原告只能选择其一提起诉讼;二是在侵权案由中,医疗费也是法定赔偿项目之一,在确定具体赔偿数额时,法院应当就费用数额进行审查;三是增加当事人的诉累。

第二,医疗费的赔偿范围出现错误。

一是,有些案件没有区分治疗患者原发疾病及其他与医方责任无关的疾病所发生的费用,将全部医疗费计算在合理损失范围内判令由医疗机构按责赔偿。最易出现这样错误的一类案件就是因交通事故致伤,被送到医疗机构救治的患者,医疗机构在救治过程中存在不当医疗行为,与患者最终的损害后果之间存在一定因果关系。显然患者治疗交通事故等原因致伤应支付的费用属于应由患者本人、肇事方或其他责任主体应当或可能承担的治疗原发病的费用,而往往由于医疗机构疏忽,没有就此提出异议,或者法官思路不清,未将医疗机构实施的不当诊疗行为之前的费用与之后发生的医疗费用进行区分,导致裁判错误。

二是,患方已选择向社保报销了部分医疗费,之后起诉医疗机构时仍按照发生的全部医疗费主张,却得到法院支持。例如,王某等人诉某医院医疗损害责任纠纷案中,王某结账后,持原始票据向医保进行了报销,之后向法院起诉时,仍要求医院赔偿其全部医疗费。一审法院将全部医疗费认定为王某的合理损失,判令医院按应当承担的责任比例予以赔偿。医院不服上诉,二审法院花了很大精力向患者释明法律规范、立法本意,多次做调解工作,最终使双方达成一致,将已经报销的部分医疗费从医疗费总额中进行核减,调整了医疗机构应当承担的赔偿金额。

三是,患者投保商业保险获得赔偿后起诉医疗机构时,法官错误地认为已经商业保险报销部分不能重复主张,对此部分医疗费未予支持。例如,张某投保了重大疾病保险(商业险),后在某专科医院治疗期间,该医院实施的诊疗行为存在错误,张某出院后向保险公司申请理赔成功,报销了部分医疗费。后张某以医疗损害责任纠纷为案由起诉该专科医院要求其赔偿经济损失及精神抚慰金,其中一项损失就是花费的全部医疗费。一审在计算赔偿数额时扣除了已经保险公司报销的医疗费。张某不服,就此提出上诉。二审法院认为,考虑到此部分费用是患者自行支付对价投保商业保险获得的赔偿,不能因此减免侵权人应当承担的侵权赔偿责任,一审判决对此项费用处理错误,二审予以改判。

2. 误工费

(1)法律依据

《人身损害司法解释》第7条规定,误工费根据受害人的误工时间和收入状况确定。误工时间根据受害人接受治疗的医疗机构出具的证明确定。受害人因伤致残持续误工的,误工时间可以计算至定残日前一天。受害人有固定收入的,误工费按照实际减少的收入计算。受害人无固定收入的,按照其最近3年的平均收入计算;受害人不能举证证明其最近3年的平均收入状况的,可以参照受诉法院所在地相同或者相近行业上一年度职工的平均工资计算。

(2)把握原则

在确定误工时间时,一般以休假证明为准。如果受害人因伤致残的,则误工时间可以定至定残日的前一天;而在确定务工损失时,对有工作单位的患方,不仅要审查单位出具的误工证明形式是否符合《民事诉讼法》及司法解释对于此类证据的要求,还要让患方提供劳动合同、纳税证明等,以便确认证明的真实性。因为,客观上存在构成残疾但并不一定导致不能继续原有工作的情形,如电脑编程员腿部伤病,并不一定导致其不能继续从事原来的工作。因此,司法实践中,应根据具体情况确定误工时间及误工损失的合理性。

(3)实践中的问题

司法实践中,针对患者收入状况的证明标准,法官们掌握的并不统一。

有的案件当事人仅提供所在单位出具的证明,证明仅涉及患者的收入状况,而没有因病误工导致的损失情况。针对此种情况,存在不同处理结果。一种是判决驳回患方此项主张,理由通常有二:一是,认为此种证明只能说明患者收入状况,但并不能够证明误工期间患者的收入实际减少情况;二是,由于社会诚信大环境不佳,该种证明的证明力较低,如果没有相应的劳动合同、社保登记或纳税证明予以佐证,则难以仅凭单位出具的误工证明就认定存在误工损失。另一种是支持了患者的误工损失,理由是目前社会用工环境对劳动者的保障不够,实践中也存在大量不签订劳动合同、企业不给交五险一金的情况,因此证据采信标准上不宜过严,否则将可能有损患者的利益。

笔者认为,"填平原则"是通过赔偿使原告恢复到侵权前的状态。医疗损害赔偿纠纷,患方须举证证明患者在遭受侵权行为前的收入状况以及因侵权行为而产生的收入实际减少金额,但现实中确实存在用人单位不与劳动者签劳动合同、或是没有固定工作,再或没有固定收入的情况,所以个案应根据不同实际情况区别处理。对于有劳动能力,虽自称有工作单位,但不能举证证明误工损失的,可以参照社会平均工资计算误工损失,甚至对于一些特定人群,是否可以探讨在向双方释法明理,并征求其意见的情况下,采用最低工资标准确定患者误工费。如若不然,很可能出现患方因诉讼而不当受益的情况或者患方合法权益得不到充分保护的情况。

3. 护理费

(1)法律依据

《人身损害司法解释》第 8 条规定,护理费根据护理人员的收入状况和护理人数、护理期限确定。护理人员有收入的,参照误工费的规定计算;护理人员没有收入或者雇佣护工的,参照当地护工从事同等级别护理的劳务报酬标准计算。护理人员原则上为一人,但医疗机构或者鉴定机构有明确意见的,可以参照确定护理人员人数。护理期限应计算至受害人恢复生活自理能力时止。受害人因残疾不能恢复生活自理能力的,可以根据其年龄、健康状况等因素确定合理的护理期限,但最长不超过20年。

受害人定残后的护理,应当根据其护理依赖程度并结合配制残疾辅助器具的情况确定护理级别。

(2)处理原则

患方主张的护理费是否能获得支持,关键要看患者是否需要护理,以生活能力是否减损为判断标准。患者是否需要护理、护理级别及期限,需要参照医嘱或鉴定意见来确定。

如果没有医嘱和鉴定意见明确需要护理,仅是家属自愿放弃工作时间照看患者发生的误工损失,或患者自愿聘请护工发生的费用,一般不予支持。

护理费数额是根据所需护理人员的人数、护理人员收入状况和护理期限来确定的。

在根据医嘱或鉴定意见确定人数和期限后,如果护理人员有收入,参照误工费的标准和证明程度来确定;如果是雇佣护工,则参照行业内护理人员收入的一般标准,法官参考市场标准,具有一定的自由裁量权。

(3)实践中问题

有法官没有严格把握护理费支付的条件,如忽视了护理是否为患者病情所需的问题,将家属出于亲情自愿照护产生的误工损失,认定为合理护理费损失。笔者遇到这样一个案例,一名年满22周岁、生活可自理的外地患者。在甲医院住院治疗后,与该医院发生医疗纠纷,经法院审理后,判决确认甲医院负全部责任,对已经发生的医疗费及其他相关费用按照100%的比例予以赔偿。此后,这名患者在父母陪同下,乘坐飞机多次到北京、上海多家医院进行后续检查、治疗,并二次起诉甲医院要求赔偿就医来回机票款、住宿费、护理费(家属护理产生的误工费),一审判决全额支持。甲医院不服上诉,认为一审判决计算的护理费、交通费明显错误。二审法院认为,患者已经成年且生活基本自理,父母出于亲情对患者进行照护无可厚非,但不能由此加重侵权人的责任;交通费,考虑患者身体情况,应以乘坐经济、相对便捷的交通工具为宜,患者乘坐飞行工具,虽节省了路途所需时间,但一定程度上增加了此部分费用,对此其应自行承担。最终二审法院改判,仅部分支持了患者主张的交通费和护理费。

4. 交通费

(1)法律依据

《人身损害司法解释》第9条规定,交通费根据受害人及其必要的陪护人员因就医或者转院治疗实际发生的费用计算。交通费应当以正式票据为凭;有关凭据应当与就医地点、时间、人数、次数相符合。

(2)处理原则

原则上应当按照司法解释规定,以与就医或转院时间相符的正规票据为准。但现实生活中,由于患者在就医时尚未与医疗机构发生纠纷,也不可能预见到以后会产生纠纷,客观上存在未保留交通费票据的情况。对此,司法实践中,不同法官有不同处理方式,有的法官参考患者的就诊次数、距离,酌定相应的交通费用;有的法官则以证据不足驳回此项请求。

笔者认为,从审判效果来考虑,确应视个案情况具体分析,区别处理,不宜一刀切。

（3）实践中的问题

判断就医交通费是否属于合理损失时，没有考虑患者应乘坐其身体条件允许的、经济、相对便利的交通工具这一基本处理原则。正如前文案例中的患者，其可以选择乘坐舒适、快捷的飞机，但由此增加的费用，并不属于合理交通费，只能由其自行承担。

5. 住宿费

（1）法律依据

《人身损害司法解释》第10条规定，住院伙食补助费可以参照当地国家机关一般工作人员的出差伙食补助标准予以确定。受害人确有必要到外地治疗，因客观原因不能住院，受害人本人及其陪护人员实际发生的住宿费和伙食费，其合理部分应予赔偿。

（2）处理原则

应当严格按照司法解释规定，考量发生住宿费是否为必须，且不能超过国家机关一般工作人员出差住宿标准。

（3）实践中问题

有的法官没有严格按照司法解释规定，判断住宿费是否合理，而是滥用自由裁量权，凭个人主观感觉进行判断。笔者曾经遇到这样一个案例，患者住北京南五环附近，需每天到位于北二环的甲医院门诊接受治疗，为了避免路上耽误时间，其在甲医院附近旅馆租了1间房供其治疗期间使用。后双方发生医疗纠纷，患者将住宿费作为其一项损失，要求甲医院予以赔偿，一审法院判决支持了患者此项请求。二审法院则认为，患者系本市居民，虽居住地与甲医院有一定距离，但交通便利，患者也不属于行动不便的情形，其在门诊就医，为方便、节省时间，自行租住在甲医院附近的旅馆，由此产生的住宿费，不符合法定赔偿项目。最终改判驳回患者此项请求。

6. 住院伙食补助费

(1)法律依据

住院伙食补助费与住宿费一起被规定在《人身损害司法解释》第10条中,前文已引。

(2)处理原则

此项费用应当按照实际住院天数,并参考当地国家机关一般工作人员的出差伙食补助标准来确定。实践中对此并无争议,也鲜少出现认定错误的情形。

7. 营养费

(1)法律依据

《人身损害司法解释》第11条规定,营养费根据受害人伤残情况参照医疗机构的意见确定。

(2)处理原则

与护理费一样,营养费并不是通常意义上生活中认为病人应当加强营养所支出的费用,而是带有一定辅助性医疗的作用,须参考医嘱或鉴定机构意见来确定。

(3)实践中问题

有法官对于是否属于合理损失认定标准过宽,没有审查是否有医嘱或鉴定意见明确要求加强营养,直接按照患者住院时间,参考伙食补助费标准,确定营养费金额。

8. 被扶养人生活费

(1)法律依据

《民法通则》时期,《最高人民法院关于贯彻执行〈中华人民共和国民法通则〉若干问题的意见(试行)》第147条规定,侵害他人身体致人死亡或者丧失劳动能力的,依靠受害人实际扶养而又没有其他生活来源的人要求侵害人支付必要生活费的,应当予以支持,其数额根据实际情况确定。

《侵权责任法》实施后，被抚养人生活费不再单独列项，而是并入死亡赔偿金或残疾赔偿金中。《民法典》继续沿用这一规定。《人身损害司法解释》第 16 条也规定，被扶养人生活费计入残疾赔偿金或者死亡赔偿金。第 17 条规定，被扶养人生活费根据扶养人丧失劳动能力程度，按照受诉法院所在地上一年度城镇居民人均消费性支出和农村居民人均年生活消费支出标准计算。被扶养人为未成年人的，计算至 18 周岁；被扶养人无劳动能力又无其他生活来源的，计算 20 年。但 60 周岁以上的，年龄每增加 1 岁减少 1 年；75 周岁以上的，按 5 年计算。被扶养人是指受害人依法应当承担扶养义务的未成年人或者丧失劳动能力又无其他生活来源的成年近亲属。被扶养人还有其他扶养人的，赔偿义务人只赔偿受害人依法应当负担的部分。被扶养人有数人的，年赔偿总额累计不超过上一年度城镇居民人均消费性支出额或者农村居民人均年生活消费支出额。

(2) 处理原则

患者因被诉医疗机构错误的诊疗行为导致的残疾或死亡结果发生前，有需要患者承担法定扶养义务的人，才有权主张此项费用。

医疗机构不当诊疗行为导致患者构成残疾的，从定残之日起计算被扶养人生活费，导致患者死亡的，从患者死亡之日起计算被扶养人生活费。

被扶养人不满 18 周岁的，此项费用计算到 18 周岁。被扶养人年龄在 18 周岁至 60 周岁之间，需同时满足无劳动能力且无其他生活来源两个条件，才可以按照 20 年期间主张此项费用。既无劳动能力又无其他生活来源，年龄在 60 周岁至 75 周岁之间的被扶养人，主张的抚养费年限为年龄每增加 1 岁，赔偿年限减少 1 年；年龄在 75 周岁以上的，则仅可以主张 5 年。

被扶养人有其他扶养人时，医疗机构只需承担患者应当承担的份额。被扶养人有数人时,医疗机构承担的年赔偿总额不超过年城镇居民人均消费性支出(农村居民人均年生活消费性支出)总额。

(3)实践中的问题

有法官忽视了被抚养人有其他扶养义务人,没有按照患者应当承担份额确定被扶养人生活费。表现在计算患者未成年子女的扶养费时,没有考虑患者配偶的扶养义务;计算患者父母的抚养费时,没有考虑患者其他兄弟姐妹应承担扶养义务,或者没有严格掌握无劳动能力又无生活来源这两个条件需同时具备这一原则。

根据司法解释,成年被扶养人的范围限定为无劳动能力又无其他生活来源,二者须同时满足。通常需要审查年龄、户籍性质、是否属于退休人员、有无固定的退休工资、是否参加社会保险、有无其他收入,等等。在医疗损害责任纠纷案中,对于被扶养人有无劳动能力的判断掌握比较宽泛,通常年纪达到60岁以上,基本就可以做出此认定。无生活来源的认定主要是由社保部门出具证明,证明被扶养人是否参与过当地职工养老保险等社会保险。如有参保或有退休工资,原则上应认为有生活来源。

笔者遇到这样一个案例,在死亡患者之父李某诉某医疗机构医疗损害责任纠纷案中,李某已满60岁,其请求中包含被扶养人生活费,且提交证据证明其本人为非农户口,当地社保机构也出具证明证实其未在当地参保,一审法院判决未支持李某主张的被扶养人生活费。李某不服上诉。二审法院认定李某既无劳动能力又无生活来源,属于患者生前应承担扶养义务的人,有权主张被抚养人生活费,故对一审判决予以改判。

9. 残疾赔偿金和死亡赔偿金

(1)法律依据

《民法通则》时期,《最高人民法院关于贯彻执行〈中华人民共和国民法通则〉若干问题的意见(试行)》第146条规定,侵害他人身体致使其丧失全部或者部分劳动能力的,赔偿生活补助费一般应补足到不低于当地居民基本生活费的标准。

目前《人身损害司法解释》第 12 条规定,残疾赔偿金根据受害人丧失劳动能力程度或者伤残等级,按照受诉法院所在地上一年度城镇居民人均可支配收入或者农村居民人均纯收入标准,自定残之日起按 20 年计算。但 60 周岁以上的,年龄每增加 1 岁减少 1 年;75 周岁以上的,按 5 年计算。受害人因伤致残但实际收入没有减少,或者伤残等级较轻但造成职业妨害严重影响其劳动就业的,可以对残疾赔偿金作相应调整。

《人身损害司法解释》第 15 条规定,死亡赔偿金按照受诉法院所在地上一年度城镇居民人均可支配收入或者农村居民人均纯收入标准,按 20 年计算。但 60 周岁以上的,年龄每增加 1 岁减少 1 年;75 周岁以上的,按 5 年计算。

(2)处理原则

《人身损害司法解释》对于死亡赔偿金适用范围、计算方式均规定得很清晰,司法实践中也鲜少就此项损失的处理出现错误的情况,在此不再进行赘述。

仅需说明一点,残疾赔偿金需以定残为前提条件,定残则应以外伤直接所致的机体损伤或确因损伤所致的并发症,经过诊断、治疗达到临床医学一般原则所承认的症状及体征基本稳定为准,一般在具备伤残评定条件后进行,即临床治疗期终结以后[①]。简单说就是发生在损伤经现有的有效治疗手段治疗体征达到平稳后仍遗留有功能障碍或者医疗依赖,即医疗终结后。

(3)实践中问题

严格意义上讲,如尚存有效的治疗手段还未实施,是不宜评残

---

① 参见《人体损伤后续诊疗项目评定指南(试行)》。

的。但随着医学进步,新技术带给患者新的治疗方法,患者有权为改善自身身体状况而尝试新的技术和疗法。因此,难以避免的会产生患者在主张残疾赔偿金获得支持后,又主张以改善功能为目的的二次手术的费用。对于这个问题如何处理,在本章节后面"后续治疗费"中进行分析。

10. 残疾辅助器具费

(1)法律依据

《人身损害司法解释》第13条规定,残疾辅助器具费按照普通适用器具的合理费用标准计算。伤情有特殊需要的,可以参照辅助器具配制机构的意见确定相应的合理费用标准。辅助器具的更换周期和赔偿期限参照配制机构的意见确定。

(2)处理原则

应当以使用普通器具,一般指以国产普通适用型器具的费用为原则,并需要考虑患者生存年限、器具使用寿命、更换时间等因素确定合理费用金额。

(3)实践中问题

有些法官忽视了应以国产普通器具价格为确认此项费用的标准,将患者选择使用进口高级的器具所产生的费用全部计入合理损失范围内。还有的法官对于患者年龄因素对于器具更换次数的影响考虑不周,如确定儿童的更换残疾辅助器具次数时,不仅要考虑其生存年限,还要考虑因其生长因素导致的可能增加的更换次数。

11. 后续治疗费

(1)法律依据

依据《人身损害司法解释》第6条的规定,患者有权主张后续治疗费。之所以把后续治疗费单独进行说明,是因其与治疗费还是有区别的,且与残疾赔偿问题也可能存在交叉。

后续治疗费,原则上包含所有后续诊疗项目对应的费用。后续诊疗项目是指原始损害的病情稳定或针对原始损害的治疗结束后,伤者仍遗留系统、器官或组织的功能障碍,为降低这些功能障碍而必需的后期治疗、康复以及残疾辅助器具配置等项目,一般包括二次手术、继续用药、残疾辅助器具等。比如:为修复面部损伤,待伤情稳定后进行整形手术需要支出的费用,就属于后续治疗费;再如内固定取出术所发生的费用。

但是随着医学的进步,新的疗法、新的技术不断被发现,任何人也不能阻止患者为改善自身状况而接受新的技术,进一步治疗。因此司法实践中,经常出现患者获赔残疾赔偿金后,又二次起诉要求后续治疗费的。对此应如何处理更为妥当呢?试想,如果二次手术确实改善了功能,降低了患者残疾等级,在医疗机构按照较严重的残疾等级承担了残疾赔偿金后,又让医疗机构再行支付该笔手术治疗费及相关费用,显然加重了医疗机构的赔偿责任,所以笔者认为,在患者主张残疾赔偿金时,法官应当向其释明,一旦要求医疗机构按照目前的伤残等级承担了相应的赔偿责任,意味着以后为改善功能再次进行手术等积极治疗的费用应由患者自行承担,否则,可以待治疗终结后再行按照最终伤残情况连同后续发生的治疗费等费用一并主张。

但需注意,现实生活中,有些患者定残后确需一定的辅助治疗或康复训练,多数情况下应考虑以一定期限为限,确定合理金额;还有的患者为了维持生存状态,也需进行定期检查,也应按照合理的周期确定合理费用。必要时,就相关问题可以咨询一下法医的意见。

(2)处理原则

定残后患者获赔了残疾赔偿金,原则上不再支持患者为改善功能发生的后续治疗费。但有些后续治疗项目需患者情况稳定之后才能实施,诉讼时可能尚未发生。如何更为妥善的对此进行处理,笔者认为采取对患方充分释明,在还存在可以改善功能的治疗未完成的情况下,先进行伤残鉴定,明确其可能承担的法律后果后,由患者自行选择是继续治疗还是定残,并记录在案,这样的方法更为妥当。

(3) 实践中的问题

患者已经获赔了残疾赔偿金,又为改善身体功能主张二次手术费用或治疗费用的,应从严掌握。

司法实践中,有些法官对于定残后可能发生的后续治疗费与定残后为维持现有状态所必须发生的费用概念不清。什么是维持现状所必要的费用,举例说明:有些植物人需要定期康复训练,避免出现肌肉萎缩,发生新的损害。还有残疾器具费及为安装假肢等需要进行的必要手术等费用。实践中还有很多。

12. 丧葬费

(1) 法律依据

《人身损害司法解释》第 14 条规定,丧葬费按照受诉法院所在地上一年度职工月平均工资标准,以 6 个月总额计算。

(2) 处理原则

丧葬费按照司法解释的标准确定后,原则上患方无权再行主张家属为处理丧葬事宜发生的交通费、误工费。

(3) 实践中问题

有法官对丧葬费规定的理解存在误区,以致在按照司法解释判决医疗机构按照责任比例承担了丧葬费后,对于患方主张的为处理患者丧事发生的误工费、交通费又予以支持,明显不符合立法本意。

(四) 精神损害抚慰金的合理确定

1. 法律依据

2003 年《人身损害司法解释》第 18 条规定,受害人或者死者近亲属遭受精神损害,赔偿权利人向人民法院请求赔偿精神损害抚慰金的,适用《精神损害司法解释》予以确定。精神损害抚慰金的请求权,不得让与或者继承。但赔偿义务人已经以书面方式承诺给予金钱赔偿,或者赔偿权利人已经向人民法院起诉的除外。2020年修正后的《人身损害司法解释》删除了这一规定,但是在第23条规定,精神损害抚慰金适用《精神损害司法解释》予以确定。

《民法典》第1183条规定,侵害自然人人身权益造成严重精神损害的,被侵权人有权请求精神损害赔偿。因故意或者重大过失侵害自然人具有人身意义的特定物造成严重精神损害的,被侵权人有权请求精神损害赔偿。

2001年《精神损害司法解释》第1条规定,自然人因下列人格权利遭受非法侵害,向人民法院起诉请求赔偿精神损害的,人民法院应当依法予以受理:(1)生命权、健康权、身体权;(2)姓名权、肖像权、名誉权、荣誉权;(3)人格尊严权、人身自由权。违反社会公共利益、社会公德侵害他人隐私或者其他人格利益,受害人以侵权为由向人民法院起诉请求赔偿精神损害的,人民法院应当依法予以受理。修正后的《精神损害司法解释》修改了该条,该法第1条内容为因人身权益或者具有人身意义的特定物受到侵害,自然人或者其近亲属向人民法院提起诉讼请求精神损害赔偿的,人民法院应当依法予以受理。

2. 适用范围

(1)必须是侵犯自然人生命权、身体权、健康权人身权益,且造成较为严重的后果的,表现为造成被侵权人死亡、残疾或较为严重的精神痛苦的。法人或者其他组织以人格权利遭受侵害为由,向人民法院起诉请求赔偿精神损害的,人民法院不予受理。

(2)2001年《精神损害司法解释》中明确规定精神损害赔偿必须在侵权诉讼中与其他经济损失一并主张,如在诉讼中没有同时提出赔偿精神损害的诉讼请求,诉讼终结后又基于同一侵权事实另行起诉请求赔偿精神损害的,人民法院不予受理。但修正后的《精神损害司法解释》删除了这一规定。在实践中怎样把握,还有待最高人民法院给出明确意见。

值得注意的是,实践中还经常出现以下两种情况,一是患者未产生身体上的损害,单纯以医方在诊疗过程中由于态度恶劣、告知不足等造成其精神痛苦而请求精神损害赔偿;二是患者虽产生损害,医疗机构也存在过错,但医疗机构的过错与患者损害结果之间无因果关系,患者以医方存在过错为由,请求赔偿精神损害抚慰金。针对这两种情况,是否应该支持患方主张的精神损害抚慰金呢?实践中并不统一。

笔者认为根据《精神损害司法解释》的规定,在上述两种情况下,原则上都不应支持患者主张的精神损害抚慰金。该司法解释规定,自然人请求精神损害赔偿的,应以人身权益遭受侵害为前提。体现在医疗侵权赔偿纠纷中,即患者的生命权、身体权、健康权遭受侵害的,才可能主张精神损害赔偿。且《民法典》规定侵害自然人人身权益造成严重精神损害的,被侵权人有权请求精神损害赔偿。司法实践中,对于是否应该给付精神抚慰金及给付数额都应综合考量案件整体情况,合理确定。

值得注意的是,虽然按照传统民商法之规定,合同之诉原则上是不支持精神损害抚慰金的。出现违约责任和侵权责任竞合时,如果当事人选择侵权之诉,可以请求精神损害抚慰金;但是如果当事人选择违约责任之诉,请求精神损害抚慰金,基本得不到支持。医疗纠纷中,患方从举证责任难易等角度考虑,坚持以医疗服务合同纠纷为由起诉,受之前法律规定的限制,即便患者发生残疾或者死亡的后果,原则上也不能得到精神损害抚慰金的赔偿。但是,由于《民法典》第996条规定了精神损害赔偿请求权聚合,条文规定"因当事人一方的违约行为,损害对方人格权并造成严重精神损害,受损害方选择请求其承担违约责任的,不影响受损害方请求精神损害赔偿"。《民法典》施行后,在医疗服务合同履行中出现侵权而存在违约责任和侵权责任的竞合时,无论患方选择合同之诉还是侵权之诉,均不影响患方请求精神损害赔偿。《民法典》这一规定,无疑为人民法院审理此类纠纷提供了法律依据,避免了裁判不统一,解决了司法实践中出现的上述困境。

3. 精神抚慰金的计算方法和标准

一直以来,精神损害赔偿一直是我国民法学界、实务界争议的焦点问题之一。民事侵权案件中适用精神损害赔偿的种类不多,常见的有名誉权、隐私权纠纷,机动车交通事故责任纠纷,医疗侵权纠纷等。目前,我国医疗侵权纠纷适用的有关精神损害赔偿的法律法规有《民法典》《精神损害司法解释》以及《人身损害司法解释》等,其他类型案件还有涉及《国家赔偿法》《工伤保险条例》的。

之前我国有关精神损害赔偿的法律法规貌似有很多,但多是适用范围窄、零散杂乱的规定,并没有一部法律对精神损害赔偿做出系统、明确、统一的规定。即便是为审理此类案件提供法律依据的《精神损害司法解释》,也仅在第5条规定了考量精神损害赔偿数额的六种因素,即侵权人的过错程度,但是法律另有规定的除外;侵权行为的目的、方式、场合等具体情节;侵权行为所造成的后果;侵权人的获利情况;侵权人承担责任的经济能力;受理诉讼法院所在地的平均生活水平。并未规定精神抚慰金具体的计算方法和标准。而且针对非财产权益的赔偿,因无法直接用金钱衡量,只是规定可以给予受害人或其近亲属抚慰性的弥补,导致法官对此类案件作出的裁判结果各不相同。

司法实践中,常见的问题表现在以下几方面:一是精神损害赔偿的标准不一致,表现为该赔偿的没赔偿,不该赔偿的却得到赔偿;二是赔偿标准不统一,表现为数额多少与侵权后果不能成正比;

三是赔偿数额计算方式存在差异,有的按照伤残等级,不同等级的伤残对应相对固定的不同赔偿数额,有的按责任比例计算出赔偿数额;四是缺乏对案件综合审查,确定精神损害抚慰金赔偿数额过于机械。笔者遇到过不少这样的案例,比如师某诉甲医院医疗损害责任纠纷案。师某服役时做过肾移植,术后伤残等级为六级,但基本上能正常工作生活。退役后自己开公司并结婚生子。后因甲医院再次为其实施手术治疗时存在过错,导致其一侧肾被切除,肾功能出现严重障碍,伤残等级加重到四级,已不能正常生活和工作。一审法官考虑师某原为六级伤残,不当医疗行为造成其现构成四级伤残,认为侵权后果系增加了患者两个级别的残疾等级,但忽略了四级伤残已构成重残,四级伤残理论上需要护理依赖,医疗机构不当行为已经造成的损害严重影响患者现在生存状态的事实,确定的精神抚慰金过低,被二审改判。还有一个羽毛球教练苏某与某医院医疗损害责任纠纷案,经鉴定该医院不当医疗行为与苏某右手环指部分功能受限的损害后果之间有一定因果关系,但苏某不构成残疾。一审法官以苏某不构成残疾为由,未支持苏某主张的精神损害抚慰金。苏某对此不服上诉。二审法官认为苏某虽不构成伤残,但是考虑到其职业是羽毛球教练,右手环指功能障碍直接影响到其正常工作,不仅经济收入而且心理上也会造成一定的损害,故改判部分支持了苏某主张的精神抚慰金。因此,在确定精神损害抚慰金数额时不仅应依照法律法规司法解释的规定,更要考虑个案的实际情况,尽量避免出现上述错误。另外,对于医院违规操作,造成患者发生损害,应适当提高精神抚慰金的赔偿数额,一方面可以对该医疗机构起警示作用,另一方面可以更好地保护患者利益。

由于同类案件的精神抚慰金,因法官行使自由裁量权造成的数额差异,使得民众对裁判的公正性产生怀疑。因此,法官在审理这类案件时要遵循统一的原则。首先,应当遵守适当经济补偿和限制原则。一是,《民法典》第179条规定,承担民事责任的方式主要有:(1)停止侵害;(2)排除妨碍;(3)消除危险;(4)返还财产;(5)恢复原状;(6)修理、重作、更换;(7)继续履行;(8)赔偿损失;(9)支付违约金;(10)消除影响,恢复名誉;(11)赔礼道歉。法律规定惩罚性赔偿的,依照其规定。本条规定的承担民事责任的方式,可以单独适用,也可以合并适用。赔偿责任形式有主次之分,且可以附加并用,但需避免盲目追求高额赔偿。二是,精神损害程度难以量化,只能考量案件的具体情况、过错程度、损害后果及影响面大小等因素确定适当的赔偿数额。三是,精神损害赔偿不仅有补偿性和抚慰性,还具有惩罚性,最终目的在于衡平当事人利益。其次,在确定具体损失数额时,要从实际出发、遵从公平合理的原则。精神损害,难以用金钱来衡量,在确定赔偿数额时,要从实际出发综合评定,最后根据个案情况及不同计算规则,分别计算赔偿数额。再次,法官的自由心证应受必要限制。法官基于自由心证,行使裁量权是法律赋予法官的权力,法官行使该权利时也必定要受法律制约,应当杜绝法官完全凭个人主观臆断、滥用裁量权的情形出现。

医疗侵权诉讼中,对于造成患者死亡、残疾的,医疗机构应当赔偿精神损害抚慰金。其中,对于造成受害人死亡的,同一省市即经济水平基本相当的地区,应限定一个最高标准;而造成受害人残疾的,在同一地区,也应按照残疾等级、实际影响、责任参与度等因素综合考量,原则上精神抚慰金的赔偿金额不超过受害人死亡时该项赔偿金额的上限。在确定赔偿数额时,应当按照《精神损害司法解释》规定的要素考量确定。侵害死者权益、毁损带有纪念意义财物的,可以适当赔偿一定的精神抚慰金。总之,同类案件中应采用相同的标准计算精神抚慰金,造成受害人残疾的,每增加一个残疾等级增加一定数额的精神损害抚慰金,但切忌机械套用残疾等级计算赔偿数额而忽视不同残疾等级给受害人造成的精神损害程度的不同。造成受害人死亡的要特别注意考察对近亲属造成的精神损害程度并确定赔偿数额,比如受害人是丧失生育能力或尚有其他子女的父母的独子,相较于受害人父母身体健康且尚有生育能力的情况,显然精神损害程度更大且无以弥补,就应适当增加精神损害抚慰金赔偿金额。还要注意,法官在行使自由裁量权确定赔偿数额时不宜出现圆角分,宜取到千元为宜,至多到百元。

4. 精神损害抚慰金的特殊作用

精神损害抚慰金,除了可以弥补医疗机构不当医疗行为给患方造成的精神损害,还有一个特殊作用,即衡平双方利益,主要指在按照现有法律、司法解释确定了患方合理经济损失,并由被诉医疗机构按照其应当承担的赔偿责任比例予以赔偿,患方获得的赔偿金额明显不足以弥补其遭受的损害后果时,法官可以适当上调精神抚慰金赔偿数额,以弥补其获赔的经济损失的不足。笔者就遇到过这样一个案例。

案例 9-2 精神损害抚慰金能够平衡当事人之间的利益

苏某系 40 岁男性,常年在北京务工,家在西南方某偏远农村。苏某系家中独子,早年与妻子离异,二人所生之女由苏某年近 70 岁、孀居的母亲照顾,全家生活完全依赖于苏某打工收入。2009 年一个冬日的子夜 11 时,苏某因被不明身份歹徒使用钝物击伤头部后恶心、呕吐,就近到甲医院紧急治疗。苏某就诊时意识清楚、曾呕吐胃内容物数次,双侧瞳孔等大等圆,对光反应灵敏,经头部 CT 检查显示:左小脑挫裂伤、硬膜下血肿;右颞硬膜外血肿;右颞骨骨折;外伤性蛛网膜下腔出血;头皮血肿。甲医院对苏某留急诊室观察,并静脉用 20% 甘露醇、地塞米松、立止血等药物。凌晨 2 时 50 分许,苏某出现昏迷、呼之不应、双侧瞳孔等大等圆,对光反应迟钝、疼痛刺激反应差等症状。再次复查头颅 CT,显示:左小脑硬膜下血肿、脑内血肿明显增多。甲医院继续对其予以监护及对症支持治疗。当日 10 时 35 分,苏某出现深度昏迷,双侧瞳孔散大,对光反应消失,对疼痛刺激无反应。10 时 55 分,经甲医院建议,苏某家属同意将其由 120 急救车转往乙医院。4 日后,苏某在乙医院不治身亡。半年后,行凶之人仍无下落,苏某的遗体被火化。

苏某之母和女儿作为原告起诉甲医院,认为该医院因苏某经济原因未将其收住院进行系统治疗,延误治疗并违反用药原则,加重了苏某病情,最终使其丧失了生还的机会,故要求甲医院赔偿交通费 1 万元,住宿费 0.3 万元、误工费 0.5 万元、丧葬费 1.6 万元、被扶养人生活费 12 万元、死亡赔偿金 31 余万元及精神抚慰金 2 万元。

甲医院辩称:苏某到我院治疗,经值班医生检查确诊为"急性闭合性颅脑外伤、右颞骨骨折、右颞硬膜外血肿、蛛网膜下腔出血",已明确告知苏某及其陪同人员应立即入院治疗,但遭其拒绝。我院只能将其安置在急诊室留观并采取了严密的监测手段和必要的治疗措施,同时要求苏某及其陪同人员尽快通知家属办理住院手续,但苏某家属直至次日上午 10 时许方来院。考虑到苏某随时有生命危险,我院建议其转院,得到家属同意。后 120 急救车将苏某送至乙医院。4 天后,苏某不治身亡。苏某享有自主决定权和知情同意权,我院不能强迫其住院或接受手术治疗。由于苏某及其陪同人员没有及时接受建议,使苏某丧失了得到及时治疗和抢救的机会,最终死亡;同时,我院在现有医学条件和设备情况下,根本无法预料苏某的病情会迅速发展直至死亡。我院对苏某的治疗是积极和负责任的,不存在延误,导致其死亡之责不在我院,家属应追究直接侵权人的经济赔偿责任。故请求法院驳回苏某家属的诉讼请求。

因案发时《侵权责任法》尚未实施,苏某家属虽主张侵权赔偿,但甲医院抗辩要求进行医疗事故鉴定,并预交了鉴定费。一审法院遂委托区医学会对此病例进行医疗事故技术鉴定。该医学会鉴定后,出具了医疗事故技术鉴定书,其中分析意见认为:(1)甲医院在对苏某受伤后的诊治过程中,因对左侧小脑挫伤、左右颅凹硬膜下血肿的严重认识不足,未给予足够的重视和采取及时有效的治疗,导致苏某出现枕骨大孔疝,与苏某的死亡存在因果关系;(2)因苏某有左颞、左小脑脑挫伤、脑内血肿、颅压增高等症状,甲医院给予静脉输入甘露醇不是原则错误,且硬膜外血肿并没有明显增大,也不是致死的直接原因;(3)苏某病情危重,不宜转院,应就地抢救;(4)综上,甲医院在救治苏某的过程中,存在诊断过失,治疗不够及时,最终导致其病情加重而不治。最后结论:本病例构成一级甲等医疗事故,医院负主要责任。对此鉴定结论,苏某家属表示认可;甲医院持有异议,但表示不申请再次鉴定。

一审法院判决:甲医疗机构赔偿苏某误工费损失3200元、住宿费540元、交通费4400元、丧葬费14,700元、被扶养人生活费16,700元及精神损害赔偿金20,000元;并驳回苏某家属的其他诉讼请求。

判决后,双方当事人均不服。苏某家属上诉要求二审法院适用《民法通则》及相关司法解释,支持其主张的死亡赔偿金和精神抚慰金。甲医院上诉认为:本案应适用《医疗事故处理条例》,确定赔偿标准和种类,一审判决计算误工费、丧葬费、被扶养人生活费及精神抚慰金均有误;且苏某的死亡是多种责任竞合,非医疗责任一种,现家属舍弃其他责任者,单纯选择医疗损害赔偿纠纷为案由起诉,与事实不符,故请求二审法院依法改判。二审法院审理后,作出判决:维持了一审判决确定的精神抚慰金以外的各项损失,将精神损害抚慰金数额调整为8万元。

【研究主旨】

在现有法律规范不足以保护患方合法权益的情况下,法官是否应当利用法律赋予的自由裁量权,以适当增加精神抚慰金的形式,保护患方合法权益?

【裁判要旨】

一审法院认为,甲医院与苏某形成合法医患关系。对区医学会的鉴定结论应予确认。根据该结论确认本病例构成一级甲等医疗事故;甲医院在对苏某救治过程中,不仅存在诊断上的过失且在治疗上也出现了延误,并最终导致苏某病情加重而不治;对此损害后果,甲医院应承担主要责任。苏某家属要求甲医院赔偿相应的经济损失,有事实及法律依据,应予支持。其主张的丧葬费,应依法酌定;住宿费、误工费、交通费,法律规定计算人数应不超过2人,而其主张的数额过高,需依法酌定;关于精神抚慰金的请求,对不高于法律规定的部分,应予支持;且因苏某之母年事已高无劳动能力,现独子苏某去世,其主张生活费,符合法律规定,亦应支持;苏某之女尚未成年,苏某亦需对其承担扶养义务,现苏某去世,其主张抚养费,符合法律规定,应予支持。但苏某家属主张的死亡赔偿金,没有法律依据,不能支持。

二审法院认为,因医患纠纷的特殊性,本案苏某家属在苏某死亡后,认为甲医院对苏某的诊疗行为存在错误,虽以医疗损害赔偿纠纷为由提起诉讼,但甲医院有权抗辩要求进行医疗事故技术鉴定。本病例经合法程序委托具有法定资格的区医学会进行了医疗事故技术鉴定。对于鉴定结论书,苏某家属表示认可;甲医院虽持有异议,但明确表示不申请市级医疗事故技术鉴定,也未提供充足证据以推翻该鉴定结论书,故对该鉴定结论书的证据效力,法院予以确认。该鉴定结论书,认定甲医院对苏某的诊治过程中,存在过失,与苏某的死亡后果有因果关系,且构成一级甲等医疗事故,并承担主要责任。甲医院对由此给苏某家属造成的合理损失,应参照《医疗事故处理条例》的相关规定予以赔偿。苏某家属坚持要求按《民法通则》及相关司法解释确定赔偿范围及数额,缺乏法律依据,法院难以采信。但应当指出,苏某家属主张的死亡赔偿金,在医疗事故损害赔偿中应以精神损害抚慰金的形式体现,法院考虑苏某之母老年丧子,生活无依靠,在死亡赔偿金不能支持的情况下,原审法院未考虑本案实际情况确定了精神损害抚慰金数额,确不足以弥补因甲医院不当医疗行为导致的损害后果。法院确定甲医院应当在法律法规许可的范围内适当增加精神损害抚慰金的赔偿数额,以求对苏某家属造成的伤害给以合乎法律精神的弥补。

医疗事故造成患者死亡的,参加医疗事故处理的患者配偶和直系亲属所需交通费、误工费、住宿费,参照《医疗事故处理条例》第50条的有关规定计算,计算费用的人数不超过2人。据此,苏某家属有权主张误工费、住宿费、交通费,但部分主张数额没有法律依据。原审法院根据其诉求及甲医院应当承担的责任比例,参照《医疗事故处理条例》的规定,确定的甲医院应当赔偿的数额,是适当的。关于苏某家属主张的丧葬费问题,并未超出法律规定,一审判决甲医院承担赔偿责任并无不当。至于被扶养人苏某之母的生活费标准问题,因甲医院虽主张应按其户籍所在地的最低生活费标准计算,缺乏法律依据,且其也并未提供该标准,一审法院基于司法最终裁量权,从保护弱势群体的角度出发,确定甲医院按本市最低生活费标准支付此项费用,并无明显不当。综上,甲医院的上诉没有道理,对其上诉请求,法院不能支持。苏某家属认为一审法院适用法律错误、事实不清,也缺乏依据,法院难以采信。原审法院考虑本案实际情况,酌情确定的误工费、住宿费、交通费、丧葬费、被扶养人生活费的赔偿数额,基本适当,仅对苏某家属以死亡赔偿金形式体现的诉求未能充分考虑,法院对此依法变更。

【法律评析】

本案发生在2005年,处于医疗纠纷法律适用二元化阶段。患方认为被告医疗机构的诊疗行为存在错误,可以选择以医疗事故损害赔偿或是以人身损害赔偿为由提起诉讼。由于人身损害赔偿解释对赔偿的标准所做规定比《医疗事故处理条例》规定标准高,所以实践中患方多以人身损害赔偿为由提起诉讼。但是由于《医疗事故处理条例》是对医疗事故如何处理所做的特别规定,那一时期,法院在处理因医疗事故引起的民事损害赔偿纠纷时,优先适用该条例的规定。根据最高人民法院的相关要求,医疗机构在患方以人身损害赔偿为由提起诉讼时,有权抗辩要求进行医疗事故技术鉴定,并且如果经法定机构鉴定确认构成损害是由医疗事故造成的,人民法院应当根据《医疗事故处理条例》的相关规定确定赔偿数额。

本病例经区医学会进行了医疗事故技术鉴定,已被确认构成一级甲等医疗事故,且甲医院承担主要责任。对由此给苏某家属造成的合理损失,无疑应参照《医疗事故处理条例》的相关规定予以赔偿。苏某家属坚持要求按《民法通则》及相关司法解释确定赔偿范围及数额进行赔偿,确无法律依据,法院无法支持。但苏某之母生活在农村,已70岁高龄,现丧失了唯一的儿子,生活无依靠,如果没有足够的赔偿金,势必无法维持生存,将会成为一个社会不稳定的因素;而苏某家属由于法律知识欠缺,在诉讼中明显属于弱势一方。本案中患者苏某死亡,如果按照《医疗事故处理条例》第50条规定,赔偿项目中没有死亡赔偿金一项,而规定的精神损害抚慰金标准为按照甲医院所在地居民平均生活费计算,不超过6年,按照一审判决时生活费标准也就几万元,一审法院在考虑甲医院过错医疗行为的责任参与度,酌情确定了甲医院应当承担的精神抚慰金数额,无明显错误。但是,精神抚慰金本就是法官自由裁量的范围,既然是民事赔偿案件,在一定情况下,不能完全按照《医疗事故处理条例》的规定处理,以免双方利益失衡。而根据2001年《精神损害司法解释》第9条规定,"精神损害抚慰金包括以下方式:(一)致人残疾的,为残疾赔偿金;(二)致人死亡的,为死亡赔偿金;(三)其他损害情形的精神抚慰金"。死亡赔偿金在医疗事故损害赔偿中,可以以精神损害抚慰金的形式体现。一审法官对此既未向苏某家属予以释明,又机械地适用法律,确定的精神损害抚慰金赔偿数额,显然不足以弥补因甲医疗机构不当医疗行为导致损害的后果。二审法官在综合考虑以上诸多因素的同时,认为既然法律、司法解释均没有对计算精神抚慰金的方法和标准作出明确具体的规定,仅仅规定了能够确定精神损害抚慰金时应当考虑的六个因素及表现形式,显然是将确定精神抚慰金赔偿数额的权利交给了法官,而法官应当根据个案的具体情况,充分发挥主观能动性,依法行使自由裁量权对精神损害抚慰金的数额予以确定。

笔者认为,本案属于运用精神抚慰金平衡医患利益,合法保护患方合法权益的成功案例。遗憾的是,司法实践中,多种原因导致这样的案例并不多见。实际上,这一规则不仅适用于《侵权责任法》实施之前,《侵权责任法》实施的 10 年间同样适用,《民法典》实施后,仍会适用下去。

综上,法官在确定患方的合理损失时,原则上应以法定赔偿项目为限,确定患方合理损失范围,不宜任意扩大范围,避免执法不统一。

由于法官们对于确定赔偿项目是否应当以现有法律司法解释的规定为准,存在认识上的不同,一种观点认为应该严格按照法律、司法解释规定的赔偿项目确定患方的合理损失范围,另一种观点则认为,法律、司法解释并未涵盖患方全部合理损失,故应以实际发生及合理性为确认患者合理损失的依据。导致司法实践中,出现执法不统一。如对患方主张的超出法律司法解释规定范围的复印费、公证费、律师费、因诉讼产生的误工费、交通费和住宿费等,有的法官支持,有的法官则不支持。

二、影响法官认定责任比例的几个因素

患者的损害后果,不同于交通肇事、打架赔偿的受害人因单一原因致损,绝大多数都属于多因一果所致,可能的原因包括患者自身体质、疾病的罕见性和严重程度,以及非医疗因素的其他外力侵害等等,如车祸导致受害人腿骨发生粉碎性骨折,即便医疗机构给予的诊疗行为没有过错,受害人还是可能因车祸损伤导致出现残疾后果,这时即便医疗行为本身再有不足,也只能是造成患者最终损害后果的因素之一了。除了从技术层面就医疗行为与患者损害之间因果关系确定原因力大小之外,司法实践中,还有很多因素可能影响法官认定医疗机构的过错诊疗行为在患者损害后果中的原因力大小,以下通过案例的方式对常见的几种予以说明。

(一)医疗机构超资质执业

案例 9-3　医疗机构超执业范围等不必然导致医疗机构的过错在损害后果中的原因力增加

2010 年 3 月下旬,患者严某因"右股骨近端病理性骨折术后 1 年不

愈合"到甲骨科医院(以下简称甲医院)就诊。入院诊断为:(1)右股骨近端骨折术后不愈合;(2)浆细胞性骨髓瘤。入院后,甲医院分别对严某实施了3次DC-CIK治疗。严某的主治医师执业范围为中医专业。2010年4月初,严某出院。

2011年5月中旬,严某主因"右股骨近端病理性骨折术后两年不愈合"再次到甲医院就诊。入院诊断为:右股骨近端(粗隆间)骨折术后不愈合,浆细胞骨髓瘤。完善各项检查后,该医院先后两次为严某实施了"自体复合骨基质移植术"。主治医师的执业范围为外科专业。2011年6月上旬,严某出院,出院时骨折术后不愈合仍未得改善。两次住院,严某共计花费十余万元。后,严某在其所在地区医院继续治疗,最终骨折处愈合。

严某遂将甲医院诉至法院,要求该医院就其以下损失:医疗费、护理费、住院伙食补助费、交通费、误工费、鉴定费、伤残赔偿金、营养费、精神抚慰金共计32万余元,按照80%的比例进行赔偿。

一审法院委托某司法鉴定中心就如下事项进行鉴定:(1)甲医院诊疗行为有无过错;(2)甲医院是否履行告知义务;(3)甲医院是否违反规范实施不必要的检查;(4)医疗过错行为与损害结果之间是否存在因果关系;(5)医疗过错行为在损害结果中的责任程度;(6)严某伤残等级;(7)甲医院在存在过错的前提下,严某继续治疗康复所需费用。

鉴定中心出具鉴定意见书,在分析说明部分对严某的申请鉴定事项做出了说明。第一,关于DC-CIK治疗方法的说明内容如下:DC-CIK细胞免疫治疗是1991年出现的被称为肿瘤过继免疫治疗新希望的细胞因子诱导的杀伤(CIK)细胞。目前,CIK细胞主要用于自体骨髓移植物的净化,微水残留病灶的清除及晚期恶性肿瘤(包括急慢性血液系统恶性疾病和各种实体瘤)的免疫治疗。CIK细胞疗法适应症:手术后患者,可防止肿瘤转移复发。审阅病历材料结合严某的病情,治疗过程,医方为其采取DC-CIK细胞免疫治疗,有适应症,无明确禁忌症,方法恰当,医疗行为符合医学诊疗规范。第二,关于严某右股骨近端骨折术后不愈合及院方第二次自体复合骨基质移植术部分分析内容如下:2011年5月30日及6月9日所实施的自体复合骨基质移植术。骨髓正常造血自体复合骨基质移植到患者体内,重建患者的正常造血和相关功能,达到治疗此疾病的目的。适应症:(1)用于心血管疾病的血管损伤性疾病;(2)用于股骨头缺血坏死,在股骨头没有塌陷或轻度塌陷,但是关节面完整,关节间隙正常的患者;(3)用于肿瘤患者,例如乳腺癌、卵巢癌、鼻咽癌、喉癌、前列腺癌和睾丸生殖细胞瘤等。……《临床技术操作规范》骨科学分册示:骨诱导作用……骨诱导是指一种组织或其产物能使第二种组织分化成骨的过程。产生骨生成的诱导作用是任何一种骨移植术的主要目的。新鲜的自体髂骨移植,认为具有较高的骨诱导作用。髂骨主要由充满红骨髓的小梁骨组成。移植后存活的少数骨细胞成为诱导骨生成的一种来源。但骨移植的成活也受植部位的影响。当骨移植于正常部位(即植骨床或受区为骨组织),才能发生骨替代过程。如果把骨移植于其他部位,则不能发生骨替代过程,几乎全被吸收。综上情况,医方对严某采取的自体复合骨基质移植术,适应症选择不准确,无明确的适应症,特别是对浆细胞骨髓瘤的治疗,没有达到预期效果,影像学资料提示,没有发生骨替代过程。同时医方在手术操作过程中,没有采取多点骨髓腔穿刺。抽吸含造血自体复合骨基质的骨髓血混合液500ml—1000ml的经典移植方法。故此,医方存在手术方式选择及手术操作不妥的医疗过错行为。鉴定意见如下:第一,甲医院对严某的诊疗过程中存在以下医疗过错行为:(1)病历书写不规范;(2)未尽充分告知义务;(3)对患者采取的"自体复合骨基质移植术"无明确适应症,手术方式选择不准确,手术操作存在不当,未达到手术预期效果。医方上述医疗过错行为的第(1)(2)项与严某的损害后果之间不存在必然的因果关系;第(3)项与严某的损害后果之间存在一定的因果关系,医方负轻微责任,责任程度为B级(理论系数值10%)。第二,严某的伤残程度属八级(伤残率30%)。第三,严某目前的损害后果存在继续治疗的必要,其治疗费用以国家三级甲等医院收费标准为准。

经对上述鉴定意见书质证,双方均提交书面异议申请。

严某提出:(1)鉴定机构不审查甲医院是否拥有"细胞移植治疗"的技术能力,片面认定该医院于2010年3月8日至4月5日期间采取细胞治疗技术的医疗行为符合医学诊疗规范,鉴定结论错误。(2)鉴定机构做出"病历书写不规范"的结论是避重就轻,掩盖医方违法开展细胞治疗技术、严重违法、掩盖欺诈患者,以"DC-CIK细胞免疫治疗"冒充"干细胞移植治疗",收取患者11万余元高额费用的事实。(3)医方仅负轻微责任,责任程度为B级,构成责任分配不公。医方应承担全部责任。甲医院提出:(1)因我院丧失了对病历的控制,故提交到鉴定机构的病历无法显示真实的病历记载情况。因此,病历不完整的责任不能由我院来承担。(2)患者本身基础病变比较复杂,我院在综合考虑患者拒绝化疗、截肢和再次行内固定手术的情况下,为其制定了治疗方案。综合治疗之后,患者的骨不愈合情况明显改善,且生活质量显著提高。这足以证明我院治疗方案的正确性,故不存在"手术方式选择不准确,手术操作存在不当,未达到手术预期效果"的过错。(3)经过我院的积极治疗,患者的症状有明显改善,因此患者并无"损害后果"。此外,严某和鉴定机构均未明确损害后果所指。(4)严某的伤残状态在入院前就已经存在,且当时情况较现在严重、其伤残导致的经济损失和精神损失与我院的诊疗行为之间不存在因果关系,不能由我院承担。(5)鉴定机构采纳严某提交但未经法院质证且未经我院同意的材料,违反《司法鉴定程序通则》。(6)严某的后续治疗针对的是原发疾病,而并非我院诊疗导致的状况,严某疾病的后续治疗与我院行为无关,不应由我院承担相关费用。

鉴定中心收到上述书面异议后,做出书面说明,主要内容如下:(1)关于甲医院存在"病历书写不规范"之处,在我中心已专门论述,客观事实清楚。至于医方提出的"丧失了对病历的控制"不是我中心鉴定的内容。我鉴定中心以法院移送的材料作鉴定。(2)关于甲医院对严某第二次住院治疗时采取"自体复合骨基质移植手术"治疗。有关手术适应症及手术中操作的规范要求我鉴定中心在鉴定意见书已详细阐述清楚,医方存在的不足也给予了明确的说明,故此,不再赘述。(3)关于伤残有关问题的说明:严某在医方就诊之前即已存在右股骨近端骨折术后不愈合、浆细胞骨髓瘤。右下肢存在活动功能障碍,我中心所作的伤残等级评定是结合患者右下肢功能障碍情况和法院委托目的要求所做出的说明。(4)关于严某后续治疗问题分析:结合其发病过程及病史,其目前存在的病症为右股骨上段浆细胞瘤复发,符合其自身疾病的发生发展的特点,存在继续治疗的必要性。而我中心做出的后续治疗有关内容是根据法院委托项目进行的相关说明。(5)关于甲医院是否具有"细胞移植治疗"的技术能力以及是否违反卫生行政部门规定的治疗活动范围不是我司法鉴定中心的执业鉴定内容,应由卫生行政管理部门负责监督。

经查,甲医院称相关部门未给其颁布 DC-CIK 治疗及自体复合骨基质移植术的资质。

一审法院审理后认为,鉴定意见合法有效。因甲医推定其存在过错,应按照 80% 责任比例对严某损失予以赔偿。据此,判决:(1)甲医院赔偿严某护理费、住院伙食补助费、交通费、误工费、伤残赔偿金、营养费、精神损害抚慰金,共计 160,000 元;(2)驳回严某的其他诉讼请求。判决后,甲医院不服上诉。二审法院认为一审法院未查清案件事实,将本案发回一审法院重审。

【研究主旨】

医疗机构超执业范围、资质执业是否直接导致医疗机构的过错在损害后果中原因力的增加?

【裁判要旨】

一审法院认为,医疗机构及其医务人员在医疗活动中,违反医疗卫生管理法律、行政法规、部门规章和诊疗护理规范、常规,过失造成患者人身损害甚至死亡的,应当承担民事责任。经人民法院委托进行的司法鉴定,当事人没有提供足以反驳的相反证据和理由的,可以认定其证明力。本案中,鉴定中心做出的鉴定书,符合法定程序,法院认定为合法、有效。根据司法鉴定结论,甲医院对严某的诊疗过程中存在一定程度的医疗过错,该过错与严某的损害后果存有因果关系,过失参与度为1%—20%。医疗机构开展医疗技术应当具有相应资质;甲医院未提供证据以证明具备实施DC-CIK治疗及自体复合骨基质移植术的资质,故应认定甲医院开展前述医疗技术违反了相关诊疗规范的规定,根据《侵权责任法》第58条第1项①的规定,应推定甲骨科医院存在过错,综合司法鉴定结论,确定甲医院所占责任比例为80%。

二审法院则认为,一审法院对本案审理裁判过程中存在以下问题:一是,对于甲医院诊疗行为与严某损害后果之间的因果关系,以及严某的哪些损害后果与甲骨科医院不当医疗行为之间有直接关系,并未查清;二是,基于甲医院没有相应资质就为严某实施了涉案的两种治疗这一事实,在对鉴定意见予以确认的情况下,又完全忽略了鉴定结论,直接推定甲医院对于严某本案所诉的全部损害后果承担80%的赔偿责任,而并未区分哪些属于甲医院的医疗行为所致,哪些属于其原发疾病所致,欠妥。

【法律评析】

本案是一起典型的医疗机构、医务人员超范围、超资质执业的案例。但是否凡涉及医疗机构、医务人员超范围、超资质执业,一旦患者发生损害,法官在认定医疗机构是否构成侵权,以及在构成侵权的前提下,无须再考虑具体的诊疗行为与具体损害后果之间是否存在因果关系及原因力大小,直接推定医疗机构承担全部或者大部分责任呢?

司法实践中,对此问题存在不同认识,主要有三种观点。第一种观点,医疗机构及其医务人员超范围及资质执业,违反相关法律法规及诊疗

---

① 《民法典》第1222条第1项规定,患者在诊疗活动中受到损害,有下列情形之一,推定医疗机构有过错:违反法律、行政法规、规章以及其他有关诊疗规范的规定。

规范,根据当时适用的《侵权责任法》58条①之规定,应推定其存在过错,故只要患者发生损害,就应判令医疗机构承担赔偿责任。第二种观点,医疗机构及其医务人员违反法律法规及诊疗规范等要求,超范围及资质执业,造成患者发生损害,及与患者所发生的损害存在因果关系的情况下,应推定医疗机构承担全部或主要责任。第三种观点,即便医疗机构及其医务人员超范围及资质执业造成患者发生损害,也要按照侵权责任的四个构成要件,在明确具体诊疗行为造成患者哪些损害后果的情况下,根据案件具体情况,适当加重医疗机构应当承担的责任。

笔者持第三种观点。笔者认为,侵权责任四个构成要件缺一不可,即便依据当时《侵权责任法》第58条②,推定医疗机构存在过错,要认定医疗机构成立侵权责任,前提也是患者发生损害,故即便医疗机构及其医务人员存在超范围、超资质执业的情况,也仅仅能推定医疗机构存在过错,患方还需证明患者因医疗机构实施的超范围、超资质的诊疗行为直接导致其发生损害,即两者之间存在因果关系。上述第一种观点,完全忽略了成立侵权责任应同时具备四个构成要件,因此并不可取。第二种观点的缺陷在于忽视了对因果关系这一认定侵权责任的关键要件的判定。法官作出正确裁判的前提,不仅是要判断侵权行为与损害后果之间是否存在因果关系,即考量不当诊疗行为是否系造成患者发生损害后果的原因或原因之一,更需要对该诊疗行为在损害后果中的原因力大小进行判断。诊疗行为涉及专业技术问题,鉴定意见书是鉴定机构就法院委托的双方争议医疗行为在技术层面作出的判断。在鉴定意见被法院采信的情况下,法官应当尊重鉴定机构就诊疗行为与损害后果之间是否存在因果关系及原因力大小的认定,不宜在诊疗行为在造成损害后果的诸多原因中

---

① 《民法典》第1222条规定,患者在诊疗活动中受到损害,有下列情形之一的,推定医疗机构有过错:(1)违反法律、行政法规、规章以及其他有关诊疗规范的规定;(2)隐匿或者拒绝提供与纠纷有关的病历资料;(3)遗失、伪造、篡改或者违法销毁病历资料。

② 对应《民法典》第1222条。

占比极少的情况下,即在完全脱离了鉴定结论对原因力大小在经技术层面进行了评价的情况下,完全凭自己的主观认识过度加重医疗机构的责任。其原因在于:一是存在规范不清晰、不连贯、明显落后于现实情况的现象;二是行政管理单位审批、备案流程烦琐,所需周期长;三是不当加重医疗机构的责任,有可能会限制医学的发展和进步。故笔者认为第二种观点也不太可取。

由于患者出现的损害后果,即便有医疗行为的因素在内,一般情况下,医疗行为也不是唯一致损原因,往往与患者本身的伤病、自身体质特异性、当时的医疗条件或水平的限制等诸多因素共同导致,甚至诸多因素之间相互影响不易区分。卫生行政管理部门之所以对一些诊疗技术和方法的实施,设置一定的门槛,规定具备一定资质的医务人员和医疗机构才可以实施,主要目的不外乎加强行政监督管理,防止新技术被滥用,以更好地保护广大民众的生命健康权不受非法侵害。医疗机构不具备相应资质实施某种技术或诊疗行为,首先是违反了行政管理性规范文件的要求,并不直接导致医疗机构承担民事责任。医务人员资质要求直接反映该医务人员从事某领域医疗工作的时间长短、技术等级或职称,可能会影响的是医务人员对患者是否具有适应症的判断能力、操作水平等,换句话说,如果医疗机构超资质、超范围实施了某种医疗行为,但不存在技术层面的任何过错,就与患者的损害后果之间不存在因果关系,也就不能认定其构成侵权责任。正如本案中,鉴定意见书详细地就甲医院在严某两次住院期间对其实施的治疗行为进行了分析评价,论据充分,说理清晰明了,鉴定结论也已被一审法院所采信。根据该鉴定意见书,单纯从技术层面考量,甲医院在严某住院期间实施3次DC-CIK细胞免疫治疗,虽然从表面上不是针对严某病理性骨折后发生的骨不连的有效治疗方法,但是严某本身患有浆细胞骨髓瘤,正因如此才会发生病理性骨折及以后的骨不连,而该疗法是针对自体骨髓移植物的净化、微水残留病灶的清除及晚期恶性肿瘤的免疫治疗,可以说从根本上抑制或改善肿瘤对人体造成的损害的,所以鉴定机构认为甲医院为严某实施DC-CIK细胞免疫治疗,有适应症,符合诊疗规范。此外,鉴定机构认定甲医院在严某第二次住院期间,为其实施自体复合骨基质移植术时,在判断严某是否具有该项手术适应症及实际操作过程中均存在错误,对严某所患浆细胞骨髓瘤的治疗未达到预期效果。而这一过错,显然与甲医院不具备实施该项手术的资质之间存在必然。但由于严某本身患严重疾病,本身就已经发生骨不连,且经当地医院医治无效,慕名至甲医院求医问药。严某在甲医院两次住院后,虽然并未治愈或明显改善骨不连的状况,但也并无证据证实甲医院的不当诊疗行为给严某造成新的损害或加重其原有骨不连的状况,或者延误治疗,鉴定机构才给出原因力大小为轻微的结论。笔者还认为,客观审查严某的损害后果,实际上应当只有第二次治疗期间产生医疗费及相关费用,延长了治疗期间与甲医院的错误的诊疗行为有关,严某第一次在甲医院住院产生的医疗费及相关费用系其为治疗自身疾病发生的费用,理应由其自行承担;而其残疾后果是其原有疾病所致,也并非因甲医院的诊疗行为导致,故残疾赔偿金,也不应属于其合理损失范围。本案一审法官完全忽视了鉴定结论及分析意见,忽视了患者自身病情,径自判令甲医院按照80%的比例赔偿严某的各项损失,显系错误。

因此,对于涉及医疗机构超范围、超资质执业的医疗损害责任纠纷案件,认定医疗机构的责任时,应注意审查医疗机构实施的该医疗行为是否确给患者造成损害,且医疗机构在判断患者是否存在适应症方面是否存在错误,实施过程中是否存在操作上的瑕疵,或在发生不良后果后是否在可能的范围内采取了积极有效的补救措施,以避免或减少损害的继续或者扩大等,并结合审查结果,在能够认定医疗机构存在上述不当行为时,应视情节比照鉴定意见书给出的鉴定结论,适当加重医疗机构应当承担的赔偿责任比例。

由于患者损害后果的成因复杂,往往要求法官们不仅要对鉴定结论正确细致地进行解读,必要时可以与法医、相关专家就相关问题进行沟通,以厘清思路,对因果关系及原因力大小问题作出正确判断。

(二)违规外包科室

司法实践中,还出现过医疗机构以合作的名义或者干脆将部分科室外包给医疗机构以外的个人或单位,外包科室实施的诊疗行为导致患者发生损害的情况。在此情况下,应当如何确定该医疗机构的责任呢?

笔者认为,出现外包科室等现象,一方面是由于法律规范对于设立医疗机构有着较为严格的限制,对开设医疗机构所需资金和人员资质都有着较高的门槛所致;另一方面由于有些医疗机构经营不善或者受利益驱使导致。国家之所以立法对设立医疗机构作出限制性规定,目的是保护民众的生命健康权,甚至事关民族发展和国家安全的大局。一些人为了牟取私利,投机取巧,采取各种手段规避法律规定的义务,逃避相关管理单位的审查和监管,直接后果就是危害民众的生命安全,主观恶性程度高。因此一旦发现涉及此类情况,应当加重医疗机构的责任,并将相关情况向卫生行政管理机构进行通报。

(三)因医疗机构的责任,导致关键事实排除在司法鉴定的范围之外

本书医疗纠纷中法官的释明权和裁量权一章中,在裁量权部分所引案例就是因医疗机构擅自销毁由其封存的药品,导致鉴定机构无法明确是否存在用错药,或者药品是否存在质量问题,最终将此问题排除在司法鉴定范围之外,仅在假定涉及的药品确为医生开具的药物,且不存在质量问题的前提下,就用药是否错误等问题进行评价。法官只能在此基础上,按举证责任分配原则,认定因医疗机构擅自销毁由其保管的双方封存的药品,应自行承担不利后果,从而适当加重医疗机构应承担的赔偿责任,并综合考虑患者本身所患疾病的严重程度及高死亡率,在鉴定结论确定的医疗机构应当承担

的责任比例之上,酌情确定医疗机构应当承担的赔偿责任比例。

这个案例的裁判思路,符合现行法律规定和法律精神,代表了实务界对于此类纠纷处理的主流意见,值得推崇。

(四)医务人员严重不负责任导致患者发生损害

医疗行为直接关系民众的生命、健康,来不得半点马虎。因此卫生行政管理部门制定的许多规范性文件,特别是国家卫生健康委员会2018年4月18日发布的《医疗质量安全核心制度要点》,明确要求各级各类医疗机构应当根据要点完善本机构核心制度、配套文件和工作流程,加强对医务人员的培训、教育和考核,确保医疗质量安全核心制度得到有效落实。其中规定了十八项医疗质量核心制度,如"首诊负责制""三查七对制"①等等,要求医务人员必须在日常工作中严格遵守,保证医疗质量。这些规范无疑从制度层面为保证医疗质量、患者安全提供了保障。不仅如此,各医疗机构也都按照相关规范要求制定了本医疗机构实施细则,积极落实各项临床操作流程和规范,如很多三甲医院就急诊病人的收治规定了相关流程,如"危急值管理""极危重病人管理""心梗病人的绿色通道",等等,力求保障患者安全。

尽管如此,由于个别医务人员缺乏责任心,没有认真履行注意义务,严格执行相关流程和规范,导致实践中还是会犯一些低级错误,如将患者患病部位弄错,将需要做手术的左侧患肢记录成右侧患肢,导致手术医师错误对健肢实施了手术,或是将需要拔除的下牙误记载为上牙,导致错拔了患者本无须拔除的牙齿,等等。

职业特点决定医务人员应负有高度的注意义务。如果因医务人员缺乏责任心,没有履行应尽的注意义务和相关职责,导致患者发生损害,其主观过错明显,故应承担更为严格的责任。笔者认

---

① 详见《关于印发医疗质量安全核心制度要点的通知》

为,对于医疗侵权赔偿纠纷中,凡涉及医务人员严重不负责任给患者造成损害的,应在鉴定结论确定的责任之上,适当加重医疗机构应当承担的赔偿责任,至少也应在自由裁量权范围内取上限。这样不仅是对患者合法权益的保护,更是引起医疗机构的重视,提高医务人员的职业操守,一起更好地为民众提高医疗保障,杜绝不必要的侵害发生。

(五)同一诊疗行为导致患者多个损害后果时医疗机构对各损害后果的责任承担

案例9-4　同一诊疗行为导致多个损害后果时尽量区分医疗机构对各损害后果应承担的责任

患者王某出生后小便不能自控,后因"腰痛3年,发热、浮肿1月"曾于1996年9至10月在某医院住院治疗,该院对其予以保肾治疗。出院时,王某肾功能指标正常。王某于1997年3月21日至1997年4月17日至甲医院第一次住院治疗,主诉:自幼排尿困难12年。该院为其实施后尿道瓣膜切除术,出院诊断:后尿道瓣膜,双侧膀胱输尿管反流,膀胱颈下降。王某因会阴部漏尿,于1997年11月3日至1997年11月27日第二次入住甲医院,该院为其实施了修补术,出院诊断:尿瘘。1999年6月28日至1999年7月8日,王某因尿潴留至甲医院门诊治疗,门诊以"神经源性膀胱"收入院,入院时精神差,食欲差。入院诊断:神经源性膀胱。该医院予以保肾治疗。出院诊断:神经源性膀胱,充盈性尿失禁,反流性双肾输尿管积水,慢性肾功能不全(氮质血症期)。1999年7月12日至1999年7月21日,王某第四次入住甲医院,入院情况:患者排尿困难18年,曾在该院小儿外行手术治疗,现病情加重,门诊以"神经源性膀胱"收入院。查体无明显阳性体征。X线示膀胱容量变小。入院诊断:神经源性膀胱,反流性双肾输尿管积水,慢性肾功能不全(氮质血症期)。王某因发热、浑身不适,于2013年7月15日在石家庄某医院检查,被确诊为尿毒症,之后先后在包含乙医院在内的多家医院治疗。2014年11月12日被诊断为肾功能衰竭、尿毒症透析。王某于2015年被乙医院确诊为椎管瘤,于2018年在北京某医院接受椎管瘤切除术。

王某认为甲医院诊断错误、错误地为其实施手术、造成其肾功能严重损害,且延误了其治疗椎管瘤的时机,造成其现在残疾状态,而乙医院未对其进行告知,使其延误手术时机,遂将甲、乙两家医院诉至法院,要求两家医院按照50%的比例赔偿其医疗费、误工费、护理费、营养费、伤残赔偿金、交通费、住院伙食补助费及鉴定费共计156万元及精神抚慰金20万元。甲医院主张王某起诉请求已过诉讼时效;其在该院治疗时是少年,不会发生误工损失,其他项主张也不合理,故请求法院驳回王某的起诉。乙医院认为王某系其门诊病人,仅就诊一次,该院已对其做出明确诊断,并无过错,不同意王某的诉讼请求。

经王某申请,一审法院委托某鉴定中心进行鉴定,该中心出具鉴定意见,其中分析认为:(1)据现有病史资料,患者所患神经源性膀胱主要与隐形脊柱裂、椎管内先天性肿瘤有关。(2)患者自幼存在排尿异常,在外院已经诊断神经源性膀胱、隐性脊柱裂,甲医院接诊后在神经源性膀胱基础上诊断后尿道瓣膜,但针对后尿道瓣膜未行相关诊断性检查,针对神经源性膀胱亦未行相关鉴别诊断检查,考虑患者术前后尿道瓣膜症诊断依据不足。依据术中探查及术后尿瘘的情形,考虑术中关于后尿道瓣膜诊断依据不足,存在患者术后尿瘘与术中不当操作造成尿道损伤的可能。(3)神经源性膀胱可以导致严重肾积水、膀胱输尿管反流、甚至进入终末期肾病阶段。针对神经源性膀胱,因神经损害已经不可逆,目前尚无有效治疗方法使其变成正常膀胱,保护肾功能是神经源性膀胱的治疗的第一原则,在有肾功能不全和(或)肾积水时首先需留置尿管,并进行持续引流,有时甚至需进行直接的肾脏引流,以达到最大限度的肾功能恢复。患者第一次住院,术前是否导尿未予记录,但术中直至出院时均给予了导尿治疗;患者第二次住院,术前是否导尿未予记录,医嘱单记载术后停止持续导尿,出院医嘱亦未交代是否需要导尿等注意事项。此外,两次住院资料中术前术后肾功能情况及排尿困难改善情况未见确切依据,没有充分体现医方针对神经源性肾后性梗阻性肾功能的保护,存在不足,视为过错。患者于第三次、第四次入院后,医方针对肾功能保护给予了尿管导尿及膀胱造瘘等治疗不违反诊疗常规。患者先天性疾病导致神经源性膀胱,病史长,1996年住院时因神经源性膀胱导致肾后性梗阻性肾功能衰竭,虽经治疗好转,但考虑已经造成肾实质损害。此外,患者自第二次出院后至第三次住院时隔半年多,其间治疗情况不详,综合以上情况认为,在第三次入院时存在肾功能不全(氮质血症期)是自身疾病发展及医方上述过错共同导致。(4)患者2015年首次发现椎管内肿物,乙医院所作椎管内占位性病变T10-L3等诊断明确,并建议完善腰段MRI平扫强化、肾内科会诊、麻醉科会诊,上述诊疗行为不违反诊疗常规。(5)椎管内先天性肿瘤生长缓慢,病程往往较长,如未经治疗,随肿瘤生长压迫脊髓,神经损害逐渐加重。该类肿瘤唯一有效的治疗方法是手术切除。患者于2018年行肿瘤切除术,依据病历记载"术中所见",患者椎管内肿瘤为先天性肿瘤,患者2015年就诊时乙医院查体双下肢肌力3级,2018年就诊手术时双下肢肌力1级,病情明显进展,系自身疾病椎管内肿瘤的发展所致。脊柱MRI检查是神经源性膀胱的重要鉴别诊断方法,甲医院四次住院病历中均没有相关脊髓病变的影像学检查,存在不足,可能与患者椎管内肿瘤未能早期诊断及治疗有一定相关性,与患者肢体瘫有一定因果关系。综上,鉴定结论为:患者目前存在慢性肾衰竭(尿毒症期)、双下肢截瘫系自身疾病神经源性膀胱、椎管内先天性肿瘤的发展及转归。甲医院在对其诊疗行为中存在一定过错,医方过错与其尿瘘有因果关系,建议原因力大小为主要;医方过错与患者中度肾功能障碍有一定因果关系,建议原因力大小为同等;医方过错与患者肢体瘫(肌力3级)有一定因果关系,建议原因力大小为轻微。乙医院对王某的诊疗行为无过错。

另,该中心向一审法院出具情况说明函,显示:关于伤残等级,根据北京市高级人民法院印发的会议纪要指出,侵权行为发生在2017年1月1

日(不含)以前的,适用当时生效的伤残评定标准。本案涉及甲、乙两家医院,其中甲医院侵权行为发生在1997年至1999年,鉴于当时国内仅有GB/T16180-1996《职工工伤与职业病致残程度鉴定》及GA35-92《道路交通事故受伤人员伤残评定》,参照GB/T16180-1996《职工工伤与职业病致残程度鉴定》,患者功能不全失代偿期的伤残等级为四级。双下肢截瘫(肌力3级)的伤残等级为三级。参照GA35-92《道路交通事故受伤人员伤残评定》,患者肾功能中度功能障碍的伤残等级为七级;双下肢截瘫(肌力3级)的伤残等级为六级。根据北京地区2017年以前生效的伤残评定标准京司鉴协发〔2011〕5号《人体损伤致残程度鉴定标准》评定,患者目前慢性肾衰竭(尿毒症期)、双下肢截瘫(肌力2级以下)。患者肾衰竭的伤残等级为二级,双下肢截瘫的伤残等级为二级。综合评定,患者的伤残赔偿指数为100%。当时亦无三期及护理依赖标准,据目前情况,按照现有标准,评定如下参考:参照《人身损害护理依赖程度评定》,患者护理需要全部护理依赖。参照《人身损害误工期、护理期、营养期评定规范》相关规定,其误工期、护理期、营养期均评定至伤残评定前一日,最多不超过两年。护理人数、残疾辅助器具费无相关标准,不予鉴定。后鉴定人出庭接受了甲医院质询,仍坚持原鉴定意见。

另,一审法院审核确定了王某主张的各项损失中的合理部分金额。

一审法院综合本案实际情况,认为以医方整体承担50%责任为宜。因乙医院不存在过错,王某的合理损失应由甲医院予以赔偿。据此,判决:甲医院赔偿王某医疗费、误工费、护理费、营养费、住院伙食补助费、交通费、伤残赔偿金、精神损害抚慰金共计80余万元。判决后,甲医院不服上诉,除一审辩称意见外还主张一审法院未分清其针对各损害后果应承担的不同责任,也没有正确认定其不足导致王某哪些后果,判令其按照王某目前损害后果直接承担对等责任,明显错误,请求二审法院依法改判或将本案发回一审法院重审。王某同意原判。二审法院主持调解,双方达成一致,由甲医院按照35%的标准就一审判决涉及的各项损失予以赔偿。

【研究主旨】

同一医疗机构的诊疗行为存在过错,且导致患者发生多个损害后果,但在各损害后果中,诊疗因素所占原因力大小并不相同,应当如何确定医疗机构的赔偿责任?

【裁判要旨】

一审法院对此认为,根据鉴定意见,王某目前存在慢性肾衰竭(尿毒症期)、双下肢截瘫系自身疾病神经源性膀胱、椎管内先天性肿瘤的发展及转归。乙医院无责。首先,甲医院在对其诊疗行为中存在一定过错,医方过错与其尿瘘有因果关系,建议原因力大小为主要,但王某尿瘘已治愈;其次,医方过错与患者中度肾功能障碍有一定因果关系,建议原因力大小为同等;最后,医方过错与患者肢体瘫(肌力3级)有一定因果关系,建议原因力大小为轻微。考虑到甲医院对王某造成3个损害后果的责任程度大小不同,以及尿瘘治愈的事实和伤害程度,相关治疗的整体不可分性,且王某亦以同等责任主张相关赔偿,综上,以甲医院整体承担50%责任为宜。王某的损害后果持续,故其诉求未超过诉讼时效。

具体到王某诉讼请求,医疗费,就诊存在不可分性,且甲医院未能提交针对王某不同病情的治疗费用明细,故对王某合理的医疗费数额应予以支持。王某的工作存在不稳定性,综合考虑其身体特点、工作岗位与工作单位的关系,法院酌定此项损失金额;关于护理费,根据王某目前的慢性肾衰竭(尿毒症期)、双下肢截瘫状况,参照司法鉴定中心出具的说明函,确认王某为完全护理依赖,法院对其前期护理及后续护理费酌情支持,护理费计算至2024年12月31日。营养费、住院伙食补助费、交通费,根据其实际住院期间、就医需要及相关标准酌情确定。残疾赔偿金,首先,判定甲医院的诊疗行为造成后果应以王某现在的状态为基础;其次,关于王某损害后果,目前慢性肾衰竭(尿毒症期)伤残等级为二级,双下肢截瘫的伤残等级为二级。综合评定,王某的伤残赔偿指数为

100%。综合考虑王某实际的现状、后续治疗,以赔偿指数 100% 为宜;最后,关于赔偿标准,根据现有证据,应以城镇标准予以赔偿。综上,共计应支持王某经济损失及精神抚慰金 80 余万元。

二审法院认为一审判决确认的甲医院承担的责任比例明显依据不足,因果关系并不对应。

经调解,最终双方当事人就赔偿金额达成一致。

【法律评析】

司法实践中,有很多都涉及同一医疗机构实施的不当诊疗行为,给患者造成二处以上损害的情形,而由于患者原有疾病、体质特异、非医疗因素等诸多原因共同作用,导致医疗机构的不当诊疗行为在各个损害后果之中的原因力大小并不相同,还有可能患者某一时期的损害后果与医疗机构的不当诊疗行为有直接因果关系,而法院受理双方之间纠纷时,患者最终因疾病发展,已经出现更为严重的后果,甚至死亡。本案就是其中比较典型的一例。笔者姑且称这种情况为"一因多果",不一定很准确,只是为了方便说明,就是把同一医疗机构实施的一个或者数个不当诊疗行为均视为"一因",把患者的两个以上的损害后果称为"多果"。

在这种情况下,应如何确定医疗机构应当承担的赔偿责任呢?这确实是个难题。司法实践中,存在两种主要观点。一种正如本案一审法官所持观点,不细分不当诊疗行为对每个损害后果所造成的损害及各自所占原因力大小,直接按照鉴定结论确定的最高的责任比例,囫囵地判令医疗机构对患方诉讼时的损害后果承担赔偿责任。这种处理对法官来说相对简单。第二种观点则认为,在出现"一因多果"的情况下,原则上,应分析医疗行为对所造成的各项损害后果中原因力大小,如损失能够分开,应按不同的责任比例确定医疗机构应当承担各项损害对应的损失,实在不能分开,也应考虑案件整体情况,就不能分开的损失酌情确定赔偿比例。

笔者持第二种观点。理由如下:根据侵权法理论及我国相关法律规定,成立侵权责任,一定需要确认过错行为与损害后果之间存在因果关系,换言之,就是因、果要对应,即侵权行为人只能对因其实施的侵权行为造成受害人发生的损害后果承担侵权责任,而不是针对受害人因其他原因导致的损害后果承担侵权责任。按照第一种观点,法官虽然比较容易裁判,但是因未考虑因果关系对应,显然违反了当时适用的《侵权责任法》相关规定,并不可取。不可否认,司法实践中,出现"一因多果"时,由于很多因素掺杂在一起,导致很多时候损失不好区分,法官不得不整体考虑此部分损失的赔偿责任比例。但是,由于涉及医学专业问题,前期的损害后果是否与患者最终的损害后果之间存在必然联系,如何考量各损害后果对应的诊疗行为所占原因大小的不同,在最终的损害后果中所占比例,都是困扰法官、影响其作出正确判断的难题。因此,笔者建议,遇到这种情况时,法官在委托鉴定时尽可能要求鉴定机构就此一并作出评价。然而,遗憾的是,司法实践中,仍有一些案件即便是鉴定人也无法就此给出明确的评价。因此,建议法官们在鉴定机构不能明确对此作出评价时,也要与鉴定人进行沟通,了解其不能作出明确评价的原因及其对相关问题的思考过程,以供自己在确定医疗机构责任时参考。

本案例就属于鉴定人就此问题也没有能给出明确答案的情况。鉴定人认为,患者先天所患为神经性膀胱、椎管瘤,且患者病程长、医从性差、涉及多家医院的诊疗行为,提供的病历也不能确定是否全面,故无法准确判断甲医院的不足在目前患者肾功能衰竭构成的 2 级伤残和下肢功能障碍达到的 2 级残疾的损害后果中原因力大小。但鉴定人也明确指出,甲医疗机构不当诊疗行为,造成的第一个后果是患者第一次住该院时,作为一个三甲医院,在具备相应检查手段的情况下未对患者进行必要检查以明确病因,适应症选择错误,盲目对患者进行手术,且操作不当造成患者发生尿漏,因此对此后果甲医院承担主要责任,但是患者第二次住院时已经将尿漏修补好了。第二个损害后果中度肾功能障碍是患者第三次入住甲医院时所患,是由于甲医院第二次住院仅修补尿漏忽视了导尿保肾治疗,且患者出院医嘱也未明确要求患者长期导尿,加之患者在长达一年半以上的时间内未进行系统诊疗，以致在患者第三次至甲医院门诊就诊时已出现中度肾功能障碍，此后果与患者所患先天性疾病及其未及时诊疗有关，因此甲医院对患者此项损害后果承担对等责任。至于第一次尿漏与后期肾功能衰竭的后果之间并无直接关系，而患者中度肾功能障碍发展成最终的肾功能衰竭，和患者病情发展以及长期未进行系统治疗有关，而目前对甲医院的诊疗行为是否存在过错无从进行判断，因此甲医院的医疗因素在肾功能衰竭的后果中原因力不能是对等，应当同时考虑甲医院在中度肾功能障碍这一损害后果中的50%的责任比例以及中度肾功能障碍对应的7级伤残时对应的40%的赔偿系数，确定甲医院医疗行为在肾功能衰竭的后果中大致的责任比例应当在20%。针对患者双下肢构成2级伤残的损害后果，鉴定人认为椎管瘤生长缓慢，不能明确1997年至1999年时是否能够明确诊断，且椎管瘤有效治疗措施就是手术切除，因此即便是甲医院在患者第一次住院时就能够查出患者患椎管瘤，及时手术予以切除，对于患者下肢肌力的影响与后期手术相比，影响并不大，故认定甲医院医疗因素对于患者下肢肌力的影响属轻微。至于对患者目前下肢残疾程度的赔偿责任比例，也需考量患者明确椎管瘤诊断时，肌力为3级，对应残疾程度为4级、赔偿系数为70%，责任参与度为10%，确定赔偿比例大体为7%左右。同时，由于甲医院的医疗因素与患者目前两个残疾后果均有因果关系，计算赔偿系数时，一般应按照较高级别的残疾等级再行上浮5%。笔者认同鉴定人的分析，入情入理，有理有据，虽然没有直接给出结果，但是，在此分析基础上，法官内心已能够形成确认，再行裁量甲医院应当承担的赔偿责任比例，就不是盲目凭主观臆断了。

综上，在"一因多果"的情况下，确认医疗机构的赔偿责任，应尽量委托鉴定机构一并作出判断，在鉴定机构不能明确判断时，也要与鉴定人充分沟通，了解症结所在，最终要本着在能够分清责任及对应的损害后果时，要按责分别计算赔偿金；在不能分开的情况下，也要综合考虑整个案情及鉴定人的意见再行作出判断，同时还要注意患者发生与医疗因素有关的多个伤残后果时,赔偿比例要就高,每多一个残疾后果赔偿比例就上浮一个5%。

三、"缺陷出生"涉及的赔偿问题

"缺陷出生",也被称为"错误出生",是指因为医生产前检查中的过失,导致孕妇并不知晓胎儿可能存在的缺陷,没有选择实施堕胎手术而生下有先天缺陷的婴儿。缺陷婴儿的出生,增加的不仅是其父母的抚养压力和负担,增加的更是其父母内心的痛苦和焦虑。而且,缺陷儿成长过程中,也会面临比健全孩子更大的压力。

此种情况下,缺陷婴儿、缺陷婴儿的父母是否是医生过失行为的被侵权人?应当如何救济?由于我国法律规定的滞后性,目前对此并无明确规定。因此,学界和实务界虽然对于此类纠纷的请求权性质、救济方式、诉讼主体、损害后果、因果关系等诸多方面一直存在争论。但主流观点认为,首先,缺陷婴儿不属于被侵权人。因为从伦理学角度看,缺陷并不能降低生命的价值,"错误出生"对于缺陷婴儿并非一种损害;任何人包括未出生的孩子都无权请求被他人杀死。因此,医生并没有违反对缺陷婴儿的义务。其次,缺陷婴儿成长所需正常的抚养费不属于其父母的损失。这是因为,不论婴儿是否有缺陷,都需要其父母负担一般的抚养费用,此部分费用对其父母而言,属于生养子女之必须,而非损害造成的额外负担。且缺陷儿之父母不能把其对子女的法定抚养义务当作一种损害。再次,缺陷儿父母为其支出的医疗费、超出一般抚养费用的特殊的教育和照顾费用,基本上被认为应当得到赔偿。因此,在这些费用方面,父母具有了被侵权人的地位。

但是最高人民法院一度认为,医疗保健机构在进行产前医学检查过程中因未尽勤勉和忠诚义务导致检查结论失实,使信赖该项检查结果的合同相对人生育缺陷婴儿,额外增加抚育、护理及治疗费用,蒙受纯粹财产上损失,构成加害给付,医疗保健机构应当根据《民法典》第577条①的规定承担相应的违约损害赔偿责任。当事人以侵权为由提起诉讼,因对纯粹财产上损害现行法律尚无相应的请求权基础规范,侵权诉讼不能成立。人民法院应当就此向当事人释明,告知其以正确的案由起诉。损害赔偿的范围包括当事人作为合同对价支出的各项费用以及额外增加的抚育费、治疗费、护理费等纯粹财产上损失,但对纯粹财产上损失应根据其确定性、可预见性和合理性予以限制,并应考虑损益同销、过失相抵等因素②。

近几年,由于强制婚前检查被取消,加上各种环境及不良生活习惯等多种因素影响,"缺陷出生"的比例有所上升,引发的案件也有上升趋势,大量案例的实践积累,使从事医疗专业审判的法官们有了更多思考,抛开理论而言,试图从有效解决纠纷,更好地弥补因缺陷出生给患儿父母带来的损害,更有利于患儿改善生存条件的角度,总结提炼出一些处理此类纠纷的规则。目前实务界,仍有观点认为,从产检角度看,患儿母亲与负责孕检、产检的医疗机构形成一种特殊的服务合同关系,出现对胎儿先天缺陷未检出,属于一种违约确认。但主流观点认为,胎儿先天缺陷未检出,直接造成其父母丧失了优生优育选择权,继而侵害的是其合法权益,其父母可以以侵权纠纷起诉,且以侵权纠纷起诉,对原告的合理保护范围更大一些。笔者同意主流观点。

(一)此类案件的基本特点

(1)赔偿权利人是新生儿的父母,而非患先天性疾病的新生儿。

---

① 《民法典》第577条规定,当事人一方不履行合同义务或者履行合同义务不符合约定的,应当承担继续履行、采取补救措施或者赔偿损失等违约责任。

② 最高人民法院民事审判第一庭:《因产前检查疏失导致缺陷儿出生相关医疗机构应否承担侵权责任》,载最高人民法院民事审判第一庭编:《民事审判指导与参考》2008年第3集(总第35集),第153页。

(2)损害后果是新生儿本身的残疾或遗传疾病,并非由于医疗机构的诊疗行为直接造成。

(3)侵犯的权利客体不是新生儿的生命健康权,而是新生儿父母的优生优育选择权。

(4)赔偿的范围和标准与一般损害责任纠纷也不尽相同。

(二)缺陷出生赔偿责任的构成要件

1. 存在违法事实

规制医疗机构产前检查行为的规范主要有《母婴保健法》《母婴保健法实施办法》及各地方相关机构出台的规范性文件等。这些规范对医疗机构在产前检查、产前诊断过程中的注意义务进行了具体而明确的规定。若医疗机构违反这些法定义务,就具备违法性。实践中,判断医疗机构是否违反上述规范,因涉及医学专业知识,法院一般会委托鉴定机构进行司法鉴定。

2. 存在损害事实

不同于一般医疗损害责任案件,缺陷出生案件中,新生儿的先天残疾,并不是损害事实,因为先天残疾是由于父母基因、环境等多种因素造成的,与医疗机构进行的产检行为无关。对于先天残疾婴儿出生的事实是否构成损害,存在不同的认识。一种观点认为,生育身体和智力都健康的婴儿是所有妊娠中的母亲及父亲的期望,先天残疾婴儿的出生对于这种期望必然是一种损害。另一种观点则认为,基于亲子关系之间生理和伦理上的联系,婴儿无论是否是为父母所计划出生,出生本身均无法被视为是一种损害。

笔者认同第二种观点。缺陷出生纠纷中所谓的损害事实具体指的是什么呢?应当是父母亲获得适当产前保健服务的权益被侵害的事实,即由于医疗机构没有适当履行自己的注意义务而造成缺陷儿之父母的产前保健权益和优生优育选择权受到侵害,从而给缺陷儿之父母带来了精神上的痛苦和额外的养育负担。

3. 因果关系

先天残疾本身与医疗机构的诊疗行为之间不存在因果关系。在缺陷出生案件中,因果关系是指如果没有医疗机构违反法律规定,未适当履行法定产前检查、产前诊断义务的行为,孕妇获得适当产前保健服务的权益就不会受到侵害;而因为有医疗机构的违法行为,则导致孕妇的权益受到侵害,产下先天残疾儿,造成患者财产和精神上的损害。因此,医疗机构的违法行为与孕妇受到的损害事实之间存在相当因果关系。

4. 过失

《民法典》第1221条规定,"医务人员在诊疗活动中未尽到与当时的医疗水平相应的诊疗义务,造成患者损害的,医疗机构应当承担赔偿责任"。因此,缺陷出生赔偿责任的过失判断也应以当时的医疗水平为标准。

这里要区分产前检查和产前诊断。产前诊断需要取得相应的资质,没有取得产前诊断许可的一般医疗机构,只能实施产前检查及有条件地实施产前筛查等医疗行为。取得产前诊断许可的医疗机构,可以开展例如产前检查、遗传咨询、21三体综合征和神经管缺陷产前筛查以及产前诊断。需要注意的是,不具有产前诊断资质的医疗机构,除了要尽到产前检查的注意义务,发现或怀疑可能危及或影响孕妇健康和胎儿正常发育的情形,还负有指导和建议孕妇进行产前诊断的告知义务。如果没有尽到告知义务,医疗机构也具有过失。

(三)缺陷出生的赔偿范围和标准

目前,相关法律和司法解释并未就"缺陷出生"应赔偿的各项费用进行具体明确的规定,司法实践中对损害赔偿范围的认识也是不确定的。实际上,损害赔偿范围的争议其实是与因果关系密不可分的,侵权法为自己行为负责的传统理念要求只有与医疗机构的违法行为有因果关系的损害才应得到赔偿。因"缺陷出生"引发的医疗侵权赔偿纠纷,到底哪些属于合理损失范围呢?

看一下实际案例,有助于我们对此问题的理解。

案例 9-5　因"缺陷出生"引发的医疗损害责任纠纷中,特殊抚养费属于患方的合理损失

李某怀孕初期在甲医院行初步检查,诊断孕 19+5 周第 1 胎 0 产。处理:TCT、BV(-),唐筛 1:673,交待风险。随后,李某按期在甲医院进行孕检。孕周:22W6D,甲医院妇产科超声诊疗报告单:……唇部、胃泡、脉络丛、双肾、脊柱、膀胱、四腔心、可显示……孕周 26W5D 甲医院妇产科超声诊疗报告单未见异常。初步诊断:孕 35+5 周,孕 1 产 0,LOA;先兆早产。出院后 42 日返诊,出院其他医嘱:注意休息,加强营养等。李某孕 35 周在乙医院行全数字电脑彩超检查,报告超声显示"胎儿心脏异常所见:室间隔缺损,主动脉增宽、骑跨,肺动脉较细——提示法洛氏四联症可能"。两周后,李某在乙医院生产 1 男婴。新生儿被诊断为:先天性心脏病,法鲁氏四联症;二尖瓣反流(轻度);三尖瓣返流(中度)。患儿两岁左右,在某心脏病专科医院接受手术治疗,出院诊断为:先天性心脏病:法洛氏四联症,B-T 分流术后;心功能Ⅱ级。李某夫妇为此支付医疗费 7 万余元。

李某夫妇将甲医院起诉至法院,要求甲医院按照 40% 的比例赔偿下列经济损失,其中医疗费和误工费各 3 万余元、特殊抚养费 35 万元,并赔偿精神损失费 5 万元。甲医院辩称,我院是产前检查单位,非产前诊断单位,对胎儿筛查内容为心率、心律、四腔心结构、比例是否正常;我院的诊疗行为符合医疗常规,根据筛查结果,李某不具备转往上级诊断机构的指征;在对李某进行常规超声检查时,已充分履行了告知义务;患儿目前损害后果是其自身的先天疾病,该疾病不属于当时产前筛查的排畸范围,且诊疗行为无过错,不应当承担赔偿责任。李某的诉讼请求中的误工费和特殊抚养费不具有法律依据,不同意赔偿;医疗费中对于患儿的治疗费用不同意赔偿。

诉讼中,李某夫妇认为患儿的缺陷出生与甲医院存在直接因果关系,要求就甲医院对李某的诊疗行为是否存在过错,若存在,与其损害后果之间是否具有因果关系及责任程度进行鉴定,法院依法委托某司法鉴定所进行鉴定。该鉴定所出具了司法鉴定意见书,分析认为:李某因孕19+5周于甲医院孕期建档,此后多次于该院处进行产前检查,包括抽血、化验、B超等,其检查项目及检查时机均符合产前保健的相关规定,甲医院医疗行为符合诊疗常规;患儿法洛四联症为内在发育异常所致,与医方医疗行为无关。由于其所患并非最严重的一类法洛四联症,B超排畸筛查具有一定难度,但若仔细扫查,仍有很大机会发现心脏异常。鉴定意见为:甲医院在李某孕中期的超声系统筛查中对胎儿法洛氏四联症存在漏诊,使李某丧失了在孕28周内选择是否继续妊娠的机会和权利,与患儿缺陷出生存在一定因果关系,建议甲医院承担次要责任。

一审法院判决:甲医院一次性赔偿李某夫妇医疗费和误工费13,000元及精神损害抚慰金50,000元,并驳回李某夫妇其他诉讼请求。李某不服上诉,认为患儿出生后因先天性心脏病,多方治疗,花费巨大,且因先天疾病导致需要特别照护,均属于增加的抚养费用,一审判决未予支持,欠妥。要求二审法院改判支持其一审全部诉讼请求。

【研究主旨】

因"缺陷出生"引发的医疗损害责任纠纷中,哪些属于患方的合理损失?

【裁判要旨】

一审法院认为,随着仪器设备不断改进、超声技能技术不断提高和更新,对于法洛四联症,应当在产前检查时检查出。甲医院作为产前筛查单位,对胎儿筛查内容虽符合相应诊疗规范,但并未尽到足够谨慎注意义务,其漏诊行为导致李某丧失了选择是否继续妊娠的机会和权利,与患儿缺陷出生存在一定因果关系。基于上述分析,可以认定甲医院的诊疗行为存在过错,理应承担相应责任,考虑其过错程度及性质,责任程度以35%为宜。具体到李某夫妇的诉讼请求,医疗费共支出7.8万元,扣除患儿的医疗费支出,李某共支出1.3万元,应予以支持。关于误工费,李某夫妇虽未提交充分证据予以佐证,但考虑其薪资证明、完税证明、住院时间、职业情况,法院予以酌定。关于特殊抚养费损失,因无相关法律依据,法院不予支持。关于精神损害抚慰金,孩子的出生本应为一个家庭带来巨大的幸福感,但因甲医院过错导致缺陷儿的出生,为患儿及其家庭带来精神上的伤害,故法院对该项诉讼请求应予支持。

二审法院则认为,除一审法院认定的合理损失外,因患儿先天疾患所致,李某夫妇为抚养患儿,需要增加的抚养费用,均属于特殊抚养费,包括治疗患儿先天疾病所必需的治疗费用、对患儿必须的特殊照顾费用、教育费用等等。本案李某夫妇就其主张的特殊抚养费,仅提交了患儿两岁时进行手术治疗花费的医疗费票据,该部分损失确实属于合理损失,甲医院应当予以赔偿,但其并未证明此项主张的其他部分确实发生,对其他部分损失法院实难支持。

【法律评析】

对于缺陷出生儿为治疗先天疾患所需治疗护理费用是否应当视为其父母的合理损失,实务界是有争议的。一种观点认为既然患儿的先天残疾并非医疗机构的行为造成的,其父母为其治疗残疾所支付的医疗费,当然与医疗机构无关。还有一种观点认为,虽然很多先天残疾是无法治愈的,而且孩子的先天缺陷并非由于医疗机构的行为直接造成,但是考虑到大多数人的风险承受能力、对今后生活质量的预期以及生育一个身体、智力健康的孩子是所有怀孕中父母的愿望,如果父母的知情权、优生优育选择权得到了充分保障,可能这部分治疗费用就不会发生。如果父母在产检时被告知胎儿的真实状况仍决定将其产下,父母由于有了心理预期,即便胎儿出生后仍可能发生相关费用,父母也应自行承担,无医疗机构赔偿。因此,医疗机构对于父母治疗缺陷儿先天疾病发生的费用还是应当承担间接责任的。关于特殊抚养费如何确定？实践中认识也不相同。有法官认为应当按照被扶养人生活费的计算标准和方式，视患儿残疾程度，完全丧失或大部分丧失劳动能力的计算20年，部分丧失劳动能力的计算至18周岁。还有法官则认为，父母对孩子的抚养义务系法定义务，而不论孩子是否有先天残疾，因此，不能按照被扶养人生活费计算特殊抚养费，而是根据患儿实际需要，将其父母因其先天残疾而多支付的费用和特殊教育、训练费用确定为特殊抚养费。

针对上述分歧，笔者均持第二种观点。如果产前检查对于胎儿所患先天缺陷能及时发现，父母在知情的情况下有权选择保留胎儿或者放弃。由于医疗机构的疏忽，导致父母的知情权、选择权未能得到充分保障，故应对由此产生的后果承担相应责任，即就对应的合理损失应当予以赔偿。法律和司法解释虽然没有对何谓特殊抚养费进行定义，一般理解特殊抚养费是指因患儿的严重先天性疾病所需要额外支出的各项费用的统称，包括复健费用、特殊教育费用及护理费用等。生育先天缺陷儿童，是父母获得适当产前保健服务权益被侵害而产生的间接后果，相应地因抚养缺陷儿童而额外支出的费用作为父母的间接损失亦应当得到赔偿，赔偿的基本原则是客观标准。因此，在计算原告的损害赔偿数额时，应当以在通常情况下必要、合理的费用为限，并注意责任参与度问题。

北京地区各法院对此基本形成统一的认识。关于"缺陷出生"的损失赔偿问题，原则上应当通过向当事人释明等方式，尽量使父母选择侵权纠纷起诉，合理损失一般包括患儿先天残疾的治疗及相关费用、特殊照顾、特殊的教育培训费等特殊抚养费。

结合案例不难看出，缺陷出生合理损失的范围与其他医疗损害责任纠纷相比还是具有一定特殊性的，但确定损失的原则与其他案件区别不大。

1. 合理损失范围主要包括

(1)治疗患儿先天疾病而发生的医疗费及产生的相关护理费、家属误工费、交通费、住院伙食补助费等。

(2)患儿治疗结束后仍需要的复健费、特殊教育费及护理费、残疾辅助器具费等。

(3)针对缺陷出生儿父母的精神损害抚慰金。

2. 确定损失的原则

在计算原告的合理损失数额时,应当以在通常情况下必要、合理的费用为限,结合证据审查认定,同时注意责任参与度问题。即根据医疗机构的责任大小,确定医疗机构按照相应比例对原告的合理损失进行赔偿。

第十章 常见几类医疗纠纷的相关法律问题

> **引言** 本章主要结合司法实践,针对最常见的医疗机构侵犯患者知情同意权、未尽到医疗注意义务(包括违反首诊负责制、违反转诊义务、过度医疗)引发的纠纷,以及经常引起民众热议的医疗美容纠纷,介绍了相关法律规定、认定标准及责任承担等问题。

2020年《民事案件案由规定》里涉及医疗侵权纠纷仅在三级案由医疗损害责任纠纷项下列了两个四级案由,即医疗产品责任纠纷和侵犯患者知情同意权纠纷,但是医疗损害责任纠纷确是由多种原因引起的。

学界对医疗侵权纠纷的分类不尽相同。以中国人民大学杨立新教授为代表的部分学者认为,一般应包括医疗技术损害责任、医疗伦理损害责任和医疗产品损害责任三大类。医疗技术损害责任,是医疗损害责任的基本类型之一,是指医疗机构及医务人员在医疗活动中,违反医疗技术上的高度注意义务,具有违背当时医疗水平的技术过失,造成患者人身损害的医疗损害责任①。医疗伦理损害责任也是医疗损害责任的基本类型之一,是指医疗机构和医务人员违背医疗良知和医学伦理的要求,违背医疗机构和医务人员的告知和保密义务,具有伦理过失,造成患者人身及其他合法权益受到损害的医疗损害责任②。医疗伦理损害责任最主要的体现,就是告知义务的履行存在过错。医疗产品损害责任是指医疗机构在医疗过程中使用有缺陷的药品、消毒药剂、医疗器械以及血液及其制品等医疗产品,因此造成患者人身损害,医疗机构、医疗产品生产者、销售者应当承担的医疗损害赔偿责任③。

以中国政法大学法刘鑫教授为代表的部分更为偏重研究医疗纠纷的学者则认为,医疗侵权类型应分为以下10种:(1)技术过失;(2)侵犯知情权;(3)侵犯同意权;(4)泄露隐私;(5)公开病历;(6)过度医疗;(7)药品缺陷;(8)消毒药剂缺陷;(9)医疗器械缺陷;(10)血液缺陷。实际列举了学理上三种侵权类型的具体表现。

《民法典》也体现了医疗侵权纠纷的不同类型,其中第七编第六章用了11个条款专门规定了医疗损害责任。笔者认为按照《民法典》相关条款,侵权行为应包含违反告知义务、违反注意义务、侵犯患者隐私权、医疗产品责任、过度医疗等具体情形。除此之外,《民法典》还规定了医疗机构的法定义务未规定过错的情形。其中,第1220条规定了过错推定情形,即"患者在诊疗活动中受到损害,有下列情形之一的,推定医疗机构有过错:(一)违反法律、行政法规、规章以及其他有关诊疗规范的规定;(二)隐匿或者拒绝提供与纠纷有关的病历资料;(三)遗失、伪造、篡改或者违法销毁病历资料"。第1225条规定了医疗机构提供病历的义务,规定"医疗机

---

① 杨立新:《侵权损害赔偿》,法律出版社2010年版,第353页。
② 同上书,第356页。
③ 同上书,第361页。

构及其医务人员应当按照规定填写并妥善保管住院志、医嘱单、检验报告、手术及麻醉记录、病理资料、护理记录等病历资料。患者要求查阅、复制前款规定的病历资料的,医疗机构应当及时提供"。这一规定相比《侵权责任法》第 61 条,最大的变化是增加了医疗机构及时提供病历的义务。这一规定积极意义在于针对此问题规定了裁判依据。尽管条文仍然未给出具体的时间节点,"及时"仍须进行主观判断但仍然具有进步意义。

研究司法实践中不同类型医疗侵权行为引发的案件量占比问题,可以帮助分析医疗纠纷成因,并为防控纠纷发生提供实践依据。下面笔者针对司法实践中,几类常见医疗侵权纠纷涉及的相关法律问题,给大家进行简要介绍。

一、因未履行或者不当履行告知义务引发的纠纷

医疗机构履行告知义务与患者行使知情同意权是一个问题的两个方面,是相对应的权利义务。

医疗机构的告知义务即说明义务,主要指在医疗活动中,医疗机构及其医务人员为取得患者对医疗行为的同意,而对该医疗行为有关事项进行的说明义务,属于一种伦理上的义务,也是医疗机构的法定义务。患者的知情同意权则是指患者在知悉病情的基础上,自主选择医疗方案的权利,体现的是患者的自由选择权。由于患者缺乏专业的医学知识,其想要做出符合自身利益的选择,很大程度上依赖于医务人员就病情、治疗方式、可能的风险及预后、替代医疗方案、甚至可能的经济负担等对其进行的告知。

司法实践中,很大一部分患方都会提出医院侵犯其知情同意权。经审查,也确实有部分医疗机构在告知的内容、范围和方式等方面存在问题,且造成患者发生损害,最终被判承担侵权责任。根据阿尔法大数据显示,未履行告知义务已经成为 2018 年度医疗纠

纷的首要成因了。可见,适当履行告知义务,是广大医务人员的重要工作之一。医师在诊疗行为中应如何履行告知义务,才可以免除责任?一直是医疗机构和医务人员困惑的问题。笔者统计了近五年的案例,患方起诉涉及医疗机构未履行告知义务较多的依次是手术风险的告知,替代性治疗方案的告知,以及病情告知等几个方面。

首先给大家介绍的是手术风险告知不足的典型案例。

案例10-1 医疗机构不适当履行告知义务可能承担侵权责任

2011年,年近70岁的郑某因"8个月前无明显诱因夜尿增多,伴尿频尿急症状及尿不尽感,无肉眼血尿,无发热,近3月尿频尿急症状加重",被甲医院以"前列腺增生"收住院治疗。期间,该医院为郑某实施了"经尿道前列腺电切术"。穿刺病理回报为前列腺增生,尿管在位引流通畅,尿色淡黄。术后10天,术后病理回报为前列腺癌,甲医院考虑此癌为偶发癌,给予郑某行诺雷德及氟他胺治疗后,翌日,让郑某出院。数月后,郑某到乙医院泌尿外科就诊,被诊断为:尿失禁。后郑某陆续到多家医院诊治,共支付医疗费2000余元。

2013年,郑某将甲医院起诉至法院,以其在外院检查,医师认为甲医院在给其动手术时,碰到了其膀胱肌,致收缩功能受损,出现严重的尿失禁现象为由,要求甲医院赔偿医疗费、住院伙食补助费、交通费、住宿费、医疗用品费、护理费及精神损害抚慰金等共计60余万元。

甲医院辩称:首先,我医院的诊疗行为符合医疗规范,在术前、术后都已经向郑某进行了充分的告知,不存在任何医疗过错。其次,外院的检查结果均未表明郑某所述"是我医院在给其动手术时,碰到了其膀胱肌,致使其膀胱肌收缩功能受损"成立。郑某出院后一段时间并无其所述症状,时隔数月才出现尿失禁。且郑某年事已高,出院后其自身是否出现过其他状况,是否去过其他医院做过其他治疗,是否按照医生要求进行术后的锻炼都可能对其自认为的损害后果产生影响,不能就此认定系我医院手术造成。再次,我医院诊疗行为无失误,无过错,与郑某所述症状不存在直接因果关系。故请求法院驳回郑某的全部诉讼请求。

一审法院审理中,法院委托司法鉴定中心对甲医院的诊疗行为是否有过错、过错参与度及其伤残等级、营养期、护理期等进行鉴定。该鉴定中心出具司法鉴定意见书,载明:甲医院术前已经预见可能发生尿失禁的并发症,但在术前告知书中没有明确提出,视为存在术前告知不到位的过错。但该过错与郑某的损害后果无关。经质证,双方对上述鉴定意见书均无异议。

【研究主旨】

正确履行告知义务的判断标准问题

【裁判要旨】

一审法院认为,甲医院在术前告知书中关于术后可能发生的并发症告知不充分,未将术后可能发生尿失禁的风险告知患者,但与郑某现在的损害后果无因果关系,不应认定甲医院侵权。考虑到郑某年岁较大,尿失禁对其生活的影响,以及甲医院未尽到充分告知义务的过错,应考虑对郑某进行补偿,具体补偿数额由法院酌情予以认定。故对郑某要求赔偿各项损失的诉讼请求,法院不予支持。据此,一审法院判决甲医院补偿郑某2万元。判决后,郑某不服上诉,被二审法院驳回。

【法律评析】

众所周知,现代医学由于具有高度的专业性、技术性等特点,一般的非专业人员对医疗行为的意义、风险、后果知之甚少,故患者就诊时往往处于被动地位,缺乏对医师实施的医疗行为进行质疑的能力;客观上讲,医疗行为既可以治病救人,同时也可能存在误诊、误治,或是发生医疗失败、副作用、并发症等诸多不良后果的风险,而患者必须承担这些风险甚至损害后果,因此患者应该享有选择权,有权选择接受或不接受这些风险或可能的后果,这是源于人格权的一种权利。为了保护患方的知情权,体现法律的公平,医师应该负有告知义务,即要将其实施的医疗行为的风险、预后以及替代医疗方案等充分向患方进行告知,以取得患方理解、同意,否则即构成侵权。

为合理保护患者的知情同意权,当时适用的《侵权责任法》第55条①规定,医务人员在诊疗活动中应当向患者说明病情和医疗措施。需要实施手术、特殊检查、特殊治疗的,医务人员应当及时向患者说明医疗风险、替代医疗方案等情况,并取得其书面同意;不宜向患者说明的,应当向患者的近亲属说明,并取得其书面同意。医务人员未尽到前款义务,造成患者损害的,医疗机构应当承担赔偿责任。本例患者为老年男性,出现尿急、尿频及尿不尽等前列腺疾病症状,并不特殊。如采取保守治疗逐步控制病情发展,这种状态还会延续很长时间,会不会发展为尿失禁不得而知。甲医院为患者采取手术方式积极治疗,固然可能改善其症状,但确也存在一定的风险。既然损害可能发生,医务人员就有义务将可能的损害后果向患者进行告知,同时按照《侵权责任法》的规定,还应将替代医疗方案也向患者进行告知,由患者在全方面了解自身病情、手术风险、预后及替代医疗方案的情况下,再行决定是否接受手术治疗。甲医院明知手术可能导致患者出现尿失禁的后果,却没有在术前向患者进行告知,也没有告知患者替代医疗方案,手术过于积极,侵害了患者的知情同意权。因此,甲医院对由此给患者造成的损害,应承担相应赔偿责任。

此案例是医疗纠纷中最为常见和普通的一例,但引发我们对相关法律问题的思考。判断医务人员适当履行告知义务的标准是什么?要回答

---

① 《民法典》第1219条规定,医务人员在诊疗活动中应当向患者说明病情和医疗措施。需要实施手术、特殊检查、特殊治疗的,医务人员应当及时向患者具体说明医疗风险、替代医疗方案等情况,并取得其明确同意;不能或者不宜向患者说明的,应当向患者的近亲属说明,并取得其明确同意。医务人员未尽到前款义务,造成患者损害的,医疗机构应当承担赔偿责任。

此问题,先要厘清以下几个问题。

(一)医师履行告知义务的依据

1. 是保护患者生命健康权的需要

医疗行为直接关系到患者的生命、健康,医疗行为的特殊性使医疗行为本身往往带有一定的侵害性,有时甚至可能会给患者造成一定的损害。患者有权知道这种风险的存在,即享有知情权,而后才能进行选择,这成为医师获得患者允许实施可能对患者身体造成一定损害的正当医疗行为的免责事由。

2. 是患方有效行使知情同意权的前提基础

无论是药物、还是手术治疗等都可能会对人体产生一定的伤害,只有医师充分地向患方说明了病情、治疗方案、预后、风险,甚至费用承担,才能让患方根据自身的需要和承受能力,选择确定治疗方案,有效行使同意权。

3. 是保护患方自主决定权的需要,也是意思自治原则的体现

由于任何医疗风险和医疗行为造成的不利后果最终都要由患者承受,所以尽管医疗以救死扶伤、防病治病为目的,以为民众的健康服务为宗旨,一切手段都以患者为中心,但患者本人才是自身利益的最佳判断者,在关系自身重大利益的事情上,应由其在全部知情的情况下,做出"合理"的判断,这是意思自治的真谛。

4. 是民法中诚实信用原则的要求

诚实信用原则是民法的最高指导原则,它要求人们在从事民事活动时,应诚实守信,以善意的方式履行自己的义务,不得滥用权利及规避法定或约定的义务,不得损害对方利益。具体到医疗行为中,医师应该谨慎、勤勉、忠实,一切以患者利益为中心,尊重患者的权利和选择,尤其是避免凭借其专业所长和患者的不知情,在实施医疗行为时随意取舍。真正做到《日内瓦宣言》规定的:"医师首先

考虑的应是病人的健康,医师要凭自己的道德意识和尊严来从事医疗工作。"告知义务是道德义务的法律化,是诚实信用原则的延伸和体现。

5. 是合理分配医疗风险,公平保护医患双方合法权益的要求

医疗行为本身带有一定的侵害性和风险性,可能会给患者带来副作用、并发症等不良后果。随着医学科学的进步,新技术的应用,一些非常规手术、临床实验性疗法等由于未臻成熟,风险更大,未经患方同意就让其单独承担医疗风险是不公平的;而一味规避风险,否定非常规疗法、临床实验性疗法的积极意义,必然会抑制医学的发展、进步,最终损害广大患者的利益。如何正确面对医疗风险并合理分配风险是我们亟待解决的一个问题。让患方知情后进行选择,一旦出现医疗失败、副作用或并发症等医疗风险,在医疗方面无过错的情况下,免去医方责任,这样才能体现公平,才能使医患双方的利益都能得到平等保护。

(二)我国法律对于告知义务的规定

各国法律大多对于医师告知义务进行了规定。如《法国民法典》规定,任何人均享有身体受到尊重的权利,人之身体不得侵犯,损害人之身体的完整性仅以对该人的治疗有必要之情形为限,除因当事人的健康状况有进行手术治疗之必要,并且本人不能表示同意之情形外,事先均应征得当事人本人的同意。

(1)《执业医师法》第 26 条规定:"医师应当如实向患者或者其家属介绍病情,但应注意避免对患者产生不利后果。医师进行实验性临床医疗应当经医院批准,并征得患者本人或者其家属同意。"[①]

[①] 《医师法》第 25 条规定,医师在诊疗活动中应当向患者说明病情、医疗措施和其他需要告知的事项。需要实施手术、特殊检查、特殊治疗的,医师应当及时向患者具体说明医疗风险、替代医疗方案等情况,并取得其明确同意;不能或者不宜向患者说明的,应当向患者的近亲属说明,并取得其明确同意。

(2)《医疗事故处理条例》第 11 条规定:"在医疗活动中,医疗机构及其医务人员应当将患者的病情、医疗措施、医疗风险等如实告知患者,及时解答其咨询,但是,应当避免对患者产生不利后果。"

(3)《医疗纠纷预防和处理条例》第 13 条规定:"医务人员在诊疗活动中应当向患者说明病情和医疗措施。需要实施手术,或者开展临床试验等存在一定危险性、可能产生不良后果的特殊检查、特殊治疗的,医务人员应当及时向患者说明医疗风险、替代医疗方案等情况,并取得其书面同意;在患者处于昏迷等无法自主作出决定的状态或者病情不宜向患者说明等情形下,应当向患者的近亲属说明,并取得其书面同意。"

(4)《医疗机构管理条例》第 33 条规定:"医疗机构施行手术、特殊检查或者特殊治疗时,必须征得患者同意,并应当取得其家属或关系人同意并签字。"《医疗机构管理条例实施细则》第 62 条对此作出细化规定:"医疗机构应当尊重患者对自己的病情、诊断、治疗的知情权利。在实施手术、特殊检查、特殊治疗时,应当向患者作必要的解释,因实施保护性医疗措施不宜向患者说明情况的,应当将有关情况通知患者家属。"

(5)《民法典》第 1219 条规定:"医务人员在诊疗活动中应当向患者说明病情和医疗措施。需要实施手术、特殊检查、特殊治疗的,医务人员应当及时向患者具体说明医疗风险、替代医疗方案等情况,并取得其明确同意;不能或者不宜向患者说明的,应当向患者的近亲属说明,并取得其明确同意。医务人员未尽到前款义务,造成患者损害的,医疗机构应当承担赔偿责任。"这一条款对医师告知义务进行了更为全面的规定,不仅把告知义务上升到法律规定的层面,从内容上也有了更高的要求,规定了医师关于替代医疗方案的告知义务。

(三)告知的内容、对象及方式

履行告知义务,涉及告知内容(包括告知范围和内容)、告知方式(书面还是口头),以及向谁告知(是患者还是家属)等几个方面的问题。实践中该如何操作一直困扰医师和医疗机构。

1. 关于告知内容

从《民法典》的规定不难看出,医务人员履行说明义务的范围分为两种情况:一是在通常的诊疗活动中医务人员主要应当向患者说明病情和医疗措施;二是特殊情况下,即需要实施手术、特殊检查、特殊治疗时,医务人员应当向患者说明医疗风险、替代医疗方案等情况。关于什么是"特殊检查""特殊治疗",《医疗机构管理条例实施细则》第88条规定:"特殊检查、特殊治疗是指具有下列情形之一的诊断、治疗活动:有一定危险性,可能产生不良后果的检查和治疗;由于患者体质特殊或者病情危笃,可能对患者产生不良后果和危险的检查和治疗;临床试验性检查和治疗;收费可能对患者造成较大经济负担的检查的治疗。"由于医学科学的复杂性,对于告知义务的范围很难有一个统一的标准,但公认告知书除须记载患者姓名、年龄、病区、科室、床位号、过敏史、既往重大疾病史、本次住院较为明显的伴发疾病等情况外,至少还应当包括以下项目:替代治疗方案;术前准备;术中可能出现的意外及风险;术后可能出现的意外及风险;其他项目,如手术大致费用、术后可能产生的费用,手术材料的产地、价格、性能等、手术愈后及对患者身体的影响等;患者授权声明及医、患双方签字。患者情况特殊的,还须就患者的情况进行有针对性的告知。

2. 关于告知的对象和顺序

根据行政法规及《民法典》规定,告知的对象首先是患者本人,不宜向患者说明的,才可向患者的近亲属说明。即以告知患者本人为原则,以向患者家属告知为例外。这可能跟医务人员的想法相左。很多医师认为如果对患者进行告知,可能会对患者心理造成很大的影响,以致对其治疗产生极为不利的后果,例如:患者患有绝症,从稳定患者情绪以利于治疗的角度看,不宜向其告知实情。可如果我们向家属告知,有些可能产生疗效的治疗涉及高昂的医疗费,家属和患者就可能会因此产生利益冲突,家属做出的选择,未必是患者自己的选择。特别是现在诚信体制普遍缺失的情况下,向患者告知可以减少很多麻烦。

3. 关于告知方式

对于一般的检查治疗,可以采取口头告知方式,以当事人默示为认可。对于特殊检查、特殊治疗,即有一定危险性,可能产生不良后果的检查和治疗;由于患者体质特殊或者病情危笃,可能会对其产生不良后果和危险的检查、治疗;临床试验性检查和治疗;收费可能对患者造成较大经济负担的检查和治疗,一般应当取得患者或家属的书面同意,即要求患方签订"知情同意书"。

4. 关于履行告知义务的例外情形

《民法典》第 1220 条规定,"因抢救生命垂危的患者等紧急情况,不能取得患者或者其近亲属意见的,经医疗机构负责人或者授权的负责人批准,可以立即实施相应的医疗措施"。这一条款是关于医疗机构实施紧急救治措施的规定,即在规定情况下,不能对患者或其家属进行告知时,医疗机构有处置权,也就是未尽告知义务的免责条款。

尽管法律对于医务人员应当履行告知义务进行了规定,但如何适当履行告知义务,始终是困扰医务工作者们的一个难题。如何判断医疗机构是否恰当地履行了告知义务,也是影响法官们判案的一个问题,实践中一直争议颇多。特别是在患者本人意识不清,无法向其进行直接告知时,如何履行告知义务,更是一个难点问题。

《医疗损害司法解释》实施后,某种意义上,有效地解决了部分特殊情况下的告知问题。其中第 18 条规定:"因抢救生命垂危的患者等紧急情况且不能取得患者意见时,下列情形可以认定为侵权责任法第五十六条①规定的不能取得患者近亲属意见:(一)近亲属不明的;(二)不能及时联系到近亲属的;(三)近亲属拒绝发表意见的;(四)近亲属达不成一致意见的;(五)法律、法规规定的其他情形。前款情形,医务人员经医疗机构负责人或者授权的负责人批准立即实施相应医疗措施,患者因此请求医疗机构承担赔偿责任的,不予支持;医疗机构及其医务人员怠于实施相应医疗措施造成损害,患者请求医疗机构承担赔偿责任的,应予支持。"尽管由于现实中的情况往往千差万别,该司法解释尚不能穷尽所有情况,还是向前进了一大步,不仅是法官判案的依据,客观上对医务人员如何履行告知义务也起到一定的指导作用。

近两三年统计数据表明,患方起诉理由中认为医疗机构告知义务履行不当的占比升高。司法实践中还发现,目前医疗机构针对需要实施手术、特殊检查、特殊治疗的患者,多采取要求患者或者患者家属签署格式化的知情同意书的方式履行告知义务,知情同意书上将共性风险或可能出现的全部风险列明,但明显缺乏针对患者特殊体质、个性化病史病情的风险告知,结果被法院认定履行告知义务不恰当而最终承担侵权责任。比如对患有严重骨质疏松的患者实施关节置换术可能的风险与普通患者的风险告知并无区别,患者对预后作出了错误的判断,手术造成再次骨折,患者遭受更大的痛苦,预后也不好。《侵权责任法》将针对需要实施手术、特殊检查、特殊治疗的患者的告示方式限定为书面告知,也明显不符合医疗实践要求。比如,患者意识丧失急需手术,家属人在外地,一时不能履

---

① 《民法典》第 1220 条规定,"因抢救生命垂危的患者等紧急情况,不能取得患者或者其近亲属意见的,经医疗机构负责人或者授权的负责人批准,可以立即实施相应的医疗措施"。

行签字手续,通过电话、微信视频等方式沟通,家属同意患者手术,但是有时候家属不同意补签字,特别是手术效果不理想,双方产生争议后,家属更不可能履行补签字的手续了,如果仅因为没有履行书面告知义务就认定医疗机构未履行告知义务,显然加重了医疗机构的责任,也极为不公平。还有就是患者数位亲属,向谁告知才妥当,也是摆在医务人员面前的现实问题。因此,确有必要重新审视现有法律对于患者知情同意权规定的合理性,并进行必要的修改。

《民法典》第 1219 条在《侵权责任法》第 55 条基础上进行修订,条文内容为:"医务人员在诊疗活动中应当向患者说明病情和医疗措施。需要实施手术、特殊检查、特殊治疗的,医务人员应当及时向患者具体说明医疗风险、替代医疗方案等情况,并取得其明确同意;不能或者不宜向患者说明的,应当向患者的近亲属说明,并取得其明确同意。医务人员未尽到前款义务,造成患者损害的,医疗机构应当承担赔偿责任。"相比《侵权责任法》而言,有如下几方面进步意义:一是,增加了对患者知情同意权的保护力度,要求医师针对需要实施手术、特殊检查、特殊治疗患者履行"具体"说明医疗风险、替代医疗方案的义务。二是,明确了取得患者同意,可以口头、可以书面、可以视频录像等多种形式,不再仅限于书面。有人认为这一规定弱化了医疗机构的告知义务,笔者不赞同这种观点。从证据学或者从诉讼的角度看,医疗机构提供患者或其家属签字的知情同意书,相对简单、容易取得,且属于证明效力较高的书证,如果医疗机构进行口头告知,诉讼过程中患方不认可,医疗机构面临着继续举证的责任,如果相关人员证据意识不强,没有妥善留存相关证据,比如没有采取录音录像方式或者没有将原始证据保存或保留在原始载体上,则很可能面临承担举证不能的风险。三是,明确了告知义务履行范围。特别提醒大家注意,《医疗纠纷和预防处理条例》规定了针对特殊检查特殊治疗,应对患方进行书面告知,另外,还需注意,《民法典》第 1045 条是与医疗机构履行告知义务有着密切关联的一个条款。《民法典》第 1045 条明确了近亲属的范围为"配偶、父母、子女、兄弟姐妹、祖父母、外祖父母、孙子女、外孙子女",另外还增加了"家庭成员"的范围,即"配偶、父母、子女和其他共同生活的近亲属",为医务人员履行医疗说明义务明确了履行对象。

(四)明确医师告知义务的法律意义

明确医师告知义务的法律意义在于以下几个方面:一是可以使本身具有一定侵害性的医疗行为因患者的授权而完全合法化;二是由患者在充分了解病情、治疗方案、风险、替代方案、预后及可能的合理花费等全部情况后做出选择,自行承担相应的医疗风险;三是医师未履行告知义务而实施侵袭性的医疗行为或者超出患方同意范围而实施治疗方案,构成对患者知情权的侵害,但并不一定就此直接承担侵权赔偿责任。

需要注意的是,对于医疗机构未履行告知义务,但未造成患者损害,是否应该承担赔偿责任的问题,司法实践中一直存在争议。有观点认为有过错,就应承担赔偿责任,有观点则认为只有具备侵权责任的四个构成要件,才能成立侵权责任。法官们对此类案件的处理可谓五花八门,有的法官判决医疗机构给予一定赔偿,有的法官则判令医疗机构给予一定补偿,还有的法官则判决驳回原告的诉讼请求,司法不统一现象较为严重。为统一执法尺度,最高人民法院一直在对司法实践中的相关问题进行调研。《医疗损害司法解释》第 17 条就此作出明确规定,医务人员违反《民法典》第 1219 条第 1 款规定义务,但未造成患者人身损害,患者请求医疗机构承担损害赔偿责任的,不予支持。也就是说,明确只有因告知存在问题,继而又对患者造成损害的,才认定被诉医疗机构应承担侵权赔偿责任。

(五) 告知义务履行不当的几种主要情形

一是告知内容过于简单。例如外科手术方式告知,仅让患方在不同的手术方式后面手写"√"。告知书尾部虽有患者签字,但由于勾选手术方式的形式过于简单,诉讼中患者经常会提出手写"√"为医疗机构事后添加,有可能会因此被法院认定为履行告知义务不当。

二是告知文书中单方手写内容无患方签字确认。如手术知情同意书出现了手写的补充风险提示等内容,患者常常以手写内容系医疗机构事后添加为由,拒绝承认该知情同意书的真实性。实践中,由于很难对手写内容形成时间进行鉴定,而该同意书又一直由医方保管,法院据此可能会认定医方告知不充分。

三是告知内容过于程式化,不能体现个案病例的医疗风险。针对自身体质特殊的患者,缺乏有针对性的重点告知。如在为重度骨质疏松患者,实施关节置换术之前,应告知其受原发疾病影响,手术之后的效果可能比术前更差,让患者有一定的心理准备,不能盲目乐观。

四是缺乏对患者拒绝检查、治疗的风险告知。《民法典》第1224条第1款[①]虽规定患者或者其近亲属不配合医疗机构进行符合诊疗规范的诊疗,医疗机构免责。但是,拒绝治疗和治疗同样存在风险,医方同样存在是否将拒绝治疗的风险向患方告知的问题。如果未告知拒绝治疗的医疗风险,或者无法证明已向患方进行了告知,医方也要承担告知不足的责任。常见医疗机构拒绝某项检查或

[①] 《民法典》第1224条第1款第1项规定,患者或者其近亲属不配合医疗机构进行符合诊疗规范的诊疗的情形中,患者在诊疗活动中受到损害,医疗机构不承担赔偿责任。

治疗的情形直接写在病程记录里,并无患方签字。如院方提供的证据显示"今日准备给患者进行血象及床旁 B 超检查,患方拒绝配合,已告知风险",但司法实践中,因并无患方签字,一般会认定证明效力不足。

五是中途变更手术方案未告知。术中发现拟定的手术方式不适合患者实际情况或疾病需要,手术医师在未向患方告知的情况下临时决定变更手术方式或扩大手术范围。

(六)判断医务人员适当履行告知义务的标准

《民法典》第 1219 条[①]规定了告知范围、告知内容、告知方式及告知顺序等。判断医务人员是否适当履行告知义务,首先应当按照《民法典》第 1219 条规定进行审查并做出判断。笔者认为,对于此条款的适用,即如何判断医务人员是否适当履行了告知义务,还需掌握以下四个原则。

(1)即便存在未进行告知的情形,仍应考虑是否同时具备侵权责任其他构成要件,即行为人是否存在过错、是否实施了错误的诊疗行为、患者是否发生损害,以及医疗机构的过错行为与患者的损害后果之间是否存在因果关系。如果仅存在医疗机构告知不足,但并未由此导致患者发生损害的,因侵权要件尚不成立,医疗机构不应承担侵权责任。

(2)原则上应尊重鉴定结论,在告知范围、告知方式、告知顺序及例外规定等方面不宜随意做扩大解释,否则一方面造成医务人员履行告知义务时无所适从,另一方面会不当加重医务人员的责

---

① 《民法典》第1219 条规定,"医务人员在诊疗活动中应当向患者说明病情和医疗措施。需要实施手术、特殊检查、特殊治疗的,医务人员应当及时向患者具体说明医疗风险、替代医疗方案等情况,并取得其明确同意;不能或者不宜向患者说明的,应当向患者的近亲属说明,并取得其明确同意。医务人员未尽到前款义务,造成患者损害的,医疗机构应当承担赔偿责任"。

任,还会提高患方对可能得到的赔偿的不合理预期。

下面给大家介绍个实际案例,便于大家理解。

案例10-2 法院应根据实际情况,综合判定医疗机构履行告知义务是否适当

范某于2016年3月,在包括甲医院在内的多家医院做头颅核磁检查及B超、CT等影像学检查,印象:左侧横窦及乙状窦较对侧细,考虑先天发育异常可能;右侧横窦蛛网膜颗粒;双侧颈内静脉局限狭窄,外压型改变;左侧小脑半球腔隙性梗死灶、脑白质变性、左侧上颌窦炎、双侧筛窦术后? 等等。

2016年4月7日,范某因自感头部、眼部不适等症状,至甲医院眼科就诊。同年5月1日,范某在乙医院进行增强核磁检查,印象:左侧横窦、乙状窦纤细,考虑右侧优势可能,请结合临床。2016年5月1日至5日,范某在甲医院神经外科住院治疗。经检查被诊断为:颈静脉狭窄(双)、2型糖尿病。经术前讨论,甲医院综合评估认为范某未发现手术禁忌症,可行全脑血管造影+左侧颈静脉血管成形术。5月3日,由范某之妻在《手术志愿书》上签字,甲医院于当日为范某行颈静脉血管成形术/右侧+全脑血管造影术。5月5日范某出院,出院医嘱:低盐低脂饮食、口服药物治疗、监测血压、定期复查。

后范某自觉症状无改善,又至丙医院住院治疗。经一系列检查后,丙医院建议范某行颅脑磁共振+强化及脑血管造影术明确病情,被其拒绝。根据该院病历记载,出院时情况:患者现仍有双眼流泪及视物模糊,无头痛、头晕、无恶心、呕吐,饮食睡眠正常。神经系统查体:意识清楚,言语流利,高级皮层功能正常,颅神经正常,四肢肌张力、肌力正常,各腱反射对称存在。

范某认为甲医院为其实施的手术不当,造成其原有病症加重,且故意对其隐瞒病情,在其清醒的情况下却向其妻子进行告知,存在告知错误,遂以医疗损害责任纠纷为案由诉至法院,要求甲医院赔偿医疗费、护

理费、住院伙食补助费、交通费、营养费、误工费、精神损害抚慰金及后续医疗费合计近百万元。甲医院则认为其诊疗行为并无过错,范某入院时已经签署委托书,委托妻子处理住院期间相关事宜,故术前就病情、手术方案等向范某之妻进行告知,并由范某之妻在手术志愿书上签字。因上述行为完全符合法律规定,故不同意范某的诉讼请求。

一审法院审查发现,甲医院病历记载的诊疗环节存在矛盾之处,即基于门诊影像学检查的结果,确定范某存在"双侧颈内静脉局限狭窄、左侧横窦、乙状窦狭窄,发育不良可能"的病情,术前讨论中确定的诊疗方案为"全脑血管造影+左侧颈静脉血管成形术",但手术记录为"颈静脉血管成形术/右侧+全脑血管造影术",手术通路相反。就此,一审法院认为甲医院的初步答辩意见不足以就具体术式操作改变的原因进行说明,且术后病程记录亦未予以相应的解释和分析,故应将就争议问题进行鉴定的责任分配给甲医院,经当庭释明如举证不能将承担不利的法律后果后,甲医院表示不同意进行鉴定。范某就其主张的后续治疗费、误工费等诉讼请求,均未提交充分证据予以证实。

一审法院判决:甲医院赔偿范某医疗费、住院伙食补助费、营养费、护理费、交通费、误工费、精神损害抚慰金共计8万余元,并驳回范某其他诉讼请求。判决后,范某不服上诉,要求二审法院改判支持其原诉请求。二审审理后,作出判决:驳回上诉、维持原判。

【研究主旨】

甲医院在履行告知义务方面是否存在过错?是否应当承担侵权责任?

【裁判要旨】

一审法院认为,应初步认为甲医院在对范某诊疗过程中存在以下过失:法律规定,医务人员在诊疗活动中应当向患者说明病情和医疗措施。需要实施手术、特殊检查、特殊治疗的,医务人员应当及时向患者说明医疗风险、替代医疗方案等情况,并取得其书面同意;不宜向患者说明的,应当向患者的近亲属说明,并取得其书面同意。本病例症状比较典型,医方依据临床检查确定具有手术指征,但该手术并非急诊手术,术前检查已在门诊完成,入院后行一般检查并对手术方案、手术效果以及并发症风险予以评估,病历中术前讨论记录时间为5月2日,执行手术的时间为5月3日,因此在确定手术方案后,甲医院有较充分的时间向范某及家属进行告知,并应当由本人签署手术同意书。而手术同意书是在5月3日当天由患者家属签字。医方上述安排,违反了规范。此外,范某的病情经诊断为"视乳头水肿",一般临床文献记载视乳头水肿是颅内疾病或全身疾病的表现。颅内压增高为视乳头水肿最重要而多见的原因,多发于双侧。此外,高血压、肿瘤、血栓等也可以造成视乳头水肿。导致该病症的原因并不明确,甲医院考虑范某存在先天脑血管发育不良(右侧优势型),选择手术术式是否符合常规,合议庭不予评价。但直观理解,范某左侧横窦、乙状窦狭窄(先天性),扩张左侧颈静脉,对于改善循环,降低颅内压力可能具有效果。范某存在双侧颈静脉狭窄的病情,但为何行右侧而非术前讨论的左侧血管成形术,医方并未给予初步的说明(病历中无记载)。从术后超声检测结果分析及范某后续再次入住丙医院治疗的情况,说明本次手术未能改善其症状。因甲医院未能完成初步举证义务,应由该院承担司法鉴定责任,经当庭释明后,甲医院不同意进行鉴定,其应承担举证不利的法律后果。故应认定甲医院对范某的诊疗过程存在重大疏失,推定承担举证不利的法律责任。范某主张的各项请求中,与本次医疗导致医源性损伤的部分,甲医院应承担相应责任。一审法院对范某主张的护理费、住院伙食补助费、交通费、营养费、误工费中的合理部分予以支持。范某要求赔偿精神损害抚慰金的诉讼请求,考虑甲医院的过错程度,酌定赔偿25,000元。范某主张的后续门诊费用及后续治疗费用,无法律依据,法院不予支持。

二审法院认为,患者依据《侵权责任法》第54条①规定主张医疗机构承担赔偿责任的,应当提交其到该医疗机构就诊、受到损害的证据。实施手术、特殊检查、特殊治疗的,医疗机构应当承担说明义务并取得患者或者患者近亲属书面同意。医疗机构提交患者或者患者近亲属书面同意证据的,人民法院可以认定医疗机构尽到说明义务,但患者有相反证据足以反驳的除外。

本案中,甲医院已经向持有范某授权委托书的范某之妻进行了告知,且范某之妻已在《手术志愿书》上签字,应视为甲医院已就《手术志愿书》的相关内容履行了告知义务。同时,因《手术志愿书》中并没有甲医院所述,虽拟定了手术名称及通路,但依据术中造影结果决定具体手术通路一事又向患方进行告知的相关记录,且范某否认甲医院术前就手术通路可能发生变化一事向其或其妻子进行过告知,对此,甲医院应承担举证不能的责任。一审法院推定甲医院对2016年5月3日为范某实施手术所造成的医源性损伤后果承担赔偿责任,并判决全额支持了范某主张的其在甲医院花费的医药费、在丙医院自付的医药费以及在甲医院和丙医院住院期间的护理费、住院伙食补助费、交通费,并无不当。双方就上述各项赔偿的具体数额并无异议,法院对此不再进行论述。

关于误工损失、营养费,范某的上诉意见并无证据支持,法院不予采信。至于精神损害抚慰金一项,法律规定此项赔偿数额应根据侵权人的过错程度、侵害的手段、场合、行为方式等具体情节,侵权行为所造成的后果,侵权人的获利情况、侵权人承担责任的能力,以及受诉法院所在地平均生活水平等因素由法院裁量。范某虽未确定伤残后果,但一审法院根据本案实际情况,考量上述因素,已经酌定甲医院给予其一定数额的精神损害抚慰金,属于人民法院行使裁量权的范围,范某对此虽有不同意见,但未能提供证据证实一审判决确定的此项损失数额存在明显不当的情况,对此其应自行承担不利后果。关于范某主张的其他医疗费,其中部

---

① 对应《民法典》第1218条。

分系其在甲医院术前为明确诊断所发生,而术后部分医疗费主要系其为治疗自身慢性病变支付的门诊治疗费,其坚持要求甲医院对此予以赔偿,缺乏依据,法院难以支持。至于范某上诉主张的后续治疗费,因其不能证实系为治疗甲医院前次手术造成的后果所发生的,法院难以支持。

【法律评析】

  本案一、二审法官对于甲医院向范某家属进行告知的行为,是否应认定为告知不当,显然观点并不相同。一审法官认为按照当时生效的《侵权责任法》第55条①规定,本案并不存在不能向患者本人告知的情形,甲医院应当向范某本人告知,故认为甲医院存在告知错误。二审法院则认为,范某签署的授权委托书,并未将向家属进行告知,限定在其本人出现意识不清的状态时,况且法律也赋予医师在告知问题上享有一定的决定权,正如当时《侵权责任法》第55条规定的"不宜向患者说明的,应当向患者的近亲属说明,并取得其书面同意"。因此,甲医院向范某之妻就手术志愿书上内容进行的告知,应该认定为有效,并不存在错误。否则,可能会引起医务人员在告知问题上更加混乱。但是应当指出,医疗机构在设计制作常规格式化的患者授权委托书时,将告知顺位予以明确特别是在患者意识清醒状态下应向患者还是向其委托代理人进行告知予以明确,应该可以免除很多麻烦。另外,本案例中,由于甲医院提供的手术志愿书上并无手术中视具体情况可能改变手术通路进行告知的记载,故二审法院认为甲医院就其拟定手术通路和手术实际通路并不相符的原因解释为,术中视情况再行决定实际手术通路,但甲医院既然已经预见到术中存在变更手术通路的可能,却在术前及术中均未向范某或其委托的家属进行告知,存在不足。而且,由于本案甲医院病历记载矛盾,又涉及医疗关键问题,本应由其承担相应举证责任。甲医院不申请进行鉴定,愿意承担此后果,一审法院推定其存在过错,同时考虑甲医院并未针对范某狭

---

  ① 对应《民法典》第1219条。

窄情况严重的一侧进行手术,未改善范某的症状。故一审法院推定甲医院对为范某实施手术所造成的医源性损伤后果承担赔偿责任,并判决全额支持了范某主张的其在甲医院花费的医药费、在丙医院自付的医药费以及在甲医院和丙医院住院期间的护理费、住院伙食补助费、交通费,并无明显不当。

不能机械地照搬鉴定结论,确认医疗机构的责任。因为鉴定机构考虑问题的视角并不一定完全符合法律逻辑。前述郑某的案例就是很好的证明。

郑某案中司法鉴定意见书虽认定甲医院在对郑某的诊疗过程中存在告知不充分的过错,但认为该过错与郑某的不良后果之间无因果关系,一审法官却判令甲医院给予郑某部分赔偿金。可能有人认为法院是为了息事宁人才作出这样的判决,但笔者并不认同这种观点。笔者认为,法院判令甲医院对郑某的合理损失承担一定赔偿责任是有法律依据的。该案中,正是由于甲医院医师没有将术后可能出现尿失禁的不良后果向郑某进行告知,以致郑某在选择手术治疗慢性前列腺病症时并不知晓手术后可能出现尿失禁这一严重影响其生活质量的不良后果,就签署了手术同意书。试想以郑某的年龄,如采取保守治疗,很可能至其终老时,也不会出现尿失禁的症状。从这个角度讲,甲医院未充分告知术后并发症的行为,确实侵害了郑某的知情权,使其在不了解全部医疗信息的情况下进行了选择,且发生了损害后果。虽然未尽告知义务本身并不会给郑某身体造成什么损害,司法鉴定意见书也认定两者之间无因果关系,但这只是看待问题的角度与法官不同罢了。法官最终有权参照鉴定意见行使裁量权对本案作出判决。

因患方原因,如未向医务人员如实披露自身病症、既往病史、过敏史、家族遗传史等一系列隐私,导致医务人员错误判断病情、错误诊疗并错误告知,应免除或减轻医疗机构的责任。

任何权利都是受到制约的,患者知情同意权也不例外。《民法典》第1220条就规定,因抢救生命垂危的患者等紧急情况,不能取得患者或者其近亲属意见的,经医疗机构负责人或者授权的负责人批准,可以立即实施相应的医疗措施。由于该条款并未明确不能取得患者或其近亲属同意的其他情况,实践中相关争议又较为突出,因此,《医疗损害司法解释》第18条列举了不能取得患者及其近亲属同意的几种情况,即(1)近亲属不明的;(2)不能及时联系到近亲属的;(3)近亲属拒绝发表意见的;(4)近亲属达不成一致意见的;(5)法律、法规规定的其他情形,并规定出现上述情形,医务人员经医疗机构负责人或者授权的负责人批准立即实施相应医疗措施,患者因此请求医疗机构承担赔偿责任的,不予支持;医疗机构及其医务人员怠于实施相应医疗措施造成损害,患者请求医疗机构承担赔偿责任的,应予支持。

判断医疗机构及其医务人员是否适当履行告知义务,是实践中较难掌握的问题。按照法律规定,医务人员仅未履行告知义务,但未给患者造成伤害的,不应承担赔偿责任,但实践中一些医疗机构由于没有留存相关证据,以致在诉讼中处于不利地位,最终承担了赔偿责任。还应注意,医务人员对患者或其家属进行了告知,并不等于可以直接免责,在认定医疗机构是否适当告知时,还需考量医方对于预见到的不良后果是否属于难以避免的并发症,其是否对此采取了有效的预防措施,以及在出现该不良后果时是否给予了积极有效的对症治疗。同时应当指出,在承认患者选择权的同时,也要承认医师的裁量权,避免失之偏颇,束缚医务人员的手脚。

(七)如何避免因告知义务履行不当而承担责任

根据现行法律规定,并总结实际案例,笔者认为医务人员只有在以下几方面多加注意,才有可能做到适当履行告知义务。

一是对特殊检查、特殊治疗进行分类,按照不同类别有针对性地制定知情同意书,尽量避免临时手写的情况发生。

二是尽量避免医方单方手写,有条件的可让患方手抄风险告知内容后再行签字,或对医生手写部分签字进行确认。

三是针对特殊情况,应当单独编写知情同意书。例如:需要突出的医疗风险;针对特殊体质的患者,实施手术的风险非常大,但患者坚持手术;针对患者存在多种治疗方案,各有利弊;患者一方较为偏执,或者经济困难,可预测一旦手术不成功极有可能引起纠纷;患者可能需要多次手术,均存在风险,且费用高昂,患者是否有能力承担全部费用是其选择治疗方案的基础,这类情况不仅要告知风险更要告知可能的费用;对已经外院多次治疗(手术治疗)的患者,再次手术治疗风险可能更大,应明确告知。

四是预见到术中可能变更手术方案时,应尽可能进行术前告知,对于临时出现的术式或手术方案的变更,有条件的应征得患者家属或者委托代理人的同意。

五是针对一些特殊患者,在对其及家属进行告知时,可采取录音、录像、无利害关系的第三方见证等方式,固定证据。

由于履行告知义务的证明责任在医疗机构,故医疗机构不仅要按照法律规定适当履行告知义务,更要注意留存证据,避免因举证不能而处于败诉地位。

二、因未尽医疗注意义务引发的纠纷

(一)医疗注意义务的概念及分类

1. 概念

注意义务,是指行为人在特定情况下所必须遵循的行为准则及依据该准则所必须采取的合理措施[①]。注意义务分为一般注意义务和特殊注意义务。医疗注意义务,无疑属于一种特殊注意义务。

"医疗注意义务"通常也被称为"诊疗义务",是指医师在实行

---

① 廖焕国:《注意义务与大陆法系侵权法的嬗变——以注意义务功能为视点》,载《法学》2006年第6期。

医疗行为过程中,依据法律、规章和诊疗护理常规,保持足够的小心谨慎,以预见医疗行为结果和避免损害结果发生的义务。它要求医师具有敬业精神和精益求精的工作态度,在医疗行为实施过程中对患者的生命、健康利益具有高度的责任心,是一种法定义务。

2. 诊疗义务的分类

从诊疗义务的概念可以看出,诊疗义务必然包括以下两个方面:

首先,是医务人员对医疗行为中可能发生的不良结果的预见义务。医务人员应当依赖于自己的专业知识,对患者诊疗过程中可能出现的不良反应作出合理预测,以便提前作出预案和相应准备工作,一旦出现该不良反应,可以及时应对,积极对患者实施有效救治。

其次,是指医务人员对医疗行为中可能发生的不良结果的回避义务。医务人员既然已经预测到了患者诊疗过程中可能出现的不良反应,就应采取必要的预防措施,而不是放任这种结果的发生。

此外,通说诊疗义务还应包括医疗机构在对患者不具备救治能力的情况下负有的转诊义务,即医疗机构发现对患者的伤病不具备诊疗能力时应当及时向患方说明,建议并协助患方转至具备诊治能力的医疗机构寻求进一步治疗。

(二)违反诊疗义务的行为、判断标准及后果

1. 概念

违反诊疗义务的行为,是指医疗机构及医务人员从事病情检验、诊断、治疗方法的选择,治疗措施的执行,病情发展过程的追踪,以及术后照护等医疗行为中,存在的不符合当时医疗水平的过失行为。

2. 违反诊疗义务的认定方法和标准

(1)认定方法。因是否违反注意义务属于对医疗行为是否恰当的判断标准,所以法院一般会就此委托鉴定机构进行评价。

(2)判断是否符合"当时的医疗水平",一般从以下几个方面来把握。首先,是医疗水准的时间性和地域性。认定医务人员有无违反注意义务时,应当考虑医疗机构的客观条件及其医务人员的平均水平,根据其实施医疗行为时所处的特定地域的医疗水准来认定。且需注意的是,医学技术始终处于发展进步的变化状态,导致医疗水准也是随时间推移而处于动态变化中。我国如此,世界各国基本也都如此。如美国司法判例中形成的医疗标准,也具有一定的变迁,最初是本地原则,其后发展为相似地区原则,目前绝大多数法院采用全国标准。其次,是医疗水准与医务人员资质。在认定医师的注意义务时,专科医师和全科医师一般应当以不同的医疗水平为基准。另外,医疗机构本身的资质存在很大差异,也在一定程度上影响到对医务人员履行诊疗义务是否适当的判断。

3. 法律后果

《民法典》第1221条规定,医务人员在诊疗活动中未尽到与当时的医疗水平相应的诊疗义务,造成患者损害的,医疗机构应当承担赔偿责任。

法院受理的医疗损害责任纠纷案件中,因医师经验不足、疏忽大意或者缺乏责任心以致未尽到医疗注意义务,造成患者损害引发的赔偿案件时有发生。很多时候,患者因没有达到预期疗效,抱着怀疑一切的态度,甚至为谋取不当利益,找各种理由起诉医院,其中就包括起诉医方未履行诊疗义务或不当履行诊疗义务。遗憾的是,法院受理的此类纠纷,经审查后确定被诉医疗机构违反诊疗义务,造成患者发生损害的也不在少数。

笔者就审理过多起医疗机构违反法定注意义务的典型案例,下面就给大家介绍一例。

案例 10-3 正确理解"当时的医疗水平"是法官判断医疗机构是否尽到注意义务的关键

韩某于 2014 年夏日晚 8 时许,因"右下腹疼痛 1 天"入住北京某三甲医院治疗,经临床及辅助检查,被诊断为:急性阑尾炎、急性弥漫性腹膜炎。当晚 9 时,该医院为韩某行阑尾切除术,术后予输液、抗炎治疗,并在韩某术后不足 38 小时,体温高、血象高、且未经肛门排气的情况下,就让其办理了出院手续。2 天后,韩某因"阑尾切除术后 5 日,腹痛伴黑便 3 日,鲜血便 1 日"再次入住该医院,经临床及辅助检查,被诊断为:门静脉血栓、肠坏死。该医院立即为韩某急诊行全麻下开腹探查+门静脉取栓+肠切除吻合术。术后予相应治疗。韩某因不满该医院的诊疗,滞留医院数月后才办理了出院手续。

后韩某起诉该医院按照 80%的比例赔偿医疗费、误工费、营养费、交通费、住院伙食补助费、伤残赔偿金及精神损害抚慰金等各项损失近 40 万元。

一审审理期间,法院委托司法鉴定中心进行了司法鉴定。司法鉴定中心出具司法鉴定意见书,其中分析意见为:(1)医方诊断正确,被鉴定人有手术治疗指征,履行相关告知后,选择椎管内麻醉下行阑尾切除术,术后予抗炎等对症治疗符合诊疗规范。(2)被鉴定人阑尾切除术后 2 日,出现腹痛、黑便、鲜血便,回院急诊 CT 门静脉、脾静脉、肠系膜上静脉及分支多发血栓形成。医方诊断后及时手术,术后予以综合治疗符合诊疗规范。(3)被鉴定人阑尾切除术后尚不具备出院条件,应继续留院观察治疗,或可及早发现上述静脉多发血栓形成而及时治疗。医方在被鉴定人急性阑尾炎手术期存在未尽到必要注意义务的医疗过失。(4)术前告知时对腹腔内感染,可能引起肠系膜上静脉炎及血栓形成告知不到位。(5)病案书写存在瑕疵。经鉴定,韩某小肠被部分切除构成 9 级伤残。

一审法院最终确定,医院应按照 60%的责任比例赔偿韩某的各项合理损失,并适当赔偿精神损害抚慰金。最终判决医院赔偿韩某医疗费、住院伙食补助费、营养费、残疾赔偿金及精神损害抚慰金共计 17 万元。判决后,医院不服上诉,但被二审法院驳回。

【研究主旨】

医疗注意义务的分类及正确履行注意义务的判断标准。

【裁判要旨】

一审法院认为:鉴定程序符合相关规定。双方当事人虽对该鉴定意见各自提出了异议,但均未能提供足以反驳的相反证据,故应当认定该鉴定意见书具有证明力,可以作为认定事实的依据。根据司法鉴定意见书,医院对韩某诊疗行为存在未尽到必要注意义务的医疗过失,与韩某因门静脉、脾静脉、肠系膜上静脉及分支多发血栓形成致肠坏死的及早发现和治疗存在一定程度的因果关系,负有同等责任,与韩某9级伤残的损害后果之间同样存在因果关系,故医院应承担相应的赔偿责任。

【法律评析】

医疗行为不仅直接关系到患者的生命健康、家庭的幸福,甚至关系着社会的稳定、和谐。因此,对于从事医疗行为的医务人员,法律设定了较高的注意义务。正如当时适用的《侵权责任法》第57条[1]规定的,医务人员在诊疗活动中未尽到与当时医疗水平相应的诊疗义务,造成患者损害的,医疗机构应当承担赔偿责任。

正确理解《侵权责任法》规定的"当时的医疗水平"是法官判断医疗机构是否尽到注意义务的关键。我国各地区间经济发展不平衡,直接导致各地医疗水准存在很大差异。虽然近年来,随着改革开放、经济发展、医疗体制改革、互联网技术在医疗领域的推广应用,医疗水准的东西部差异、城乡差异、一线城市与二、三线城市之间的差异在逐步缩小,甚至各学科的领军人物、尖端技术在多地区、多家医疗机构出现,但是仍然不可否

---

[1] 《民法典》第1221条规定,医务人员在诊疗活动中未尽到与当时的医疗水平相应的诊疗义务,造成患者损害的,医疗机构应当承担赔偿责任。

认"北上广"这些超级一线城市仍然占据着绝对优势的医疗资源,全国各地的患者慕名前来寻医问药的情况普遍存在,带来的后果就是患者所在地医疗机构很可能会与这些大城市大医院成为共同被告,是否应当采用同一标准判断其是否尽到诊疗义务呢?

笔者认为,如果按照掌握优质医疗资源的大城市三甲医疗机构同样标准判断偏远地区小医院是否尽到注意义务,显然是不公正、不客观的。医学是经验科学,现实情况是,小医院的医师在薪资待遇、入职条件、学历背景等方面远远低于发达地区大医院的医师,偏远地区小医院医疗新技术的引进、设备设施的配置和更新、对医师的继续教育水平和机会等与经济发达地区相比,也是远远不足,这些足以导致有些疑难病症,偏远地区医师不能认知,更别提对患者施救了。因此,在认定医务人员有无违反注意义务时,应当考虑医疗机构的客观条件及其医务人员的平均水平,根据其实施医疗行为时所处的特定地域的医疗水准来进行判断。不仅要考虑医疗水准的时间性和地域性,还要考虑医疗机构及其医务人员资质。就我国医疗体制现状而言,虽然对医师实行统一的临床执业资格证制度,但比较正规的医疗机构都内设内、外、妇、儿等不同科室,实行专科医师制度。而在医疗条件比较落后的地区,更多的是全科医师。那么,在认定医师的注意义务时,专科医师和全科医师一般应当以不同的医疗水平为基准。另外,医疗机构本身的资质也存在很大差异,在一定程度上也会影响到对医务人员是否恰当履行注意义务的判断。

由于上述观点多为学术观点,司法实践中,法官们对认定过错及原因力大小的标准还有分歧。《医疗损害司法解释》对此进行了进一步规定,其中第16条规定了在考虑医疗机构或者其医务人员的过错时,应当依据法律、行政法规、规章以及其他有关诊疗规范进行认定,可以综合考虑患者病情的紧急程度、患者个体差异、当地的医疗水平、医疗机构与医务人员资质等因素。但有人提出,司法解释规定的"当地的医疗水平"超越了当时《侵权责任法》的规定。笔者不认同此种意见。我国地域辽阔,各地经济水平、文化水平发展的不平衡决定医疗水平必然不平衡,目前条件下完全按照统一的认定标准,确实不符合实际。

本案中,被诉医院虽坚持主张韩某术后发热、血象略有异常属正常现象,术后感染是并发症,后期出现的肠系膜上静脉炎及血栓形成是韩某疾病自然转归,并非因其不当行为所致,而且医院床位紧张。但显然被诉医院作为一家北京的三甲医院,在韩某急性阑尾炎术后,体温高、血象异常,且尚未经肛门排气,不具备出院条件的情况下,本应让韩某继续留院观察治疗。那样就有可能及早发现韩某多发血栓形成,从而及时予以治疗,或可使韩某避免出现后来的小肠被部分切除的后果,而该医院忽视了韩某的实际情况单纯以床位紧张为由,要求术后患者应及时出院。因此,被诉医院在韩某急性阑尾炎手术期存在未尽到必要注意义务的医疗过失,对给韩某造成的合理损失应承担赔偿责任。而且被诉医院的此种做法往轻了说是责任心不够,往重了说有草菅人命之嫌。

司法实践中,这样的案例还有很多。客观上说明医疗机构在很大程度上对术后患者的观察、防护不够细致,对出现的不良反应没有进一步查明原因,施以积极防治措施,以致患者发生严重损害后果。究其原因,笔者认为无外乎以下几方面:医疗资源地区间不平衡,优质医疗资源与患者需求之间不平衡,造成大城市的大医院床位紧张,小城市的中小医院患者不足;或者是受利益驱使,有些医院采取缩短术后患者手术期住院时间的方式来接收更多病人,以获取更多经济利益;还有的医生或被利益驱使,或对于手术效果过于乐观,对于风险评估不够,手术过于积极,为不具备手术适应症的患者实施手术,或者为虽具备手术适应症,但因个体原因采取其他治疗方式疗效可能会更好的患者施行手术。上述做法,确实使得有些医师和医疗机构短期内获得了更多的利益,但是笔者认为,医者仁心,医务人员是否该换位思考,如果是自己的家人,会让其在那样的情况下出院吗?会为他选择手术吗?如果答案是"不",就请不要那样做。这是医师的职业操守,是医疗机构的责任。

希望医疗机构及其医务人员能引以为戒,对待患者要像对待自己的亲人一样,也许很多损害就可以避免,纠纷也就可以减少,医患关系将会更为和谐。

(三)违反首诊负责制导致患者发生损害,医疗机构应承担相应赔偿责任

救死扶伤是医务人员责无旁贷的职责,一直以来,医务人员被誉为白衣天使,受人尊敬,但是近年来伴随着医患关系紧张,受利益驱使、风险防范意识不足、不能有效避免发生冲突、法律意识淡薄等多种因素影响,出现了医疗机构拒诊病人或者没有按照约定履行转诊义务的情况,有些甚至直接给患者造成损害。

(1)关于首诊负责制的相关规定。

《执业医师法》第24条规定,对急危患者,医师应当采取紧急措施进行诊治;不得拒绝急救处置。该法第23条还规定,医师实施医疗等行为,必须亲自诊查等①。《医疗机构管理条例》第31条规定,医疗机构对危重病人应当立即抢救,对限于设备或者技术条件不能诊治的病人,应当及时转院。首诊负责制是医疗核心制度之一。原卫生部《医院工作制度及人员岗位责任》更是明确规定了首诊负责制,归纳起来包括医院、科室和医师三级。患者初诊的医院为首诊医院;初诊的科室为首诊科室;首先接诊的医师为首诊医师。

(2)各医疗机构,不论民营还是公立,也不分几级,毫无例外要执行首诊负责制。

医院对诊疗范围内的患者一律不得拒诊;非诊疗范围内的患

---

① 《医师法》第27条规定,对需要紧急救治的患者,医师应当采取紧急措施进行诊治,不得拒绝急救处置。因抢救生命垂危的患者等紧急情况,不能取得患者或者其近亲属意见的,经医疗机构负责人或者授权的负责人批准,可以立即实施相应的医疗措施。国家鼓励医师积极参与公共交通工具等公共场所急救服务;医师因自愿实施急救造成受助人损害的,不承担民事责任。

者,如病情危重,危及生命的情况下,应就地抢救。对非诊疗范围内的患者;患者及家属或单位要求转院者;病情确需要住院或留观,但医院无床位,若病情允许转运时,首诊医院的首诊医师必须在写好病历、进行必要的医疗处置及充分的病情交代、途中风险告知、患方家属在病历及知情书上签字同意,并落实好接受医院后方可转院。

(3)首诊负责制要求首诊科室和首诊医师应对其所接诊患者,特别是对危、急、重患者的诊疗、会诊、转诊、转科、转院、病情告知等医疗工作负责到底。

具体要求如下:一是,首诊科室和首诊医师对其所接诊的诊断已明确的患者应及时治疗。若病情需要留观的病人,首诊科室的首诊医师应将病历记录清楚后收入观察室,由观察室医师继续治疗。若需要住院治疗者,首诊医师在完成门诊病历记录后开具住院证,收住入院治疗。病房不得拒绝收治,特别是危、急、重病人。如收治有困难时,应向医务科或医院总值班报告,协调处理。如因本院条件所限确需转院者,按转院制度执行。二是,遇到复杂或诊断未明的病员,首诊科室和首诊医师应承担主要诊治责任,并负责邀请有关科室会诊。诊断明确后及时转有关科室治疗;诊断不明确者收住主要临床表现相关科室。三是,对复合伤或涉及多学科的危急重病人,在尚未明确由哪一科室主管之前,首先由首诊科室负责抢救。首诊科室和首诊医师在实行必要抢救同时,及时邀请有关科室会诊、协同抢救。必要时通知医务科或总值班人员,以便立即调集各有关科室值班医师、护士等有关人员参与抢救。诊断明确后及时转至主要疾病相关科室继续治疗。在未明确收治科室时,首诊科室和首诊医师应负责到底。不得以任何理由推诿和拖延抢救。四是,对危重、体弱、残疾的病人,若需要进一步检查、转诊、转科或入院治疗,首诊科室和首诊医师负责与有关科室联系并安排医务人员做好护送及病人交接手续。如患者确需转院,且病情允许搬动时,由首诊科室和首诊医师向医务科汇报,落实好接收医院后方可转院。五是,患者在门、急诊治疗过程中病情突然变化,首诊科室医师要到场处理。若涉及他科疾病,应在进行必要的紧急处理后,请有关科室会诊或转诊。严禁相互推诿。六是,已收住入院的患者,经检查不属本专业病种,或主要疾病不属本专业,需要转科时,经管医师应写好病历,经有关科室会诊同意后方可转科。

(4) 首诊负责制要求首诊医师对其所接诊患者,特别是对危、急、重患者的检查、诊断、治疗、会诊、转诊、转科、转院及病情告知等医疗工作负责到底。

具体要求如下:一是,首诊医师须按照要求进行病史采集、体格检查、做好必要的辅助检查及病历记录等,对诊断已明确的患者应及时治疗。若病情需要应当收住观察室或收住入院进一步治疗。特别是危、急、重病人,必须收住入院治疗。二是,对已接诊的非本科疾病患者,首诊医师应详细询问病史,进行必要的体格检查,认真书写门诊病历后,耐心向患者介绍其病种及应去的就诊科室。三是,对已接诊的诊断尚未明确的患者,首诊医师应在写好病历、做好检查后,请上级医师会诊或邀请有关科室医师会诊。诊断明确后及时转有关科室治疗。诊断仍不明确者,收住主要临床表现相关科室。若因本院条件所限确需转院者,按转院制度执行。四是,如遇危重患者需抢救时,首诊医师必须先抢救病人并及时报告相关诊疗组、上级医师或科主任,参与抢救工作。首诊医师下班前应与接班医师做好床旁交接班,并认真写好交接班记录后方能下班。对已接诊的非本科室范畴的重危病人,首诊医师首先对病人进行一般抢救,并马上通知有关科室值班医师,在接诊医师到来后,向其介绍病情及抢救措施后方可离开。如提前离开,在此期间发生问题,由首诊医师负责。被邀请的医师,应立即赶到现场,明确为本科疾病后应接过病员按首诊医师的责任进行抢救,不得推诿,不得擅自离去。

五是,对复合伤或涉及多学科的危、急、重病人,首诊医师应积极抢救病人,同时报告上级医师或科主任,并及时邀请有关科室医师会诊、协同抢救。必要时通知医务科或总值班人员,以便立即调集各有关科室值班医师、护士等有关人员参与抢救。诊断明确后及时转主要疾病相关科室继续治疗。在未明确收治科室之前,首诊医师应负责到底,不得以任何理由推诿和拖延抢救。六是,对群发病例或者成批伤员,首诊医师首先实行必要的抢救,及时通知医务科或总值班室分流病人、组织各相关科室医师、护士等共同参与抢救。七是,对危重、体弱、残疾的病人,若需要进一步检查或转科或入院治疗,首诊医生应与有关科室联系并亲自或安排其他医务人员做好病人的护送及交接手续。

各科首诊医师均应将患者的生命安全放在第一位,严禁在患者及家属面前争执、推诿。因不执行首诊负责制而造成医疗差错、医疗争议、医疗事故,按医院有关规定追究当事人责任。

5. 实践中出现的问题

由于卫生行政管理部门出台的法律法规及规范性文件,纷繁复杂,缺乏系统性及与其他法律的衔接性,特别是经常会针对突发疫情、医疗事件出台相关文件,之后对这类文件规范如何适用没有下文,以致医疗机构在执行过程中出现混乱,无所适从。同时,也给司法实践带来困扰。笔者就遇到过真实案例。

案例 10-4　特殊时期实施的阶段性医疗规范不影响医疗机构履行首诊负责制

患者周某系某三甲医院(以下简称甲医院)的老病号,长期在该医院治疗慢性肾病。2013 年初某晚,周某因发热由其子周某某自驾车送到甲医院急诊科就诊,分诊台护士听周某某说其父发热,遂告知该医院发热门诊因未通过消防安全检查,被责令停业整顿,故让周某某带周某到其他医院的发热门诊处就诊。在该院滞留的20分钟里,周某某请求护士找个大夫来给父亲看看,但一直被护士以必须先经发热门诊筛查为由拒绝。无奈之下,周某某自行驾车将父亲送至数十公里外的乙医院救治。周某某携父亲至乙医院,发现父亲已无呼吸,虽经该院抢救,仍未能挽救周某生命。数日之后,周某某向甲医院提出意见,认为该院不负责任的行为导致其父周某死亡。甲医院出具《关于患者周某家属投诉的回复意见》,对周某的死亡表示歉意。

后周某某诉至法院,认为甲医院借故推诿、拒绝对其父及时施救,导致其父死亡的不作为行为,违反《执业医师法》《医疗机构管理条例》《护士条例》等一系列法律法规和规章等明文规定,按照《侵权责任法》应承担侵权赔偿责任,故要求甲医院赔偿医疗费、护理费、死亡赔偿金、丧葬费、就医及丧葬交通费、误工费和精神损害抚慰金共计32万余元。

甲医院辩称:关于周某来我院就诊的事实无法核对,我院没有此人的挂号记录,故无法确认死者来过我院就诊。我院的发热门诊正处于停诊改造阶段,已向相关部门呈报暂停发热门诊,同时在医院张贴了相关告示,告诉患者发热门诊近期工程改造停诊,请患者到其他发热门诊处就诊。根据上述情况,如周某某来我院就诊的话,导诊人员会提醒他们留意相应的告示和通知。这一情况并不是拒诊,而是由于客观条件决定的。我院的行为符合相关法律法规的规定,不应承担任何过错责任,所以不同意周某某的诉讼请求。

【研究主旨】

医疗机构应当如何正确履行首诊负责制?

【裁判要旨】

一审法院认为,在医疗损害赔偿纠纷诉讼中,患方应当首先证明其与医疗机构之间存在医疗关系并发生医疗损害。患者周某到甲医院就医,因该院不具备接收发热患者的条件,在无法接诊的情况下,周某仍在该医院滞留 15 分钟,后选择相对较远的其他医院就医。周某未与甲医院形成医疗关系,且周某某亦无充分证据证明周某的死亡系甲医院未接诊造成,故对周某某的各项诉讼请求,法院不予支持。遂判决:驳回原告的诉讼请求。判决后,周某某不服上诉。

二审法院审理后认为,一审法院对于周某到甲医院就医时详细情况尚未查证清楚,以致对甲医院是否应当承担责任无法确定。按照医疗机构首诊负责制的要求,不论是否为发热门诊定点医院或者开设发热门诊的医院,都应该甄别来院患者是否属于情况危急的病人,然后按照不同情况区别对待。后作出裁定:撤销一审判判决,将本案发回一审法院重审。

一审法院经重新审理后,认为:根据国家关于急诊的管理规定,急诊实行首诊负责制,不得以任何理由拒绝或推诿急诊患者,对危重急诊患者按照先及时救治等原则救治,确保急诊救治及时有效。急诊应当制定并严格执行分诊程序及分诊原则,按病人的疾病危险程度进行分诊,对可能危及生命安全的患者应当立即实施抢救。本案中,周某来甲医院急诊科就诊,甲医院的工作人员仅对周某的疾病情况进行了初步的了解,即要求其转院治疗,而未对周某进行相应的诊治,以便根据周某的疾病危重程度采取相应的处置措施,该医院的行为违反了相关的规定。周某转往其他医院就诊途中死亡,甲医院对周某的诊疗行为存在一定的过错,应承担相应的赔偿责任。综上,对周某某要求赔偿的诉讼请求,应予支持,具体赔偿数额由法院依法确定。最终判决:甲医院赔偿周某某损失 4 万元。

【法律评析】

有人会问,甲医院没有发热门诊,按原北京市卫生局 2003 年 9 月下发《关于进一步规范发烧门诊等有关问题的通知》(京卫医字〔2003〕121号)和 2004 年 12 月下发的《急性呼吸道发热病人就诊规定》(卫办医发〔2004〕220 号)等文件规定,让周某去其他医院救治是有合法依据的,仍被判担责,法院作出这样的裁判是否符合公平正义的要求?

显然本案原一审承办法官与二审承办法官和一审重审程序中的承办

法官,在对甲医疗机构是否违反首诊负责制的认定上,存在明显分歧。一审承办法官认为甲医院不具备接诊条件,在此情况下,双方未形成医疗关系,且周某某无充分证据证明周某的死亡系甲医院未接诊造成,故对周某某的各项诉讼请求,不予支持。而二审承办法官及重审程序的承办法官则认为按照首诊负责制的要求,不论是否为发热门诊定点医院或者开设发热门诊的医院,都应该甄别来院患者是否属于情况危急的病人,然后按照不同情况区别对待,甲医院明显存在不足,且周某自行转院途中死亡,甲医院应当担责任。笔者赞同第二种意见。

首诊负责制是医疗核心制度之一,是医疗机构和医务人员的法定义务。《执业医师法》《医疗机构管理条例》等相关法律法规明确规定各医疗机构,不论民营还是公立,也不分几级,一律要执行首诊负责制;首诊医院、首诊医师应对其所接诊患者,特别是对危、急、重患者的诊疗、会诊、转诊、转科、转院、病情告知等医疗工作负责到底。甲医院因违反了首诊负责制,且没有按照规定履行协助转院的义务,患者周某自行转院途中死亡,与没有得到及时救治不无关系,故甲医院应承担一定赔偿责任。

这个案例涉及在现有规范相冲突的情况下,应如何适用首诊负责制的问题了。下面笔者对相关问题进行一下梳理、分析。

《关于进一步规范发烧门诊等有关问题的通知》中对于"非发烧门诊定点医院病人就诊流程"规定:不能排除呼吸道传染病的发烧患者,要进入发烧病人诊断程序,通过辖区 120 转运系统,转至辖区内有发烧门诊的医院。《关于印发〈二级以上综合医院感染性疾病科工作制度和工作人员职责〉及〈感染性疾病病人就诊流程〉的通知》中,《感染性疾病病人就诊流程》里提到"发热病人、感染性疾病病人由感染性疾病科门诊医生进行排查"。《急性呼吸道发热病人就诊规定》(卫办医发〔2004〕220 号)要求:"医师在接诊过程中,对体温≥38℃,伴有呼吸道症状(鼻塞、流涕、咳嗽、咽喉肿痛、气促、呼吸困难等)的急性呼吸道发热病人,经诊断不能排除呼吸道传染病的,要将病人转至感染性疾病科进一步明确诊断。未成立感染性疾病科的,要将病人转至相对隔离的分诊点。""对不能排除非典和禽流感的病人,要就近将其转到建立感染性疾病科的二级综合医院或设有留观床位的三级医院作进一步排查。"

需要注意,上述规定发热病人是要由医师诊断或认为不能排除传染病的,才能转诊,且医师还得负责协助转运。而甲医院在患者周某向其求治过程中,始终没有医师查看病人,也没有履行协助转院。显然违反了首诊负责制。另外,现实生活中,有些地区的救护车尚无隔离设施,真要转运非典、禽流感、新冠病人,可能会存在救护人员被感染的风险,但即便发生这种情况,也好过放任这样的病人流落到社会上,乘坐公共交通工具进行转诊,可能造成更多人感染的后果;而且,现有规范也明确规定救护车负责转诊。

这个案例不仅提示我们,医疗机构、医务人员必须执行首诊负责制,同时,卫生行政管理部门应及时梳理现有规范,对相互冲突的内容及时进行修改、废止,或告知医疗机构适用条件,避免出现本案的情况。如果说上述案例,是医院的疏忽,现在还出现另一种不良苗头,就是有些医院建立了黑名单,对曾经有过纠纷的人员或经济困难的患者采取拒诊的方式对待。如果医疗机构违反了首诊负责制,导致患者出现严重后果,恐怕难以避免的会承担相应责任。

(四)违反转诊义务引发的纠纷

1. 转诊的概念

转诊也称转院,是指医疗预防机构根据病情需要,将在本单位诊疗的患者转到另一个医疗预防机构诊疗或处理的一种制度。转诊是医疗机构之间的转运,不包括科室之间的转科[①]。

医疗机构之间资质有等级之别、医疗水准也有高下之分,不仅分综合医院和专科医院,甚至资质等级相同的专科或综合医院,其各自擅长的领域也不尽相同,针对某一病种的诊疗能力是存在明显

---

① 樊荣:《医院法律事务札记》,北京大学医学出版社2017年版,第8页

差异的。医疗实践中,确实存在患者的伤病,超出了就诊的医疗机构诊治能力范围的情况。为了保护患者的生命健康,让患者获得及时有效的救治,相关规范将转诊规定为医疗机构的一项法定义务。

2. 相关法律依据

(1)关于转诊义务的规定

原卫生部于1986年就在《关于进一步加强急诊抢救工作的补充规定》中,对转院提出了明确的要求。

《医疗机构管理条例》第31条明确规定:"医疗机构对危重病人应当立即抢救。对限于设备或者技术条件不能诊治的病人,应当及时转诊。"

(2)关于转诊流程的规定

现行《医院工作制度与人员岗位职责》规定了转院、转科制度的流程,即"医院因限于技术和设备条件,对不能诊治的病员,由科内讨论或由科主任提出,经医疗管理部门、或主管业务副院长、或医院总值班批准,提前与转入医院联系,征得同意后方可转院。转院前应向患者本人或家属充分告知,如估计途中可能加重病情或死亡者,应留院处置,待病情稳定或危险过后,再行转院。较重病人转院时应派医护人员护送。病员转院时,应将病历摘要随病员转去"。现行《医院急诊科规范化流程》中明确要求:"部分急诊患者经急诊医师评估后需要转院(如转传染病、精神病专科医院)时,应提请相关区域的主治医师(或主治医师职称以上人员)。主治医师在完整复习患者病历后才能做出转院决定。原则上医疗机构间患者转运应与相关医院联系后由救护车实施……急诊科应为患者提供诊断证明、诊治建议、病情摘要、重要病历资料复印件。"

(3)限制性规定

转诊并不能免除医疗机构应遵守首诊负责制的义务,且《执业医师法》第24条规定:"对急危患者,医师应当采取紧急措施进行诊治;不得拒绝急救处置。"①这一规定也被视为转诊时的限制性规定。

3. 转诊的条件及医疗机构的相关义务

根据现行法律法规及规范性文件,不得随意转诊。转诊必须具备以下条件:一是患者的伤病超出本医疗机构执业能力和范围,且属于需要转院且病情允许转院的急、危、重患者;二是接收医院在可运送的距离内,运送可以实现;三是病人生命体征相对平稳,可以耐受转运,在患者伤病情况稳定以前不允许转院;四是患方同意转院。

医疗机构对符合转诊条件的患者,应当转诊。但医疗机构仍须注意,首先,基于首诊负责制的要求,医疗机构对于急、危、重症患者,负有在第一时间予以抢救的义务,完成必须的、可行的检查,予以必要的紧急处置,并做好记录,为转诊后的救治提供基本数据。对于应该转诊,但病情不适于转诊,转诊途中可能会加重病情或死亡的患者,可以联系或请求相关管理单位组织专家来院会诊,待患者情况稳定符合转诊条件再行转诊。其次,急危重症患者实施转院时,因其所患疾病,以及转运途中的颠簸和其他不可预见因素,可能会对其产生不良后果,医疗机构对患者实施转诊时,负有向患者本人或家属充分告知转院的必要性与风险性,并取得其书面同意的义务。再次,医疗机构应尽力保障急危重症患者运送途中的安全。原则上应采用救护车进行转运,必要时要有医务人员随同护送。

需要注意的是,对急危重症患者而言,医疗机构没有床位收治,不属于要求患者转诊的合理依据。前文讲述的甲医院以无发热

---

① 《医师法》第27条规定,对需要紧急救治的患者,医师应当采取紧急措施进行诊治,不得拒绝急救处置。因抢救生命垂危的患者等紧急情况,不能取得患者或者其近亲属意见的,经医疗机构负责人或者授权的负责人批准,可以立即实施相应的医疗措施。国家鼓励医师积极参与公共交通工具等公共场所急救服务;医师因自愿实施急救造成受助人损害的,不承担民事责任。

门诊为由,拒绝收治患者周某,且未尽协助义务,为其联系救护车转运,而是让周某某自行驾车送周某转诊,不仅违反首诊负责制,同时也违反医疗机构的转诊义务。

4. 实践中常见的几个问题

一是医疗机构出于其他原因,对于不符合转诊条件的患者,以无床位、无能力等理由,拒绝收入院治疗,要求患者转诊。如担心疑难重症患者发生意外或不治身亡,引发医患纠纷;还有的受利益驱使,为了避免本医疗机构"压床",要求病程长、起效慢、收益不高的患者转诊等。

二是在不符合转诊条件的患者要求转院时,未就患者可能面临的风险及后果向患方进行有效告知,以致患者转诊过程中病情加重或者出现死亡的后果。

三是履行转诊义务存在瑕疵。如未联系接收医院、未指明接收医院的位置、未协助运送等等。

21世纪初,北京发生了一起吃毛鸡蛋中毒事件,33人中毒,一名年龄最小的患者死亡。这名小患者3岁多,和7岁的哥哥一起吃了路边摊卖的几个毛鸡蛋,很快出现嘴唇发紫、口吐白沫等症状,哥哥遂背着弟弟找到在市场上做小生意的母亲。母亲将小儿子抱到附近的乡镇卫生院,护士见状说"估计是中毒了,我们院没有给小孩子洗胃的设备",拒绝收治,就让母亲带孩子去甲医院救治,也未联系接收医院和转诊运送车辆。母亲只好跪在路边求过路司机送孩子去甲医院。因该卫生院所处位置较为偏僻,车流量较少,耽误了一个多小时,有位拉货的司机愿意将母子俩送到医院,可又不认识去甲医院的路,辗转一个多小时,才将母子俩送到距离卫生院较远的乙医院。乙医院也说自己没有给小孩洗胃的设备,直接联系救护车,将母子俩转运至甲医院,但小孩在救护车上呼吸心跳停止,甲医院虽予以抢救,但未能挽救患儿的生命。后家属将卫生院和乙医院、甲医院诉至法院,要求赔偿。经司法鉴定确认,卫生院违反首诊负责制,未对处于危急病症中的患者予以紧急处置,也未联系、协助转运,使患儿丧失了抢救的最佳时期,对患儿最终死亡的结果,应承担主要责任。乙医院虽对患者进行紧急救治,派救护车积极协助转运履行了部分义务,对患儿的死亡后果应承担次要责任。患儿在转送途中已经出现呼吸、心跳停止,甲医院仍按规范要求进行了抢救,并无过错,对患儿死亡的后果,不应承担责任。法院最终判令卫生院按照70%的比例赔偿家属损失,判令乙医院承担20%的损失。

这个案例就是一起典型的医疗机构违反首诊负责制、违反转诊义务导致患者死亡的案件。如果卫生院在不具备洗胃条件的情况下,能联系上级医院请求帮助,或联系救护车积极转运,患儿都不会发生死亡的后果。患儿被送到乙医院时,因该院和甲医院已收治了多名同样情况的患者,此情况已上报卫生行政管理部门,乙医院已得知使用美兰知己就可以解毒,在此情况下,乙医院未采取任何措施,再次将患儿推出门外,对患儿最终死亡也负有一定责任。

三、因过度医疗引发的纠纷

(一)过度医疗的概述

1. 概念

过度医疗,是指医疗机构及其医务人员在医疗活动中,违反法定及约定义务,以获取非法经济利益为目的,故意采取超越个体疾病诊疗需要的手段,造成患者人身伤害及财产损失的行为。

改革开放以来,受西方拜金主义影响,有些无良医生,丧失职业操守,开大药方、多开检查项目,甚至不顾患者病情需要和经济状况,忽悠患者盲目选取进口、高价医疗器械,为自己谋取不当利益。司法实践中,也时有患方起诉医疗机构乱开药物和治疗项目、乱开检查项目,过度医疗的案件。

2. 分类

过度医疗,主要表现在诊断和治疗两个方面。

(1)诊断方面,是指医疗机构违反诊疗规范,采取过度检查。又可分为两种情况,一是针对患者情况本不需要进行的检查,却要求患者进行该检查;二是本来可以用简单的、低成本方法进行检查的,却要求患者用复杂的、高成本的技术手段进行检查。

(2)治疗方面,主要体现在两点上,一是不合理的高价用药;二是手术过度耗材。开大处方、滥用昂贵药品、不必要甚至重复检查成为过度医疗的主要形式。

3. 过度医疗的形成原因

(1)医疗管理体制存在缺陷,财政补贴不足。

民营、营利性医院,必然要考虑经营效益;而政府对公立医院的补贴也极为有限,医疗机构维持正常运营,大多靠创收。就以北京为例,公立三甲医院财政拨款基本上仅够支付离退休人员工资,在职职工工资完全需要靠经营收益支付。因此,医疗机构需要挣钱,才能维持正常运转,很难做到不追求经济效益。

(2)患者的错误观念导致就医过程中盲目要求用好药、好技术、好器械,造成医疗过度。

民众由于缺乏医学专业知识,误以为采用高级的检查手段、用贵的药、进口器材,才能明确诊断、取得好的疗效,根本未考虑是否是疾病本身所需。举个例子说,进口人工关节使用寿命可达20年,国产人工关节使用寿命可能为10年,一位80多岁的患者,家境并不富裕,被医院忽悠选用了进口人工关节,多支付了数万元材料费,这对于这名患者来讲其实并无必要。

(3)迫于法律的压力,意图规避医疗责任。

《侵权责任法》实施之前,医疗损害责任纠纷实行举证责任倒置,医生出于自我保护的目的,为患者开具全套检查,各种有效的药物,以避免承担遗漏或错误诊断及未采取积极有效治疗的责任。

(二)相关法律规定

《民法典》第1227条规定,医疗机构及其医务人员不得违反诊疗规范实施不必要的检查。本条仅以禁止性规定的形式,规定了医疗机构及其医务人员应当遵守的义务,但没有对过度检查的侵权责任做出规定,还有待最高人民法院出台司法解释予以规范。

北京高院为指导辖区法院司法实践,在下发的指导意见中就此做了细化规定,即"医疗机构及其医务人员违反诊疗规范对患者实施不必要的检查,导致患者支出不必要的检查费用,患者一方有权要求医疗机构退还。造成其他损害后果的,患者一方有权要求医疗机构承担相应的侵权责任[①]"。

尽管如此,司法实践中,如何确定医疗机构实施了过度医疗仍是个难点问题。笔者也多次参加中国医院协会、医师协会、最高人民法院、卫生行政管理部门、人大法工委组织的各种研讨会,大家普遍反映对此不易作出判断,多数专家学者认为应委托相应的鉴定机构对此做出科学、客观、公正的评价,但对于是由医学会还是由司法鉴定机构做,各方又是争论不休,至今没有一致性意见。然而,这并不能阻止这类纠纷的涌现。

笔者就处理过这样一个奇葩案例。一位年近七旬的女性患者,因右肩疼痛,至某三甲医院骨科诊治。接诊医师为其开出全套检查,不仅包括血常规、尿常规、X光的检查化验单,还为其开具了检查乙肝、梅毒的化验单。最终患者被诊断为滑膜炎,经理疗等方式对症治疗,患者病愈。之后,患者越想越气,认为医院给其所做检查与其所患疾病无关,要求医院退还其支付的相应检查费,并要求

---

① 《北京市高级人民法院关于审理医疗损害赔偿纠纷案件若干问题的指导意见(试行)》第6条。

赔偿为解决纠纷发生的交通费等损失。法院委托医学会就医院给患者进行的检查是否构成过度医疗进行鉴定,医学会出具的鉴定结论认为:涉及其中两项检查即乙肝和梅毒病毒检验在当时情况下不是必然要做的。法院遂判决该医院将该两项检查费用退还给患者,并驳回患者的其他诉请。乙肝和梅毒的感染及传播途径特殊,普通人不易感染,且患者病情及针对病情进行的治疗,并不属于侵入性治疗,该两项检查明显并无必要。该医院的行为无疑属于过度医疗,但由于该检查并未造成患者发生其他损害,故本案被诉医院仅需退还患者支付的相关费用即可。

(三) 判断原则

如何判断医疗机构存在过度医疗行为呢?现行法律规范并未明确规定判断标准,而检查、治疗是否为患者病情所需,往往涉及医学专业问题,法官不能直接作出判断,故司法实践中,一般会委托鉴定机构就医疗机构是否实施了过度医疗行为进行评价。

四、因医疗美容引发的纠纷

(一) 医疗美容和生活美容的区别

随着生活水平的提高,人们为了追求美,去美容院做护理、按摩已经是很普通的事情了,甚至很多人还在美容院接受纹绣、做"微整",等等。涉及群体小到十多岁的孩子,大到七八十岁的老人,不仅有女性,还有男性。但大多数人分不清楚什么是生活美容,什么是医疗美容,法律、法规对此也没有明确的规定。

所谓生活美容,一般是指运用化妆品、保健品和非医疗器械等非医疗性手段,对人体所进行的皮肤护理、按摩等带有保养或者保健性的非侵入性的美容护理。生活美容是自己在日常生活中能做,或到美容院让美容师操作的护理性工作。医疗美容,则是指通过医学手段,包括药物、仪器及手术等,以改变人体外部形态、色泽及部分改善生理功能,增强人体外在美感为目的,而进行的一系列治疗。两者间的区别,从直观角度说,凡是有一定创伤的美容治疗,都属于医疗美容的范畴,应该在专业医生的指导下进行或者直接接受专业医生的治疗。另外,从事生活美容,取得美容机构营业执照和《公共场所卫生许可证》即可,而开展医疗美容项目,必须取得医疗资质,原则上讲只有医疗机构才能开展。

现实生活中,还有"医学美容"这个概念,看似和"医疗美容"相似,但还是有一定区别的。医学美容的外延更大,指的是所有与医学相关的美容方式,包括那些借助了医学原理的生活美容,它并不一定要由医生来操作。而医疗美容则必须由医护人员来进行操作,在进行治疗之前,还要有问诊的过程,即使是使用药妆品,也因为其特殊的成分而令使用过程具有一定的风险,因此,必须在医生指导下使用。

本章讨论的是因医疗美容引起的纠纷,并不涉及生活美容问题。

(二)医疗美容纠纷的法律适用

因医疗美容引发纠纷,显然也存在合同和侵权竞合问题。司法实践中,原告多选择以医疗美容服务合同为案由起诉。

当然,如果原告因医疗美容造成损害为由起诉,应当属于医疗损害责任纠纷,但是原告选择以医疗服务合同纠纷为案由起诉时,按照《医疗损害司法解释》第 1 条第 3 款规定:"当事人提起的医疗服务合同纠纷案件,不适用本解释。"这一条款显然明确将医疗服务合同纠纷案件排除在《民法典》侵权责任编及相关司法解释适用范围之外。医疗服务合同纠纷既然属于服务合同范畴,显然就应当适用《民法典》合同编及相关司法解释的规定。

(三)医疗美容服务合同纠纷案件面临的问题

1. 目前基本没有鉴定机构可以就医疗美容的效果进行鉴定

无论是选择以医疗损害责任纠纷还是医疗服务合同纠纷为案由起诉,法院在判断被告是否构成侵权或者构成违约时,都离不开对医疗美容行为的效果进行判断。由于选择进行医疗美容的人,很大一部分并不是为了治疗目的,更多的是为了追求美的效果。而对于美的判断,更多的是根据个人喜好做出的,并没有统一的标准。因此,司法鉴定一般不接受涉及医疗美容的损害责任鉴定。以致原告的诉讼请求往往因缺乏相关证据,不能得到支持。

2. 此类纠纷是否可以适用《消费者权益保护法》,尚存在争议

分歧产生原因,一是服务合同与买卖合同的标的不同。服务合同的标的是服务产品,而服务产品具有非实物性、不可储存性和生产与消费同时性等特征。二是医疗关系与消费关系存在本质上的差别。消费关系是消费者支付对价,相对方提供产品或服务,形成的一对一的服务关系,且消费结果明确。三是医疗美容多以增强人体外在美感为目的,不等同于患者为治疗自身伤病到医疗机构寻医问药的一般意义上的诊疗目的。因此,有观点认为基于医疗美容行为的特殊目的,此类纠纷应当适用《消费者权益保护法》;另一种观点则认为,既然属于"医疗"美容,就不等同于一般的生活消费,应当按照医疗行为对待,依当事人请求,适用《民法典》侵权责任编或者合同编的相关规定,而不宜适用《消费者权益保护法》。

司法实践中,持第二种观点的居多。笔者原则上也同意第二种观点。笔者认为,鉴于消费者的弱势地位,消费关系在价值取向上强调对消费者权益给予侧重保护。医疗虽然也属于一种服务,但服务对象是极具差异性的个体生命和健康,而医学属于经验科学,现代医学对患者所患疾病作出正确判断,不仅需要借助先进的仪器,更要有赖于医生本身的学识和经验,除此以外,医学上有太多的人类未知领域,包括对疾病的认知、新的诊疗方法和药物的被发现、医疗安全性有待长期实践验证等等,这就决定了医疗行为中只能从诊疗方法及治疗手段的角度审查医疗机构及其医务人员是否适当履行了其行为义务,无法强调确定的结果。同时,医疗关系往往还会对应社会整体的医疗利益,如患者符合出院条件拒不出院,就会直接影响其他患者住院治疗。

3. 举案说法

案例 10-5　医疗美容纠纷不应单独适用《消费者权益保护法》

某整形公司为乔某实施了下颌角整形、无下巴成形术、中面部拉皮、颧骨缩小术、脂肪移植术共计六项手术,乔某支付手术费 21 万。

后乔某起诉至北京市某基层法院(以下简称 A 法院),称整形公司手术失误,致其术后脸部凹陷、精神痛苦。整形公司不是医疗机构,不具备相应手术资质且未告知主治医生不具有行医资格,构成欺诈,故要求法院依据《消费者权益保护法》判令整形公司退还医疗费 21 万,赔偿损失 21 万。整形公司则认为其行为并不存在欺诈,乔某对法律理解有误,双方之间应是医疗服务合同关系,不应适用《消费者权益保护法》,且乔某所诉损害后果缺乏证据支持,不同意乔某的诉讼请求。

乔某为证明其损害后果,提供了整形公司保管的其整形前、后的面部照片。照片上明显可见现其面部交术前有明显凹陷部分,并申请法院委托鉴定机构进行司法鉴定。A 法院欲委托鉴定机构对乔某所诉损害后果进行鉴定,但鉴定机构以不具备鉴定能力为由,出具了不予受理函,不予受理。

一审法院经审理后,依据《消费者权益保护法》及《民事诉讼法》相关规定作出判决:(1)整形公司于判决生效后 7 日赔偿乔某 20 万元;(2)驳回乔某的其他诉讼请求。

判决后,整形公司不服,提出上诉,认为其在建立和履行合同过程中不存在故意告知虚假情况或隐瞒真实情况的行为,A 法院认定其超范围开展美容手术,构成欺诈,属认定事实错误;其为乔某实施的手术未对乔某造成任何伤害,A 法院适用《消费者权益保护法》判令其赔偿乔某 20 万元,缺乏事实及法律依据,且适用法律明显不当。故请求撤销原判,依法改判驳回乔某的全部诉讼请求或将本案发回重审。二审法院审理后,判决:驳回上诉、维持原判。

【研究主旨】

原告如何就损害后果进行举证?医疗美容纠纷是否可以适用《消费者权益保护法》?

【裁判要旨】

一审法院认为,关于整形公司主体问题,法院采信该公司的主张,确认该公司与美容诊所(与整形公司同名)系同一主体,主体适格。整形公司系营利性医疗机构,开展的医疗美容服务与非营利性医疗机构为恢复患者健康进行的医疗服务性质不同。乔某为自身美容需要,与整形公司建立了事实上的医疗美容服务关系,其合同目的是通过手术使外貌更加美丽,应认定乔某从整形公司购买医疗美容服务的行为属于个人消费行为,双方之间属于消费服务合同关系,应当受《消费者权益保护法》的调整。根据《医疗美容项目分级管理目录》的规定,整形公司作为医疗美容诊所,仅能开展一级美容项目,但其为乔某所做的六项手术中,只有自体脂肪注射移植术一项属于一级美容项目。整形公司超范围开展美容手术,且无证据表明其已向乔某告知其资质及可以开展美容手术项目的范围,致使乔某误以为其能够进行相关美容手术,与其建立了合同关系,故整形公司在医疗美容服务合同关系的建立和履行过程中故意隐瞒事实,构成欺诈。现乔某提交的证据不能证明整形公司就自体脂肪注射移植术这项手术构成违约,故在扣除该项手术费后,整形公司应当赔偿乔某相当于其余手术费数额的损失。因双方未约定各项手术费价格,故法院根据双方提交的证据酌定赔偿数额。乔某要求整形公司返还美容手术费21万元，实际上是要求撤销服务合同、恢复至合同履行前状态。整形公司虽未尽如实告知义务，存在欺诈，但其合同义务是一种服务行为，在其完成该服务行为后，在客观上无法返还。乔某应当举证证明整形公司的手术存在瑕疵，对其造成损害，致使其合同目的无法实现，才能要求该公司退还手术费。现乔某提交的证据亦不足以证明其主张，经法院释明后，其不申请进行相关司法鉴定，应当承担不利的法律后果，法院对其主张不予采信。故乔某要求整形公司退还手术费21万元的诉讼请求，法院不予支持。

二审法院审理后认为，整形公司是本案适格主体，双方已形成了事实上的医疗服务合同关系。根据《医疗美容项目分级管理目录》的规定，整形公司作为医疗美容诊所，仅能开展一级美容项目，而其为乔某所做的六项手术中，仅有一项属于其可以开展的一级美容项目。该公司无视相关规范规定，超范围开展美容手术的行为是错误的，应当予以批评。同时，由于乔某对手术效果不满意，认为给自己造成损害，为此提供了由整形公司制作并保管的术前、术后的照片佐证其所述成立。经审查，照片已初步证实乔某所述手术给其造成一定损害的事实存在，在此情况下，整形公司坚持认为手术成功，就应对此负有举证责任。但整形公司没有进一步举证，视为其放弃了举证的权利，应自行承担不利的后果。故法院认定乔某所述手术对其造成损害的事实成立。另，法院认为，整形公司既存在超范围、超资质为乔某实施多项美容手术的违法行为，同时还存在提供的医疗美容服务效果不佳甚至给乔某造成一定程度损害的情况，现乔某有权要求整形公司退还部分服务费并就给其造成的损害给予一定的赔偿。因双方没有就各项手术单独约定价格，乔某也未提供其他证据证实其现状具体是因整形公司实施的哪项手术所致，故法院无法直接计算出整形公司应当退还的费用。同时，应当指出，乔某在选择医疗美容机构时，也应当尽到必要的注意义务，对此其也应承担一定的责任。原审法院判令整形公司赔偿乔某20万元，驳回乔某要求退还美容手术费的请求,因乔某对此判决结果表示同意,法院认为,结合本案实际情况,判令整形公司实际承担20万元费用,数额基本得当,为了避免当事人的诉累,对于原审判决结果应予以维持。

【法律评析】

本案处理重点主要在于医疗美容纠纷是否应适用《消费者权益保护法》。医疗美容纠纷被界定为医疗纠纷的一种,原告一般都以医疗服务合同纠纷为案由起诉。医疗美容虽具备医疗服务的基本特征,但也有自己的特点,故理论界及实务界对于应适用《消费者权益保护法》,还是与一般医疗纠纷一样,适用当时生效的《侵权责任法》和《合同法》进行裁判,存在争议。本案一、二审法院就代表了不同的两派观点。

医疗美容纠纷能否适用《消费者权益保护法》,一派观点持肯定意见,另一派则持否定意见。持肯定意见的观点认为:(1)医疗美容服务可以认定为生活消费行为。它不具有国家公益性;主要目的并非治疗疾病,而是满足就医者的心理需求;医疗美容机构具有营利性;就医者与一般消费者一样,在医疗机构及具体医疗行为的方式上都享有自主选择权,以上特征均符合《消费者权益保护法》关于生活消费行为的定义。(2)医疗美容就医者与医疗机构相比,在专业知识、社会地位、经济能力等方面,仍处于弱势地位。适用《消费者权益保护法》能够更好地保护其合法权益,符合《消费者权益保护法》保护弱者的立法目的。本案中,乔某起诉系要求适用《消费者权益保护法》,判令整形公司对其全部费用双倍予以赔偿。一审法官明显持第一种观点,认定整形公司超范围手术,且未如实告知,存在欺诈,但最后又未按照《消费者权益保护法》相关条款处理,仅判令整形公司在扣除其有资质的一项手术费后,赔偿乔某其他项手术费损失。

另一派观点则认为,在当时的法律规范下,医疗美容纠纷不应单独适用《消费者权益保护法》。笔者支持此种观点,理由如下:(1)从医疗美容的概念上看,其在行为主体、资质要求、行为方式、目的及行政管理等多方面都区别于一般的生活美容。且在审判实践中,并非所有的医疗美容都仅仅是为了达到变美丽的效果,更多的是含有一定的治疗、矫正目的。故不能将医疗美容简单等同于一般消费行为。(2)在法律适用上,当时生效的《侵权责任法》和《合同法》已经就医疗纠纷进行了规制,医疗美容纠纷既然被归于医疗纠纷的大范畴,就应在《侵权责任法》及《合同法》范围内寻求救济,而不应再单独适用《消费者权益保护法》。正如本案中,二审法院就持第二种观点,引用了《合同法》,认定整形公司超范围、超资质进行手术,并对乔某造成了损害,应退还乔某部分服务费并给予赔偿。因双方没有具体约定各项手术费标准,乔某也没有明确其损害是哪一项手术所致。在无法具体计算各项费用及损失,且乔某亦认可一审判决的情况下,为避免当事人诉累,维持了一审判决结果。(3)如果在医疗服务合同纠纷案件中适用《消费者权益保护法》,便会造成不同医疗美容纠纷适用不同法律的混乱局面,出现执法不统一的现象,不利于实现法律的公正性。

至于损害结果的证明问题。一审法院对于乔某的目前状态并未进行认定;二审法院则认为乔某已经提供了由整形公司保存的手术前后的照片,该照片明显看出术后乔某面部较术前明显出现凹陷,显然没有实现其欲通过手术达到更美状态的预期,因此不仅合同目的并未实现,还造成其一定损害。至此,乔某已经完成了初步举证,现整形公司对此持否定意见,应就其主张承担举证责任。

笔者认同二审法院关于损害后果举证责任的分配。试想如果非要以鉴定结论为依据,才能对损害后果进行判断,由于目前鉴定机构不能对此进行鉴定,导致医疗美容纠纷中原告的合法权益基本上不可能得到保护。因此二审法院在乔某已经完成初步举证,且按照普通人的认知标准,足以看出乔某面部手术前、后存在的明显差异的情况下,举证责任发生转移,整形公司既然否认存在损害后果,就应对此承担举证责任。这样有利于保护原告的合法权益,也符合法律精神和原则。

但还需注意,有观点认为《医疗损害司法解释》第 23 条规定明显采用了《消费者权益保护法》的双倍赔偿原则,因此医疗纠纷包括医疗美容纠纷也应适用《消费者权益保护法》。笔者对此认为,该司法解释首先将医疗美容服务合同纠纷排除在适用范围外,其次从条文本身也能看出其适用范围是特定的,即"医疗产品的生产者、销售者、药品上市许可持有人明知医疗产品存在缺陷仍然生产、销售,造成患者死亡或者健康严重损害,被侵权人请求生产者、销售者、药品上市许可持有人赔偿损失及二倍以下惩罚性赔偿的,人民法院应予支持"。对于法律、司法解释规定的惩罚性条款,法官不宜做扩大适用。

(四)医疗美容风险提示

美容不同于治病,许多追求美的人对于医疗行为的风险意识薄弱,并不在意实施医疗美容行为的机构和人员资质,由此带来更大的风险。而医疗美容属于商业医疗的范畴,开设医疗美容项目,其商业目的性不容忽视。

不可否认,医疗美容是带有一定消费性质的特殊的医疗行业,大多数就医者都是健康的,为了追求美丽,一方面是解决美容方面的问题,一方面也是一种消费,甚至类似奢侈品消费。因此,建议大家,欲接受某种医疗美容,需尽可能多地掌握相关的知识,了解风险,这样有利于更好地保护自己的权益。最好在做出决定之前,多咨询、多了解,包括对医生及医疗机构资质的背景进行调查;在接受治疗之前,一定要面见实施美容治疗的医生,某种意义上讲,沟通得越充分,治疗的安全系数便越高;注意留存相关资料,以备一旦发生不良后果,需要维权时可以作证据使用。相关资料包括发票、收据、转账记录、病历资料等,特别是手术前、后的照片等。

涉及交通侵权行为引发的医疗损害责任纠纷还有很多类型,涉及医疗器械质量问题引起的纠纷也不在少数,但从法院统计数据上,医疗产品责任纠纷案件并不多。笔者曾就2012年至2015年期间北京法院审理的医疗产品责任纠纷案进行过统计,仅几件而已。究其原因,有的是在医疗损害责任纠纷案件中提及产品质量问题,并不直接以医疗产品责任纠纷为案由起诉,更主要的是药品、医疗器械生产企业为避免引起不良影响,或迫于来自医疗机构的压力,大多采取与患方和解的方式化解纠纷。所以,本章不再就此类纠纷进行讨论。

第十一章 与医疗纠纷存在交叉的几类案件

引言 药物临床试验、注射疫苗产生不良反应及非法行医引发的其他几类民事纠纷,与医疗纠纷有一定关联性,但并不属于严格意义上的医疗纠纷,从法律适用、责任承担、损失赔偿等诸多方面与医疗纠纷存在差异。为了使读者能够对此有清楚的认识,本章结合司法实践就相关问题进行简要介绍。

一、因药物临床试验致损引发的纠纷

(一)临床试验的含义和特点

1. 临床试验的含义

《药物临床试验质量管理规范》(2003年)第68条指出,"临床试验(Clinical Trial),指任何在人体(病人或健康志愿者)进行药物的系统性研究,以证实或揭示试验药物的作用、不良反应及/或试验药物的吸收、分布、代谢和排泄,目的是确定试验药物的疗效与安全性"。2020年7月1日起实施的新修订的《药物临床试验质量管理规范》把"临床试验"定义为:"指以人体(患者或健康受试者)为对象的试验,意在发现或验证某种试验药物的临床医学、药理学以及其他药效学作用、不良反应,或者试验药物的吸收、分布、代谢和排泄,以确定药物的疗效与安全性的系统性试验。"[①]

2. 临床试验的目的

临床试验是为了医学进步和科技发展。新药必须经过基础研究、动物实验和人体临床试验等规定程序后,才能上市。医学上的进步要由人类自身试验新药的治疗效果、抗药性及毒副作用。为了帮助饱受病痛折磨的患者,必须要有临床试验来保障生命科学技术的安全应用。临床试验对医学进步和科技发展具有必要性、实用性和高度的社会公益性。

(二)临床试验要遵循的原则

1. 合法性原则

开展任何临床药物试验,都必须遵照我国伦理、法律、法规所制定的规范和标准,并应遵守国际公约,适用国际规范和标准。

2. 维护受试者利益的原则

在临床试验中要保障受试者的身心安全。首先,必须要以动物实验为基础,在获得充分科学根据并确认对动物无明显毒害作用后才可以在人体上试验。其次,在临床试验全过程中,一旦出现了危害受试者利益的情况,要立即停止试验。最后,临床试验必须有医学研究专家或临床经验丰富的专家共同参与或指导。

3. 正当目的原则

临床试验的目的必须正确且明晰,只能是为了研究人体的生理机制,探索疾病的病因和发病机制,改进疾病的诊疗、预防和护理措施等,以提高人类健康水平和医学科学的发展。

[①] 2020年7月1日起实施的新修订的《药物临床试验质量管理规范》第11条第1款第1项。

4. 知情同意原则

知情同意是临床试验进行的前提。必须保证受试者真实、充分地知情,受试者表示自愿同意参加并履行书面承诺手续后,才能在其身体上进行临床试验。正在参与临床试验的受试者,尽管已经知情同意,仍享有不需要陈述任何理由而随时退出临床试验的权利。正如《世界医学大会赫尔辛基宣言——人体医学研究的伦理准则》(以下简称《赫尔辛基宣言》)指出的,必须是受试者在充分知晓了解研究目的、方法、资金来源、任何可能的利益冲突、研究者组织隶属、预期获益和潜在风险、研究可能造成的不适等任何与研究相关的信息,被明确告知拥有拒绝或参加研究的权利,以及拥有在任何时候收回同意、退出研究而不被追究的权利的情况下,作出自愿参加的明确的意思表示,才能参与临床药物试验。特别应注意为受试者个人提供他们所需要的具体信息,以及提供信息的方法。

5. 科学性原则

临床试验强调严谨的科学态度。临床试验全过程必须遵循医学科学研究的原理和方法,试验后要做出实事求是的报告。

医学实践和医学研究中,绝大多数干预措施具有风险,并有可能造成负担。只有在研究的重要性高于受试者面临风险和负担的情况下,涉及人类受试者的医学研究才能开展[1]。

由于临床试验本身具有的高风险性,在进行人体试验前,必须周密考虑试验的目的及要解决的问题,权衡对受试者和公众健康预期的受益及风险,预期的受益应超过可能出现的损害[2]。当然,这种预期受益并非限于眼前受试者即刻获益,即便眼前受试者没有受益,但研究可能帮助到今后更多的人,也应当认为是有价值的。

---

[1] 世界医学大会《赫尔辛基宣言》(2013年)第16条。
[2] 国家食品药品监督管理局《药物临床试验质量管理规范》(2003年)第5条;2020年7月1日实施的新修订的《药物临床试验质量管理规范》第4条。

6. 伦理审查原则

不可否认的是,即便进行了充分的科学性研究,但临床试验还是因存在众多的未知因素,使受试者面临很多可预知或不可预知的风险。因此,临床试验的伦理要求远高于一般的临床实践。进行伦理审查,是保证临床试验符合伦理要求的必要程序,对确保临床试验的正当性具有重要作用。

(三)药品临床试验的相关知识介绍

1. 药物临床试验一般分为临床试验和药物生物等效性试验及人体生物利用度,而临床试验一般一次需要经过四期才能完成

(1)药物临床试验的四期

I 期临床试验,是新药人体试验的起始阶段。包括临床药理学及人体安全性评价试验。一般在健康受试者(对肿瘤药物而言通常为肿瘤病人)中进行。目的是研究人体对药物的耐受程度,并通过药物代谢动力学研究,了解药物在人体内的吸收、分布、消除的规律,为制定给药方案提供依据,以便进一步进行治疗试验。

II 期临床试验,是治疗作用的初步评价阶段。目的是初步评价药物对目标适应症患者的治疗作用和安全性,也包括为 III 期临床试验研究设计和给药剂量方案确定依据。为缩短上市时间,目前一些药物临床试验,开始尝试在确保安全性前提下,将 II 期试验与 I 期试验一并进行。

III 期临床试验,是治疗作用确证阶段。目的是进一步验证药物对目标适应症患者的治疗作用和安全性,评价利益与风险关系,最终为药物注册申请的审查提供充分的依据,是临床研究试验阶段任务最集中、最繁忙的阶段。

IV 期临床试验,是药品上市后的研究阶段。目的是重新评价药品对大多数病人的疗效和耐受性;发现前三期临床试验过程中未被发现的不良反应;进一步拓宽药品的适应症范围。

(2)药物生物等效性试验

用生物利用度研究的方法,以药代动力学参数为指标,比较同一种药物的相同或者不同剂型的制剂,在相同的试验条件下,其活性成分吸收程度和速度有无统计学差异的人体试验。

2. 参与主体

(1)临床试验的发起者或称申办者:"负责临床试验的发起、管理和提供临床试验经费的个人、组织或者机构。"[1]一般为药厂,其可以委派临床研究监察员(CRA)负责试验质量控制,报告试验进行情况和核实数据等;医疗机构也可以自己发起或组织相关研究者,即研究者发起的研究。

(2)研究机构(组织)或研究者,是"指实施临床试验并对临床试验质量及受试者权益和安全负责的试验现场的负责人"。[2] 多数为具体开展临床研究活动的医疗机构或研究机构内负责临床试验工作的医护人员。

(3)SMO(Site Management Organization)与 CRO(Contract Research Organization)。两者都是按照临床试验相关管理规定,为确保试验符合 GCP 的要求,参与临床试验的。

前者是协助研究机构进行临床试验具体操作,派遣临床试验协调员(CRC)到试验机构,在主要研究者指导下,从事非医学判断性的具体事务性工作,对研究机构负责的管理组织。后者是新药研发合同外包服务机构,协助申办者执行临床试验中的监查、数据管理、统计分析等工作,对申办者负责,派遣试验服务监查员(CRA)开展工作,向制药企业提供新药临床研究服务的专业公司。

---

[1] 2020年7月1日起实施的新修订的《药物临床试验质量管理规范》第11条第1款第7项。

[2] 2020年7月1日起实施的新修订的《药物临床试验质量管理规范》第11条第1款第6项。

(4) 受试者,是"指参加一项临床试验,并作为试验用药品的接受者,包括患者、健康受试者"。① 参与药品临床试验的人,可以是患者,也可以是健康人员。

(四) 相关规范

1. 国际规约

(1)《纽伦堡法典》

二战后,纽伦堡法庭制定的人体实验基本原则,作为国际上进行人体实验的行为规范。主要内容包括"受试者的自愿同意绝对必要、实验应该收到对社会有利的富有成效的结果"等。

(2)《赫尔辛基宣言》

制定了涉及人体对象医学研究的道德原则,包括以人作为受试对象的生物医学研究的伦理原则和限制条件。比《纽伦堡法典》更全面和具体。明确"是医学上有资格的人员对受试者负责,而绝不是由受试者本人负责,即使受试者已经知情同意参加该项研究"。

2. 我国的法律、法规

(1)《药物临床试验质量管理规范》

《药物临床试验质量管理规范》由国家食品药品监督管理局根据《中华人民共和国药品管理法》,参照国际公认原则制定颁布,并于2003年9月1日起施行。该规范是临床试验全过程的标准规定,包括方案设计、组织、实施、监查、稽查、记录、分析总结和报告,以保证药物临床试验过程规范、结果科学可靠,保护受试者的权益和安全②。2020年4月27日,《药物临床试验质量管理规范》被重新修订,修订后的规范并于2020年7月1日起正式实施。

---

① 2020年7月1日起实施的新修订的《药物临床试验质量管理规范》第11条第1款第6项。

② 许学敏、林嘉:《医疗卫生法律基础》,北京出版社2015年版,第208页。

《药物临床试验质量管理规范》不仅在总则中规定,所有以人为对象的研究必须符合《赫尔辛基宣言》,即公正、尊重人格、力求使受试者最大程度受益和尽可能避免伤害。并用多个条文就临床试验引起的损害如何处理,从行政管理的角度,在处理原则、主体、除外条件等方面做出了规定。2003年版的规范,其中第43条规定,"申办者应对参加临床试验的受试者提供保险,对于发生与试验相关的损害或死亡的受试者承担治疗的费用及相应的经济补偿。申办者应向研究者提供法律上与经济上的担保,但由医疗事故所致者除外"。其中第59条规定,"试验用药品的使用由研究者负责,研究者必须保证所有试验用药品仅用于该临床试验的受试者"。"研究者不得把试验用药品转交任何非临床试验参加者。"而2020年7月1日实施的修订后的《药物临床试验质量管理规范》除总则、术语定义、附则外,还分列了伦理委员会、研究者、申办者、试验方案、研究者手册、必备文件管理等六个部分,对参与药物试验各主体之间的权责、试验流程及管理等具体问题进行了细化的规定。与2003年版的规范相比,最大特点是在第39条规定了申办者应当采取适当方式保证可以给予受试者和研究者补偿或者赔偿①。

(2)《涉及人的生物医学研究伦理审查办法》

国家卫生和计划生育委员会颁布,2016年12月1日起施行。该办法尊重和保护受试者的合法权益,规范了涉及人的生物医学研究伦理审查工作,规定了伦理委员会的职责、伦理原则和法律责任。

(3)《执业医师法》

全国人民代表大会常务委员会颁布,1999年5月1日起施行。其中第26条规定,"医师进行实验性临床医疗,应当经医院批准并

---

① 2020年7月1日实施的修订后的《药物临床试验质量管理规范》第39条。

征得患者本人或者其家属同意"。①

（五）与一般医疗损害纠纷的区别

由于我国现行法律法规中并没有对于临床试验引起的人身损害纠纷如何处理的专门性规定。以致长期以来，与临床试验相关的受试者致损事件，应适用补偿而非赔偿原则，即承担治疗费用并给予一定的经济补偿。

之所以这样规定，一方面是为了鼓励药企和研究者进行新药研发的积极性，促进医药卫生事业发展，提高国民健康水平。由于临床试验即便在保证科学性的前提下，与已经长期临床检验的成熟药物相比，仍然存在极高的已知、未知风险和不确定性，而发起试验的厂家和开展试验的研究机构往往都无法事前预见这种不确定性风险，但为了医学进步及今后更广大患者受益，又不得不进行涉及人体的临床试验。因此，不应该按照一般医疗纠纷、医院存在过错情况下的责任承担方式确定标准，否则，高额的赔偿，特别是没有保险核销部分的赔偿，会影响药企及研究机构研发新药的积极性。另一方面是为了褒奖、鼓励参与试验的受试者对科学研究的支持和奉献精神。只有足够的受试者参与临床试验，才能保障科学研究的正常进行和医学的进步。

司法实践中，关于药品临床试验引发的纠纷主要包括两类，一类是试验药物本身造成受试者出现不良反应，引发的纠纷；另一类是试验过程中，因实施者的过错，导致受试者发生损害引发的纠纷。根据对各种判决统计可见，各地法院对此类案件的审理，特别是侵权

---

① 《医师法》第 25 条规定，医师在诊疗活动中应当向患者说明病情、医疗措施和其他需要告知的事项。需要实施手术、特殊检查、特殊治疗的，医师应当及时向患者具体说明医疗风险、替代医疗方案等情况，并取得其明确同意；不能或者不宜向患者说明的，应当向患者的近亲属说明，并取得其明确同意。

案件,往往采取传统的对一般医疗纠纷案件的处理程序。委托进行鉴定,然后根据鉴定结果,特别是根据司法过错鉴定结果认定医院的过错结果,判决责任方承担"赔偿"责任,且项目和标准参照人身损害赔偿项目和标准确定。即便是"补偿",结合案件具体实际情况,也是应用混乱,甚至出现鉴定结论已经明确患者死亡与试验无关,相关主体还需要承担较高补偿费用的情况。出现这种乱象主要是由于《药物临床试验质量管理规范》的法律位阶过低,法律法规层面对药物临床试验处理缺少对应规定所致。《最高人民法院关于裁判文书引用法律、法规等规范性法律文件的规定》第4条规定,"民事裁判文书应当引用法律、法律解释或者司法解释。对于应当适用的行政法规、地方性法规或者自治条例和单行条例,可以直接引用"。第5条规定,"行政裁判文书应当引用法律、法律解释、行政法规或者司法解释。对于应当适用的地方性法规、自治条例和单行条例、国务院或者国务院授权的部门公布的行政法规解释或者行政规章,可以直接引用"。[1] 鲜少有厘清法律关系、用法准确的裁判。

新修订的《药物临床试验质量管理规范》突破原有规范确定的补偿原则,明确规定:"申办者应当采取适当方式保证可以给予受试者和研究者补偿或者赔偿。(一)申办者应当向研究者和临床试验机构提供与临床试验相关的法律上、经济上的保险或者保证,并与临床试验的风险性质和风险程度相适应。但不包括研究者和临床试验机构自身的过失所致的损害。(二)申办者应当承担受试者与临床试验相关的损害或者死亡的诊疗费用,以及相应的补偿。申办者和研究者应当及时兑付给予受试者的补偿或者赔偿。(三)申办者提供给受试者补偿的方式方法,应当符合相关的法律法规。

---

[1] 《最高人民法院关于裁判文书引用法律、法规等规范性法律文件的规定》第4条、第5条。

(四)申办者应当免费向受试者提供试验用药品,支付与临床试验相关的医学检测费用。"①但是从该条文中仍不能明确何种情况下承担补偿责任,什么情况下承担赔偿责任。

笔者认为,如果是单纯的因药物引发的不良后果,因该风险不为试验主办方和实验者所能预见和控制,且受试者事前已经明确知晓该风险的存在,故此类纠纷处理,首先应当明确适用"补偿"的原则,其次应当根据知情同意书的内容衡量双方的权利义务。至于补偿的标准,可以考量临床试验本身设计的风险性、期待获益、参加人数、同类不良事件发生概率、受试者自身病情(特别是肿瘤药物,受试者所患疾病在现有医疗技术条件下的理论生存期)、保险金额、不良事件发生的原因、事后处理、研究机构是否存在过错等多种因素,综合确定合理补偿金额。如果不单纯是试验药物本身引起的不良反应,实施研究者、实施机构选择受试者存在错误,或告知不符合要求,侵害受试者权益,抑或实施试验过程中出现错误,引发受试者出现损害,导致纠纷,则应该有条件地适用赔偿原则。涉及的鉴定问题,因为临床试验从方案设计到实施,存在跨专业、多学科的特点,故笔者认为应尽可能地委托医学会进行医疗技术责任鉴定。这样不仅可以按照《药物临床试验质量管理规范》确定医院是否需要承担责任,也可以解决实践中司法过错鉴定机构普遍不具备开展此类鉴定活动的问题。对于经鉴定明确系药物原因引起受试者出现不良损害后果的,责任主体应当明确为临床试验的发起者申办方,可以是药厂,在研究者发起的情况下,也可以是研究机构。在受试者仅起诉医疗机构的情况下,应当根据《民事诉讼法》第 56 条之规定,追加厂家、保险机构(如有)作为共同被告参与诉讼,由具体责任人承担赔偿责任。能证明受试者确实非因试验药物本身而发

---

① 2020 年 7 月 1 日实施的《药物临床试验质量管理规范》第 39 条。

生损害的,应当由实验过程中,实施了错误行为的主体承担相应赔偿责任。

案例11-1　应当严格区分药物试验与普通诊疗行为的不同

2011年至2013年,陈某作为受试者,在签署了某治疗白血病新药各试验阶段的知情同意书后,先后参加了该药Ⅱ期临床试验、Ⅱ期临床试验结束后继续供药阶段以及Ⅱ期延伸期的试验。知情同意书中明确,研究医生和申办者在研究期间的任何时候可以在规定情况下中止受试者参与本研究,还就试验周期、试验结束后的继续用药、项目研究过程、研究目的、潜在风险、对受试者的要求、受试者的受益和花费等进行告知。试验结束后,药业公司于2015年1月通知陈某试验药品未获批上市,不再给其提供试验药物,并于2015年7月给陈某提供了最后一批药物。

陈某向一审法院起诉,请求法院判令药业公司及医院继续提供试验药物至该药物在中国市场公开销售时止,并承担此前其购买与该药物功效类似药品的费用。一审法院判决驳回其诉讼请求。在陈某上诉期间,各方一致确认试验药物Ⅱ期临床试验已经结束,尚在进行Ⅲ期试验。因陈某自身条件不符合受试条件,未能成为Ⅲ期临床试验的受试者。二审法院认为,陈某并非Ⅲ期试验的受试者,其要求药业公司及医院继续为其提供试验药物,并承担其为治疗自身疾病购买类似功效药物的费用,缺乏依据,故判决:驳回上诉,维持原判。

【法律评析】

药物试验的特殊性决定其与普通诊疗行为截然不同,有着突出的特点。

首先,不能因为患者单方面要求参加临床试验,而允许其受试。《药物临床试验质量管理规范》(2003年)第17条规定临床试验方案应包含的内容,"(五)受试者的入选标准、排除标准和剔除标准,选择受试者的步骤,受试者分配的方法"。① 根据该规范规定,试验单位获准进行药物临床试验后,有权自主选择符合条件的受试者。选定受试者的权利在研究方,而不在患者方。

案例中,试验药物Ⅱ期临床试验已经结束,该药品未获准上市。现正在进行Ⅲ期试验。陈某参加了Ⅱ期临床试验,符合Ⅱ期临床试验的受试者要求,并不意味着其一定符合Ⅲ期试验的受试者要求。研究方有具备专门医学知识的人员,能够更专业地评估试验药物对患者造成的影响,遵循维护受试者利益原则以及正当目的原则挑选受试者。如果可能对患者造成损害,或者患者服用其他药物对研究产生干扰,则无论患者参加临床试验的愿望多么强烈,都绝对不能将其作为受试者。因陈某已经服用了其他治疗药物等原因,试验单位认为其已不符合Ⅲ期试验受试者条件。

其次,试验结束后,不能继续提供试验药物。一则,《药物临床试验质量管理规范》(2003年)第59条规定,"试验用药品的使用由研究者负责,研究者必须保证所有试验用药品仅用于该临床试验的受试者,其剂量与用法应遵照试验方案,剩余的试验用药品退回申办者,上述过程需由专人负责并记录在案,试验用药品须有专人管理。研究者不得把试验用药品转交任何非临床试验参加者"。2020年7月1日实施的修订后的《药物临床试验质量管理规范》第21条②也规定"研究者和临床试验机构对

---

① 2020年7月1日实施的《药物临床试验质量管理规范》第63条亦保留了相关内容,该条规定,受试者的选择和退出通常包括:(1)受试者的入选标准;(2)受试者的排除标准;(3)受试者退出临床试验的标准和程序。

② 《药物临床试验质量管理规范》第21条规定,研究者和临床试验机构对申办者提供的试验用药品有管理责任:(1)研究者和临床试验机构应当指派有资格的药师或者其他人员管理试验用药品;(2)试验用药品在临床试验机构的接收、贮存、分发、回收、退还及未使用的处置等管理应当遵守相应的规定并保存记录。试验用药品管理的记录应当包括日期、数量、批号/序列号、有效期、分配编码、签名等。研究者应当保存每位受试者使用试验用药品数量和剂量的记录。试验用药品的使用数量和剩余数量应当与申办者提供的数量一致;(3)试验用药品的贮存应当符合相应的贮存条件;(4)研究者应当确保试验用药品按照试验方案使用,应当向受试者说明试验用药品的正确使用方法;(5)研究者应当对生物等效性试验的临床试验用药品进行随机抽取留样。临床试验机构至少保存留样至药品上市后2年。临床试验机构可将留存样品委托具备条件的独立的第三方保存,但不得返还申办者或者与其利益相关的第三方。

申办者提供的试验用药品有管理责任"。由于本案中陈某不是Ⅲ期试验的受试者,故研究者不得向其提供试验药物。

二则,《赫尔辛基宣言》第28条规定,"医生可以将医学研究与医疗措施相结合,但仅限于该研究已被证实具有潜在的预防、诊断和治疗价值的情况下。当医学研究与医疗措施相结合时,病人作为研究的受试者要有附加条例加以保护"。本案中,试验药物并未被证实对陈某具有潜在的预防、诊断和治疗价值,故不能作为医疗措施使用。该试验药物仍处于研究阶段,存在一定的风险,出于保护患者权益的考虑,不能提供给患者。

虽然陈某的请求不能得到支持,但通过研究本案,发现试验过程中存在告知不到位的问题,以致患者没有充分理解相关问题。

陈某之所以会提起本案诉讼,是其在签署的试验药物Ⅱ期临床试验知情同意书上出现了"试验结束后,试验单位可以免费提供试验药物至该药品在中国市场公开销售时止",使其以为在试验结束后,其仍可以免费得到试验药物直至该药物在中国上市。该项内容显然不符合规范要求,虽然陈某后续签订的知情同意书中已经没有该项内容了,但由于试验单位未就此与陈某进行过有效沟通,以致陈某对此仍存错误认识。

应当注意,当受试者同时也是患者时,其可能误以为自己从涉及人体的生物医学研究中获得了临床治疗服务。尤其是患有某些特殊或严重疾病的病人,由于欠缺专业的理解和判断能力,以为试验能够为其提供有效且确定的医疗效果,没有认识到临床试验具有高度不确定性的本质。如果研究者没能通过全面、充分的告知,使其理解临床试验和临床治疗的区别,以及临床试验具有一定的风险,就可能会出现如本案中的患者强烈要求试验单位继续向其提供试验药物的情况。

研究者需要对受试者做出充分的告知。在程序上,应当由与患者无信赖关系的医师进行告知,客观公正地使受试者理解临床试验可能造成的损害,明确临床试验并非临床治疗;在内容上,应当以受试者能够理解的语言向其说明研究的目的、方法和程序,以及即将开始的研究和常规治疗之间的不同之处。知情同意不仅是签署知情同意书,更重要的是受试者真正了解试验的全过程,在此基础上的同意才是符合要求的知情同意。知情同意是双向的交流,研究方与受试者应进行充分沟通,保障受试者的知情同意权。

二、因注射疫苗产生不良后果引发的纠纷

疫苗是人类在医学领域里最伟大的发明之一,在控制疾病传染和保护人类健康方面,发挥着不可替代的重要作用。鼠疫、霍乱、天花等多种曾经危及人类生存的传染性恶疾,在我国基本被消灭,这个功劳应该归功于疫苗。但是近年来,疫苗事件屡屡发生,人们对疫苗产生了信任危机,对于疫苗质量是否合格、疫苗是否安全的担忧日益加深。同时,人们逐渐认识到即便接种没有质量问题的疫苗,也可能有潜在的风险和现实的损害。围绕着接种疫苗发生损害后果而产生的纠纷及诉讼,数量逐年增多。但是,由于多种原因导致民众对于因疫苗引起损害后,如何寻求救济,并不清楚,有些法官也不是很清晰,以致对相关纠纷的处理出现偏差。下面就疫苗相关知识及现有规范进行梳理,并结合实际案例进行简单说明。

(一)什么是疫苗

1. 概念

疫苗是将病原微生物(如细菌、立克次体和病毒等)及其代谢产物,经过人工减毒、灭活或者利用基因工程等方法制成的用于预防传染病的自动免疫制剂[1]。其主要成分包括抗原、佐剂、防腐剂、稳定剂、灭活剂及其他成分[2]。

《疫苗管理法》第2条第2款规定,本法所称疫苗,是指为预防、控制疾病的发生、流行,用于人体免疫接种的预防性生物制品,包括

---

[1] 樊荣:《医院法律事务札记》,北京大学医学出版社2017年版,第327页。
[2] 同上书,第327—328页。

免疫规划疫苗和非免疫规划疫苗。

2. 属性

《药品管理法》第 2 条规定:"本法所称药品,是指用于预防、治疗、诊断人的疾病,有目的地调节人的生理机能并规定有适应症或者功能主治、用法和用量的物质,包括中药、化学药和生物制品等。"

《疫苗管理法》第 2 条第 1 款规定:"在中华人民共和国境内从事疫苗研制、生产、流通和预防接种及其监督管理活动,适用本法。本法未作规定的,适用《中华人民共和国药品管理法》、《中华人民共和国传染病防治法》等法律、行政法规的规定。"这说明疫苗具有药品属性。

3. 生产、存储要求

既然疫苗属于药品,其生产企业应当是取得药品生产企业资质的正规企业。同时,由于生产疫苗既要灭活或减活病毒或者细菌抗原,又要保证作为抗原的病毒或者其他微生物存活并保持免疫原性,生产过程中的工艺复杂程度甚至高于一般化学药品的生产。因此,对疫苗生产厂家的准入门槛应该更高。

由于疫苗是一类特殊药品,属于生物制品,对于温度比较敏感,温度过高或者过低都会对其产生影响。因此,根据《疫苗管理法》第 37 条规定,疾病预防控制机构、接种单位、疫苗上市许可持有人、疫苗配送单位应当遵守疫苗储存、运输管理规范,保证疫苗质量。疫苗在储存、运输全过程中应当处于规定的温度环境,冷链储存、运输应当符合要求,并定时监测、记录温度。一般来说,脱离冷链保存的疫苗会失去免疫效果,而并非直接对人体产生毒、副作用。

(二)疫苗的分类及接种

1. 疫苗分类

《疫苗管理法》将疫苗分为两类:一类是免疫规划疫苗;另一类是非免疫规划疫苗。免疫规划疫苗,是指居民应当按照政府的规定接种的疫苗,包括国家免疫规划确定的疫苗,省、自治区、直辖市人民政府在执行国家免疫规划时增加的疫苗,以及县级以上人民政府或者其卫生健康主管部门组织的应急接种或者群体性预防接种所使用的疫苗。非免疫规划疫苗,是指由居民自愿接种的其他疫苗。第 49 条规定,接种单位接种免疫规划疫苗不得收取任何费用。接种单位接种非免疫规划疫苗,除收取疫苗费用外,还可以收取接种服务费。接种服务费的收费标准由省、自治区、直辖市人民政府价格主管部门会同财政部门制定。

2. 疫苗接种

疫苗接种是指把疫苗接种在健康人的身体内,使人在不发病的情况下产生抗体,从而获得特异性免疫,提高人群的免疫水平,达到预防和控制针对传染病发生和流行的目的①。

(三)实施疫苗预防接种单位及受种者的义务

《疫苗管理法》是为了加强疫苗管理,保证疫苗质量和供应,规范预防接种,促进疫苗行业发展,保障公众健康,维护公共卫生安全而制定的法律。

(1)根据《疫苗管理法》第 45 条的规定,医疗卫生人员实施接种,应当告知受种者或者其监护人所接种疫苗的品种、作用、禁忌、不良反应以及现场留观等注意事项,询问受种者的健康状况以及是否有接种禁忌等情况,并如实记录告知和询问情况。有接种禁忌不能接种的,医疗卫生人员应当向受种者或者其监护人提出医学建议,并如实记录提出医学建议情况。医疗卫生人员在实施接种前,应当按照预防接种工作规范的要求,检查受种者健康状况、核查接种禁忌,查对预防接种证,检查疫苗、注射器的外观、批号、有效期,核对受种者的姓名、年龄和疫苗的品名、规格、剂量、接种部位、

---

① 樊荣:《医院法律事务札记》,北京大学医学出版社 2017 年版,第 329 页。

接种途径,做到受种者、预防接种证和疫苗信息相一致,确认无误后方可实施接种。医疗卫生人员应当对符合接种条件的受种者实施接种。受种者在现场留观期间出现不良反应的,医疗卫生人员应当按照预防接种工作规范的要求,及时采取救治等措施。

(2)根据《疫苗管理法》规定,受种者或者其监护人应当如实提供受种者的健康状况和接种禁忌等情况。

(四)预防接种异常反应及处理原则

1. 预防接种异常反应的概念及除外情形

根据《疫苗管理法》规定,预防接种异常反应,是指合格的疫苗在实施规范接种过程中或者实施规范接种后造成受种者机体组织器官、功能损害,相关各方均无过错的药品不良反应。

下列六种情况不属于疫苗接种的异常反应:(1)因疫苗本身特性引起的接种后一般反应;(2)因疫苗质量问题给受种者造成的损害;(3)因接种单位违反预防接种工作规范、免疫程序、疫苗使用指导原则、接种方案给受种者造成的损害;(4)受种者在接种时正处于某种疾病的潜伏期或者前驱期,接种后偶合发病;(5)受种者有疫苗说明书规定的接种禁忌,在接种前受种者或者其监护人未如实提供受种者的健康状况和接种禁忌等情况,接种后受种者原有疾病急性复发或者病情加重;(6)因心理因素发生的个体或者群体的心因性反应。[①]

2. 预防接种异常反应的处理

就接种单位和医疗机构来说,发现疑似预防接种异常反应的,应当按照规定向疾病预防控制机构报告。对疫苗上市许可持有人来说,其应当设立专门机构,配备专职人员,主动收集、跟踪分析疑似预防接种异常反应,及时采取风险控制措施,将疑似预防接种

---

① 《疫苗管理法》第 52 条。

异常反应向疾病预防控制机构报告,将质量分析报告提交省、自治区、直辖市人民政府药品监督管理部门。疾病预防控制机构对疑似预防接种异常反应,应当按照规定及时报告,组织调查、诊断,并将调查、诊断结论告知受种者或者其监护人。对调查、诊断结论有争议的,可以根据国务院卫生健康主管部门制定的鉴定办法申请鉴定。因预防接种导致受种者死亡、严重残疾,或者群体性疑似预防接种异常反应等对社会有重大影响的疑似预防接种异常反应,由设区的市级以上人民政府卫生健康主管部门、药品监督管理部门按照各自职责组织调查、处理。

《疫苗管理法》规定了疫苗接种异常反应的补偿制度。该法第56条规定,国家实行预防接种异常反应补偿制度。实施接种过程中或者实施接种后出现受种者死亡、严重残疾、器官组织损伤等损害,属于预防接种异常反应或者不能排除的,应当给予补偿。补偿范围实行目录管理,并根据实际情况进行动态调整。接种免疫规划疫苗所需的补偿费用,由省、自治区、直辖市人民政府财政部门在预防接种经费中安排;接种非免疫规划疫苗所需的补偿费用,由相关疫苗上市许可持有人承担。国家鼓励通过商业保险等多种形式对预防接种异常反应受种者予以补偿。预防接种异常反应补偿应当及时、便民、合理。预防接种异常反应补偿范围、标准、程序由国务院规定,省、自治区、直辖市制定具体实施办法。

《疫苗管理法》的亮点之一是将保险制度引入救济领域。该法第68条规定,国家实行疫苗责任强制保险制度。疫苗上市许可持有人应当按照规定投保疫苗责任强制保险。因疫苗质量问题造成受种者损害的,保险公司在承保的责任限额内予以赔付。疫苗责任强制保险制度的具体实施办法,由国务院药品监督管理部门会同国务院卫生健康主管部门、保险监督管理机构等制定。对于异常反应的补偿,国家也鼓励通过商业保险等多种形式对预防接种异常反应受种者予以补偿。对于受害者,保险制度能够更快地给予其赔偿或补偿,对疫苗上市许可持有人来说,也能将更多的资金和精力投入到疫苗的研发和更新上。

下面给大家介绍一个因接种疫苗引发的真实案例。这则案例发生在《疫苗管理法》实施之前。

案例11-2 法院在处理接种疫苗后发生严重不良反应案件时的审查内容

2005年秋季,甲中学向高中学生苏某(时年18岁)下发《麻疹、腮腺炎、风疹三联减毒活疫苗接种告知书》,其中载有三种疫苗接种禁忌,要求想自费注射该疫苗的学生家长签字后交回。苏某的家长决定不注射该疫苗,故拒绝签字。次日,甲中学组织包括苏某在内的学生一起至A诊所注射了免费的麻疹疫苗。后苏某感觉身体不适。半月后,苏某因右下肢麻木3天,10天前头痛上感,颈部淋巴结大到B医院就诊。后因右侧胸腹部及右下肢麻木10天,右上肢疼痛2天在B医院住院治疗,被诊断为脱髓鞘性脑脊髓病、心律失常、交界性早搏、丙型肝炎携带者。接种疫苗1年后,苏某在C医院住院治疗,经诊断为多发性硬化,复发—缓解型。苏某先后在多家医院治疗,自付医疗费60余万元。

苏某就其患多发性硬化(复发—缓解型)一事,曾数次起诉过A诊所和甲中学,后均以撤诉结案。法院在审理其中一个案件时,曾委托司法鉴定机构就A诊所在苏某发烧期间为其注射麻疹疫苗与苏某损害后果之间有无因果关系进行鉴定。该鉴定机构出具《法医学鉴定意见书》,载明:苏某所患的多发性硬化(复发—缓解型),是一种以中枢神经系统白质脱髓鞘病变为特点,遗传易感个体与环境因素作用发生的自身免疫疾病,病因及发病机制不明。流行病学资料提示与儿童期接触的某种环境因素有关,发病有明显家族倾向(遗传因素)。目前没有研究证实该疾病与疫苗接种有因果关系,但病毒,包括病毒疫苗有可能作为免疫刺激物,使潜在的疾病或既往存在的病症暴露出来。苏某自述在疫苗接种前半个月左右开始出现午后低热、身体不适等症状,接种麻疹疫苗后数日开始出现肢体麻木等多发性硬化的症状。诱发这次发病可能的因素有:①导致其午后低热、不适的病原体(如自然感染病毒),②接种疫苗的病毒物质,③其他不明因素。上述因素均可能作为免疫刺激物非特异性地引发其自身免疫疾病的症状出现。从苏某肢体麻木症状出现的时间看,与其他因素相比,疫苗接种诱发其多发性硬化疾病此次发病的可能性偏大。由于多发性硬化症属于自身免疫疾病,患者症状出现之前其免疫系统功能已处于一种不正常的易感状态,患者发热时,这种异常状态对外界刺激(如疫苗接种)的反应可能会更敏感。苏某 2006 年以后多发性硬化疾病有过多次复发与缓解,与其 2005 年秋疫苗接种无关。苏某对"2006 年以后多发性硬化疾病有过多次复发与缓解,与其 2005 年秋疫苗接种无关"的结论不予认可,对该鉴定意见书其余部分基本无异议。A 诊所认可该鉴定意见书,甲中学表示与其无关。

2014 年,苏某再次起诉,称:我作为甲中学高中学生,收到《麻疹、腮腺炎、风疹减毒活疫苗接种通知书》后,我的家长决定不注射该疫苗,故拒绝签字确认。老师要求全班免费注射麻疹疫苗,我不得不随其他同学一起到 A 诊所等候。由于我正在发烧,担心注射疫苗会有伤害,所以两次向大夫说明发烧的情况,但大夫置之不理,无奈跟大夫说您摸摸我是不是发烧,大夫摸了一下脖子后说没事,便在我存在接种禁忌症的情况下,违规给我注射了麻疹疫苗。此后,我陆续出现各种不适症状,曾到多家医院就诊。被确诊为脑脊髓脱髓鞘性疾病,致使我至今瘫痪,其间差点失去生命,陷入多发性硬化症反复发作且不可逆的痛苦中,给我的家庭带来灾难性的伤害。我认为,(1)根据《全国计划免疫工作条例》第 14 条规定,预防接种前,应详细询问被接种人的病史,凡有说明书规定的禁忌症,一律不得接种。我反复询问负责接种的大夫自己在发烧的情况下是否能注射疫苗,其不但不按操作规程进行注射,反而在家长不同意、且我身体不适并予以明示的情况下,强行给予注射,其过错责任是明确和不可推卸的。(2)司法鉴定意见书中所叙述的大部分都符合客观事实,但最后的无关定性却违背了多发性硬化症多发性的另一个关键特性,即第一次确诊的脱髓鞘性疾病与第二次复发确诊为多发性硬化症以及以后多发性硬化症的复发的连贯性,甚至是必然性的特征。综上,甲中学既然组织并要求我注射疫苗,就应当预料到可能的危害,应确保我的身体不受损害;A 诊所更应本着专业的态度履行职责,但其医务人员却违背医学常识违规注射,给我造成终生痛苦。现我起诉要求:A 诊所、甲中学赔偿我医疗费、护理费、交通费、住宿费、营养费、误工费、残疾赔偿金及精神损害抚慰金合计 1200 余万元,并承担本案诉讼费。

A 诊所辩称:根据国家免疫规划规定,学生应进行麻疹或麻风腮三联疫苗的加强接种。接种前,我单位主动与甲中学联系,把本次预防接种的接种对象和禁忌症等注意事项委托学校向学生宣读,然后由老师对接种对象进行初筛。甲中学严格按照接种要求对学生进行了接种前的告知义务,且筛出过敏体质 2 人。在接种当天,我所与学校共同把关,再次做接种前的筛查工作,又筛出各种原因不能接种的学生 2 人。在此期间,苏某并未提出其有任何不适,属于应接种对象,医生遂按规定对其进行了麻疹的预防注射。不久,苏某因患脱髓鞘性脑脊髓炎住院治疗。我所不同意其诉讼请求,理由如下:第一,医院的接种行为符合医学规范,没有违反医疗卫生法规、诊疗护理常规的行为。(1)通过事前和接种当天筛查出不能接种的学生可以说明,我所履行了告知义务,尽到了适当的注意义务。苏某提供的《麻疹、腮腺炎、风疹三联减毒活疫苗接种告知书》,内有与麻疹疫苗接种的相同告知内容,也证明其了解麻疹疫苗接种的相关事项。(2)苏某自称接种时向医生告知了正在发热,不符合事实和逻辑。其自称接种前已发热多日,是否发热属于生活常识。苏某作为完全民事行为能力人,明知发热为何还要接受疫苗接种?其母称因苏某发热而拒签《麻疹、腮腺炎、风疹三联减毒活疫苗接种告知书》,表明苏某已决定不注射疫苗。那其为何还要前往注射?难道是医院强迫或是诱导?医生都清楚疫苗接种的风险。从逻辑上讲,趋利避害、回避风险乃人之本能,麻疹疫苗属免费接种项目,在无利可图的情况下,医生有何动机在苏某主诉发热后还要强迫或诱导其接受疫苗注射?况且接种当场还有另外两位同学因为感冒而推迟接种,说明只要接种前存在感冒发热就不会要求必须接种。第二,司法鉴定意见书合法有效,应予采信。鉴定结论明确说明苏某所患疾病"与疫苗接种没有因果关系"。法院应当采信该鉴定意见书。苏某质疑该份鉴定结论的理由不能成立,其提供的专家证人是一位实验室技师,并非执业医师,对本案涉及的临床医学问题没有发言权,发表的意见显然没有专业性、权威性,不足以对抗专业的鉴定结论。故我所要求法院驳回苏某的诉讼请求。

甲中学辩称:我方不同意苏某的诉讼请求,理由如下:(1)我方是教育机构,不是接种单位,也未实施侵犯苏某人身权利的任何行为,其诉称的因疫苗接种而产生的人身损害后果与我方无关。(2)我方没有告知义务。根据《疫苗流通和预防接种管理条例》第25条规定,接种单位负有向受种者告知的义务,我方不是接种单位,当然也没有告知的义务。(3)我方在协助医院对学生进行疫苗接种的过程中,没有过错,不应承担民事责任。北京市卫生局和北京市教育委员会联合下发的京卫疾控字〔2003〕151号文件附件(适用于2005年)中明确规定:"各区县中小学保健所组织学校做好接种现场的提供、接种对象的组织工作及新生入学预防接种证的查验。"根据该规定,我方在疫苗接种工作中的义务就是"提供接种场所、组织好接种对象"。我方在接到相关通知后就立即进行严密的工作部署并实际落实了工作计划。在接种当天,提供了合格的接种场地并派出多名教师协助医院组织学生接受疫苗接种,接种工作顺利完成。《北京市中小学生人身伤害事故预防与处理条例》中规定,在教育教学活动期间,学校和学生以外的第三人造成事故的,学校有过错的,应当承担相应的责任;学校无过错的,不承担责任。本案中,接种疫苗不属于教育教学活动,我方也没有过错,不应该承担任何责任。综上,我方请求法院驳回苏某的诉讼请求。

一审法院判决:A诊所赔偿苏某医疗费、交通费、住宿费、营养费、残疾赔偿金、护理费、误工费、精神损害抚慰金根据共计80余万元并驳回苏某其他诉讼请求。宣判后,苏某、A 诊所均不服,提起上诉。二审法院以同样的事实作出判决:驳回上诉,维持原判。

【研究主旨】

接种疫苗后发生严重不良反应,应如何获得救济?

【裁判观点】

法院生效裁判认为:国家为适龄人群免费接种甲类疫苗,是为了有效预防疾病,提高国民身体素质的一项积极措施。接种过程中,如果疫苗本身不存在质量不合格的问题,接种单位、人员没有过错及不当行为,即便受种者因接种疫苗发生了不良后果,也不应由注射单位承担侵权责任。本案系苏某认为甲中学在疫苗接种事件中违反安全保障义务,A 诊所侵犯其知情同意权,且未尽注意义务,在其发热不宜注射麻疹疫苗的情况下,为其注射了疫苗,导致其患多发硬化症的后果,提起的侵权之诉。因本案涉及的接种事实发生在《侵权责任法》实施之前,应由 A 诊所就其无过错、与苏某现损害后果无因果关系承担举证责任。

双方争议焦点之一是甲中学是否应当承担侵权责任。该中学是教学单位,在疫苗接种过程中负责提供场地、组织学生,但并不直接从事疫苗接种工作,并非告知义务人。即便如此,学校还是向包括苏某在内需要接种疫苗的学生下发了《麻疹、腮腺炎、风疹三联减毒活疫苗接种告知书》,该告知书上含有疫苗接种禁忌,且苏某提交的相关规定上并未明确规定告知应当采取书面形式,故苏某以甲中学未履行告知义务为由承担赔偿责任的诉讼请求,因缺乏事实及法律依据,法院无法支持。

双方争议焦点之二是苏某接种疫苗时是否存在发热的情况。虽苏某没有提供当时的医学诊断,但其提供的学生证言以及发病后治疗时的病历材料记载等形成证据链条,基本可以证实其接种疫苗前身体存在一定不适,但应该不是很明显的发热。在此情况下,作为接种单位的 A 诊所,提供的证据尚不足以证实其对于苏某的情况尽到了高度注意义务,故对由此引发的后果承担一定的赔偿责任。至于苏某二审对接种单位及人员资质提出的质疑,因其自身原因事隔10年才提出此问题,A诊所提出人事早已变迁,无从提供相关人员资质,情有可原。关于人员资质问题,因涉及行政管理,苏某也可向相关单位反映。

双方争议焦点之三是因果关系和责任程度问题。因医疗损害责任纠纷涉及医学专业知识,往往需要由司法鉴定机构对此进行鉴定。而鉴定机构出具的司法鉴定意见书是人民法院审理此类纠纷的重要证据。本病例已经法院在苏某就本案涉及的侵权赔偿提起的前次诉讼中,委托司法鉴定机构进行过鉴定,该所也出具了司法鉴定意见书,后苏某虽撤诉,但该鉴定意见书仍然属于本案证据。本案审理中,经苏某申请,鉴定人全部出庭接受质询,对于其提出的问题以及其他各方提出的问题予以了解答,且答复意见依据充分。现双方虽针对鉴定意见仍持有异议,但均未提供足以推翻该鉴定意见书的证据,法院对该鉴定意见书的证明效力予以采信。根据该鉴定意见书可以确认,多发性硬化症属于自身免疫疾病,疫苗接种诱发苏某多发性硬化症发病的可能性偏大。虽然鉴定意见书认为苏某2006年以后多发性硬化疾病的多次复发与缓解与其2005年秋疫苗接种无关,但通过鉴定人当庭就此问题的解释,应认为鉴定人所指系多发性硬化症一旦患病基本无法治愈,该病特征是反复发作,后面的发作并非因接种疫苗直接导致,而属于此种疾病本身的特点。因此法院认定苏某2006年以后多发性硬化疾病的多次缓解复发与其第一次发病具有连续性、关联性,并根据本案实际情况确定A诊所对苏某的损害后果按照20%的比例予以赔偿,并无不当。A诊所及苏某对一审法院确定的责任比例虽均持异议,但提供的证据均不充分,二审法院均不予采信。

综上,苏某及A诊所的上诉理由均缺乏证据支持,二审法院不予采信,对其上诉请求,难以支持。

【法律评析】

战乱、瘟疫一直是影响人类文明发展的两大阻力。相比战乱来讲,瘟疫由于其不可预知性和难以控制性而显得更为可怕。远的像14世纪蔓延欧洲的黑死病,6年间夺走2500万欧洲人的性命,占当时人口的1/3;近的如解放前鼠疫、天花、麻疹都曾夺走大量国人的性命。1949年10月1日,中华人民共和国成立了,中国人民站起来了。中国人从此不再是东亚病夫。预防、控制、消灭流行病,增强人民体质,成为人民政府重要工作之一,而疫苗接种无疑是最为有效的预防、控制传染病的发生、流行的重要方法之一。

在《疫苗管理法》实施之前,疫苗领域的相关规范主要是《疫苗流通和预防接种管理条例》。该条例将疫苗分为两类,第一类疫苗,是指政府免费向公民提供,公民应当依照政府的规定受种的疫苗,包括国家免疫规划确定的疫苗,省、自治区、直辖市人民政府在执行国家免疫规划时增加的疫苗,以及县级以上人民政府或者其卫生主管部门组织的应急接种或者群体性预防接种所使用的疫苗;第二类疫苗,是指由公民自费并且自愿受种的其他疫苗。政府每年为疫苗的研发、流通、接种投入大量资金,也取得了极大成效,我国已在全国范围内消灭了天花。与此同时,近年来,社会上却出现不法分子利欲熏心,置公众利益于不顾,进行大规模非法倒卖疫苗的行为。2016年3月18日,山东济南某母女涉嫌非法经营二类疫苗被查出,涉案金额达5.7亿元。此案中的问题疫苗涉及包括北京、广东、福建、内蒙、新疆在内的24个省市。一时间,"疫苗事件"在网上被炒的沸沸扬扬,引起了"宝妈"们对疫苗接种的种种担心。引导民众正确看待疫苗接种后出现的不良反应,以及针对因疫苗接种造成损害后正确维权,是十分必要的。法院对当事人以注射疫苗后出现损害后果为由起诉的医疗服务合同纠纷或者医疗损害责任纠纷的正确处理,无疑会对民众起到引导和指示作用。

在处理接种疫苗引发的纠纷时,首先,应该明确以下问题:一是,对于原告以接种疫苗后出现损害后果为由起诉接种单位的医疗纠纷,无论是以合同为由还是以侵权为由,都要审查原告所诉的不良反应类型,是属于接种疫苗后的一般反应还是异常反应,是否因接种的疫苗不合格或接种单位在接种过程中存在不当行为所致。二是,几种性质不同的不良反应的界定。一般反应,是指在疫苗接种后发生的,由疫苗本身所固有的特性引起的,对机体只会造成一过性生理功能障碍的反应,主要有发热和局部红肿,同时可能伴有全身不适、倦怠、食欲不振、乏力等综合症状。异常反应,是指合格的疫苗在实施规范接种过程中或者实施规范接种后造成受种者机体组织器官、功能损害,相关各方均无过错的药品不良反应。但不包括:因疫苗本身特性引起的接种后一般反应;因疫苗质量不合格给受种者造成的损害;因接种单位违反预防接种工作规范、免疫程序、疫苗使用指导原则、接种方案给受种者造成的损害;受种者在接种时正处于某种疾病的潜伏期或者前驱期,接种后偶合发病;受种者有疫苗说明书规定的接种禁忌,在接种前受种者或者其监护人未如实提供受种者的健康状况和接种禁忌等情况,接种后受种者原有疾病急性复发或者病情加重;因心理因素发生的个体或者群体的心因性反应。三是,审查方式问题。法官通过原告陈述及提供的相关病历资料,显而易见属于一般反应的,可以自行做出事实认定。如果涉及医学专业知识,法官无法对原告所述不良反应类型做出认定的,视需要可以咨询专家或启动鉴定程序。

其次,选择适用的法律及必要的释明。一般不良反应,属于接种疫苗后较为多见的一种情况。一般无须治疗,短时间就会恢复,不会给受种者造成实质性的损害。无损害就无赔偿。如果经审查,原告所诉损害属于一般不良反应,法官应向其进行释明,对坚持诉讼的原告,可以判决驳回其诉讼请求。

同时还需指出,由于疫苗是灭活或减活的病毒,即便按照合格方式接种的合格疫苗,受种者也还是有可能出现异常反应。如果经审查,确定原告所诉不良反应属于异常反应,可以向原告释明此情况不属于人民法院受理民事案件的范围,其可以向疾病预防控制机构报告,对于坚持诉讼的,可以裁定驳回原告起诉。如果经审查,排除原告所诉的损害后果属于一般反应或异常反应,则需确定原告所诉损害是由于接种的疫苗不合格,还是接种单位违反预防接种工作规范、免疫程序、疫苗使用指导原则、接种方案给受种者造成的损害,抑或是受种者在接种时正处于某种疾病的潜伏期或者前驱期,接种后偶合发病,再或是受种者在接种前未如实提供其健康状况和存在接种禁忌,接种后原有疾病急性复发或者病情加重,或因心理因素发生的个体或者群体的心因性反应,并且按照不同情况,确定责任。如果确定原告所诉损害确系因接种的疫苗不合格造成的,或确定原告所诉损害是接种单位违反行政管理规范要求实施的不当接种行为所致,则应按照民事实体法的相关规定处理。如果能够确定原告所诉损害是因其接种前处于疾病潜伏期或者前驱期,接种后偶合所致,则应认定属于意外,接种单位不应承担赔偿责任。如果受种者故意隐瞒其具有接种禁忌症或自身健康状况,接种后导致病情加重,则符合当时《侵权责任法》第60条医疗机构免责条款中第1款第1项①的规定,即"患者或其近亲属不配合医疗机构进行复核诊疗规范的诊疗",患者有损害,医疗机构不承担赔偿责任,应当判决驳回原告的起诉,此种情况下,依然需审查接种单位是否确实没有过错。

所谓心因性反应症,是指由于明显的心理社会因素,也就是心理刺激所致的心理疾病。一般决定发病原因、病程和临床表现的因素包括生活事件和处境、社会文化背景、个性特点、教育程度、智力水平、生活态度、信念等。如果经审查确定原告所诉损害属于心因性反应,一般不应由接种单位承担赔偿责任,除非经鉴定确认损害后果与接种行为之间存在因果关系,否则应判决驳回原告的诉讼请求。

再次,处理此类案件应综合考虑的因素。一是在处理涉及因疫苗接种引起不良反应纠纷时,首先要有大局观,充分考虑这是政府为了有效预防疾病,提高国民身体素质的一项公益性质的举措;二是要考虑这类纠纷特殊性,优先按照疫苗管理领域的法律规定,区别不良反应的不同类型,确定所审理的案件是否属于人民法院民事受案范围,并对于不属于人

---

① 《民法典》第1224条第1款第1项规定,"患者在诊疗活动中受到损害,有下列情形之一的,医疗机构不承担赔偿责任:(一)患者或者其近亲属不配合医疗机构进行符合诊疗规范的诊疗"。

民法院民事审理范围的案件做好释明工作;三是对于排除了属于一般反应和异常反应的疫苗接种引起的其他损害赔偿纠纷,应根据案件实际情况,适用民事实体法等相关法律的规定进行处理;四是充分考虑民众在法律素养、证据保存等方面相对于疫苗生产厂家、接种单位等处于明显弱势地位,在审理过程中要充分释明法律,同时还要指导双方当事人举证,以便查清案件事实,明确责任,保护双方的合法权益;五是既然相关法律法规对于因疫苗不良反应引起的争议有具体规定,对于诉到法院的此类纠纷,一般不宜适用公平原则进行实体处理。

综上,笔者同意案例中二审判决最终认定的,本案属于接种单位在实施接种行为过程中存在瑕疵。由于接种时间及损害后果均在《侵权责任法》实施之前,医疗侵权纠纷应适用"举证责任倒置"的原则,鉴于司法鉴定意见书确认诱发受种者身体本次发病可能的因素包括接种疫苗的病毒物质,即未排除接种过程中的瑕疵行为与受种者苏某遭受的损害之间可能的因果关系,应判令接种单位对苏某的合理损失予以适当赔偿。这种处理,既保护了受种者的合法权益,也让接种单位适当的承担了相应的法律责任,体现法律的公平。

三、因涉及非法行医引发的纠纷

在司法实践中,还存在着原告以医疗损害责任纠纷起诉,经审查发现被告全部或者部分是没有医疗资格的个人或机构,这类纠纷的处理,因涉及非法行医问题,不能等同于前面讲述的医疗机构及医务人员超范围、超资质执业造成患者损害引发纠纷的处理原则。

(一)非法行医的概念

笔者认为非法行医有广义和狭义之分。

广义上的非法行医,是指医疗机构及其医务人员违反法律、法规关于职业范围、资质的限制,开展的诊疗活动或从事的诊疗行为。医生超范围或未按规定在执业地点执业等也属于广义上的非法行医。

狭义的非法行医,特指没有医师执业资格的人员从事诊疗活动,包括在医疗机构中从事诊疗活动和擅自开业从事诊疗活动。

(二)非法行医的法律责任

1. 刑事责任

我国《刑法》第336条规定,未取得医生执业资格的人以营利为目的的非法行医,为他人治病,情节严重的行为,构成非法行医罪。

医疗行为是关系到人民生命健康的特殊职业,国家对这一行业的管理极为严格。不仅严格限制行医者的资格,要求行医者具备良好的政治思想品德的同时,还要求其具备一定的技术资格,以保证医疗质量,保障民众的健康及生命安全;国家还对行医活动,制定了一整套管理工作规范及制度,以促进我国医疗卫生事业的健康发展。

非法行医,不仅扰乱了医疗卫生工作管理秩序,而且往往由于非法行医者不具备执业的资格和条件,同时侵犯了不特定多数就诊人的身体健康和生命安全。

构成非法行医罪的客观方面表现为非法行医情节严重。所谓"情节严重",一般指非法行医,屡教不改的;骗取大量钱财的;损害就诊人身体健康的等等。本罪的主体一般是未取得医生执业资格的人,即未取得《医疗机构执业许可证》的人。

2. 行政责任

《医疗机构管理条例》第24条规定:"任何单位或者个人,未取得医疗执业许可证。不得展开诊疗活动。"第44条规定:"违反本条例第二十四条规定,未取得《医疗机构执业许可证》擅自执业的,由县级以上人民政府卫生行政部门责令其停止执业活动,没收非法所得和药品、器械,并可以根据情节处以1万元以下的罚款。"第48条规定:"违反本条例第二十八条①规定,使用非卫生技术人员从事医疗卫生技术工作的,由县级以上人民政府卫生行政部门责令其限期改正,并可以处以5000元以下的罚款;情节严重的,吊销其《医疗机构执业许可证》。"

3. 民事责任

就诊者因非法行医起诉民事赔偿的,应当按照《民法典》及相关司法解释关于一般侵权的规定予以处理,不宜适用医疗侵权的相关规范。

(三)民事诉讼中对部分主体涉及非法行医问题的处理

先给大家介绍一个相关案例。

案例11-3 非法行医应当按照一般侵权的相关规定予以处理,不可与医疗损害责任纠纷混淆

2014年2月中旬,李某因腿疼到甲医院就诊,经CT检查,被诊断为"腰椎间盘膨出,腰椎退行性改变;风寒湿痹,关节痛,腰肌劳损,周围神经炎",甲医院为李某输液治疗。后李某多次到师某开办的健身中心进行按摩、烤电、贴敷膏药。此期间,李某也曾至甲医院就诊,超声检查单显示:"双下肢动脉粥样硬化斑块形成,右侧股浅动脉、腘动脉及左侧腘动脉闭塞","右侧股浅动脉闭"。时隔一月,李某再次到甲医院就诊,被诊断为:"血栓闭塞性脉管炎"。甲医院为其输液治疗。在此期间,李某还曾至多家医院检查治疗,曾被告知可能有截肢风险,李某以无钱为由未及时住院治疗。一个半月后,李某到某三甲医院就诊,被诊断为:"髂总动脉血栓形成,下肢坏疽,贫血"。李某在该院住院治疗10天,其间该院为李某实施"右股动脉探查,髂动脉取栓,球囊扩张支架植入,右下肢膝上

---

① 《医疗机构管理条例》第28条规定,医疗机构不得使用非卫生技术人员从事医疗卫生技术工作。

截肢术"。

诉讼中,李某以医疗损害责任纠纷为案由向法院起诉,要求甲医院按20%的比例赔偿医疗费、交通费、伤残赔偿金、住院伙食补助费、护理费、营养费、残疾辅助器具费、被抚养人生活费、误工费、鉴定费、精神损害抚慰金共计近30万元;健身中心按80%的比例赔偿医疗费、交通费、伤残赔偿、住院伙食补助费、护理费、营养费、残疾辅助器具费、被抚养人生活费、误工费、鉴定费、精神损害抚慰金共计近95万元。

李某申请法院委托司法鉴定机构对甲医院以及健身中心对其诊疗行为是否存在过错、若存在过错参与度是多少以及其伤残等级、残疾辅助器具费、护理费、护理人数、营养期、后续医疗依赖程度、医疗项目及费用参考进行鉴定。鉴定机构出具鉴定报告二份,第一份报告鉴定意见主要内容为:甲医院在对李某的医疗过程中,存在告知不完善的医疗过错行为,与李某的损害后果之间存在一定的因果关系,建议为轻微的责任程度。第二份鉴定意见主要内容为:师某在对李某按摩、贴膏药的过程中,存在的过错为,不能排除延误了患者的诊治;且不能排除师某的行为与患者的损害后果之间存在因果关系。两份鉴定意见对委托事项一一进行了评价。

一审法院据此判决:甲医院赔偿李某医疗费、伤残赔偿金、精神损害抚慰金等共计人民币7万余元,并驳回了李某其他诉讼请求。李某不服上诉,坚持其一审诉讼请求及理由。二审法院作出终审判决:驳回上诉、维持原判。

【研究主旨】

医疗侵权纠纷中涉及非法行医问题应该如何处理?

【裁判观点】

一审法院认为,李某与甲医院之间形成了医疗服务合同关系。根据鉴定意见,甲医院在对李某的医疗过程中,存在告知不完善的医疗过错行为,与其损害后果之间存在一定的因果关系。因李某在其他医院就医时,曾被告知其腿部有截肢可能并有危及生命的危险,其未能及时就医,致"右下肢膝上截肢",其自身存在主要过错。故法院依法认定甲医院承担李某合理损失10%的民事赔偿责任。健身中心并非医疗机构,与本案不属同一法律关系,李某要求一并处理,法院不予支持。李某合理的经济损失,应当根据相关证据、相应标准以及本案的具体情况予以确认。

健身中心辩称,同意一审判决。我方是以家庭保健形式开展经营,有执照,不属于医疗范围,不需要行医资格。没有证据证明是膏药影响了李某的病情。我方的行为与李某的损害后果之间没有因果关系,不应承担赔偿责任。李某的损害后果系自身疾病和延误治疗造成的。

二审法院基本同意一审判决的认定事实及裁判论理,认为健身中心并非医疗机构,其为李某进行的服务亦不能等同于诊疗行为,故李某与健身中心之间的纠纷不属于医疗损害责任纠纷,如李某坚持认为健身中心的行为侵害了其合法权利,可另行主张解决,法院对此不予处理。

【法律评析】

司法实践中,对于这类纠纷的处理,主流观点认为,非法行医应当按照一般侵权的相关规定予以处理。但就具体处理方式上,还是存在两种观点,一种认为按照《民事诉讼法》的规定,原告起诉案由可以是一个以上,本案应直接判令健身中心承担侵权赔偿责任,以免增加当事人诉累,另一种观点正如本案法院裁判观点,则认为将非法行医问题排除在本案医疗损害责任纠纷之外,让原告另行解决。

笔者持第二种意见,这样处理,一则法律关系清晰,法律适用简单,未对原告诉讼权利和实体权利产生不利影响,且一般人身损害涉及残疾等级评定标准,可能与医疗损害定残标准存在差异,按照一般人身损害案件处理在因果关系对应、损益相等方面更为妥当,也更有利于保护原告的合法权利。

第十二章 医疗纠纷调解涉及的法律问题

> **引言** 诉讼并非解决医疗纠纷的唯一途径,从便利、经济等多角度考量,也不算是最好的途径。双方自行和解、行政调解和人民调解都不失为解决此类纠纷的优选方式。本章就医疗纠纷调解的方式、相关规范、效力,以及就达成调解后反悔的处理进行了较为详细的介绍。

中国的调解史十分悠久,一是由于封建社会历史很长,缺乏成文的民事法律作为裁判根据;二是传统文化与道德均提倡以和为贵,以让为贤。所以遇有民事权益纠纷,双方当事人习惯于在当地邀集同乡、同族中长辈进行调解、见证。从婚丧嫁娶,到买卖土地房产、继承遗产等诸多纠纷,一般都愿意在当地调解解决。调解一般指第三方介入,促使争议双方达成一致,不包含争议双方自行达成的和解。目前,按照调解的主体不同,调解有人民调解、法院调解、行政调解、仲裁调解等多种形式。

在上述几种调解形式中,法院调解属于诉讼内调解,其他都属于诉讼外调解。实践中,医患双方自行和解,也是化解医疗纠纷的一种重要的方式,但笔者发现医患双方自行和解时存在一些问题,为了讲述清楚,本章把医患双方自行和解放到医疗纠纷调解这个大框架下进行分析。

一、几种常见的调解方式、性质及效力

(一)医患双方自行和解

1. 概念

和解是指各方当事人在没有第三方参与的情况下,就争议事项相互让步,或一方通过解释说明取得对方谅解,最终未经第三方介入,自行达成一致意见,平息纷争,化解矛盾的活动。

2. 适用条件

(1)患方投诉医护人员态度问题,反映挂号难、流程烦琐、等候及排期时间长等没有给患者造成实质性损害的问题时,一般通过医院设立的医患办或医务处向患方进行解释说明或者协调其他科室配合,多数可以取得患方谅解或及时解决患方所反映的问题,从而化解了纠纷,此种情况下,无须签署书面协议。

(2)患者虽有损害,但并不严重,不涉及金钱赔偿或涉及的金钱赔偿数额较低,且医方认可自身应承担一定责任的,医患办(医务处)与法律顾问,通过与患方沟通、谈判,往往最终也能与患方达成一致意见,此种情况下,最好签和解协议。

3. 性质及效力

和解协议本质上属于合同。如果不存在无效或可撤销的法定情形,该协议对双方当事人具有法律约束力,但不具有强制执行力。

双方自行和解,可以发生在纠纷产生之初,未进入人民调解、诉讼等程序之前,也可以发生在诉讼过程中。

(二)医疗纠纷行政调解

1. 概念

医疗纠纷行政调解是指国家卫生行政管理部门,在双方当事人

自愿的前提下,根据法律规定,对属于本机关职权范围内平等主体之间的民事纠纷,通过说服劝导,使纠纷双方相互谅解,在平等协商的基础上达成一致协议,从而合理、彻底地解决纠纷的活动。

2. 调解主体

一般争议由医疗机构属地基层卫生行政管理部门负责主持调解,死亡患者、2级以上医疗事故或法律规定的其他情形需由基层卫生行政管理部门报上一级卫生行政管理部门处理。

3. 启动条件

基于一方或双方当事人申请。

4. 调解协议的性质及效力

行政调解属于诉讼外调解,达成的协议本质上属于合同,该协议虽不具有法律上强制执行的效力,但如果不存在法定的无效和可撤销的情形,对双方当事人是具有法律约束力的。

(三)医疗纠纷人民调解

1. 概念

医疗纠纷人民调解指在人民调解委员会主持下,以国家法律、法规、规章和社会公德规范为依据,对产生纠纷的医患双方进行调解、疏导,促使当事人在平等协商基础上自愿达成调解协议,解决医疗纠纷的活动。

2. 调解主体

依法设立的调解民间纠纷的群众性组织,目前包括北京市医疗纠纷调解委员会及其他人民调解组织。

3. 启动条件

基于当事人申请或者人民法院委托。

4. 调解协议的性质及效力

人民调解与行政调解一样,也属于诉讼外调解,医患双方达成的协议虽不具有法律上强制执行的效力,但如果不存在无效和可撤销的情形,对双方当事人具有法律约束力。

5. 人民调解协议的特殊性

(1)《人民调解法》第 31 条第 1 款规定,经人民调解委员会调解达成的调解协议,具有法律效力,当事人应当按照约定履行。

(2)《人民调解法》第 33 条规定,经人民调解委员会调解达成调解协议后,双方当事人认为有必要的,可以自调解协议生效之日起 30 日内共同向人民法院申请司法确认,人民法院应当及时对调解协议进行审查,依法确认调解协议的效力。人民法院依法确认调解协议有效,一方当事人拒绝履行或者未全部履行的,对方当事人可以向人民法院申请强制执行。人民法院依法确认调解协议无效的,当事人可以通过人民调解方式变更原调解协议或者达成新的协议,也可以向人民法院提起诉讼。

从以上规定可以看出法律赋予人民调解协议特殊的法律地位,即一经法院确认,即与生效的法院调解书一样具有强制执行力。

(四)法院调解

1. 概念

法院调解,又称为诉讼中的调解,是人民法院主持下对双方当事人就争议的实体权利义务,自愿协商,达成协议,解决纠纷的活动。

2. 调解主体

法院调解的主体毋庸置疑,就是人民法院。

3. 启动方式

依当事人申请或人民法院依职权主动进行。

4. 调解协议的性质及效力

法院调解是按照《民事诉讼法》规定的程序进行的一种诉讼活动,由此达成的协议是人民法院履行审判职能和当事人处分行为相结合的结果,是人民法院审结案件的一种方式,人民法院制作的生效调解书,与判决书具有同等法律效力。

需要注意,《民事诉讼法》第 89 条规定,"调解达成协议,人民法院应当制作调解书。调解书应当写明诉讼请求、案件事实和调解结果。调解书由审判人员、书记员署名,加盖人民法院印章,送达双方当事人。调解书经双方当事人签收后,即具有法律效力"。原则上讲调解书需经双方当事人签收后才能发生法律效力。

如果双方签署了调解协议,一方当事人反悔,拒绝领取调解书会产生什么效果?《最高人民法院关于人民法院民事调解工作若干问题的规定》第 13 条规定,根据《民事诉讼法》第 90 条第 1 款第 4 项规定,当事人各方同意在调解书上签名或者盖章后生效,经人民法院审查确认后,应当记入笔录或者将协议附卷,并由当事人、审判人员签名或者盖章后即具有法律效力。当事人请求制作调解书的,人民法院应当制作调解书送交当事人。当事人拒收调解书的,不影响调解协议的效力。一方不履行调解协议的,另一方可以持调解书向人民法院申请执行。从以上规定可以看出,调解协议上只要明确约定本协议一经各方当事人签章即发生法律效力,那即使一方反悔,也不影响调解书的效力。

还有就是,争议双方当事人均同意调解,也就协议条款达成一致,而明明事情和某个当事人无关,其既不承担责任也不享有权利,但其就是不参加诉讼或者不同意调解,调解协议是否可以达成,是否有效呢?《最高人民法院关于人民法院民事调解工作若干问题的规定》第 15 条规定:"对调解书的内容既不享有权利又不承担义务的当事人不签收调解书的,不影响调解书的效力。"也就是说,这样的当事人不参加调解,不签署调解协议,不签收法律文书,不会影响调解协议的效力。

二、医疗纠纷调解的相关法律规定

(一)启动诉讼外调解程序的法律依据

1. 医患双方和解

(1)和解是当事人对自己诉讼权利和实体权利的处分,双方自愿达成的和解协议内容只要不违反相关法律强制性规定,就合法有效,一般无须法律特别授权。

(2)2002年国务院出台的《医疗事故处理条例》第46条规定,发生医疗事故的赔偿等民事责任争议,医患双方可以协商解决。

2. 行政调解

由于是行政机关对其管理范围内的平等主体之间民事纠纷的调处,受其职责范围的限制,一般应当由法律法规进行授权才能进行行政调解。《医疗事故处理条例》第46条规定发生医疗事故的赔偿等民事责任争议,医患双方不愿协商或协商不成的,当事人可以向卫生行政管理部门提出调解申请。这是卫生行政管理部门负责调解医疗纠纷的主要依据。

3. 人民调解

为了完善人民调解活动,及时解决民间纠纷,维护社会和谐稳定,根据宪法、法律的规定,中华人民共和国第十一届全国人民代表大会常务委员会第十六次会议于2010年8月28日通过《人民调解法》。人民调解活动应当遵守该法规定。

(二)医疗纠纷调解应当遵循的其他法律法规

1. 程序法

《民事诉讼法》及司法解释、相关医疗卫生行政法规中,涉及调解原则、调解程序等内容的规定是医疗纠纷调解应当遵循的程序规范。

2. 实体法

《民法典》《人身损害司法解释》《精神损害司法解释》《医疗事故处理条例》等等,都是确定调解协议内容时必须遵守的规定,一旦调解内容没有按照上述法律法规规定确定,可能会造成调解协议被确认无效或被撤销。

(三)相关文件对于医疗纠纷调解的限制性规定

近年来,各地不断深化"平安医院"创建工作,打击涉医违法犯罪,完善医疗纠纷化解机制,维护医疗秩序。工作虽取得了一定成效,但涉医违法犯罪仍时有发生,部分地区以法治思维和法治方式解决医疗纠纷、惩处涉医犯罪的意识有待进一步提高,为进一步做好维护医疗秩序、构建和谐医患关系的工作,保障医患双方合法权益,国家卫生计生委、中央综治办、公安部、司法部于2016年3月24日联合发布《维护医疗秩序的通知》。通知中出现的"医疗纠纷责任认定前,医疗机构不得赔钱息事",引起业内广泛争论。

目前阶段,针对伤医、杀医、寻衅滋事等情况频发的形势,提高涉医事件现场处置能力是《维护医疗秩序的通知》的精髓所在。《维护医疗秩序的通知》不仅要求:医疗机构要高度重视涉医事件的早介入、早处理。健全警医联动机制,特别是基层医疗机构报警时应当讲清当事方人数、具体行为、有无人员受伤等情况,做好对医务人员的宣传解释和情绪安抚工作;警力相对薄弱的基层公安机关应当边出警边向上级请求警力支援。负责现场处置的公安机关负责同志要将处置情况和可能采取的处理意见通报卫生计生行政部门及医疗机构。还特别提出,滋事行为制止前不得调解。《维护医疗秩序的通知》明确规定,各地要坚决打击涉医违法犯罪,维护医院良好秩序。特别是对暴力伤害医务人员或者非法限制医务人员人身自由等违法犯罪行为,必须坚决果断制止,依法予以治安管理处罚或追究刑事责任,不得拖延、降格处理。对聚众扰乱社会秩序致使医疗无法进行,造成严重损失的不法分子,要依法追究刑事责任。滋事扰序人员违法行为得到制止前,公安机关不得进行案件调解。医疗纠纷责任认定前,医疗机构不得赔钱息事。《维护医疗秩序的通知》下发后,业界围绕"医疗纠纷责任认定前,医疗机构不得赔钱息事"有不同声音,有人认为,未经鉴定,责任不明,医疗机构不能再自行调解,甚至医调委没有鉴定,也不能调解了;有人则认为,鉴定不是必经程序,医疗机构有权自行调解。

笔者认为,对于医疗机构自行调解的问题不宜一刀切,需要对"医疗纠纷责任认定前,医疗机构不得赔钱息事"正确理解。首先《维护医疗秩序的通知》中此部分内容是规定在第 2 条"切实提高涉医事件现场处置能力"项下的,是针对医疗机构内部发生伤医、扰序等涉医违法犯罪行为如何进行处置的规定。强调对这类事件必须坚决果断制止,依法予以治安管理处罚或追究刑事责任,不妥协。但是《维护医疗秩序的通知》不仅不排斥调解,而是强调应用多元化调解机制解决医患纠纷,将患方引入合法途径解决纠纷,只是禁止医疗机构"赔钱息事",并未禁止责任明确后自行与患方或经医调委调解解决医疗纠纷。

鉴定也并非"责任认定"的必经程序。一则,有些医疗事件无须鉴定,责任已经明确。比如,护理不当导致住院患者发生坠床,造成患者骨折,就不一定需要启动鉴定程序来明确因果关系。如果医疗机构明知自己的诊疗行为不当造成患者发生损害,不积极解决,反而以没有鉴定、责任不明确无权调解为由推脱,往往容易引起患方强烈不满,激化矛盾。二则,有些医疗事件中,双方可能会对医疗机构是否有责及责任大小产生异议。医疗机构可以请相关专家讨论以明确自己是否有责及责任大小,之后再与患方协商确定调解方案,并不一定非经鉴定程序。

原则上,医疗机构不能在明显无责或少责的情况下,迫于患方的压力而无原则地妥协。此举无疑会助长医闹等不良之风。

三、医疗纠纷调解应遵循的原则及实践中应注意的问题

(一)医疗纠纷调解的普遍原则

1. 自愿原则

无论是医患自行和解,还是第三方介入的诉讼外调解,或是诉讼内的法院调解,都必须遵循自愿原则。无论调解的进行,还是调解协议的形成,都要建立在当事人自愿的基础上。具体要求:(1)是否和解,是否申请或者接受行政调解、人民调解或者法院调解,都必须当事人自愿。(2)无论是否达成调解协议,协议的具体条款都需尊重当事人的意愿。

2. 合法性原则

行政调解、人民调解和法院调解,都要遵循法律法规规定的程序,当事人和解、行政调解、人民调解和法院调解形成的协议,内容不得违反法律法规的相关规定。具体要求:(1)任何调解主体在进行调解活动时,程序上要合法。当事人不愿进行调解或不愿继续调解时,不应强迫当事人进行调解。行政调解、人民调解不得以任何理由阻止当事人通过其他合法程序解决争议;调解不成时,应当告知当事人可以进行诉讼。法院调解时,调解不成,应及时判决,不能久调不决。(2)调解协议内容应当不违反法律、行政法规的规定。

3. 平等性原则

无论行政调解、人民调解还是法院调解,都应平等对待医患双方当事人,不能有意偏袒任何一方当事人。

(二)调解中应注意的问题

1. 审查签订调解协议的患方主体是否适格

(1)具备完全行为能力的患者是适格主体,即年满18周岁的、

智力及精神状态正常的患者。

(2)限制行为能力的患者,其法定监护人是适格主体。

(3)死亡患者的第一顺序法定继承人是适格主体。

医疗机构自行与患方达成和解时,特别要注意主体资格问题。

2. 在分清事实、明确责任的基础上进行调解,是法院调解必须遵守的原则,人民调解、行政调解也应遵照此原则进行调解。这样可以有效减少医患双方的对立,避免患方以协议显失公平、存在欺诈等理由起诉要求对协议予以撤销或确认无效。

(1)如果能确定医疗机构某方面存在不足甚至错误,要直言不讳,坦陈责任,切不可遮遮掩掩,含糊不清。

(2)如果确实没有医疗过错,医方属自愿予以补偿的,也应该明确医院无责,鉴于存在哪些事由,同意给予患方补偿。

3. 调解协议应该具备的基本内容

(1)协议签订主体

患者及其法定代理人或委托代理人;死亡患者法定继承人或其法定或委托代理人。

(2)签订协议的目的

写明患者姓名,就医期间,属于住院还是门诊患者,具体产生纠纷的原因。

(3)具体赔偿(或补偿)项目

按照《人身损害司法解释》规定的法定赔偿项目列明损失项目为宜,不应只笼统表述赔偿金总额。

(4)违约责任

为避免或减少患方拿到赔偿或补偿后无端反悔,应在协议中加上违约条款。

(5)协议应由双方当事人签章,必要时按手印。

举个例子:写明因患者××于××时间在我院门诊(或住院)治疗

期间,发生×××情况,双方经友好协商,在确认我院存在(或者不存在)××种(或某些)医疗不足(过错)的情况下,对于给患者造成的×××损害,我院应承担(或者不应承担)侵权赔偿责任,现双方同意由我院给予患者××(或患方×××、××)一次性赔偿(或补偿)××、××、×、××、××等各项损失共计人民币×××元(单纯补偿的可不写明细项目),双方因患者××在我院就医产生的纠纷就此全部了结。患者或患方不得就此再行向我院以任何方式主张其他权利,否则,其应退还我院支付的上述赔偿(或补偿)款。

4. 签订协议时几种特殊情况的应对

(1)患者存在两名以上监护人或死亡患者存在多名继承人,应尽量要求适格主体全部到场签订协议,实在有困难的至少要让到场的适格主体就其有资格代表其他适格主体提供证据,如要求其出示授权书,并承诺一旦出现其他主体就协议提出的异议,由其本人承担相应责任。

笔者就遇到过这样的案例。李某在某三甲医院妇科进行治疗,后自觉身体不适,其母多次找这家医院闹,开始要求不高,就说病没治好,生活困难,要求医院退医疗费,医院无奈,给了其母500元,签了协议,说李某生活困难,医院出于同情给予其500元补偿。后来李某起诉,要求医院赔偿,医院说其母与医院签有协议,说好不再有其他纠纷。但李某说其并未委托其母处理此事,医院也未能审查委托手续,最终法院只能认定这份协议对李某确实没有约束力。

(2)避免因不当医疗行为造成患者损害后,医疗机构由于某些原因,在协议中避而不谈过错,只明确给患方补偿款金额。这样的协议一旦患方起诉,很大程度上会被法院以显失公平等原因撤销。

(3)赔偿项目可能涉及多项时,计算赔偿金数额应当按照相关法律规定,做到谈判前心中有数,在协议中不一定写明每项各多少钱,但要列明赔偿项目,避免患方以遗漏了某项重大损失,协议显失公平为由要求确认协议无效或可撤销。

实践中,经常出现医疗机构不写纠纷原因、医疗行为是否有过错,直接就写出于人道给予患方多少补偿的情况。这样一旦患方反悔,说医疗机构没有告知过错,使其产生重大误解或显失公平,法院很可能就会推翻该协议,对双方纠纷重新进行处理。使医疗机构快速解决纠纷、回避责任的想法并不能得以实现。所以希望大家不要回避问题,只有在明确责任的基础上调解,才有可能最大限度地使和解协议或调解协议起到快速解决纠纷的目的。

另外,经过人民调解达成的调解协议,医方最好与患方一同及时向人民法院申请确认该协议,以最大限度地避免患方达成协议后反悔,使自己再行卷入诉讼中的情况发生。

四、人民法院对双方达成、签订协议后一方反悔起诉的案件的处理

医疗侵权之诉中,不乏系因双方达成和解或调解协议,甚至医疗机构已经全额支付了赔偿金或补偿金后,患方反悔,又起诉医疗机构要求赔偿的案子。医疗机构很是不解,为什么法院还会受理这种纠纷,甚至还会对纠纷重新作出处理?笔者就从以下几方面阐述一下自己的观点。

(一)立案制度的变迁

为充分保障当事人诉权,切实解决人民群众"立案难"问题。2015年4月1日,中央全面深化改革领导小组第十一次会议审议通过《关于人民法院推行立案登记制度改革的意见》,将之前的立案审查制改革为立案登记制,对人民法院应该受理的案件,做到有案必立、有诉必理,保障当事人诉权。法院接到当事人提交的民事、行政起诉状时,对符合法定条件的起诉,应当登记立案。各法院立案庭针对当事人的起诉,只做形式审查。

(二)关于诉前和解协议及调解协议的性质

在侵权行为发生后,当事人之间形成某种侵权赔偿法律关系,但这种赔偿责任是不确定的,当事人往往在责任归属、责任大小以及赔偿金额,甚至损害程度等方面都存在争议。由于此种赔偿法律关系属于民事法律关系的范畴,当事人是可以进行私权自治的。

作为一个具有完全民事行为能力的自然人,其应当知晓诉讼、自行协商处理都是纠纷解决的方式,从这个意义上说,当事人诉前就纠纷处理方式进行风险评估、博弈之后选择自愿达成和解协议,是对其民事权利的一种处分。从法律效果来看,实际是形成了一个新的契约,从侵权之债转化为合同之债。

由于诉前和解协议和调解协议的性质就是合同(契约),因此,当然会出现一方当事人违约或者以协议违反法律规定而申请法院予以撤销或确认无效的情形。

(三)关于诉前和解协议及调解协议的效力问题

(1)既然和解协议、诉讼外调解协议是一种契约,就应按《民法典》的规定审查确认其效力。一般来说,只要当事人具有相应的民事行为能力,意思表示真实,协议不具有无效或者可撤销法定事由的,就应当确认和解协议的法律效力。患者再提起损害赔偿之诉,由于其已对其请求事项进行了处分,侵权之债已不复存在,双方达成的和解协议成为确定当事人权利义务的依据。法院对于已经达成和解或调解协议的案件的审理,原则上应当按照合同纠纷来审理,通过对和解协议法律效力的审查,依据该协议的内容作出判决,不再按侵权纠纷审理。

(2)《民法典》关于无效和可撤销合同的规定。《民法典》第147条规定,"基于重大误解实施的民事法律行为,行为人有权请求人民法院或者仲裁机构予以撤销"。第148条规定,"一方以欺诈手段,使对方在违背真实意思的情况下实施的民事法律行为,受欺诈方有权请求人民法院或者仲裁机构予以撤销"。第 150 条规定,"一方或者第三人以胁迫手段,使对方在违背真实意思的情况下实施的民事法律行为,受胁迫方有权请求人民法院或者仲裁机构予以撤销"。第 151 条规定,"一方利用对方处于危困状态、缺乏判断能力等情形,致使民事法律行为成立时显失公平的,受损害方有权请求人民法院或者仲裁机构予以撤销"。第 154 条规定,"行为人与相对人恶意串通,损害他人合法权益的民事法律行为无效"。

《民法典》合同编第 508 条规定,"本编对合同的效力没有规定的,适用本法第一编第六章的有关规定"。《民法典》第一编第六章第 144 条规定,"无民事行为能力人实施的民事法律行为无效"。第 146 条规定,"行为人与相对人以虚假的意思表示实施的民事法律行为无效。以虚假的意思表示隐藏的民事法律行为的效力,依照有关法律规定处理"。第 153 条规定,"违反法律、行政法规的强制性规定的民事法律行为无效。但是,该强制性规定不导致该民事法律行为无效的除外。违背公序良俗的民事法律行为无效"。第 154 条规定,"行为人与相对人恶意串通,损害他人合法权益的民事法律行为无效"。

由此可见,签订调解协议或和解协议的一方当事人依据上述规定,是可以提起诉讼,要求确认协议无效或可撤销的。

(3)民事案件遵循"不告不理"的审理原则,法院对和解协议或调解协议的审查亦应依当事人诉讼请求进行。根据《证据规定》的相关规定,诉讼过程中,当事人主张的法律关系的性质或者民事行为的效力与人民法院根据案件事实作出的认定不一致的,因为当事人的诉讼请求不明确或者不充分,法官此时应予释明,告知当事人变更诉讼请求。在诉前已达成和解协议的情况下,一方又以侵权纠纷起诉,法官应释明当事人先行对和解协议主张行使撤销权或确认无效请求权,只有对和解协议进行了处理,才能对原纠纷的实体问题再进行考量。如果和解协议具有无效或可撤销的法定情形,法院根据当事人请求确认和解协议无效或者撤销后,才可以重新按侵权之诉审理。

曾经有个患者就以协议显失公平为由,起诉要求法院撤销之前与被诉医疗机构达成的调解协议,并判令该医院承担侵权赔偿责任,赔偿其各种损失数十万元。一审法院处理时遗漏了第一个诉讼请求,直接判令被诉医疗机构承担赔偿责任,赔偿这名患者各种损失。医疗机构不服上诉,二审法院认为一审遗漏了重要诉讼请求,在没有对双方之间协议做出处理的情况下,就按照当时《侵权责任法》处理此案,欠妥,裁定将本案发回一审法院重新审理。

(4)此类案件应按照《民法典》的规定,审查和解协议或调解协议是否具有无效或可撤销的情形。患者多以和解协议显失公平为由提起此类诉讼。法院认定协议是否构成显失公平,很难有量化的标准,只能根据不同的案情作个案的认定。

(5)患者为何不愿选择欺诈和胁迫等理由起诉和解或调解协议无效或可撤销呢?笔者以为原因有以下几方面:一是由于欺诈和胁迫需要由提出主张的当事人承担证明责任,而且要求的证明程度较高,患方提出这种主张,多因其无法完成举证,而被判承担不利的诉讼后果,所以实践中,患方一般不以此为由要求确认协议无效。二是重大误解必须符合一定的条件才能构成并产生使合同撤销的法律后果。重大误解的要件:一是表意人(即做出意思表示的人)因误解作出了错误的意思表示,体现在合同条款中;二是表意人必须是对合同的内容发生了重大误解,并导致合同的订立;三是误解是由于表意人自己的过错造成的,并非因对方欺诈或不正当影响造成的;四是误解直接影响到当事人所应享受的权利和承担的义务,有可能对误解人造成较大损失。由此可见,证明由于自己产生重大误解错误地订立协议,也并不容易。

(6)司法实践中对显失公平的认定和处理原则。首先,对于存在显失公平情节的协议的认定及处理。在医疗纠纷中,因为医患双方的信息不对称,医疗行为的专业性可能会使医疗机构在签订协议时存在利用其专业优势或患方无经验的问题,体现在赔偿协议中便是医疗机构回避或者对自己的过失轻描淡写、赔偿金额过低,或者确有较大金额的赔偿项目如被扶养人生活费、残疾辅助器具费、后续治疗费等未列入赔偿范围,或者患者在签订协议时尚未发生但其后又出现与不当医疗行为相关的损害且医院存在过错的,虽然协议中可能存在诸如"双方纠纷就此全部了结"的兜底条款,但如果患者主张撤销原和解协议,或以出现新情况为由另行主张权利,应该得到支持。但须明确的是,和解协议中如果双方已列明患者的损害后果、医疗机构的过错,以及各项赔偿项目,或者患方明确放弃部分项目的,应视为患者之前已完全知晓法律规定和可能赔偿的范围,其不能再提起撤销之诉。

其次,在审查此类纠纷是否超过法定除斥期间时,不宜对患者过苛。《民法典》第152条规定,"有下列情形之一的,撤销权消灭:(一)当事人自知道或者应当知道撤销事由之日起一年内、重大误解的当事人自知道或者应当知道撤销事由之日起九十日内没有行使撤销权;(二)当事人受胁迫,自胁迫行为终止之日起一年内没有行使撤销权;(三)当事人知道撤销事由后明确表示或者以自己的行为表明放弃撤销权。当事人自民事法律行为发生之日起五年内没有行使撤销权的,撤销权消灭"。

由此可知,《民法典》对不同情形下撤销权的规定不尽相同,除斥期间的期限、起算时间等都存在一定差异,当事人在行使撤销权时应当根据实际情况选择最为适当的撤销理由。

调解不失为快速解决医疗纠纷、促进和谐医患关系的有效方法之一,无疑也是法官们最喜欢的结案方式之一,分清是非、明确责任之后,双方为了各自的目的,适当的做一些让步是可能的,也是化解矛盾所必要的;但是不讲原则的调解也是不可取的,不仅可能损害医患双方的合法权益,甚至可能引发更为激烈的冲突,而且也会带来负面影响,助长医闹的产生,恶化本就有些紧张的医患关系。所以笔者建议,医疗机构要了解相关法律法规,正确把握调解的度,因为调解毕竟是双方博弈的结果,在确定责任和赔偿数额时不会像判决那么清晰,不分青红皂白一概拒绝调解的态度并不可取,不仅可能使自己丧失获得有利结果的机会,还会使患方认为态度不好,不肯承认错误,激化双方矛盾。

参考文献

〔1〕张新宝:《中国侵权行为法》,中国社会科学出版社 1998 年版。

〔2〕邹瑜:《法学大辞典》,中国政法大学出版社 1991 年版。

〔3〕许学敏、林嘉:《医疗卫生法律基础》,北京出版社 2015 年版。

〔4〕沈德咏:《最高人民法院民事诉讼法司法解释理解与适用》,人民法院出版社 2015 年版。

〔5〕江伟、张晋红:《中国民事诉讼法教程》,中国政法大学出版社 1994 年版。

〔6〕江必新:《论司法自由裁量权》,载《法律适用》2006 年第 11 期。

〔7〕杨立新:《侵权损害赔偿》,法律出版社 2010 年版。

〔8〕廖焕国:《注意义务与大陆法系侵权法的嬗变——以注意义务功能为视点》,载《法学》2006 年第 6 期。

〔9〕樊荣:《医院法律事务札记》,北京大学医学出版社 2017 年版。

后　记

　　本书主要是借助司法实践中的案例，对医疗领域法律规范的内容及理解适用进行阐述。众所周知，《民法典》已于 2021 年 1 月 1 日开始实施，《民法典》会为医疗纠纷司法实践带来新的规范和制度，而本书侧重于对案例发生时及现行法律法规的理解和适用，成书在 2020 年 6 月，虽在《民法典》实施后几经修改，但所引案例均发生在《民法典》实施之前，在对案例评析时涉及新旧法交替问题。这样可能有些混乱，所幸《民法典》侵权责任编关于医疗侵权的规定相较于《侵权责任法》，并无太多实质性变化。本书已经就《民法典》的变化可能对司法实践产生的影响，在相关章节作出说明，希望广大读者阅读时予以重视。

　　在本书的写作过程中，我得到了多位老师、同仁的帮助和启发，包括北京法院系统的领导和审判业务专家，卫生法学专家、教授，长期从事医疗纠纷诉讼的律师，医学专家、医疗机构管理者等，在此我谨向这些长期关注着医疗卫生事业健康发展的有志之士，致以崇高的敬意和衷心的感谢！同时，还要感谢我的助理刘荧，为我写作本书提供了很多具体帮助。

白　松
2021 年 4 月 10 日于北京

出版发行 北京大学出版社

图书在版编目(CIP)数据

医疗纠纷审理思路及裁判标准／白松著. —北京：北京大学出版社：北京大学医学出版社，2021.9
ISBN 978-7-301-32541-4

Ⅰ.①医… Ⅱ.①白… Ⅲ.①医疗纠纷—处理—研究—中国 Ⅳ.①D922.164

中国版本图书馆CIP数据核字(2021)第190273号

书　　　名	医疗纠纷审理思路及裁判标准 YILIAO JIUFEN SHENLI SILU JI CAIPAN BIAOZHUN
著作责任者	白　松　著
责任编辑	刘文科　沈秋彤
标准书号	ISBN 978-7-301-32541-4
出版发行	北京大学出版社　北京大学医学出版社
地　　　址	北京市海淀区成府路205号　100871
网　　　址	http://www.pup.cn　http://www.yandayuanzhao.com
电子邮箱	编辑部 yandayuanzhao@pup.cn　总编室 zpup@pup.cn
新浪微博	@北京大学出版社　@北大出版社燕大元照法律图书
电　　　话	邮购部 010-62752015　发行部 010-62750672 编辑部 010-62117788
印　刷　者	涿州市星河印刷有限公司
经　销　者	新华书店
	880毫米×1030毫米　32开本　13.125印张　294千字 2021年9月第1版　2025年4月第4次印刷
定　　　价	68.00元

未经许可，不得以任何方式复制或抄袭本书之部分或全部内容。
版权所有，侵权必究
举报电话：010-62752024　电子邮箱：fd@pup.cn
图书如有印装质量问题，请与出版部联系，电话：010-62756370